Die Erfüllung deliktsrechtlicher Pflichten

Europäische Hochschulschriften

Publications Universitaires Européennes
European University Studies

Reihe II
Rechtswissenschaft

Série II Series II
Droit
Law

Bd./Vol. 4443

PETER LANG
Frankfurt am Main · Berlin · Bern · Bruxelles · New York · Oxford · Wien

Christoph Schäfer

Die Erfüllung deliktsrechtlicher Pflichten

Durch Übertragung der Verkehrssicherung auf Dritte

PETER LANG
Europäischer Verlag der Wissenschaften

Bibliografische Information Der Deutschen Bibliothek
Die Deutsche Bibliothek verzeichnet diese Publikation in der Deutschen Nationalbibliografie; detaillierte bibliografische Daten sind im Internet über <http://dnb.ddb.de> abrufbar.

Zugl.: Potsdam, Univ., Diss., 2006

517
ISSN 0531-7312
ISBN 3-631-55364-1

www.peterlang.de

Meinen Eltern,
meiner lieben Frau
und
meinen Kindern

Denn in den Untersuchungen über das Handeln
sind die Allgemeinheiten zwar umfassender,
die Einzelheiten aber wahrer.
Denn die Handlungen betreffen das Einzelne,
und dem müssen die Aussagen entsprechen.
Aristoteles, Die Nikomachische Ethik, 1107 a 29 – 32 (dt. Übers. *Gigon*)

Vorwort

Die nachfolgende Abhandlung entstand im Rahmen meiner Tätigkeit als wissenschaftlicher Mitarbeiter am Lehrstuhl für Bürgerliches Recht, Arbeits- und Sozialrecht an der Juristischen Fakultät der Universität Potsdam. Sie wurde von der Juristischen Fakultät der Universität Potsdam im Wintersemester 2005/2006 als Dissertation angenommen.

An erster Stelle möchte ich Herrn Prof. Dr. Detlev W. Belling danken, der die Arbeit angeregt, deren Betreuung übernommen und die Entstehung der Arbeit begleitet hat. Ihm gilt mein Dank auch für die Zeit als wissenschaftlicher Mitarbeiter an seinem Lehrstuhl und die mir dort eröffneten Entwicklungsmöglichkeiten. Ebenfalls danken möchte ich Herrn Prof. Dr. Jens Petersen für die außerordentlich rasche Erstellung des Zweitgutachtens.

Die Entstehung dieses Buches wurde von Beginn an insbesondere von Kollegen, Freunden und Familienangehörigen in vielfältiger Weise unterstützt. Allen, die durch Diskussion, Anregungen oder Kritik, durch Kopierarbeiten, Korrekturlesen oder in sonstiger Weise zur Entstehung und Verbesserung dieses Buches beigetragen haben, möchte ich meinen tiefen Dank und meine Verbundenheit aussprechen.

Ganz besonders möchte ich an dieser Stelle meinen Eltern danken, die mich in meiner Ausbildung durchgehend gefördert, bestärkt und unterstützt haben.

Berlin, Juni 2006 Christoph Schäfer

Inhaltsübersicht

Inhaltsverzeichnis

Einleitung

In unserem Gemeinwesen bestehen für nahezu jede denkbare Situation Verhaltensrichtlinien. Teilweise zielen sie auf den Schutz der Rechte und Rechtsgüter, wie sie in § 823 Abs. 1 BGB genannt sind, ab. Bei Verstößen kann es zu Sanktionen kommen, die im Zivilrecht in einer Schadensersatzpflicht bestehen können. Wenn einer Person die Verantwortung für eine Gefahr zugewiesen ist, kann ihr nach dem allgemeinen Sprachgebrauch eine Pflicht zur Sicherung des Verkehrs vor dieser Gefahr obliegen. Kann man solche Pflichten erfüllen? Die Frage nach der Möglichkeit der Erfüllung deliktsrechtlicher Pflichten wird in der Zivilrechtswissenschaft wohl nur allzu selten gestellt.

Die vorliegende Arbeit behandelt den deliktsrechtlichen Themenkomplex nicht aus der sonst üblichen Retrospektive. Es wird auch nicht vorwiegend der rechtspolitischen Frage nachgegangen, unter welchen Voraussetzungen eine Person einer anderen schadensersatzpflichtig sein *soll*, wenn es zum Eintritt eines Schadens gekommen ist. Unter der Annahme, daß innerhalb eines Verschuldenshaftungssystems letztlich Verstöße gegen Verhaltensanforderungen haftungsauslösend sind, interessiert hier vor allem die (prospektivische) Frage, ob und unter welchen Voraussetzungen ein nach § 823 Abs. 1 BGB Gefahrverantwortlicher die präskriptiven Verhaltensnormen erfüllen und schon auf diese Weise eine (potentielle) Haftung nach Verschuldenshaftungsnormen ausschließen kann.

Hat der Gesetzgeber für bestimmte Bereiche keinen Gefährdungshaftungstatbestand geschaffen, der unabhängig von individuellem Fehlverhalten schon die Verwirklichung einer Gefahr für eine Haftung ausreichen läßt, kann man sich der Frage nach den jeweils bestehenden Verhaltenspflichten nicht entziehen. Ob es rechtspolitisch sinnvoll oder wünschenswert ist, eine vom Verschulden unabhängige Gefährdungshaftung in weiteren Bereichen zu installieren, ist eine andere Frage.

Gang der Untersuchung

„Richtig ist (...), daß der Verkehrssicherungspflichtige durch vertragliche Übertragung seiner Pflichten auf einen Dritten nicht völlig entlastet wird. Er bleibt weiterhin zur Überwachung dieses Dritten verpflichtet und ist insofern neben diesem selbst noch verantwortlich." Diese der ständigen Rechtsprechung des BGH entsprechende Auffassung hat der dritte Zivilsenat des BGH in seiner Entscheidung vom 22. Juli 1999 geäußert.[1] Sie hat auch in der Literatur große Verbreitung gefunden.[2] Teilweise wird davon gesprochen, daß sich die bestehenden Verkehrs(sicherungs)pflichten des Primärverpflichteten in Aufsichts- und Kontrollpflichten „umwandeln", wenn sie auf einen Dritten übertragen werden.

Neben allgemeinen Fragen zur Entstehung und zum Gehalt[3] deliktsrechtlicher Pflichten nach § 823 Abs. 1 BGB wird zu analysieren sein, ob und gegebenenfalls wie ein deliktsrechtlich Verantwortlicher die Anforderungen der Rechtsordnung an sein Verhalten *erfüllen*[4] und schon so eine Haftung nach § 823 Abs. 1 BGB ausschließen kann und ob dies schließlich auch durch die Einschaltung eines Dritten möglich ist. Denn die Fragestellung, die in Rechtsprechung und Literatur unter der Überschrift „Übertragung von Verkehrssicherungspflichten" behandelt wird, kann nicht ergründet werden, ohne sich auch allgemein mit den deliktsrechtlichen Pflichten und ihrer Bedeutung für eine Haftung nach § 823 Abs. 1 BGB und den anderen Verschuldenshaftungsnormen auseinanderzusetzen.

Der Erörterung all dieser Fragen widmet sich der erste Abschnitt dieser Arbeit auf der Grundlage und in den Grenzen der §§ 823 ff. BGB. Dabei mag den Leser die Rede von der *Erfüllung deliktsrechtlicher Pflichten* im Titel dieser Arbeit zunächst überraschen, ist diese prospektivische, auf das Täterverhalten bezogene Betrachtungsweise in der zivilrechtswissenschaftlichen Diskussion um deliktsrechtliche Haftung doch zumindest unüblich.[5] Zivilrechtliche Erörterungen zu

---

[1] Siehe BGHZ 142, S. 227, 233 und die weiteren Nachweise dort.

[2] Siehe nur *Hager* in Staudinger, BGB, § 823, Rn. E 60 f.; *Wagner* in MüKo, BGB, § 823, Rn. 290 ff., 292; *Zeuner* in Soergel, BGB. § 823, Rn. 214; *Steffen* in RGRK, BGB, § 823, Rn. 166, 132; *Belling/Eberl-Borges* in Staudinger, BGB, § 832, Rn. 113, 120.

[3] In diesem Zusammenhang soll auch diskutiert werden, was mit der Wendung gemeint sein kann, Pflichten dürften „nicht überspannt" werden, vgl. etwa BGHZ 142, S. 227, 233.

[4] Die Möglichkeit der Erfüllung von vorhandenen Verhaltensstandards wird ausdrücklich anerkannt etwa von *Mertens* in MüKo, BGB[3], § 823, Rn. 29 *Larenz/Canaris*, SR BT II/2, S. 419 f.; *Hager* in Staudinger, BGB § 823, Rn. E 47. Ebenso auch BGHZ 108, S. 273, 275; 98, S. 244, 252; 12, S. 75, 79, sowie das RG, RGZ 82, S. 206, 220.

[5] Es sei freilich beispielhaft auf den Sprachgebrauch des BGH zur Erfüllung von Verkehrssicherungspflichten hingewiesen, BGHZ 108, S. 273, 275, 277; zur Möglichkeit, als Gefahrverantwortlicher „das Seinige" zu tun BGHZ 12, S. 75, 79; zur Möglichkeit, seiner

diesem Themenkomplex pflegen ihr Augenmerk vornehmlich auf das *Bestehen von Schadensersatzansprüchen* zu richten. Sie erfolgen in aller Regel retrospektivisch, und zwar nicht nur in der Rechtsprechung, wo dies typischerweise so ist, sondern regelmäßig auch in der Literatur.[6]

Gerade von dem eingenommenen *ex-ante*-Standpunkt aus werden jedoch die Grenzen des Verschuldenshaftungssystems erkennbar werden. Aufgrund der kategorialen Begrenztheit der deliktsrechtlichen Vorschriften des BGB, die das deutsche Deliktsrecht noch immer entscheidend prägen, wird in der Wissenschaft vermehrt die rechtspolitische Frage diskutiert, wie ein gerechter Schadensausgleich erreicht werden kann. Nach einer Strömung wird der Anwendungsbereich der Verschuldenshaftungsnormen durch eine Verringerung der Bedeutung des Verhaltens des abstrakt deliktsrechtlich Verantwortlichen erheblich ausgeweitet. Ein zweiter Abschnitt beschäftigt sich daher in aller Kürze mit der Problematik, ob eine vom konkreten Verhalten des deliktsrechtlich Verantwortlichen unabhängige Haftung mit den Grundsätzen des Verschuldenshaftungsrechts zu vereinbaren ist.

Sorgfaltspflicht zu entsprechen, RGZ 82, S. 206, 220. Vgl. ferner auch *Ulmer*, JZ 1969, S. 163, 171; *Canaris*, SR BT II/2, S. 419, 420.

[6] Vgl. nur die Nachweise bei *Hübner*, NJW 1982, S. 2041, 2043.

Abschnitt 1 Die „Übertragung der Verkehrssicherungspflicht" und ihre haftungsrechtlichen Folgen

Kapitel 1 Eingrenzung des Themas – Vom Schatten*dasein* der Verhaltenspflichten in der deliktsrechtlichen Diskussion

„Eine der Aufgaben der Rechtsordnung ist es", so *Welzel*[7], „dem Bürger zu sagen, was er tun darf". Diese Aussage kann nicht nur im Strafrecht Geltung beanspruchen. Sie muß auch in allen anderen Bereichen gelten, in denen das Gesetz an menschliches Fehlverhalten Sanktionen knüpft.

Die Rechtswissenschaft befindet sich seit jeher auf der Suche nach den Prinzipien der einem Erfolgsdelikt zugrundeliegenden materiellen Verhaltensnormen und Pflichten.[8] Vor allem das Fahrlässigkeitsdelikt erscheint in der Rechtswissenschaft in weiten Teilen noch immer als eine *Terra incognita*.[9] Gerade im Bereich der Haftung für ein Unterlassen beschäftigt Wissenschaft und Praxis bis heute die Frage, unter welchen Voraussetzungen eine Rechts*pflicht* des Deliktstäters zum Handeln entsteht. Man kann dabei nicht bei der üblichen Feststellung stehenbleiben, daß eine Unterlassung nur dann zu einer Schadensersatzpflicht nach § 823 Abs. 1 BGB führen kann, wenn eine entsprechende „Rechtspflicht zum Handeln" bestanden hat.[10] Zunächst steht damit die Frage im Raume, ob ein Anspruch aus § 823 Abs. 1 BGB *de lege lata* überhaupt die Verletzung von Pflichten voraussetzt.

Obwohl beispielsweise *Hanau*[11] das Merkmal der Pflichtverletzung zum zentralen Tatbestandsmerkmal des § 823 Abs. 1 BGB erklärt hat, erfährt der Leser in vielen Schriften nur beiläufig von einer gelegentlich mehr postulierten als ausreichend begründeten Verletzung von Pflichten, wenn es zum Eintritt einer Rechtsgutsverletzung im Sinne des § 823 Abs. 1 BGB und infolgedessen zum Eintritt von Schäden gekommen ist. Der Blick ist häufig von diesem unerwünschten Ereignis zurückgerichtet und sucht, unter anderem unter dem Stich-

---

[7] Fahrlässigkeit und Verkehrsdelikte, in Abhandlungen, S. 315, 319.

[8] Siehe dazu etwa *Börgers*, Wandlungen, (z.B.) S. 70 ff.; *Münzberg*, Verhalten und Erfolg; aus dem Strafrecht *Jakobs*, Erfolgsdelikt; *Frisch*, Verhalten und Erfolg; *Mikus*, Verhaltensnorm; *Vogel*, Norm und Pflicht, jeweils m. w. Nachw.

[9] Vgl. nur die Ausführungen von *Arzt*, ZStW 91 (1979), S. 857 ff.; *F.-C. Schroeder*, JZ 1989, S. 776 ff.; *ders.* ZStW 91 (1979), S. 257 ff.; *Seebaß*, JRE Bd. 2 (1994), S. 375, 378 ff.; *Jescheck/Weigend*, Strafrecht AT, S. 564 ff., 577 ff.

[10] So die vielfach nachzulesende Formulierung, vgl. etwa BGHZ 71, S. 86, 93; RGZ 106, S. 283, 285; mit ausführlichen Nachweisen *Hager* in Staudinger, BGB, § 823, Rn. H5 ff.; *Ulmer*, JZ 1969, S. 163, 164 (Anm. 15); *Traeger*, FG für Enneccerus, S. 5 ff.; *Deutsch*, Fahrlässigkeit, S. 231 ff., jeweils m. w. Nachw.

[11] Die Kausalität der Pflichtverletzung, S. 95 f.

wort *Zurechenbarkeit*,[12] nach Anknüpfungspunkten für eine schadensersatzrechtliche Haftung.

Wenn diese Arbeit in ihrem Titel von der Erfüllung deliktischer Pflichten spricht, so macht dies auf ein Problem von besonderer wissenschaftlicher, aber nicht zuletzt auch praktischer Relevanz aufmerksam. Denn gerade im Bereich der Haftung für die Verletzung von Verkehrssicherungspflichten ist es für einen Bürger, dessen Gesinnung rechtstreu ist und der sich folglich rechtmäßig verhalten möchte, häufig schwierig zu erkennen, was das von ihm erwartete Verhalten ist, wie er sich mithin rechtmäßig verhalten und eine Haftung ausschließen kann. Es bedarf also einer Untersuchung, von welchen tatsächlichen Voraussetzungen die Entstehung einer deliktsrechtlichen Pflicht abhängt, und welche materiellen Kriterien Existenz und Inhalt dieser Pflichten bestimmen. Wegen ihres prospektivischen Ansatzes kann die vorliegende Arbeit gerade nicht an dem gängigen Schema Tatbestand – Rechtswidrigkeit – Schuld[13] ausgerichtet sein. Manches Problem mag so in einem anderen Licht erscheinen.

Am Beispiel eines Grundstückseigentümers, der auf seinem Grundstück soeben in ordnungsgemäßer und rechtlich nicht zu beanstandender Weise ein Bürogebäude zur Vermietung an verschiedene Unternehmen und zur eigenen gewerblichen Nutzung errichten ließ, läßt sich die Problematik aufzeigen. Als potentielle Quelle von Gefahren für Passanten und in dem Haus beschäftigte oder sonst darin verkehrende Personen ergeben sich für den verantwortlichen Eigentümer nach allgemeiner Meinung (u.a.) Unterhaltungspflichten, Überwachungs- und Reparaturpflichten. Wird nun eine Person durch einen Gebäudemangel verletzt, so liegt dies aber nicht zwingend daran, daß der Eigentümer eine Pflicht verletzt hat. Es muß sogar bezweifelt werden, daß dies im Schadensfalle regelmäßig der Fall sein wird. Dem steht auch die Vorschrift des § 836 Abs. 1 BGB nicht entgegen, aus der sich für den Verletzten eine Beweiserleichterung in dieser Frage ergibt. Denn die Behauptung war nicht, daß eine deliktsrechtliche Haftung nicht sehr wahrscheinlich ist, sondern daß die Verletzung einer *Pflicht* nicht aus dem Eintritt von Verletzungen geschlossen werden kann. Darin liegt eine für diese Arbeit wichtige Überlegung.

---

[12] Siehe *Bierling*, Prinzipienlehre, Bd. 3, S. 29 ff.; *Lange/Schiemann*, Schadensersatz, § 3, S. 75 ff.; *Deutsch*, Fahrlässigkeit, S. 428 f. Aus der strafrechtlichen Literatur etwa *Haas*, Kausalität, S. 17 ff.

[13] Siehe dazu nur *Raab*, JuS 2002, S. 1041 m. w. Nachw. Die Schwächen dieses Aufbauschemas wurden bereits anderweitig angesprochen, siehe etwa *Deutsch*, Fahrlässigkeit, S. 457 f; *Medicus*, BR, Rn. 604 ff., 641 ff.; daß es nur vermeintlich als zwingend vorgegeben ist, meint etwa *Brüggemeier*, AcP 191 (1991), S. 46.

Kapitel 2 Der Begriff der *Pflicht* als Kernbegriff eines Verschuldenshaftungssystems

A. Vorfragen

I. Zur Bedeutungslosigkeit der Unterscheidung von Tun und Unterlassen und von unmittelbaren und mittelbaren Verletzungen

Deliktsrechtlich relevante Handlungen werden klassischerweise in Tun und Unterlassen unterteilt.[14] Beide Handlungsformen werden gleichermaßen von § 823 Abs. 1 BGB erfaßt, trifft doch die Vorschrift selbst keine entsprechende Unterscheidung.[15] Die dogmatische Verortung der Gebote und Verbote im Deliktsaufbau ist umstritten.[16] Nach verbreiteter Auffassung soll das Vorliegen einer *Pflichtverletzung* bei Unterlassungen bereits im Rahmen der Prüfung des Tatbestandes und damit abweichend von dem sonst üblichen Schema *vor* der Frage der Rechtswidrigkeit anzusprechen sein.[17] Andere hingegen meinen, diese Frage solle generell, d.h. nicht nur bei Unterlassungen, erst bei der Prüfung der Rechtswidrigkeit diskutiert werden.[18]

Die Systematisierung deliktsrechtlich relevanter Verhaltensweisen anhand der Unterscheidung von Tun und Unterlassen hat aber auch Kritik gefunden.[19] Eine Systematisierung nach den möglicherweise verletzten Pflichten sei, so wird argumentiert, dogmatisch weit sinnvoller als eine Orientierung an der wenig kla-

---

[14] Siehe nur *von Tuhr*, Allgemeiner Teil I, S. 104.

[15] Vgl. nur *Hanau*, Die Kausalität der Pflichtverletzung, S. 95 f.; *von Caemmerer*, DJT-FS, Bd. 2, S. 49, 127.

[16] Siehe nur die Darstellung bei *Wagner* in MüKo, BGB, § 823, Rn. 1 ff., 50 ff., 62 ff.; *Deutsch*, Fahrlässigkeit, S. 22 ff, 232; *Fuchs*, Deliktsrecht, S. 86; *Ulmer*, JZ 1969, S. 163, 164 (Anm. 14); *Flachsmann*, Unterlassung, S. 19 ff.; *Brüggemeier*, AcP 191 (1991), S. 33, 45 ff.

[17] So etwa *Fuchs*, Deliktsrecht, S. 86.

[18] Nach *Deutsch*, Fahrlässigkeit, S. 231 f. m. w. Nachw., sei dem Tun als einem „Sich-Regen" eine Gefährdung fremder Güter zu eigenem Vorteil typisch, weil damit eine Kollision mit den Rechtsgütern anderer einhergehe, dem „Nicht-Handeln" fehle hingegen sowohl die Richtung auf den fremden Rechtskreis als auch der Zweck des eigenen Vorteils, so daß ein Rechts- und Rechtsgüterschutz gegen Unterlassen *nur* insoweit vorhanden sei, als eine Rechtspflicht zum Handeln zugunsten ebendieses Rechts oder Rechtsgutes bestand; ebenso schon *Traeger*, FG für Enneccerus, S. 67. Daß dem Unterlassen im Gegensatz zum aktiven Tun eine drittbeeinträchtigende Tendenz *per se* fehlen soll, muß schon deshalb, weil auch das Unterlassen von Steuerungsmaßnahmen Gefahrpotential besitzt, und unter Berücksichtigung des Umstandes, daß auf Gefahren aus einer fremden Rechtssphäre nicht ohne weiteres eingewirkt werden darf, bezweifelt werden. Siehe dazu auch *Wagner* in MüKo, BGB^4, § 823, Rn. 62 m. w. Nachw.

[19] So etwa *von Caemmerer*, DJT-FS, Bd. 2, S. 49, 74 f.; *Seebaß*, JRE, S. 374, 381 ff.; *G. Schliemann* in Erman, BGB, § 823, Rn. 78; *Castaldo*, GA 1993, S. 495, 504 jeweils m. w. Nachw. Zweifelnd an der Tragfähigkeit der Unterscheidung für weitergehende Folgerungen auch schon das RG, siehe RGZ 52, S. 373, 376.

ren Abgrenzung von Tun und Unterlassen.[20] Denn an der Bewertung eines *konkreten Verhaltens* als rechtmäßig oder rechtswidrig ändert sich durch eine unterschiedliche Einordnung als Tun oder Unterlassen sowie eine unterschiedliche Handhabung der damit zusammenhängenden Aufbaufragen nichts.[21] Schon im Anschluß an die Entscheidung des Großen Senats vom 04.03.1957[22] wurde in diesem Sinne vielfach gefordert, die Prüfung des § 823 Abs. 1 BGB an das Verhalten anzuknüpfen und sich „von den spanischen Stiefeln des auf einem mechanischen Handlungsbegriff aufbauenden Deliktsmodells" freizumachen.[23] Dem ist zuzustimmen. Folglich muß schlicht gefragt werden, ob sich der fragliche Täter richtig verhalten hat.[24] Die Unterscheidung des Unterlassens vom Tun und die damit zusammenhängende Aufbaufrage wird hier also nicht weiter interessieren. Entscheidend ist, was dem rechtserheblichen Tun und Unterlassen gemeinsam ist: die Frage, wie es im Hinblick auf den Verhaltensmaßstab zu werten ist: als Pflichtverletzung oder nicht als Pflichtverletzung.[25]

Eine weitere, häufig anzutreffende Unterscheidung ist die zwischen sogenannten unmittelbaren und mittelbaren Verletzungen. Zum Teil werden einander auch die Begriffe unmittelbare Verletzung und mittelbare Gefährdung gegenübergestellt.[26] Unmittelbar sollen solche Verletzungen sein, deren Eintritt ohne das Dazwischentreten weiterer Ursachen direkt aus dem Verhalten des Täters folgt, während als mittelbar solche Verletzungen gelten, die erst aufgrund des Eintritts weiterer Ereignisse entstehen. Bei den sogenannten unmittelbaren Verletzungen ergebe sich das Verbotensein und damit ihre Widerrechtlichkeit bereits aus der bevorstehenden Integritätsverletzung selbst, während die Widerrechtlichkeit eines Verhaltens, das nur eine mittelbare Verletzung (Gefährdung) der Rechtsgüter anderer bewirke, einer besonderen Begründung bedürfe.[27]

---

[20] Siehe *von Caemmerer*, DJT-FS, Bd. 2, S. 49, 74 f.; ebenso *Seebaß*, JRE, S. 374, 385; zur fragwürdigen Abgrenzung durch das Aufwandskriterium *Castaldo*, GA 1993, S. 495, 504 f.

[21] Siehe etwa *Steffen* in RGRK, BGB, § 823, Rn. 133 f.; ebenso auch *von Caemmerer*, DJT-FS, Bd. 2, S. 49, 74 f.

[22] BGHZ 24, S. 21.

[23] *Kunz/Kraus*, Haftung für schädliche Ware, S. 73 f

[24] *Hanau*, Die Kausalität der Pflichtverletzung, S. 95 f.; *Kunz/Kraus*, Haftung für schädliche Ware, S. 74; *von Caemmerer*, DJT-FS, Bd. 2, S. 49, 74 f., 127.

[25] Vgl. auch *Hanau*, Die Kausalität der Pflichtverletzung, S. 95 f.

[26] Siehe dazu *Raab*, JuS 2002, S. 1041, 1042; *Canaris*, FS für Larenz II, S. 27, 79 f.; *Hager* in Staudinger, BGB, § 823, Rn. A 9; *Belling/Eberl-Borges* in Staudinger, BGB, § 831, Rn. 70, 78; *M. Wolf* in Soergel, § 276, Rn. 28 ff.; *von Bar*, JuS 1988, S. 169, 170; *ders.*, Verkehrspflichten, S. 154 ff.; *Stoll*, AcP 162, (1963), S. 203, 229 f.; *Haas*, Geschäftsführerhaftung, S. 6 f.; *Kleindiek*, Deliktshaftung, S. 23 ff., jeweils m. w. Nachw.

[27] Dazu *von Caemmerer*, DJT-FS, Bd. 2, S. 49, 67 f.; *Stoll*, AcP 162, (1963), S. 203, 229 f.; *Haas*, Geschäftsführerhaftung, S. 6 f.; *Kleindiek*, Deliktshaftung, S. 24 f.

Bereits in der Lehre wurde die Unterscheidung von unmittelbaren und mittelbaren Verletzungen als problematisch angesehen und teilweise sogar als unbrauchbar kritisiert;[28] *Brüggemeier*[29] etwa nennt sie „dysfunktional". Das wird unter anderem damit begründet, daß sie nicht klar und eindeutig getroffen werden kann und eine breite Grauzone besteht. Für den hier eingenommenen prospektivischen Standpunkt ist die Unterscheidung wertlos, da ihr Ansatz den Eintritt eines Verletzungserfolges voraussetzt, zu dem es im Handlungszeitpunkt jedoch noch nicht gekommen sein kann.[30]

Soll die materielle Widerrechtlichkeit eines Verhaltens beurteilt werden, muß das Augenmerk auf das Verhalten selbst gerichtet und seine etwa fehlende Übereinstimmung mit den daran gestellten Anforderungen untersucht werden. Dabei ist es irrelevant, ob das Verhalten nachteilige Folgen zeitigt oder ob es als Tun oder Unterlassen anzusehen ist.

II. Die Einheitlichkeit der Beurteilung des Verhaltens *ex-ante* und *ex-post*

1. Allgemeines

Die Bewertung von Verhalten muß bei diesem selbst ansetzen. Die Bestimmung der jeweiligen Pflichten kann nicht die Folgen abwarten, die das Verhalten zeitigt, vielmehr muß sie für den Augenblick des Handelns, für den *ex-ante*-Zeitpunkt, erfolgen (können).[31] Der Auffassung, die aus dem Eintritt eines unerwünschten Erfolges Schlüsse hinsichtlich des Vorliegens von Verstößen gegen Verhaltensvorschriften ziehen will, ist eine Absage zu erteilen.[32] Über den Eintritt von erwünschten wie unerwünschten Folgen des Verhaltens kann zum Zeitpunkt der Handlung allenfalls eine *Prognose* abgegeben werden. Auch für den Eintritt von Verletzungserfolgen können nur Wahrscheinlichkeitswerte ermittelt werden. Diese Wahrscheinlichkeitsbewertung (Gefahrbewertung) ist zwar keineswegs belanglos. Bei der Bestimmung der jeweils bestehenden Pflichten kommt ihr durchaus tragende Bedeutung zu. Soll es jedoch um eine Bewertung des Verhalten gehen, so bedarf es der Ermittlung derjenigen Kriterien, aus denen heraus diese Bewertung erfolgen kann.

---

[28] Vgl. *von Bar*, JuS 1988, S. 169, 170; *Deutsch*, Unerlaubte Handlungen, Rn. 40; *Fraenkel*, Tatbestand und Zurechnung, S. 220 ff.; *Teichmann* in Jauernig, BGB, § 823, Rn. 29; *M. Wolf* in Soergel, BGB, § 276, Rn. 30; *Brüggemeier*, JZ 1986, S. 969, 974 ff.; von *Larenz/Canaris*, SR BT II/2, S. 365 wird der Abgrenzung, obwohl „in mancher Hinsicht unklar und streitig", weiterhin dogmatische Bedeutung zugemessen.

[29] JZ 1986, S. 969, 974 ff.

[30] Siehe auch BGHZ 63, S. 140, 146.

[31] Siehe etwa BGHZ 80, S. 186, 193. Ebenso auch *Wagner* in MüKo, BGB^4, § 823, Rn. 264 f.; auch *Medicus*, ZGR 1998, S. 570, 575, betont, daß die Verkehrspflicht schon bestanden hat, bevor ein Schaden eingetreten ist.

[32] So auch *von Caemmerer*, DJT-FS, Bd. 2, S. 49, 75 ff., 127 f.

a) Der maßgebliche Zeitpunkt – Der Grundsatz der Widerspruchsfreiheit der Bewertung von Verhalten aus *ex-ante*-Sicht und *ex-post*-Sicht

Die Bewertung eines bestimmten Gegenstandes hängt entscheidend von dem angelegten Bewertungsmaßstab ab. Von dem Zeitpunkt hingegen, zu welchem sie erfolgt, hängt sie nicht ab. Zeitliche Nähe oder Distanz zu einem zu bewertenden Vorgang können bei gleichbleibendem Bewertungsmaßstab keine Auswirkungen auf die Bewertung des Betrachtungsgegenstandes haben.

Zu welchem Zeitpunkt eine Bewertung von *Verhalten* erfolgt, hat folglich auch keinen Einfluß auf das Ergebnis dieser Bewertung[33] – es sei denn, zwischenzeitlich wurde der Bewertungsmaßstab ausgetauscht. Für ein konkret-situativ bestimmtes Verhalten ist es zu jedem Betrachtungszeitpunkt unveränderlich bestimmt, wie es am Maßstab der Rechts- oder Verhaltensordnung zu bewerten ist.[34] Es läßt sich also ermitteln, ob dafür Regeln, wie Gebote, Verbote oder Erlaubnissätze, bestehen und welchen Inhalt sie gegebenenfalls haben.[35] Erwartet die Rechtsordnung aus *ex-ante*-Sicht kein bestimmtes Verhalten, besteht also keine verbindliche rechtliche Handlungsleitlinie, so kann dagegen auch nicht verstoßen werden. In solchem Fall kann das Verhalten auch aus einer *ex-post*-Sicht der Dinge niemals als rechtswidrig bewertet werden, und zwar auch dann nicht, wenn dadurch ein allgemein unerwünschter Erfolg verursacht wurde.[36] Selbstverständlich gilt dasselbe, wenn ein Gebot oder Verbot bestand und dieses beachtet wurde.

Der Zeitpunkt, für den ein Verhalten als widerrechtlich zu bewerten ist, ist der Handlungszeitpunkt.[37] Stellt man für das Vorliegen widerrechtlichen Verhaltens i.S.d. § 823 Abs. 1 BGB allein auf den Eintritt eines Verletzungserfolges ab, so beantwortet man in Wahrheit eine andere Frage – eine Frage, die § 823 Abs. 1 BGB an dieser Stelle nicht zu erörtern veranlaßt.[38]

---

[33] BGHZ 63, S. 140, 146; 80, S. 186, 193; *Wagner* in MüKo, BGB^4, § 823, Rn. 264. Zur prospektivischen Gestaltungs- und retrospektivischen Maßstabfunktion der Verhaltensregeln *Hruschka*, Rechtstheorie 22 (1991), S. 449, 451.

[34] Siehe nur *Welzel*, Fahrlässigkeit und Verkehrsdelikte, in Abhandlungen, S. 315, 335.

[35] So auch *Münzberg*, Verhalten und Erfolg, S. 181, *Lenckner* in Schönke/Schröder, StGB, vor §§ 13 ff., Rn. 50.

[36] So auch *Welzel*, Fahrlässigkeit und Verkehrsdelikte, in Abhandlungen, S. 315, 335 f.; *Börgers*, Wandlungen, S. 60; *Deutsch*, Unerlaubte Handlungen, Rn. 90; unzutreffend insoweit *Wolf*, Verbotenes Verhalten, S. 187, Nr. 14 b.

[37] BGHZ 80, S. 186, 193; 63, S. 140, 146; *Wagner* in MüKo, BGB^4, § 823, Rn. 264; *Freund*, GA 1991, S. 387, 389 ff.

[38] So auch *von Caemmerer*, DJT-FS, Bd. 2, S. 49, 127.

b) (K)eine „Überraschung“ des Täters von der Bewertung des Verhaltens – ein Problem des retrospektivischen Vorgehens

Der über ein Verhalten im Rahmen eines Schadensersatzfalles Urteilende befindet sich typischerweise in der Situation, daß der rechtlich mißbilligte Erfolg bereits eingetreten ist und nun *ex-post* zu bewerten ist, was eine Person, deren Verhalten in einen Zusammenhang mit dem Erfolgseintritt gebracht wird, *ex-ante* tun oder unterlassen mußte, was sie gewußt hat und was sie wissen oder erkennen konnte. Teilweise wird ausdrücklich die Auffassung vertreten, daß die Bestimmung des Soll-Verhaltens aus einer *ex-post*-Sicht vorzunehmen sei.[39] *Von Bar* meint sogar, daß das sich „innerhalb der Ge- und Verbote des Rechts bewegende 'verkehrsrichtige' Verhalten (...) also wegen des absoluten Rechtsgüterschutzes rechtswidrig sein (kann)“[40].

Gegen diese Herangehensweise bestehen erhebliche Bedenken.[41] Die Beurteilung von Verhalten als materiell rechtmäßig oder rechtswidrig darf sich nicht als etwas im Ergebnis Unvorhersehbares oder gar Zufälliges erweisen. Eine Begutachtung von Schadensersatzansprüchen mag sich typischerweise und notgedrungen erst im Nachhinein, eben nach Eintritt eines Schadens, mit für dessen Eintritt möglicherweise relevantem Verhalten beschäftigen.[42] Geht es um Haftung für Verstöße gegen Verhaltenspflichten (Gebote und Verbote) und dienen die zu suchenden Verhaltenspflichten der Steuerung der Handlungen des Täters,[43] so muß akzeptiert werden, daß diese Verhaltensvorschriften bereits im Zeitpunkt und für den Zeitpunkt des Handelns gegolten haben müssen.[44]

Von einer erst aus *ex-post*-Sicht aus dem Eintritt eines Schadens abzuleitenden „Gefahr“ konnte der Gefahrhorizont des Täters im Handlungszeitpunkt nicht geprägt, dadurch konnte sein Verhalten nicht motiviert werden.[45] Der Urteilende

---

[39] So *Raab*, JuS 2002, S. 1041, 1048; *von Caemmerer*, DJT-FS, Bd. 2, S. 49, 75 ff., 77; *von Bar*, Verkehrspflichten, S. 153. Ebenso wohl *Belling/Eberl-Borges* in Staudinger, BGB, § 832, Rn. 124, wenn sie einen Primäraufsichtspflichtigen unabhängig von einem eigenen Verhaltenspflichtverstoß bei Versagen eines Übernehmers haften lassen wollen.

[40] *Von Bar*, Verkehrspflichten, S. 153.

[41] So auch *Zeuner* in Soergel, BGB, § 823, Rn. 266 sowie *ders.*, JZ 1961, S. 41, 43; *M. Wolf* in Soergel, § 276, Rn. 23, weist genau auf diesen Bruch in der Konzeption der Erfolgsunrechtslehre hin; siehe ferner *Börgers*, Wandlungen, S. 26 f., 60; zur Gegenauffassung nochmals *von Bar*, Verkehrspflichten, S. 150 ff., 153.

[42] Siehe etwa *Lange/Schiemann*, Schadensersatz, § 3, S. 75 ff.

[43] Siehe nochmals die Ausführungen von *Hruschka*, Rechtstheorie 22 (1991), S. 451.

[44] Vgl. *Medicus*, ZGR 1998, S. 570, 574; siehe auch nochmals *Wagner* in MüKo, BGB^4, § 823, Rn. 264 m. Nachw.; *Welzel*, Fahrlässigkeit und Verkehrssicherung, in Abhandlungen, S. 315, 335.

[45] Siehe zur Bedeutung des Handelszeitpunktes etwa auch BGHZ 63, S. 140, 146. Gerade für die Frage, welche Erkenntnisse für die Bestimmung des Verhaltensmaßstabes relevant sein können, BGHZ 80, S. 186, 192.

mag jedoch nur zu leicht geneigt sein schlicht zu behaupten, daß der einem Verletzungsereignis vorausgehende Verlauf auch von einem *ex-ante*-Standpunkt aus zu sehen und ihm entgegenzusteuern war.[46] Wo eine Verletzung eintritt, will und muß gleichsam ein „Verantwortlicher" gefunden werden. In einem solchen Weltverständnis haben Zufall und Unglück keinen Platz. Es ist allerdings gerade deshalb ratsam, sich in jeder Hinsicht in die Umstände des Einzelfalls aus der Perspektive des Täters zu versetzen, will man dessen Verhalten zutreffend bewerten. Sinnvoll und für eine unvoreingenommene Aussage darüber, ob in einer Situation Pflichten verletzt wurden, unabdingbar ist es, bei der Bestimmung einer deliktsrechtlichen Pflicht auszuklammern, ob später ein Verletzungserfolg eingetreten ist, der in irgendeiner Beziehung zu dem Verhalten stehen könnte. Bei diesem Vorgehen wäre der Betrachter nämlich gezwungen, generell Rechenschaft darüber abzulegen, wie Verhalten an und für sich rechtlich zu bewerten ist. Die Gefahrkomponente, auf die etwa die Adäquanztheorie – wiederum aus *ex-post*-Sicht – entscheidend abstellt,[47] ist in dieser Bewertung enthalten, jedoch aus einer *ex-ante*-Perspektive. Dieser Perspektivwechsel ist unabdingbar für eine sinnvolle Beantwortung der Pflicht- und damit Rechtswidrigkeitsfrage.

Nach dem Eintritt eines Schadens ist es nur allzu einfach zu sagen, es habe vor Eintritt des Schadens eine Gefahr für das betreffende Rechtsgut bestanden. Diese Aussage beruht aber möglicherweise erst auf dem spätestens mit Eintritt der Verletzung erlangten Erfahrungs*wissen* über den betreffenden Lebensverlauf.[48] Umgekehrt wird aber auch ein ursprünglich als rechtswidrig bewertetes Verhalten nicht deswegen als erlaubt angesehen, weil es den mißbilligten Erfolg, dessen Eintritt vermieden werden sollte, *ex-post* gesehen doch nicht herbeigeführt hat.

Im Zeitpunkt der (Nicht-) Vornahme einer Handlung muß deren rechtliche Bewertung bereits feststehen.[49] Eine Schadensersatzpflicht darf im Bereich der Verschuldenshaftung in keinem Falle gleichsam über den Einzelnen hereinbrechen. Sogar im Bereich der Gefährdungshaftung wird dem Einzelnen mitgeteilt, aus welchen (erlaubtermaßen) gesetzten Risiken etwa entstandene Schäden und gegebenenfalls bis zu welcher Maximalhöhe solche Schäden zu ersetzen

---

[46] Nach *Hübner*, NJW 1982, S. 2041, 2043, wird vom Schaden her nach kausalen angeblich pflichtwidrigen Unterlassungen gesucht.

[47] *U. Huber*, Wahl-FS, S. 301, 305 ff., 312 ff., auch zur Unterscheidung von Kausalitäts- und Pflichtwidrigkeitsfragen.

[48] Denn bekanntlich ist man hinterher immer klüger, siehe auch *Welzel*, Fahrlässigkeit und Verkehrsdelikte, in Abhandlungen, S. 315, 331 f. Dazu im einzelnen später.

[49] *Mertens* in MüKo, BGB^3, § 823, Rn. 29; *Münzberg*, Verhalten und Erfolg, S. 64; *Fraenkel*, Tatbestand und Zurechnung, S. 213 ff.

sein werden. Damit muß erst recht im System der Verschuldenshaftung *ex-ante* bestimmt oder bestimmbar sein, mit welchem Verhalten man sich der „Gefahr“ schadensersatzrechtlicher Haftung aussetzt[50] und mit welchem man eine solche Haftung definitiv ausschließen kann. Das gebietet die Rechtssicherheit, die hier auch dem Interesse dient, etwaigen Haftungsrisiken versicherungsrechtlich adäquat begegnen zu können.

2. Retrospektivische Zurechnung und prospektivische Steuerung

a) Zum Begriff der Zurechnung in der Rechtswissenschaft

Bei der Beantwortung der Frage nach dem Bestehen deliktsrechtlicher Haftung wird häufig schwerpunktmäßig die Frage der *Zurechenbarkeit* diskutiert.[51] Die Spannweite der diesem Begriff zugrundegelegten Bedeutungen ist jedoch von extremen Ausmaßen und sein genauer Sinngehalt nicht immer hinreichend bestimmt.

Die im wesentlichen auf *Samuel Pufendorf* zurückgehende klassische Zurechnungslehre faßte unter dem Begriff der Zurechnung Gesichtspunkte der Rechtswidrigkeit und Schuld zusammen, um auf diese Weise ein äußeres Ereignis als zu verantwortendes Menschenwerk zu erfassen.[52] Eingebürgert hat sich die Unterscheidung zweier Zurechnungsstufen, der *imputatio facti*, mit der die Täterschaft einer Person hinsichtlich einer Tat beschrieben wird, und der *imputatio iuris*, die auch ein Urteil über die Rechtswidrigkeit und Vorwerfbarkeit enthält.[53]

Zurechnung kann im heutigen Sprachgebrauch[54] einerseits rein die Urheberschaft einer Handlung beschreiben, andererseits neben der Urheberschaft der Handlung aber auch die Verantwortung für die daraus resultierenden Folgen umfassen. Für die zweite Variante reicht der Bedeutungshorizont von einer mehr empirischen Zurechnung als einer Feststellung kausaler Verursachung im Sinne der *conditio-sine-qua-non*-Formel über die Hinzunahme von Erwägungen nach der Adäquanztheorie bis hin zu einer insofern zusätzlich qualifizierten Zurechnung, als bei der Untersuchung der Zurechenbarkeit sämtliche Merkmale der

---

[50] *U. Huber*, Wahl-FS, S. 301, 330 ff.; *Kötz*, Gutachten Bd. 2, S. 1789; *Fraenkel*, Tatbestand und Zurechnung, S. 213 ff.

[51] BGHZ 79, S. 259, 261 ff.; 3, S. 261, 266 ff.; *Bierling*, Prinzipienlehre, Bd. 3, S. 29 ff.; *Lange/Schiemann*, Schadensersatz, § 3, S. 75 ff.; *Deutsch*, Fahrlässigkeit, S. 428 f.; zum Strafrecht *Kühl*, Strafrecht AT, § 4, Rn. 4 f.; 36 ff.; *Hübner*, Entwicklung. Zur Lehre der objektiven Zurechnung *Jakobs*, Strafrecht AT, Abschn. 6, Rn. 1, 4, 46; Abschn. 7, Rn. 4 ff.; *Frisch*, Verhalten und Erfolg, S. 10 ff.; *Lenckner* in Schönke/Schröder, StGB, Vorb. zu §§ 13 ff., Rn. 71 ff.

[52] Ausführlich *Hruschka*, Rechtstheorie 22 (1991), S. 449 ff. siehe auch *Jescheck/Weigend*, Strafrecht AT, S. 200.

[53] Siehe *Hruschka*, Rechtstheorie 22 (1991), S. 449, 451 ff.; *Joerden*, JRE 1994, S. 307 f.

[54] Siehe zunächst die instruktive Explikation des Begriffs der Zurechnung von *Meixner*, JRE Bd. 2 (1994), S. 479 ff.

Widerrechtlichkeit und des Verschuldens berücksichtigt werden.[55] Gelegentlich wird in der haftungsrechtlichen Diskussion für bestimmte (zumeist nachteilige) Ereignisse von einer Zurechnung in dem Sinne gesprochen, daß der Eintritt des Ereignisses Sanktionen für eine Person auslösen soll, obwohl es etwa an Steuerungsmacht oder adäquater Verursachung fehlte. Die Kriterien dieser konkret-individueller Verantwortung entkleideten Zurechnung werden oft nicht benannt.[56] Damit geht es in dieser „erweiterten" Zurechnungsdiskussion offenbar nicht mehr so sehr darum, jemanden wegen einer Fehlsteuerung seines Verhaltens zur Verantwortung zu ziehen. Vielmehr geht es wohl vor allem um das übergeordnete Ziel, Schadenslasten möglichst gerecht zu verteilen[57].

Je nach der Bedeutung des Wortes Zurechnung beziehen sich die Aussagegehalte festgestellter Zurechenbarkeit und festgestellter Pflichtverletzung je nach dem verwendeten Zurechnungsbegriff auf voneinander verschiedene Betrachtungsgegenstände oder – je nachdem, inwieweit er eine Bewertung des Verhaltens umfaßt – auf sich teilweise überschneidende Betrachtungsgegenstände. Der Begriff der Zurechnung macht die Ermittlung der jeweils bestehenden Verhaltensnormen – unabhängig von der mit ihm verbundenen Bedeutung – daher nicht überflüssig.[58]

b) Das Erfordernis der Kongruenz von Zurechnungs- und Bestimmungsregeln

Der Begriff der Zurechnung wird in unterschiedlicher Bedeutung gebraucht. Neben Gesichtspunkten, die unter der Rubrik der Kausalität diskutiert werden, kann die Bejahung der Zurechnung eines Erfolges zu einem Verhalten auch situations- und täterbezogene Merkmale umfassen. Zurechnungsregeln folgen dementsprechend bei einer Zurechnung im umfassenden Sinne Grundsätzen, die auch für die Bestimmung von Verhaltensregeln bedeutsam sind.[59] Im Unter-

---

[55] Dazu etwa *Mittelstraß*, Enzyklopädie Philosophie, Bd. 4, Stichwort: „Zurechnung", sowie *Meixner*, JRE Bd. 2 (1994), S. 479 ff. sowie *Mertens* in MüKo, BGB^3, § 823 Rn. 12 ff.; *von Bar*, Verkehrspflichten, S. 200 ff.; *Lange/Schiemann*, Schadensersatz, § 3, S. 75 ff. Nach *Kant*, Metaphysik der Sitten, S. 31, ist „Zurechnung (*imputatio*) in moralischer Bedeutung (...) das Urteil, wodurch jemand als Urheber (*causa libera*) einer Handlung, die alsdann Tat (*factum*) heißt und unter Gesetzen steht, angesehen wird." Häufig enthält Zurechnung folglich mehr als die Feststellung von Kausalität, nämlich auch eine Wertung; siehe auch *Larenz*, Hegels Zurechnungslehre, S. 50 ff; 60 ff.; 89 ff.

[56] Sie dazu die bedenkenswerten Ausführungen *von Bars*, Verkehrspflichten, S. 201 ff.

[57] Kritisch gegenüber dem darin liegenden unmittelbaren Zugriff auf Gerechtigkeitskriterien etwa *Larenz/Canaris*, SR BT II/2, S. 412 ff.

[58] Siehe nur *Krümpelmann*, Jescheck-FS, Bd. 1, S. 313 ff., 319 ff.

[59] Einige Entsprechungen zeigt *Hruschka*, Rechtstheorie 22 (1991), S. 454 f., auf, etwa anhand der Sätze „*impossibilium nulla est obligatio*" bzw. „*ad ignorata nemo obligatur*" einer-

schied zu den Verhaltensregeln werden die Zurechnungsregeln naturgemäß ausschließlich von einem retrospektivischen Standpunkt aus, etwa von einem Richter angewandt.[60] Ein *ex post* zu fällendes Urteil über das Verhalten eines Menschen, dem etwas umfassend zugerechnet werden soll, muß im Grunde dieselben Prinzipien beachten, die für die Bestimmung des Verhaltens aus *ex-ante*-Sicht gelten.[61] Sonst entsteht ein Widerspruch zwischen Bestimmungsnorm und Bewertungsnorm und wird die Zurechnung fehlerhaft.[62]

c) Zusammenfassung

Zurechnung erfolgt aus einer *ex-post*-Perspektive, also zu einer Zeit nach Eintritt eines bestimmten Ereignisses der Außenwelt und, nachdem das möglicherweise für das Ereignis ursächliche Verhalten erfolgt ist. Gerade um dessen Bestimmung als pflichtgemäß oder pflichtwidrig, als rechtmäßig oder rechtswidrig *ex ante* geht es hier aber in der Hauptsache.

Aus dem bloßem Gebrauch des Begriffs der Zurechnung kann nicht ersehen werden, ob der jeweilige Autor damit einen „vollkommenen" Vorwurf verbindet, der von der Verursachung über die Pflichtverletzungsfrage bis zur Schuldzuweisung reicht, ob der Begriff allein die Frage der Kausalität umfaßt, oder ob der Begriff in sonst einer Bedeutung verwendet wird. Die ohne nähere Begriffsbestimmung schwachen Konturen des Begriffs der Zurechnung relativieren dessen Nutzen. Die Bejahung der Zurechenbarkeit eines bestimmten Erfolges in der Außenwelt kann für eine deliktsrechtliche Haftung nach § 823 Abs. 1 BGB nur sinnvoll sein, wenn und soweit es für diese Anspruchsgrundlage gerade auf den damit angesprochenen Aspekt ankommt. Für die Hauptproblematik dieser Arbeit, wie (präskriptive) Verhaltensgebote insbesondere für den Bereich der Verantwortung für die Verkehrssicherung bestimmt werden können, ist die Zurechnungsdiskussion nicht weiterführend und kann daher dahingestellt bleiben.

III. Die mangelnde Eignung der Erfolgsunrechtslehre zur Bestimmung bestehender Pflichten

Der Streit zwischen der Erfolgsunrechtslehre und der Verhaltensunrechtslehre kann hier nicht im einzelnen dargestellt und vertieft werden.[63] Einwände gegen

---

seits und „*impossibilium nulla est imputatio*" bzw. "*ignoratorum nulla est imputatio*", andererseits. Vgl. auch BGHZ 79, S. 259, 261 ff.

[60] Siehe etwa *Hruschka*, Rechtstheorie 22 (1991), S. 449, 451.

[61] Ausführlich *Joerden*, JRE Bd. 2 (1994), S. 307 ff.; in diesem Sinne wohl auch *von Bar*, Verkehrspflichten, S. 200 f., wenn er die Zurechnung einer „verwirklichte(n) Gefahr" als davon abhängig ansieht, daß „sie aufgrund einer wertenden Betrachtung vorhersehbar und vermeidbar war" (S. 201).

[62] *Hruschka*, Rechtstheorie 22 (1991), S. 449 ff.

[63] Eingehend ist die Thematik dargestellt etwa bei *Belling/Eberl-Borges* in Staudinger, BGB, § 831, Rn. 68 ff.; *Larenz/Canaris*, SR BT II/2, S. 364 ff.; *Steffen* in RGRK, BGB, § 823, Rn. 106 ff.

die Erfolgsunrechtslehre sind bereits vielerorts ausführlich dargelegt worden.[64] Die Erkenntnisse, die gelegentlich aus der Unterscheidung von mittelbaren und unmittelbaren Verletzungen oder aus Adäquanzerwägungen gewonnen werden, scheinen sich nicht recht mit den zugrundeliegenden Prämissen zu vertragen. Es wird nämlich aus äußeren Tatsachen (Verletzungserfolg) auf eine Mißachtung von Verhaltensnormen geschlossen, ohne das Verhalten selbst zum Gegenstand der Betrachtung gemacht zu haben.[65] Diese auch noch in den Gesetzesmaterialien zum BGB anklingende Auffassung[66] ist in hohem Maße fragwürdig.[67] Bekanntermaßen läßt sich nicht jede Rechtsgutsverletzung auf Unrecht zurückführen.[68] Die Bewertung eines Verhaltens als rechtswidrig erfordert eine Untersuchung des Verhaltens.[69] Ob ein als normgemäß erachtetes Verhalten einen unerwünschten Erfolg verursacht, muß für dessen Bewertung außer Betracht bleiben.[70] Erfolgsvermeidegarantien trägt ein deliktsrechtlich Verantwortlicher nach der allgemeinen Konzeption der Verschuldenshaftung nicht.[71]

Auch schon die Fragestellung dieser Arbeit deutet auf die fehlende Eignung der Erfolgsunrechtslehre als Unrechtsbestimmungslehre hin. Denn im *ex-ante*-Zeitpunkt, zu dem der Einzelne Auskunft begehrt und benötigt, ob und gegebenenfalls welche Anforderungen die Rechtsordnung an sein Verhalten stellt, wie er

---

[64] Vgl. etwa *Börgers*, Wandlungen, S. 27 f.; *Brüggemeier*, JZ 1986, S. 969, 974 ff.; *Löwisch* in Staudinger, BGB, § 276, Rn. 10; für den hier interessierenden Bereich auch *Raab*, JuS 2002, S. 1041, 1046; aus strafrechtlicher Sicht ebenso *Struensee*, JZ 1987, S. 541 f.

[65] Vgl. dazu nur *von Caemmerer*, DJT-FS, Bd. 2, S. 49, 67: „Rechtswidrig ist danach die Verletzung von Leben, Körper, Gesundheit und Freiheit eines anderen. Rechtswidrig ist weiter die Verletzung des Eigentums oder anderer absoluter Rechte." Zutreffend dagegen *von Caemmerer* (a.a.O.), S. 77, der eine Rechtsgutsverletzung für die Rechtswidrigkeit von Verhalten nicht ausreichen lassen will und zusätzlich den Verstoß gegen eine Sorgfaltspflicht verlangt. Siehe auch die Kritik von *U. Huber*, Wahl-FS, S. 301, 303 ff., 330 ff. In diesem Sinne wurde etwa im Strafrecht teilweise vertreten, der Erfolgseintritt sei für das personale Unrecht nicht erheblich, sondern nur eine objektive Bedingung der Strafbarkeit der Vollendungstat, vgl. dazu *Hirsch*, ZStW 94 (1982), S. 239, 240 m. w. Nachw.

[66] Mot. S. 726; anders und mehr verhaltensbezogen aber die Protokolle, Prot. S. 2713 f.

[67] Kritisch zur Verquickung von Fragen der Widerrechtlichkeit und der Haftungsbegrenzung *von Caemmerer*, DJT-FS, Bd. 2, S. 49, 75 f. (insb. Fn. 114), 127. Mag, so *Brüggemeier*, Deliktsrecht, S. 86 f., das „holzschnittartige" Verständnis, Rechtsgutsverletzungen seien in aller Regel rechtswidrig, anfangs noch ausgereicht haben, so doch heute in Zeiten „reifer Industriegesellschaften" nicht mehr.

[68] Siehe *U. Huber*, Wahl-FS, S. 301, 307 ff.

[69] Siehe etwa *Fraenkel*, Tatbestand und Zurechnung, S. 213; *Medicus*, ZGR 1998, S. 570, 574; *Hruschka*, Strafrecht, S. 403; *Krümpelmann*, Jescheck-FS, Bd. 1, S. 313, 319, beklagt insofern eine „Kategorienverwischung".

[70] So auch *Münzberg*, Verhalten und Erfolg, S. 67 ff (insb. 78) ; *U. Huber*, Wahl-FS, S. 301, 307 ff.; *Bohnert*, JR 1982, S. 6, 8; ferner *von Caemmerer*, DJT-FS, Bd. 2, S. 49, 75 f., 127.

[71] So im Grundsatz auch noch *Vollmer*, JZ 1977, S. 371, 373 m. w. Nachw.

diese also erfüllen kann, liegt ein tatbestandlicher Erfolg noch nicht vor, von dem eine Indizwirkung ausgehen könnte. Was bedeutet überhaupt die Unrechts*indikation* einer Rechtsgutsverletzung?[72] Was soll der über Fragen der Beweislastverteilung hinausgehende Wert einer solchen Indikation sein? *Zwingende Schlüsse* hinsichtlich der Bewertung des Täterverhaltens im Einzelfall können daraus nicht gezogen werden.[73] *Indikation* heißt nämlich *nicht*: *Implikation*.

Soll materiellrechtlich die Widerrechtlichkeit eines Verhaltens bejaht werden, muß also in *jedem* Fall geklärt werden, ob und gegebenenfalls welche Pflicht verletzt wurde.[74] Diese materiellrechtliche Frage zu beantworten ist die Erfolgsunrechtslehre aber schon von ihrem Ausgangspunkt her nicht geeignet. Die Funktion der Erfolgsunrechtslehre kann somit nicht in der materiellrechtlichen Begründung der Widerrechtlichkeit von Verhaltens liegen.

IV. Zusammenfassung

Stellt man die Frage nach Bestehen und Inhalt von Verhaltenspflichten, so erübrigen sich die am dreigliedrigen Deliktsaufbau in Tatbestand, Rechtswidrigkeit und Schuld orientierten Unterscheidungen von Tun und Unterlassen sowie unmittelbaren und mittelbaren Verletzungen. Auch die Unterscheidung der Schuldformen des Vorsatzes und der Fahrlässigkeit wird auf der Ebene der Verhaltenspflicht unerheblich sein.[75] Fragt man nach bestehenden Pflichten, muß auch die Zurechnungsdebatte versagen, setzt doch auch sie am Eintritt eines Verletzungserfolges an. Existenz, Inhalt und Umfang von Verhaltenspflichten müssen jedoch bereits für den Handlungszeitpunkt feststehen,[76] besteht deren Zweck darin, Verhalten zu steuern. Dessen (reale) Folgen können den Pflichtenkanon nicht (mehr) beeinflussen.

---

[72] BGHZ 24, S. 21, 24 ff., 28: „Regel-Ausnahme-Verhältnis“; *Hager* in Staudinger, BGB, § 823, Rn. A 3, 5 f.; *Belling/Eberl-Borges* in Staudinger, BGB, § 831, Rn. 78; *M. Wolf* in Soergel, BGB, § 276, Rn. 23, 25; *Fuchs*, Deliktsrecht, S. 72; *Larenz/Canaris*, SR BT II/2, S. 363; *Wieacker*, JZ 1957, S. 535; *Mertens* in MüKo, BGB³, § 823, Rn. 1, 36; *Deutsch*, Fahrlässigkeit, S. 440 f.

[73] Vgl. *Münzberg*, Verhalten und Erfolg, S. 65; mit klaren Worten auch *von Caemmerer*, DJT-FS, Bd. 2, S. 49, 133.

[74] Vgl. auch den Hinweis des Großen Zivilsenats BGHZ 24, S. 21.

[75] In diesem Sinne auch *Seebaß*, JRE Bd. 2 (1994), S. 375, 392 ff., der die übliche Gegenüberstellung von Vorsatz und Fahrlässigkeit grundsätzlich in Frage stellt; ebenso *Castaldo*, GA 1993, S. 495, 504 f..

[76] *Wagner* in MüKo, BGB⁴, § 823, Rn. 264; deutlich auch BGHZ 63, S. 140, 146.

B. Das Vorliegen widerrechtlichen Verhaltens als generelle Voraussetzung für eine Haftung nach § 823 Abs. 1 BGB

I. Ausgangspunkt

Da der historische Gesetzgeber die Haftung aus § 823 Abs. 1 BGB an widerrechtliche Handlungen oder, wie es in der Titelüberschrift genannt wird, an „unerlaubte Handlungen" geknüpft hat, dürfte man auch heute fast allgemein – und zwar von Seiten der Vertreter der Erfolgsunrechtslehre ebensosehr wie von Seiten der Anhänger der Lehre vom Handlungsunrecht – auf Zustimmung stoßen, stellte man die allgemeine Behauptung auf, daß der Tatbestand des § 823 Abs. 1 BGB das Vorliegen materiell rechtswidrigen (unerlaubten) Verhaltens verlangt. Das müßte unterschiedslos für aktives Tun wie für Unterlassen gelten,[77] für Verhaltensweisen im allgemeinen wie im Zusammenhang mit der Verkehrssicherung. Denn nach § 823 Abs. 1 BGB muß eine *widerrechtliche* Verletzung bejaht werden, soll es zur Entstehung eines Schadensersatzanspruchs kommen.[78]

Ausweislich der Materialien zum BGB wurde es als vornehmliche Aufgabe des Deliktsrechts angesehen, „die Rechtskreise der Einzelnen, innerhalb deren sie ihre individuelle Freiheit entfalten und ihre Interessen verfolgen dürfen, von einander abzugrenzen."[79] Ob und gegebenenfalls inwieweit an dieser Konzeption Korrekturen zulässig oder sogar geboten sind, um einen gerechten Schadensausgleich zu erreichen, ist eine andere Frage. Sie kann an dieser Stelle nicht interessieren.[80]

---

[77] So etwa schon *Traeger*, FG für Enneccerus, S. 26; *von Caemmerer*, DJT-FS, Bd. 2, S. 49, 74 ff., 133; ferner *Larenz/Canaris*, SR BT II/2, S. 360 ff.; *Zeuner* in Soergel, BGB, § 823, Rn. 1; *Fuchs*, Deliktsrecht, S. 71 f; *Brüggemeier*, Deliktsrecht, Rn. 99 ff; *Kötz/Wagner*, Deliktsrecht, Rn. 93; *Becker*, Unerlaubte Handlungen, S. 369; *Deutsch/Ahrens*, Deliktsrecht, Rn. 14, 80 ff.; *Schlechtriem*, SR BT, Rn. 742; vgl. auch *Mertens* in MüKo, § 823, Rn. 1, 23; *Steffen* in RGRK, BGB, § 823, Rn. 106 ff., 110 ff.; *Raab*, JuS 2002, S. 1041, 1045 f.; *Deckert*, Jura 1996, S. 348, 351; *Kleindiek*, Deliktshaftung, S. 102 m. Nachw., 112 ff. Die Lehre vom Erfolgsunrecht widerspricht dem nicht, wenn sie von einer Unrechtsindikation einer Verletzung spricht. Denn Indikation ist nicht Implikation. Siehe auch die Kritik *Börgers*, Wandlungen, S. 74 f., an der Erfolgsunrechtslehre, soweit sie jede Verletzung bereits aus sich heraus für widerrechtlich erklären will.

[78] So auch ausdrücklich die Begründung des Entwurfs eines Gesetzes zur Änderung schadensersatzrechtlicher Vorschriften vom 19.12.1975, BR-Drs. 777/75, S. 7.

[79] So Mugdan II, S. 1073; zustimmend *Canaris*, SR BT II/2, S. 350.

[80] Das gilt auch für die in BGHZ 3, S. 261, geäußerte These, daß mit der Adäquanzprüfung die Grenze ermittelt werde, „bis zu der dem Setzer einer Bedingung eine Haftung für ihre Folgen billigerweise zugemutet werden kann"; ebenso BGHZ 79, S. 259, 261 f. Denn dieses Vorgehen ersetzt die *de lege lata* vorgefundenen Kategorien durch andere.

II. Meinungsstand

Deutsch[81] unterscheidet grundsätzlich drei Grundströmungen der Rechtswidrigkeitslehre: die eine läßt sich als erfolgsbezogenes Unrechtskonzept bezeichnen. Ihr hat er den Namen „Legismus" gegeben. Die zweite, die er „Fundamentalismus" nennt, leitet, so *Deutsch*[82], aus der Struktur der Norm des § 823 Abs. 1 BGB ab, daß Rechtswidrigkeit nur verhaltensbezogen verstanden werden kann. Auch dem Gesetzgeber soll unwandelbar vorgegeben sein, daß als Gegenstand der Rechtswidrigkeit bei § 823 Abs. 1 BGB nur menschliches Verhalten in Betracht kommt. Zum dritten unterscheidet *Deutsch*[83] eine „funktionalistische" Strömung, welche die Widerrechtlichkeit in ihren verschiedenen Wirkungsweisen betrachtet.

Daß der Eintritt einer Rechtsgutsverletzung bereits für sich genommen zur Bejahung materiell widerrechtlichen Verhaltens (§ 823 Abs. 1 BGB) ausreicht, läßt sich auch unter Zugrundelegung älterer Vorstellungen, wie sie etwa noch in den Motiven zum BGB angedeutet werden,[84] nicht zwingend behaupten.[85] So ist zur Zeit der Veröffentlichung des BGB (1896) nach *Deutsch*[86] noch keine so ausdifferenzierte Dogmatik zur Widerrechtlichkeit vorhanden gewesen. Hinsichtlich der Voraussetzungen deliktischer Haftung nach § 823 Abs. 1 BGB, vor allem hinsichtlich der Voraussetzungen, unter denen Verhalten als widerrechtlich anzusehen ist, besteht auch heute noch keine Einigkeit. Das läßt sich am Beispiel der Haftung für die Verletzung der Verkehrssicherungspflichten besonders gut aufzeigen. *Mertens*[87] hebt gerade für den Bereich der Haftung wegen der Verletzung von Verkehrs(sicherungs)pflichten hervor, daß auch diese Haftung „im Ausgangspunkt eine auf rechtswidriges Verhalten und Verschulden gegründete Haftung" ist,[88] während etwa *von Bar*[89] durch „Einbeziehung" weiterer Elemente in den Pflichtbegriff zu einem völlig anderen Bedeutungsgehalt gelangt.

---

[81] Fahrlässigkeit, S. 443, 444 ff.

[82] Fahrlässigkeit, S. 443, 447 f.

[83] Fahrlässigkeit, S. 443.

[84] Mot. II, S. 726.

[85] Dazu und zur zweifelhaften Lehre vom Erfolgsverursachungsverbot siehe *Börgers*, Wandlungen, S. 25 ff., 60. Ferner *von Caemmerer*, DJT-FS, Bd. 2, S. 49, 77, der für die Widerrechtlichkeit immer einen Sorgfaltspflichtverstoß fordert. Siehe auch *Löwisch* in Staudinger, BGB, § 276, Rn. 10; *Wolf* in Soergel, BGB, § 276, Rn. 22, 36.

[86] Fahrlässigkeit, S. 436 f.

[87] MüKo, BGB^3, § 823, Rn. 206.

[88] Ebenso *Zeuner* in Soergel, BGB, § 823, Rn. 1 f., 4 f., 154-157; zu § 832 BGB *Belling/Eberl-Borges* in Staudinger, BGB, § 832, Rn. 52-57.

[89] Verkehrspflichten, etwa S. 105 f.

Von Bar nämlich „reichert“ den Pflichtbegriff einerseits durch einen Erfolgsaspekt und andererseits durch Erwägungen für das Ziel eines möglichst gerechten Schadensausgleichs an und läßt den verhaltensbezogenen Rechtswidrigkeitsansatz damit in den Hintergrund treten – ohne daß sich die verwendeten Termini von denen der anderen Autoren unterschieden. Für ihn kommt dem Eintritt eines Verletzungserfolges weit größere Bedeutung zu als der Frage, ob ein dafür ursächliches Verhalten als pflicht- und damit rechtswidrig zu bewerten ist. *Von Bar* sieht das Merkmal widerrechtlichen Verhaltens demnach im Grunde nicht als Voraussetzung für eine Schadensersatzhaftung nach § 823 Abs. 1 BGB an. Denn er befürwortet eine Haftung nach dieser Vorschrift auch in solchen Fällen, in denen der Eintritt einer Rechtsgutsverletzung nicht vermeidbar ist („Nähe der Erfolgshaftung“).[90]

Dagegen hebt aber etwa *Canaris*[91] hervor, daß auch Unterlassungen, die als Verletzung von Verkehrssicherungspflichten angesehen werden, methodisch als „fahrlässige widerrechtliche Verletzung“ in Betracht kommen.[92] Nimmt man die deliktsrechtlichen Publikationen beim Wort, ist materialer Gegenstand der Rechtswidrigkeit bei § 823 Abs. 1 BGB nichts anderes als das menschliche Verhalten.[93] Denn in der deliktsrechtlichen Literatur wird fast ausnahmslos von Pflichten, Pflichtverletzungen, Verstößen menschlichen Verhaltens gegen Verhaltensvorschriften etc. gesprochen.

In seinem berühmt gewordenen Beschluß vom 4. März 1957[94] weist auch der Große Senat des BGH für Zivilsachen darauf hin, daß ein eingetretener Verletzungserfolg für das Urteil der Rechtswidrigkeit keinen ausreichenden Grund hergibt. Dieses Urteil könne das den Erfolg herbeiführende Verhalten nicht unberücksichtigt lassen. Ferner hebt der Große Senat im gleichen Sinne die richterliche Prüfungspflicht hinsichtlich der Frage der Widerrechtlichkeit im Einzelfall hervor.[95] Auch später noch hat der BGH dieser Linie treu bleibend mehr oder minder deutlich ausgesprochen, daß der Unrechtstatbestand bei § 823

---

[90] *Von Bar*, Verkehrspflichten, S. 105 f.; siehe auch *Vollmer*, JZ 1977, S. 371, 374 ff.

[91] *Larenz/Canaris*, SR BT II/2, S. 399 f., 403 f.

[92] *Larenz/Canaris*, SR BT II/2, S. 403 f. wendet sich auch gegen die gelegentlich anzutreffende Haltung, den Verkehrs(sicherungs)pflichten ihre dogmatische Verwurzelung in § 823 Abs. 1 BGB abzusprechen.

[93] *Deutsch*, Fahrlässigkeit, S. 455; *Deutsch/Ahrens*, Deliktsrecht, Rn. 80 ff.; *Hanau*, Die Kausalität der Pflichtverletzung, S. 87 ff.; *Zippelius*, AcP 157 (1958/59), S. 390, 396; *Raab*, JuS 2002, S. 1041, 1046; *Kunz/Kraus*, Haftung für schädliche Ware, S. 74; *Wagner* in MüKo, BGB^4, § 823, Rn. 63 ff.; *Stark*, Deutsch-FS, S. 349 ff.; *Zeuner* in Soergel, BGB, § 823, Rn. 1 f., 154; *Münzberg*, Verhalten und Erfolg, S. 90 ff.; *Löwisch* in Staudinger, BGB, § 276, Rn. 10.

[94] BGHZ 24, S. 21, 26.

[95] BGHZ 24, S. 21, 25. Ebenso BGHZ 40, S. 379, 382; KG NJW-RR 2003, S. 24, 25; RGZ 54, S. 53, 59.

Abs. 1 BGB verhaltensbezogen und nicht etwa erfolgs- oder zustandsbezogen zu verstehen ist.[96]

III. Stellungnahme

1. Vorbemerkung

Der Tatbestand des § 823 Abs. 1 BGB fordert seinem Wortlaut nach, daß eine Person (=wer) „das Leben, den Körper, die Gesundheit, die Freiheit, das Eigentum oder ein sonstiges Recht eines anderen *widerrechtlich* verletzt". Die adverbielle Stellung des Wortes „widerrechtlich" schließt einen anderen Bezug als den auf das Verb des Satzteils aus. Damit ist in *diesem* Zusammenhang das Verletzungs*verhalten* Gegenstand des Urteils der Widerrechtlichkeit.[97]

Diese Meinung schließt freilich nicht aus, daß das Urteil der Widerrechtlichkeit in anderem Zusammenhang auf Ereignisse oder Zustände zu beziehen ist.[98] Die Vorschrift des § 1004 BGB macht dies deutlich. Dort kommt es auf das Vorliegen einer Beeinträchtigung durch einen Störer an, die der Eigentümer nicht zu dulden braucht. Nicht notwendig wird eine Person durch ihr (regelwidriges) Verhalten zum Störer. Allein das Vorliegen einer widerrechtlichen Beeinträchtigung bringt den Anspruch nach § 1004 Abs. 1 BGB zum Entstehen. Bei § 823 Abs. 1 BGB verhält es sich anders. Im Zusammenhang mit deliktischer Schadenshaftung *de lege lata* ist Voraussetzung nicht eine irgendwie regelwidrige objektive Beeinträchtigung, für die Bejahung des § 823 Abs. 1 BGB bedarf es des Vorliegens widerrechtlichen, das heißt pflichtwidrigen Verhaltens.[99] Ergänzend sei darauf hingewiesen, daß auch das Verschuldensmerkmal in § 823 Abs. 1 BGB keine andere Deutung zuläßt. Denn Verschulden kann sich nur auf Verhalten beziehen.

Seiner Formulierung nach sieht § 823 Abs. 1 BGB als haftungsauslösendes Moment also nicht allein und auch nicht vorwiegend den Eintritt eines sozial inadäquaten Verletzungs*erfolges* vor, mag dieser auch seinerseits Voraussetzung für eine *Haftung* nach § 823 Abs. 1 BGB sein.[100] Haftungskonstitutiv ist in erster Linie, daß jemand eines der genannten Rechtsgüter *durch sein widerrechtliches Verhalten* verletzt hat.[101] Dabei ist es gleichgültig, ob eine Verkehrssicherungs-

---

[96] Vgl. BGHZ 80, S. 199, 204. Der BGH, BGHZ 98, S. 244, 252, spricht auch von einer „Erfüllung der Verkehrssicherungspflicht"; ferner BGHZ 108, S. 273, 275: „der Verkehrssicherungspflicht Genüge" tun, 277.

[97] So auch *Münzberg*, Verhalten und Erfolg, S. 90 f.

[98] *Deutsch*, Fahrlässigkeit, S. 211; *Bierling*, Prinzipienlehre, Bd. III, S. 170 ff.; *von Caemmerer*, DJT-FS, Bd. 2, S. 49, 127.

[99] *Hanau*, Die Kausalität der Pflichtwidrigkeit, S. 87, 90 ff.

[100] *Münzberg*, Verhalten und Erfolg, S. 109 ff.

[101] Siehe BGHZ 24, S. 21, 26. Vgl. auch *von Caemmerer*, DJT-FS, Bd. 2, S. 49, 77.

pflicht oder eine andere aus § 823 Abs. 1 BGB ableitbare Pflicht und deren Verletzung in Rede steht.[102] Die Bestimmung der Grenze zwischen rechtmäßigem und rechtswidrigem Verhalten ist gleichbedeutend mit der Bestimmung der Grenzen der allgemeinen Handlungsfreiheit[103] – für potentielle Täter wie für potentielle Opfer. Eine Schadensersatzhaftung auf der Grundlage des § 823 Abs. 1 BGB scheidet nach allem bei Fehlen von widerrechtlichem Verhalten aus, soll dessen Vorliegen nicht fingiert werden.[104]

2. Von der Untersuchung der Widerrechtlichkeit von Verhalten zur Untersuchung der Widerrechtlichkeit von Schadensereignissen

Der tatsächliche Gegenstand mancher deliktsrechtlichen Erörterung deckt sich allem Anschein nach nicht immer mit dem ausdrücklich behandelten Thema. Es können Tendenzen ausgemacht werden, den Begriff der Widerrechtlichkeit ebenso wie den damit unmittelbar zusammenhängenden Pflichtbegriff, insbesondere den Begriff der Verkehrssicherungspflicht, nicht normativ, sondern eher funktional zu handhaben.[105] Die erwähnte Funktion wird dabei wohl darin gesehen, Schäden eines Betroffenen, die ein anderer nach bestimmten Gerechtigkeitserwägungen ersetzen soll, gegenüber solchen abzugrenzen, die der Betroffene selbst zu tragen hat,[106] wobei häufig der Gesichtspunkt der Billigkeit ins Feld geführt wird.[107] Diesem funktionalen Verständnisansatz tritt insbesondere *Brüggemeier*[108] entgegen: der Zweck der Verkehrspflichten sei nicht schlicht darauf gerichtet, für eine Schadensabnahme zu sorgen, sondern suche eine Schadensverteilung und -prävention nach bestimmten ökonomischen, sozialen und moralischen Kriterien.

Die in Rede stehende Vorschrift (§ 823 Abs. 1 BGB) sollte bei der Auseinandersetzung über die tatbestandlichen Voraussetzungen nicht aus dem Blick verloren werden. Der beim Vorgehen *von Bars* eingetretene Perspektivwechsel ist unverkennbar: Setzt eine Haftung nach § 823 Abs. 1 BGB *de lege lata* widerrechtliches Verhalten voraus, so soll es nach *von Bars* Auffassung wohl eher um widerrechtliche Schäden gehen, die freilich auf der Grundlage derselben An-

---

[102] So redet etwa auch der BGH, BGHZ 98, S. 244, 252, von der Möglichkeit der Erfüllung von Verkehrssicherungspflichten oder davon, daß „der Verkehrssicherungspflicht Genüge getan" wurde, siehe BGHZ 108, S. 273, 275 sowie 277: Erfüllung der Pflicht sichern.

[103] Vgl. etwa schon *Traeger*, FG für Enneccerus, S. 67.

[104] Dazu *Jansen*, AcP 202 (2002), S. 517, 518.

[105] *Vollmer*, JZ 1977, S. 371, 373, 374; *von Bar*, Verkehrspflichten, S. 128 ff.; *Steffen* VersR 1980, S. 409, 410. Siehe auch die Nachweise von *Jansen*, AcP 202 (2002), S. 517, 533 ff.

[106] *Von Bar*, Verkehrspflichten, S. 129; *Vollmer*, JZ 1977, S. 371, 374 ff.

[107] Gegen eine Abwendung vom im Gesetz verankerten Verschuldensprinzip hat sich auch der BGH schon ausdrücklich gewandt, siehe etwa BGHZ 54, S. 332, 337.

[108] AG 1982, S. 268, 275.

spruchsgrundlage zu ersetzen sein sollen. Ein Paradoxon, geht es doch damit offensichtlich um die Festlegung der tatbestandlichen Voraussetzungen einer (neuen) außervertraglichen Schadensersatzhaftung und nicht um die Bestimmung und Anwendung der aktuell nach § 823 Abs. 1 BGB geltenden Voraussetzungen. *De lege lata* dürfte diese Auffassung einer tragfähigen Grundlage entbehren, will sie Schäden, deren Tragung durch eine bestimmte Person zwar wünschenswert sein mag, die aber nicht auf ein Fehlverhalten (Pflichtverletzung) dieser Person zurückzuführen sind, gleichwohl unter § 823 Abs. 1 BGB subsumieren.[109]

Abzulehnen ist auch der Gedanke, die Widerrechtlichkeit für das bürgerliche Deliktsrecht speziell „zivilrechtlich" zu bestimmen. Anschaulich hat diese Überlegung etwa in der berühmten und vielzitierten Funkenflugentscheidung des OAG München vom 16.04.1861[110] Niederschlag gefunden. Wenn auch immer wieder versucht wird, aus dieser und ähnlichen Gerichtsentscheidungen, die durchaus vereinzelt anzutreffen sind, ein allgemeines Prinzip abzuleiten, so sollte doch nicht übersehen werden, daß die Gerichte in diesen besonderen Einzelfällen mehr von dem Gedanken geleitet sein dürften, einen gerechten Schadensausgleich herbeizuführen als sich strikt an die gesetzlichen Vorgaben zu halten. Dieses Vorgehen entbindet jedoch nicht von der Aufgabe, nach überzeugenderen Begründungsansätzen zu suchen, als sie die durchaus gelegentlich in Begründungsnot befindlichen Gerichte erarbeiten konnten.

Es ist ein offensichtlicher juristischer *Kunstgriff*, das Tatbestandsmerkmal „Widerrechtlichkeit" in § 823 Abs. 1 BGB nur solange zu manipulieren, bis dieses in der Anwendung bejaht und die damit erwünschten Ergebnisse erzielt werden können.[111] Auf diese Weise wird das Problem, wie Opferinteressen bei gefahrträchtigem, aber sozial erwünschtem und deshalb erlaubtem Verhalten angemessen berücksichtigt werden können, seiner argumentativen Lösung um nichts näher gebracht.

IV. Zwischenergebnis

Eine Voraussetzung für eine schadensersatzrechtliche Haftung nach § 823 Abs. 1 BGB ist das Vorliegen rechtswidrigen Verhaltens. Rechtswidrig ist Verhalten immer dann, wenn es den Vorgaben des Rechts, dem rechtlichen Sollen,

---

[109] Vgl. auch die Absage von *Deutsch*, Fahrlässigkeit, S. 239, an die Auffassung, die Widerrechtlichkeit des Privatrechts an der Aufgabe orientiert zu sehen, einen gerechten Schadensausgleich zu gewährleisten.

[110] OAG München SeuffArch. 1861, Bd. 14, Nr. 208, S. 354, 357 f. Trotz der Erwägungen des OAG geht es zu weit, aus dieser singulären Entscheidung ein allgemeines Prinzip des § 823 Abs. 1 BGB abzuleiten. Denn die Entscheidung ist lange vor Inkrafttreten des BGB ergangenen und konnte sich daher mit dessen Dogmatik nicht auseinandersetzen.

[111] Siehe auch die Beschreibung dieser Praxis von *Esser*, JZ 1953, S. 129 ff., insbes. S. 129.

nicht entspricht.[112] In Pflichten äußern sich die Verhaltensvorgaben, welche die Rechtsordnung in einer bestimmten Situation an das Verhalten stellt. Wenn Verhalten als rechtswidrig bewertet werden muß, um (*de lege lata*) Anknüpfungspunkt für eine Haftung nach § 823 Abs. 1 BGB sein zu können, ist es vollkommen gleichgültig, ob der Lebensbereich dem Kapitel „Haftung aufgrund der Verletzung von Verkehrs(sicherungs)pflichten" zugeordnet wird oder gar der Haftung wegen Vorsatzes, oder ob der Lebensbereich keinem systematisch abgrenzbaren Haftungsbereich innerhalb des § 823 Abs. 1 BGB zugewiesen werden kann.

C. Zum Begriff der Pflicht

I. Grundlagen

Der Begriff der *Pflicht* wird allgemein verwendet als Oberbegriff für Verbote und Gebote. Pflichten enthalten Sollenssätze; Verpflichtungsgegenstand ist das menschliche Verhalten. Nach dem *Kantischen* Pflichtbegriff ist „Pflicht" als „diejenige Handlung" definiert, „zu der jemand verbunden ist"[113].

Wenn hier von *Pflichten* gesprochen wird, so ist das Verhalten gemeint, welches rechtlich, das heißt auf der Grundlage der Gesamtordnung des Rechts, verbindlich vorgeschrieben ist.[114] *Pflicht* ist nichts anderes als ein dem einzelnen Menschen von der Rechtsordnung vorgeschriebenes Tun oder Unterlassen.[115]

Was deliktsrechtlich im einzelnen verpflichtend vorgeschrieben ist, ist nach verbreiteter Meinung gleichbedeutend mit „der im Verkehr erforderlichen Sorgfalt", wie sie in § 276 Abs. 2 BGB als Maßstab der Fahrlässigkeit normiert ist.[116] Insofern schließt sich der Kreis, wenn sich etwa im Duden[117] unter dem Stich-

---

[112] Siehe *Deutsch/Ahrens*, Deliktsrecht, Rn. 78.

[113] Vgl. *Kant*, Die Metaphysik der Sitten, S. 222; ferner *von Tuhr*, Allgemeiner Teil I, S. 104.

[114] Anders ist dies bei *prima-facie*-Pflichten. Diese wird auf der Grundlage eines abgrenzbaren Teilsystems formuliert. Zu der Unterscheidung, die bei *Kant*, Metaphysik der Sitten, S. 224, zu vorzufinden ist, und auf *Aristoteles*, Die Nikomachische Ethik, 1109 b 14 – 23, 1126, a 33 – b 4, zurückgeführt werden kann, siehe auch *Ross*, The right and the good, S. 18 ff., 27 ff., 41 f. sowie *Rawls*, Theorie, S. 375 ff.

[115] Siehe *von Tuhr*, Allgemeiner Teil I, S. 121.

[116] So *von Caemmerer*, DJT-FS, Bd. 2, S. 49, 77; *Nipperdey*, NJW 1957, S. 1777, 1779 ff.; *Raab*, JuS 2002, S. 1041, 1045, jeweils m. Nachw. Der Begriff der Sorgfaltspflicht wird etwa bei *von Caemmerer* (a.a.O.), S. 75 f. als Synonym zum Begriff der Pflichtverletzung verwendet. *U. Huber*, Wahl-FS, S. 301, ff., spricht fast nur von Sorgfaltsanforderungen und bezieht sich bei § 823 Abs. 1 BGB vor allem auf das Fahrlässigkeitsmerkmal. Das Widerrechtlichkeitselement tritt dagegen in den Hintergrund. Siehe auch *Kötz/Wagner*, Deliktsrecht, Rn. 117 f. sowie *Cramer/Sternberg-Lieben* in Schönke/Schröder, StGB, § 15, Rn. 116 m. w. Nachw. Das RG verwendet den Begriff „Verkehrssorgfaltspflicht", RGZ 128, S. 149, 150 (Leitsatz 4).

[117] Duden, Deutsches Universalwörterbuch.

wort „fahrlässig“ die Umschreibung „die gebotene Sorgfalt, Aufmerksamkeit, Besonnenheit fehlen lassend“ findet. Das ist womöglich auch der Grund dafür, daß teilweise vertreten wird, mit Vorliegen der Widerrechtlichkeit, verstanden als Verletzung der im Verkehr erforderlichen Sorgfalt, sei im zivilrechtlichen Bereich zugleich auch Fahrlässigkeit gegeben, so daß die Verschuldensebene insofern entbehrlich wird.[118] Dem ist mit der Maßgabe zuzustimmen, daß die Frage der Widerrechtlichkeit von Verhalten konkret und situationsbezogen beantwortet wird.

II. Zur Definition des Begriffs der Verkehrspflicht *von Bars*

Nicht immer wird der Begriff der Pflicht in dem eben skizzierten Sinne gebraucht. Beispielsweise definiert *von Bar*[119] in seinem Gutachten zur Reform des Deliktsrechts die „Verkehrspflichten im weitesten Sinn (...) (als) die Verantwortlichkeit für mittelbare Schadenszufügung aufgrund eines Verstoßes gegen ein Verhaltensprogramm, also die kodifizierten und die richterrechtlich entwickelten Verkehrs(sicherungs)pflichten“. *Pflicht* drückt nach dieser in mehrerer Hinsicht merkwürdigen Definition *von Bars* (zumindest für Verkehrspflichten) zunächst nicht ein Verhaltenssteuerung intendierendes Sollen aus, sondern etwas gänzlich anderes: *Verantwortlichkeit* für eine bestimmte Schadenszufügung. Ebenfalls merkwürdig erscheint eine Aussage *von Bars* in dessen „Verkehrspflichten“: „Die mittelbaren Rechtsverletzungen in dem vorbezeichneten Sinne sind die Verkehrspflichten.“[120] Verkehrspflichten werden hier mit (mittelbaren) Rechtsverletzungen gleichgesetzt. Wenn das so sein sollte, dann könnte ihr Zweck aber gerade nicht in der Vermeidung von Rechts(guts)verletzungen liegen und ginge eine auf die Vermeidung von Verletzungen gerichtete Gefahrensteuerung fehl.

Der gelegentlich anzutreffende unterschiedliche Sprachgebrauch erschwert eine argumentative Auseinandersetzung häufig erheblich. Das in der Definition (Gutachten) zu erkennende Verständnis *von Bars* stößt – von der problematischen zweifachen Verwendung des Pflichtbegriffs einmal abgesehen – vor allem auf folgende Bedenken: *Von Bar* setzt in seiner Definition „Verantwortlichkeit (...) für (...) Schadenszufügung“ als *Genus*begriff für Verkehrspflichten (i.w.S.) ein. Das ist fragwürdig. Zunächst beschreiben Pflichten Sollenssätze, also Gebote und Verbote. Deren Inhalt kann im Einzelfall darauf gerichtet sein, Verletzun-

---

[118] Siehe dazu *Kötz/Wagner*, Deliktsrecht, Rn. 117 f.; *Wagner* in MüKo, BGB[4], § 823, Rn. 63 ff., sieht die Differenzierung zwischen Rechtswidrigkeit und Fahrlässigkeit als ins Wanken geraten an. Für den Verzicht auf die Frage nach Verschulden auch *von Caemmerer*, Reform, S. 7, der bei der Bestimmung der Widerrechtlichkeit jedoch von einem anderen Begriffsverständnis ausgehen dürfte.

[119] In Gutachten Bd. 2, S. 1681, 1686.

[120] *Von Bar*, Verkehrspflichten, S. 157.

gen oder Gefährdungen zu vermeiden, also einer Schadenszufügung vorzubeugen. *Verantwortung* für Schadenszufügung setzt jedoch die Verletzung der Pflicht, und nicht nur ihr Bestehen voraus; sonst ist die Formulierung von Pflichten überflüssig. *Von Bar* setzt jedoch das beim Bestehen einer Pflicht durch ihre Beachtung zu Vermeidende, die Schadenszufügung, gleich mit der Pflicht selbst. Nach üblichem und oben dargestelltem Sprachgebrauch ist jedoch in dem vorliegenden Zusammenhang nicht die Pflicht selbst die Grundlage für Schadensverantwortung, sondern erst und vor allem ihre Verletzung. Nach dem Schlußpassus der Definition (Gutachten) will jedoch auch *von Bar* die Verantwortung an Pflichtverstöße knüpfen.

III. Zum Begriff der Verkehrs(sicherungs)pflicht in der herrschenden Dogmatik

Verkehrs(sicherungs)pflichten sind entgegen der Auffassung etwa *von Bars* nichts anderes als besondere, im Verschuldenshaftungsrecht verankerte, Pflichten.[121] Sie stellen, so *Wagner*[122], einen Ausschnitt der allgemeinen deliktischen Sorgfaltspflicht dar. Im deliktsrechtlichen Bereich sind sie Pflichten, die im allgemeinen Rechtsverkehr in einer Situation zum Schutze der anderen Rechtsgutsträger an den Einzelnen adressiert sind. Als Bestandteil der Wörter „Verkehrspflicht“ und „Verkehrssicherungspflicht“ muß das Wort „Pflicht“ auch hier in dem Sinne verwendet werden, der bereits dargelegt wurde.[123]

Auch deshalb ist die beispielsweise bei *Vollmer*[124] anzutreffende Meinung abzulehnen, nach der Verkehrssicherungspflichten „schärfer“ sein sollen als aus dem allgemeinen Schädigungsverbot abgeleitete deliktsrechtliche Pflichten sonst. Zu diesem Begriffsverständnis ist anzumerken, daß dabei zwar von einer „Verschärfung von Verkehrssicherungspflichten“ gesprochen wird, daß der eigentliche Gegenstand der Verschärfung aber offenbar die deliktsrechtliche *Haftung* sein soll. Denn die *Vollmer* favorisierte Beweislastumkehr bewirkt

---

[121] Siehe nur *Kötz/Wagner*, Deliktsrecht, Rn. 232 ff., 260 ff.; *Wagner* in MüKo, BGB^4, § 823, Rn. 59, 220 f.; *Raab*, JuS 2002, S. 1041, 1045 ff.; wohl auch *Mertens* in MüKo, BGB^3, § 823, Rn. 32; insoweit auch *von Caemmerer*, DJT-FS, Bd. 2, S. 49, 72: „Heute (scil. 1960, d. Verf.) versteht man unter ‚Verkehrpflichten' Sorgfaltspflichten aller Art“; a. A. etwa *Kleindiek*, Deliktshaftung, S. 32, der dem Begriff der Verkehrs(sicherungs)pflicht offenbar eine andere Bedeutung zugrunde legt, wenn er ihrer Verletzung für das Widerrechtlichkeitsurteil Indizwirkung zumessen will.

[122] MüKo, BGB^4, § 823, Rn. 63 ff., 220 ff., 229; ebenso *von Caemmerer*, DJT-FS, Bd. 2, S. 49, 72.

[123] *Esser/Weyers*, SR II BT, S. 565, bezeichnen als Verkehrspflichten Pflichten, „die in einer längeren Rechtsprechung immer wieder als bestehend bezeichnet wurden“. Auch *Steffen*, VersR 1980, S. 409, will in den Verkehrspflichten schlicht Verhaltensprogramme sehen; a. A. *Kleindiek*, Deliktshaftung, S. 32 f.; *Vollmer*, JZ 1977, S. 371, 373, 374.

[124] *Vollmer*, JZ 1977, S. 371, ferner 373, 374.

keine Änderung der materiellrechtlichen Kategorien; der jeweilige Pflichtengehalt bleibt auch im Falle einer Beweislastumkehr unverändert. Ob die deliktsrechtliche Haftung einer für eine bestimmte Gefahr verantwortlichen Person freilich aus Gerechtigkeitsgründen ausgedehnt werden sollte, ist eine andere Frage. *Hier* geht es jedoch um die Darstellung der Voraussetzungen von Schadensersatzansprüchen nach § 823 Abs. 1 BGB; und diese Vorschrift setzt das Vorliegen unerlaubter, pflichtwidriger Handlungen kategorisch voraus.[125]

IV. Ergänzende Erläuterungen

1. Der Grundsatz „impossibilium nulla est obligatio"

Eine Pflicht muß begriffsnotwendig erfüllbar sein.[126] Das ist schon in dem klassischen Satz „*impossibilium nulla est obligatio*" treffend zum Ausdruck gebracht worden.[127] Mit diesem Satz wird die äußerste Grenze des Pflichtengehaltes bezeichnet. Die Formulierung von sog. „Pflichten", die von ihrem Adressaten nicht erfüllt werden können, ist sinnlos.[128] Wenn im Einzelfall von „Pflichten" gesprochen wird, ohne daß dieser Aspekt beachtet wird, muß die entsprechende Aussage mit der gebotenen „Vorsicht" behandelt werden. Bei einem Verstoß gegen dieses Prinzip handelt es sich bei dem betrachteten Satz nicht um eine Pflicht mit der Folge, daß ein „Verstoß" dagegen eine Haftung nach § 823 Abs. 1 BGB nicht auslösen kann. Eine Mißachtung des Grundsatzes bedeutet zugleich einen Abschied von dem im Verschuldensprinzip verankerten gesetzlichen Haftungssystem *de lege lata*.[129]

2. Keine Aufhebung der Unterscheidung von Verhalten und dadurch herbeigeführtem Erfolg – zu der Parallelproblematik der Handhabung des Begriffs der Pflichtverletzung in § 280 Abs. 1 S. 1 BGB

Ein Phänomen, das bei der Lektüre rechtswissenschaftlicher Abhandlungen im hier interessierenden Kontext gelegentlich zu beobachten ist, ist die Gleichset-

---

[125] Im gleichen Sinne sprechen *Esser/Weyers*, SR II BT, S. 558, den Verkehrssicherungspflichten jede kategoriale Neuheit im System des Deliktsrechts ab. Vgl. auch *Canaris*, FS für Larenz II, S. 27, 79 f. Das entspricht der Rechtsprechung des BGH, BGHZ 80, S. 199, 204, der (auch) Verkehrspflichten ausdrücklich als *verhaltensbezogen* beschreibt.

[126] Siehe nur BGH VRS 10, S. 12 (Leitsatz 1), 13 f. Auch im übrigen scheint der BGH in *diesem* Sinne von Pflichten und ihrer Erfüllung zu sprechen, vgl. etwa BGHZ 98, S. 244, 252. Siehe auch BGHZ 108, S. 273, 275 („der Verkehrssicherungspflicht (ist) genüge getan"), sowie S. 277; BGHZ 12, S. 75, 79: der Verantwortliche hat „das Seinige getan". Siehe im selben Sinne auch RGZ 82, S. 206, 220.

[127] Dig. 50, 17, 185 (*Celsus*). Vgl. auch die Nachweise bei *Hruschka*, Rechtstheorie 22 (1991), S. 449 ff.

[128] A. A. offenbar *Stoll*, AcP 162 (1963), S. 203, 209 (Fn. 28 aE).

[129] Vgl. auch BGHZ 92, S. 143, 151.

zung von (Schädigungs-)Ereignis und (Fehl-)Verhalten.[130] Ist beispielsweise eine Pflicht darauf gerichtet, den Eintritt eines bestimmten nachteiligen Ereignisses zu vermeiden, so wird gelegentlich bereits aus dem Eintritt dieses Ereignisses darauf geschlossen, daß eine Pflichtverletzung vorliegt. Anschaulich läßt sich dies im Bereich des Vertragsrechts nachweisen, wo dieser Ansatz sogar Eingang in die Gesetzesmaterialien zum Gesetz zur Modernisierung des Schuldrechts gefunden hat.[131] Daß eine nachträgliche Unmöglichkeit (§ 275 Abs. 1 BGB) nicht notwendig auf einer Pflichtverletzung beruht, dürfte noch allgemein anerkannt sein. Daß für die Entstehung eines Schadensersatzanspruchs in Fällen nachträglicher Unmöglichkeit *trotz* bestehenden Ausschlusses des Anspruchs auf Leistung und umgekehrt der Pflicht zur Leistung von einer „Pflichtverletzung" im Sinne des § 280 Abs. 1 S. 1 BGB gesprochen werden soll, die bereits im bloßen Nichtleisten zu sehen sein soll, muß als begrifflicher Fehlgriff aufgefaßt werden. Diese Konstruktion baut auf einem eigenartigen Sprachgebrauch auf.[132] Hier ist nicht der Platz, diese Frage des allgemeinen Schuldrechts zu vertiefen. Allein die Schwierigkeiten, mit denen die Entwurfverfasser in ihrer Begründung erkennbar ebenso zu kämpfen hatten wie die Literatur, machen deutlich, daß eine verhaltensentkleidete Auffassung vom Begriff der Pflicht (wie ihrer Verletzung) angesichts der Sprachtradition auch unter Juristen in erster Linie Verwirrung stiften muß und gedanklich in die Irre führt.

Falls im Deliktsrecht von einem Verletzungserfolg auf pflichtwidriges Verhalten geschlossen wird,[133] was angesichts der nicht immer scharf durchgeführten Trennung von beweisrechtlichen, statistischen (Regel-Ausnahme-Verhältnisse) und zurechnungsbezogenen Erwägungen einerseits und materiell verhaltensbezogenen Erwägungen andererseits nicht immer klar zu erkennen ist, so liegt darin ein methodischer Fehler.[134] Beispielsweise wäre ein „Gebot", jedwede Verletzung anderer unter allen Umständen auszuschließen, sinnlos. Sätze, wie „wer eine Gefahr für Dritte schafft, muß alle erforderlichen Maßnahmen treffen, um die Gefahr von Dritten abzuwenden", befinden sich auf ähnlich hohem Abstraktionsniveau wie das allgemeine Schädigungsverbot („*neminem laedere*"). Es käme aber wohl keiner auf die Idee, direkt unter das allgemeine Schädigungsverbot zu subsumieren und beispielsweise allein aufgrund der Tatsache, daß A eine Verletzung des B herbeigeführt hat, die Widerrechtlichkeit des Ver-

---

130 Kritisch dazu *Börgers*, Wandlungen, S. 74 f. *Krümpelmann*, Jescheck-FS, Bd. 1, S. 313, 319, kritisiert wohl im selben Sinne eine „Kategorienverwischung": „die Pflicht wird von ihrer eigentlichen Qualität, der Prognostik, getrennt und verspielt folglich ihre Funktion, die prinzipiell ungewisse Zukunft zu bewältigen."

131 BT-Drs. 14/6040, S. 92, 134 f., 142. Siehe dazu *Chr. Schäfer*, JA 2003, S. 600 ff.

132 Ausführlicher dazu *Chr. Schäfer*, JA 2003, S. 600 ff.

133 So scheint etwa *von Bar*, Verkehrspflichten, S. 150 ff. vom Erfolg her zu argumentieren.

134 So auch *Esser*, SR I AT AT, S. 64 f.

haltens des A zu bejahen. Diese kann erst nach der Betrachtung der konkreten Handlungssituation beurteilt werden. Mit welcher Berechtigung sollte also von einem Verletzungsereignis auf das materielle Vorliegen einer (Sorgfalts-) Pflichtverletzung geschlossen werden dürfen? Gerade beim Fahrlässigkeits- und beim Unterlassungsdelikt verhalten sich die Dinge besonders kompliziert.[135]

Ein allgemeines Gefährdungsverbot liefe auf ein allgemeines Handlungsverbot hinaus. Entsprechend sinnlos ist auch die Formulierung von „Erfolgsverursachungsverboten".[136] Ebensowenig wie sich der unerwünschte Erfolg als solcher verbieten läßt, kann aus dessen Eintritt das Vorliegen einer Pflichtverletzung geschlossen werden.

3. Das Problem unterschiedlicher Abstraktionshöhen und die Unterscheidung von *prima-facie*-Pflichten und Pflichten i. e. S.

Durch Unschärfen im Sprachgebrauch kann es zu erheblichen Verständigungsschwierigkeiten kommen. Zwei weitere Problembereiche seien hier angesprochen: das Problem von Abstraktion und Verallgemeinerung in Äußerungen über Pflichten und das Problem der Unterscheidung von *prima-facie*-Pflichten und Pflichten im strengen Sinne des Wortes.

Der erste Aspekt könnte in gewissem Sinne als eine Auswirkung der verbreiteten Arbeit mit Kommentarliteratur und deren beträchtlicher Bedeutung für die Wissenschaft, vor allem aber für die Rechtsprechung und Praxis bezeichnet werden. Denn dort werden Gerichtsentscheidungen der Vergangenheit systematisiert und klassifiziert und in großer Zahl aufgelistet. Der interessierte Leser erfährt, welche Pflichten in bestimmten vergangenen Fallkonstellationen bestanden haben und gegebenenfalls verletzt wurden. Er erlangt so eine erste Orientierung, wie die Pflichtenlage in einer ähnlichen Situation gestaltet sein *könnte*. Das ist entscheidend und wird offenbar gelegentlich vergessen. Man erfährt aus der Kommentarliteratur nämlich nicht, welche Pflichten für eine Person in einer bestimmten künftigen Situation *gelten*, es sei denn, es hätte *dieselbe* Situation bereits gegeben.[137] Letzteres jedoch ist wenig wahrscheinlich. Soll für eine bestimmte Situation die Verletzung einer Pflicht untersucht werden, so bedarf es also immer wieder aufs Neue der Bestimmung der Pflichtenlage, die in der bestimmten Situation für die bestimmte Person gegolten hat, und schließlich der Feststellung der Verletzung einer als bestehend ermittelten Pflicht.

---

[135] So auch *von Caemmerer*, DJT-FS, Bd. 2, S. 49, 131.

[136] Kritisch zur Lehre vom Gefährdungs- und Erfolgsverursachungsverbot auch *Fraenkel*, Tatbestand und Zurechnung, S. 225.

[137] Auf die Einzelfallbezogenheit weist mit Recht auch *Raab*, Jus 2002, S. 1041, 1044, hin. A. A. offenbar *Brüggemeier*, JZ 1986, S. 969, 972.

Probleme, insbesondere Kommunikationsprobleme, können sich ergeben, wenn das Abstraktionsniveau der jeweils getroffenen Aussagen differiert. Dessen Berücksichtigung ist besonders wichtig. Eine Fallsammlung könnte für sich beanspruchen, sämtliche vorliegenden Gerichtsentscheidungen katalogisiert und systematisiert zu haben. Sie könnte ferner (sinnvoll) behaupten, eine gewisse Typik der Fälle erkannt zu haben und die typischerweise in typischen Fallkonstellationen zu erwartenden Verhaltensanforderungen mit einer gewissen Wahrscheinlichkeit nennen (prognostizieren) zu können. Niemand kann aber (sinnvoll) behaupten, aus der Typik der konstatierten Pflichten in der Fallgruppe „I", die sie aus den bisher entschiedenen Fällen der Situationen „1" bis „25" und der an diesen beteiligten Personen „a" bis „x" ermittelt hat, herzuleiten, welche konkreten Pflichten für Person „z" in einer der Fallgruppe „I" zugehörenden Lage gelten, *ohne* die spezifischen, dieser Situation „26" eigenen Umstände berücksichtigt zu haben.[138]

In ähnlicher Weise kann die Vernachlässigung der Unterscheidung zwischen sog. *prima-facie*-Pflichten[139] und Pflichten im strengen Sinn des Wortes zu Mißverständnissen führen. Ist beispielsweise in bestimmtem Kontext von der Verletzung einer solchen *prima-facie*-Pflicht die Rede, dann dürfen aus dieser Feststellung auch nur die daraus ableitbaren Schlüsse gezogen werden. So enthält die Feststellung, „eine *prima-facie*-Pflicht ist verletzt", ein Urteil nur aufgrund eines bestimmten (abgeschlossenen) Teiles der Gesamtheit der Rechtsordnung,[140] da nur ein Ausschnitt aus dem Ganzen betrachtet wurde. Weitergehende zwingende Ableitungen für ein Urteil, das sich auf das Gesamtsystem beziehen soll, lassen sich daraus hingegen nicht treffen.

Folgendes Beispiel zeigt die Notwendigkeit auf, sich diese möglichen sprachlichen Differenzen vor Augen zu führen: Angenommen, A verursachte den Tod des B. Für diesen Fall könnte von einem bestimmten Standpunkt aus behauptet werden, A habe gegen ein Verbot, nämlich gegen „das Tötungsverbot" verstoßen. Daß diese Aussage materiellrechtlich nur bedingt zutreffend ist und gewissermaßen nur eine erste, gleichsam oberflächliche Einschätzung wiederzugeben vermag, dürfte auf der Hand liegen. Ob A pflichtwidrig und damit rechtswidrig gehandelt hat, könnte sogar aus der absichtlichen Verursachung des Todes des B durch A nicht beantwortet werden. Das belegt schon ein Verweis auf das Vorhandensein und mögliche Eingreifen von Rechtfertigungsgründen. Für eine abschließende Bewertung muß also die Gesamtsituation betrachtet werden. Denn es ist nicht nur möglich, daß dem A die Verursachung des Todes des B *erlaubt* war. Es kann sogar sein, daß A zur Verursachung des Todes des B *verpflichtet*

---

[138] Das scheint etwa *Brüggemeier*, JZ 1986, S. 969, 972, anders zu sehen.

[139] Dazu *Ross*, The right and the good, S. 18 ff., 27 ff., 41 f.; *Rawls*, Theorie, S. 375 ff.

[140] So *Rawls*, Theorie, S. 377.

war. Dazu kann es kommen, wenn im Kriegsfalle an den A der wirksame Befehl erteilt wurde, den B zu töten.

Ferner ist es denkbar, daß zwar aus einer *ex-post*-Sicht der Tod des B auf das Verhalten des A als dessen kausaler Ursache zurückgeführt werden kann, während aus *ex-ante*-Sicht nicht erkennbar war (und auch von A nicht erkannt wurde), daß sein Verhalten geeignet ist, den B zu töten. Ist letzteres der Fall, dann war – von dem hier vertretenen Standpunkt aus – der A *nicht verpflichtet*, sein Verhalten so einzurichten, daß der Tod des B vermieden wird, und konnte demnach eine Pflicht nicht verletzen.[141] Wie sollte er auch sein Verhalten anhand von Umständen einrichten, die ihm nicht einmal erkennbar sind.[142]

Nicht zuletzt dieser Aspekt wird ignoriert, wenn Verhaltenspflichten als „Erfolgsverursachungsverbot"[143] formuliert werden: „Man darf auf seinem Grundstück kein Feuer anzünden, das übergreifen kann"[144] oder „man muß ausschließen, daß vom eigenen Gebäude herunterfallende Dachziegel Passanten verletzen". Nicht in jedem Fall, in dem ein solches allgemein unerwünschtes Ereignis eintritt, kann materiellrechtlich ein Regelverstoß bejaht werden. Ein solcher Regelverstoß wäre auch bei einem Übergreifen des Feuers oder der Verletzung durch einen herunterfallenden Dachziegel zunächst einmal zu begründen, und zwar für die konkrete Handlungssituation und nicht aus dem Erfolgseintritt heraus. Zur Begründung eines Verstoßes gegen Verhaltensanforderungen bedarf es also des näheren Hinsehens.[145]

V. Der Begriff der Obliegenheit

Während im Alltagssprachgebrauch der Begriff der Obliegenheit häufig als Synonym zum Begriff der Pflicht verwendet wird, wird in der Jurisprudenz zwischen den Begriffen Pflicht und Obliegenheit überwiegend differenziert.[146] Der Sprachgebrauch hinsichtlich des Begriffs der Obliegenheit ist uneinheitlich. Unter anderem im Versicherungsrecht, im Handelskaufrecht (§§ 377, 378 HGB) und im allgemeinen Schuldrecht (§§ 254, 293 ff. BGB) ist der Begriff der Ob-

---

[141] Hier von einem Verstoß gegen das Tötungsverbot zu sprechen, ist wohl auch „*prima-facie*" nicht zutreffend.

[142] Das ist nicht unbestritten. Vgl. etwa *Stoll*, AcP 162 (1963), S. 203, 209.

[143] *Mikus*, Verhaltensnorm, S. 28; *Wolter*, GA 1977, S. 257; *Börgers*, Wandlungen, S. 60; *Wagner* in MüKo, BGB[4], § 823, Rn. 55 ff. Ein solches Vorgehen zeigt sich etwa, wenn der Primärverantwortliche bei einem Versagen des Übernehmers stets haften soll, mag dieser auch ordentlich ausgewählt und überwacht worden sein, vgl. etwa *Belling/Eberl-Borges* in Staudinger, BGB, § 832, Rn. 124.

[144] So ein Beispiel von *Becker*, Unerlaubte Handlungen, S. 344.

[145] Darauf weist auch der Große Zivilsenat des BGH(Z) 24, 21, 24 f., hin.

[146] Siehe *Deutsch*, Fahrlässigkeit, S. 59, 348 ff. Anders *Traeger*, FG für Enneccerus, S. 96, der in § 254 Abs. 2 BGB ausdrücklich eine „Pflicht des Geschädigten" geregelt sieht. *Ulmer*, JZ 1969, S. 163, 171 redet von Obliegenheiten als Synonym für deliktische Sorgfaltspflichten.

liegenheit gebräuchlich. Obliegenheiten werden verbreitet als „Pflichten minderer Intensität“[147] oder als „Pflichten gegen sich selbst“[148] verstanden.

Obliegenheiten unterscheiden sich von Pflichten aber auch in den Folgen ihrer Verletzung. Anders als bei (deliktsrechtlichen) Pflichten liegt die Erfüllung einer Obliegenheit allein im eigenen Interesse des Betroffenen.[149] Konsequenz der Verletzung einer Obliegenheit kann der Verlust eines Rechts sein oder die Schwächung der eigenen Rechtsposition. Als Beispiele seien neben den bereits erwähnten §§ 254, 293 ff. BGB etwa die in den §§ 121 Abs. 1 S. 1 und 122 Abs. 2 BGB angeordneten Sanktionen genannt.[150] Im Unterschied zur Verletzung einer Rechtspflicht ist die Verletzung einer Obliegenheit nicht rechtswidrig und kann daher nicht Anknüpfungspunkt für einen Anspruch aus § 823 Abs. 1 BGB sein.[151] Wenn obliegenheitswidriges Verhalten rechtmäßig ist,[152] überläßt die Rechtsordnung die Entscheidung, unter Inkaufnahme der drohenden nachteiligen Konsequenzen gegen eine Obliegenheit zu handeln, also allein dem jeweiligen Adressaten.

Bestehen in einer Situation keine Pflichten, sondern nur Obliegenheiten, kann der Betroffene nicht gegen die Anforderungen der Rechtsordnung verstoßen. In einer solchen Situation stellt es die Rechtsordnung dem Einzelnen frei, wie er sich verhält, da sämtliche Verhaltensweisen rechtmäßig sind.[153] Ein Verhalten aber, das eine Gefahr für Rechte oder Rechtsgüter Dritter schafft, indem es beispielsweise den späteren Ausschluß seiner Gefahrsteuerungsfähigkeit herbeiführt oder umgekehrt deren Eintritt – obwohl vorgeschrieben[154] – verhindert, kann nach dem hier zugrundegelegten Verständnis pflichtwidrig sein. Denn es tangiert nicht nur eigene Interessen, sondern auch fremde Rechtsgüter.[155]

---

[147] *Deutsch*, Fahrlässigkeit, S. 59, 348.

[148] In diesem Sinne etwa BGH NJW 2004, S. 3328, 3330: „Gebote der eigenen Interessenwahrnehmung“.

[149] *Deutsch*, Fahrlässigkeit, S. 348, indes hält auch Obliegenheiten im fremden Interesse für möglich.

[150] Zu weiteren Beispielen siehe etwa *Deutsch*, Fahrlässigkeit, S. 352 ff.

[151] So auch *Deutsch*, Fahrlässigkeit, S. 348; *von Tuhr*, Allgemeiner Teil I, S. 99 m. w. Nachw., der den in diesem Bereich verbreiteten Gebrauch des Wortes „Pflicht“ kritisiert.

[152] So auch BGH NJW 2004, S. 3328, 3330 zu § 254 BGB.

[153] So verhält sich etwa ein Geschädigter rechtmäßig, wenn er den Schaden vergrößert oder dessen Eintritt nicht abwendet (§ 254 BGB), wie ein Versicherter, wenn er von der Schadensanzeige absieht, vgl. §§ 33, 6 Abs. 3 VVG.

[154] Als Beispiel diene etwa ein im Dienstplan vorgesehener Notfallehrgang, auf dem die essentiellen Notfallhilfepraktiken erlernt werden sollen und den ein Notfallarzt aus Unlust nicht besucht.

[155] Ebenso *Joshi Jubert*, JRE 1994, S. 327, 332, 337, die diesen Standpunkt freilich ausführlicher begründet. A. A. *Hruschka*, Strafrecht, etwa S. 294, 415 ff., 418.

D. Der Begriff der Pflicht als Systembegriff im Recht der unerlaubten Handlungen

I. Der Begriff der Pflicht in der haftungsrechtlichen Dogmatik und das Urteil der Rechtswidrigkeit als Voraussetzung einer Haftung gemäß § 823 Abs. 1 BGB

In der zivilrechtlichen Diskussion ist häufig zu beobachten, daß von Pflichten und ihrer Verletzung nur allenfalls am Rande die Rede ist. In zahlreichen Werken, die sich mit dem Deliktsrecht befassen, taucht der Begriff „Pflicht" (resp. die Begriffe „Pflichtwidrigkeit", „Pflichtverletzung") nicht einmal im Stichwortverzeichnis auf.[156] Häufig ist bei Vertretern der sog. Erfolgsunrechtslehre die Wendung nachzulesen, bei Vorliegen einer tatbestandsmäßigen Rechtsgutsverletzung läge Rechtswidrigkeit (des Verhaltens?!) *regelmäßig* vor, oder: die Tatbestandsmäßigkeit indiziere die Rechtswidrigkeit;[157] sie ist vor allem im Zusammenhang mit einer schadensersatzrechtlichen Haftung gebräuchlich, die an aktives Tun anknüpft. Das Verdikt der Rechtswidrigkeit bedeutet in diesem Zusammenhang unausgesprochen, daß durch den Schadensersatzpflichtigen im gegebenen Fall (auch) eine Pflicht verletzt wurde. Der Schwerpunkt der Diskussion liegt dann häufig bei der Frage der sogenannten Erfolgszurechnung[158] und beim Verschulden.[159] Bei der Erörterung der Frage nach schadensersatzrechtlicher Haftung kommt dem Begriff der Pflicht und der Pflichtverletzung häufig nur insoweit Bedeutung zu, als mit seiner Hilfe vor allem in Fällen von Unterlassungen (*ex post*) die Haftungsfrage beantwortet werden soll.[160] Allgemein wird zwar vertreten, ein Unterlassen sei (nur dann) widerrechtlich, wenn es ge-

---

[156] Siehe etwa *Esser/Weyers*, SR II BT; *Kötz/Wagner*, Deliktsrecht; *Deutsch/Ahrens*, Deliktsrecht; *Brüggemeier*, Deliktsrecht; *Schlechtriem*, SR BT; *Larenz/Canaris*, SR BT II/2; *von Bar*, Verkehrspflichten; *Wilburg*, Die Elemente des Schadensrechts. Bei *Fuchs*, Deliktsrecht, erscheint im Stichwortverzeichnis zwar immerhin der Begriff Pflichtverletzung, der Leser wird von diesem jedoch allein auf die Ausführungen zu § 832 BGB verwiesen (S. 140 ff.).

[157] BGHZ 24, S. 21, 24 ff., 27 ff., *Wagner* in MüKo, BGB^4, § 823, Rn. 51 ff.; vgl. ferner *Mertens* in MüKo, BGB^3, § 823, Rn. 1, 36; *Hager* in Staudinger, BGB, § 823, Rn. A 3 m. w. Nachw. und A 5 f.; *Belling/Eberl-Borges* in Staudinger, BGB, § 831, Rn. 68 f., 78; *M. Wolf* in Soergel, BGB, § 276, Rn. 23, 25; *Fuchs*, Deliktsrecht, S. 72; *Larenz/Canaris*, SR BT II/2, S. 363; *Wieacker*, JZ 1957, S. 535.

[158] Siehe etwa die Ausführungen des BGH im Schleusenfall, BGHZ 3, S. 261: „Bei dieser Prüfung auf Adäquanz handelt es sich nicht eigentlich um eine Frage der Kausalität, sondern um die Ermittlung der Grenze, bis zu der dem Setzer einer Bedingung eine Haftung für ihre Folgen billigerweise zugemutet werden kann." Für das Strafrecht wird dies etwa von *Wolters*, GA 1991, S. 531, 534, diagnostiziert.

[159] Vgl. den Überblick zur Erfolgsunrechtslehre bei *Steffen*, RGRK, BGB, § 823, Rn. 107.

[160] *Hübner*, NJW 1982, S. 2041, 2043, kritisiert, daß es häufig vor allem um eine Bestimmung der Haftungslage geht.

gen eine Pflicht verstößt.[161] Jedoch kann der Kritik *Hübners*[162] zugestimmt werden, daß es häufig bloß um die Bestimmung der Haftungslage geht und daß die dafür maßgeblichen Gesichtspunkte nicht immer offenliegen.

Immerhin scheint man sich zumindest auf den ersten Blick weitgehend darüber einig zu sein, daß eine Haftung auf der Grundlage des § 823 Abs. 1 BGB ohne das Urteil der Rechtswidrigkeit des Verhaltens oder umgekehrt bei Beachtung der jeweiligen Pflichten ausgeschlossen ist.[163] Das muß auch für die Haftung wegen der Verletzung von Verkehrssicherungspflichten gelten.[164] *Steffen*[165] bezeichnet es darüber hinaus als Selbstverständlichkeit, daß auch positives Handeln nur dann haftungsrelevant ist, wenn es gegen Verhaltenspflichten verstößt. Darin ist ihm zuzustimmen. Jedoch werden die Verhaltenspflichten nach der wohl überwiegenden Auffassung nicht streng an den situativen Merkmalen, sondern mehr abstrakt und verobjektiviert bestimmt, so daß die Bewertung eines Verhaltens als rechts- bzw. pflichtwidrig häufig nicht oder nur eingeschränkt das besagt, was die Verwendung der Wörter „Pflichtwidrigkeit" und „Rechtswidrigkeit" erwarten läßt.

Methodisch weit bedenklicher ist es, sich ausgehend von der Prämisse, daß Verhalten nur dann rechtswidrig ist, wenn es pflichtwidrig ist, dazu hinreißen zu lassen, Verhaltensweisen nach Belieben als Pflichten zu deklarieren, um auf deren „Mißachtung" das Urteil der Rechtswidrigkeit und folglich dank des nach h. M. geltenden objektiven Verschuldensmaßstabes die deliktische Haftung folgen zu lassen.[166]

Der allgemein in der Thematik übliche Sprachgebrauch bestätigt jedoch die Annahme, daß mit der materiellen Bejahung von Pflichtwidrigkeit zugleich materiell Rechtswidrigkeit des betreffenden Verhaltens vorliegt. Hinsichtlich der materiellrechtlichen, pflichtbezogenen Merkmale – auf Fragen der Beweislast kommt es an dieser Stelle nicht an – unterscheiden sich vorsätzliche von fahrlässigen

---

161 So *Deutsch*, Fahrlässigkeit, S. 231; *M. Wolf* in Soergel, BGB, § 276, Rn. 28. Diese Auffassung hat eine lange Tradition, vgl. etwa *Traeger*, FG für Enneccerus, S. 27 ff.

162 NJW 1982, S. 2041, 2043.

163 *Zeuner* in Soergel, BGB § 823 Rn. 1, 154; *Schlechtriem*, SR BT, Rn. 742; *Mertens* in MüKo, BGB^3, § 823, Rn. 2, 23; *Löwisch* in Staudinger, BGB, § 276, Rn. 10; *Esser/Weyers*, SR II BT, S. 556; *M. Wolf* in Soergel, § 276, Rn. 36, 22; *Steffen* in RGRK, BGB, § 823, Rn. 133; *Brüggemeier*, JZ 1986, S. 969, 974; *Kreuzer*, AcP 184 (1984), S. 81, 84; *Deutsch*, Larenz-FS I, S. 885 f. Entsprechend schon das Reichsgericht (RGSt 57, 173, 174) in Strafsachen: „Immer bedarf es also für den Nachweis der Fahrlässigkeit der Darlegung, daß der Täter irgendwelche ihm durch die Rechtsordnung auferlegte Pflichten verletzt habe".

164 So etwa *Hager* in Staudinger, BGB, § 823, Rn. E 71; *Mertens* in MüKo, BGB^3, § 823, Rn. 206.

165 RGRK, BGB, § 823, Rn. 133.

166 Dazu auch *Larenz/Canaris*, SR BT II/2, S. 416 f.; *Hübner*, NJW 1982, S. 2041, 2043.

Delikten und Begehungs- von Unterlassungsdelikten nicht wesentlich. Wenn es aber zutrifft, daß eine Haftung nach § 823 Abs. 1 BGB materiellrechtlich das Vorliegen einer Pflichtverletzung voraussetzt, so spricht alles dafür, § 823 Abs. 1 BGB für alle darunter subsumierbaren Fälle kategorial gleich und *insofern* als Einheitstatbestand zu handhaben. Damit ist materiellrechtlich unausweichlich zu problematisieren, welche Pflichten im jeweiligen Fall möglicherweise verletzt wurden. Selbst bei einer zulasten des Täters wirkenden Beweislastverteilung sollte im Rahmen von Verschuldenshaftungsnormen häufiger die (Kontroll-) Frage nach den möglicherweise verletzten Pflichten gestellt werden.

II. Pflichtwidrigkeit als Rechtswidrigkeit von Verhalten?

Der Begriff *Pflicht* taucht im gesetzlichen Tatbestand des § 823 Abs. 1 BGB nicht auf. Seine Bedeutung erlangt er aufgrund der Auslegung der Vorschrift.[167] Wenn eine Haftung auf der Grundlage des § 823 Abs. 1 BGB die Widerrechtlichkeit von Verhalten voraussetzt,[168] welches für eine Rechtsgutsverletzung ursächlich geworden ist, dann ist die Frage zu beantworten, unter welchen Voraussetzungen Verhalten widerrechtlich ist. Widerrechtlich ist es und kann es nur sein, wenn es die verbindlichen Vorgaben, die Normen des Rechts als Gesamtordnung, mißachtet, das heißt wenn es gegen Pflichten (Sollenssätze) in Form von Geboten oder Verboten verstößt.[169] Anders sieht dies beispielsweise *von Bar*[170], der die Bejahung des Merkmals der Rechtswidrigkeit von Verhalten auch dann für möglich hält, wenn sich dieses innerhalb der Gebote und Verbote des Rechts bewegt und etwa als verkehrsrichtig eingestuft wird.[171] Das ist jedoch widersprüchlich. Es ist also daran festzuhalten, daß rechtswidrig die Handlungen sind, die von der Rechtsordnung mißbilligt werden und also nach deren Willen unterbleiben sollen.[172]

Wahrscheinlichkeitsaussagen, tatbestandliches Typisieren und statistische Regelverhältnisse helfen nicht weiter, wenn es um die Bestimmung der materiellen

---

[167] Siehe auch *Hainmüller*, Der Anscheinsbeweis, S. 106 f.

[168] Vgl. dazu nochmals die Begründung des Entwurfs eines Gesetzes zur Änderung schadensersatzrechtlicher Vorschriften vom 19.12.1975, BR-Drs. 777/75, S. 7 sowie *Steffen* in RGRK, BGB, § 823, Rn. 133.

[169] *Wagner* in MüKo, BGB^4, § 823, Rn. 57, 62; *Becker*, Unerlaubte Handlungen, S. 368; *Münzberg*, Verhalten und Erfolg, S. 53 ff; *Kreuzer*, AcP 184 (1984), 81, 84; *Hainmüller*, Der Anscheinsbeweis, S. 106 f.; *Esser/Weyers*, SR II BT, S. 556; einschränkend wohl *M. Wolf* in Soergel, BGB, § 276, Rn. 36.

[170] Verkehrspflichten, S. 153.

[171] Es mutet schon fast kurios an, wenn gesagt wird, daß jemand sich auch dann rechtswidrig verhalten kann, wenn er „alle vorgeschriebenen Sorgfaltsanforderungen beachtet"; so etwa *Hager*, Wolf-FS, S. 133, 140 f. m. w. Nachw.

[172] So *Stoll*, AcP 162, 1963, S. 203, 209, insoweit noch übereinstimmend.

Verhaltensanforderungen im konkreten Einzelfall geht. Es kann damit auch keinen Unterschied machen, ob sich der Gegenstand der Diskussion auf Pflichten im allgemeinen oder auf Verkehrs(sicherungs)pflichten im besonderen bezieht, wurde einmal festgestellt, daß auch die Haftung wegen der Verletzung von Verkehrssicherungspflichten eine Haftung auf der Grundlage des § 823 Abs. 1 BGB und somit Unrechtshaftung ist. Auch Verkehrs(sicherungs)pflichten enthalten Sollenssätze, deren Zweck die Steuerung von Verhalten ist.[173]

Pflichtwidriges Verhalten ist freilich nur dann zugleich rechtswidrig und umgekehrt, wenn das System, dem die Pflichten entnommen werden, die maßgebliche Rechtsordnung in ihrer Gesamtheit ist.[174] Hier interessiert allein die in der Bundesrepublik Deutschland geltende Rechtsordnung als Quelle von Pflichten. Eine Mißachtung dieser Gebote und Verbote ist damit zugleich als Mißachtung der Rechtsordnung *rechtswidrig*.[175] Maßstab für die Bewertung von Verhalten ist die Rechtsordnung in ihrer Gesamtheit,[176] so daß ein Verhalten, das diesem Maßstab nicht widerspricht, rechtmäßig, ein solches, das diesem widerspricht, rechtswidrig ist. Die Beurteilung der Einhaltung oder Mißachtung von (konkreten) Rechtspflichten einerseits und die Bewertung von (konkretem) Verhalten als rechtsmäßig oder rechtswidrig andererseits entsprechen sich.[177] Nur diese Betrachtungsweise beachtet den Grundsatz der Einheitlichkeit und Widerspruchsfreiheit der Rechtsordnung.[178]

---

[173] Vgl. BGHZ 80, S. 199, 204. Für eine stärkere Akzentuierung des Pflichtwidrigkeitselements in der deliktsrechtlichen Dogmatik tritt übrigens auch *Brüggemeier*, JZ 1986, S. 969, 976, ein, der es für überfällig hält, „zu dem einheitlichen Begriff der Rechtswidrigkeit als Verhaltenspflichtwidrigkeit überzugehen."

[174] Siehe *Deutsch*, Wahl-FS, S. 341, 345. Für Pflichtverletzungen aus dem Bereich des Vertragsrechts (§ 280 Abs. 1 S. 1 BGB) auch schon *Chr. Schäfer*, JA 2003, S. 600, 602. Der Unterschied wird deutlich, wenn eine Pflichtwidrigkeit die Rechtswidrigkeit nur *indizieren* soll, so *Deckert*, Jura 1996, S. 348, 351. Denn dann ist der Maßstab nicht derselbe.

[175] Ebenso *Zippelius*, AcP 157, 390, 395; *Wolf*, Verbotenes Verhalten, S. 173 ff.; *Münzberg*, Verhalten und Erfolg, S. 109 f.; *Traeger*, FG für Enneccerus, S. 66; *Welzel*, Fahrlässigkeit und Verkehrsdelikte, in Abhandlungen, S. 315, 319.

[176] Vgl. *Becker*, Unerlaubte Handlungen, S. 368; *Tröndle* in Tröndle/Fischer, StGB, § 32, Rn. 2; *Lenckner* in Schönke/Schröder, StGB, vor §§ 13 ff., Rn. 50; vgl. auch *Arzt*, ZStW 91 (1979), S. 857, 868 ff. jeweils m. w. Nachw.; a. A. offenbar *M. Wolf* in Soergel, BGB, § 276, Rn. 36; *von Bar*, Verkehrspflichten, S. 158.

[177] So auch *Münzberg*, Verhalten und Erfolg, S. 109; *Welzel*, Fahrlässigkeit und Verkehrsdelikte, in Abhandlungen, S. 315, 318 f.; anders sieht dies wohl *Vogel*, Norm und Pflicht, S. 43.

[178] Siehe dazu *Engisch*, Einführung, S. 206 ff., 209 ff.; *Zippelius*, Einführung, S. 11 ff.; ferner *Dreier* in Dreier, GG, Vorb., Rn. 88; *Jarass* in Jarass/Pieroth, GG, Einl., Rn. 6, Vorb. vor Art. 1, Rn. 45 f. jeweils m. w. Nachw.; ferner die Nachweise bei *Tröndle* in Tröndle/Fischer, StGB, § 32, Rn. 2; *Deutsch*, Fahrlässigkeit, S. 283 f., 418 f., jedoch plädiert für eine Abkoppelung eines rechtsgutsbezogenen zivilrechtlichen Rechtswidrigkeitsbegriffs.

Bestehen für ein Verhalten Pflichten (Gebote oder Verbote), so *kann* ein Verhalten rechtswidrig sein.[179] Es *ist* genau dann rechtswidrig, wenn es gegen diese Pflichten verstößt. Beachtet die jeweils pflichtgebundene Person hingegen die bestehenden Gebote und Verbote, so scheidet eine Bewertung ihres Verhaltens als rechtswidrig aus. Bestehen für eine Situation hingegen schon keine (rechtlichen) Pflichten, so ist es undenkbar, daß sich die betreffende Person in dieser Situation rechtswidrig verhält.[180]

Diese Überlegungen finden auch in der Entscheidung des Großen Senates des BGH[181] Niederschlag. Dort ist nachzulesen, „daß bei verkehrsrichtigem (ordnungsgemäßem) [*scil.* = pflichtgemäßem, d. Verf.] Verhalten eines Teilnehmers am Straßen- oder Eisenbahnverkehr eine rechtswidrige (Hervorhebung durch d.Verf.) Schädigung nicht vorliegt".

Verlangt in einer bestimmten Gefahrenlage beispielsweise ein Gebot die Einschaltung einer bestimmten anderen Person, dann kommt es genau dadurch zur Pflichterfüllung und folglich zum Ausschluß des Widerrechtlichkeitsurteils.[182] Folglich ist dann für eine Schadensersatzhaftung aus Verschuldenshaftungsnormen kein Raum mehr. Denn wer seinen Pflichten gemäß handelt, kann sich darauf verlassen, nicht gemäß § 823 Abs. 1 BGB schadensersatzpflichtig zu werden. Gedanklich kommt in solchen Fällen allenfalls eine Haftung auf anderer Grundlage, beispielsweise auf der von Gefährdungshaftungstatbeständen in Betracht.

III. Zusammenfassung

Rechtswidrigkeit ist das Attribut, das denjenigen Handlungen zukommt, die Anknüpfungspunkt für eine Schadensersatzhaftung gemäß § 823 Abs. 1 BGB sein können. Die Rechtswidrigkeit einer Handlung ist – im allgemeinen wie für den Bereich der Haftung für die Verletzung von Verkehrssicherungspflichten – eine von mehreren Haftungsvoraussetzungen insbesondere des § 823 Abs. 1 BGB. Nur solche Handlungen, die gegen bestehende Pflichten verstoßen, sind rechtswidrig und lösen bei Vorliegen der weiteren Voraussetzungen eine Haftung gemäß § 823 Abs. 1 BGB aus. Da die jeweils bestehenden Pflichten in der gene-

---

179 So etwa auch *Deutsch*, Fahrlässigkeit, S. 231.

180 Unter diesem Gesichtspunkt ist nicht verständlich, wie gesagt werden kann, ein Verhalten sei „zugelassen" und zugleich „möglicherweise „rechtswidrig", vgl. etwa *Deutsch*, Fahrlässigkeit, S. 233. Denn dies ist widersprüchlich. Noch weniger läßt sich die Haltung einordnen, die bereits Verletzungen (an sich) für rechtswidrig hält, vgl. *von Caemmerer*, DJT-FS, Bd. 2, S. 49, 77: „trifft es nicht zu, daß jedes Handeln, das in der Verknüpfung von Ursache und Folge zu einer Verletzung der Gesundheit oder des Eigentums eines anderen führt, rechtswidrig wäre."

181 BGHZ 24, S. 21, 26.

182 So *Larenz/Canaris*, SR BT II/2, § 76 III, S. 419 ff.; BGHZ 142, S. 227, 233; 108, S. 273, 275, 277; 98, S. 244, 252; 12, S. 75, 79. Vertiefend dazu später.

ralklauselartig verfaßten Vorschrift des § 823 Abs. 1 BGB und auch sonst an keinem Ort aufgezählt sind, ist nun zu erörtern, *wie* sich für eine bestimmte Situation die darin gegebenenfalls bestehenden Pflichten ermitteln lassen.[183]

---

[183] Das bezeichnet *Welzel*, Fahrlässigkeit und Verkehrsdelikte, in Abhandlungen, S. 315, 318, als das *Zentralproblem*.

Kapitel 3 Entstehung und Quellen der deliktsrechtlichen Pflichten und das Urteil materieller Widerrechtlichkeit ihrer Verletzung

A. Zu den in Schutzgesetzen aufgestellten „Pflichten" und zur Frage der Rechtswidrigkeit eines Verstoßes gegen eine solche Pflicht

I. Meinungsstand

Als bedeutendste Quelle im Hinblick auf deliktsrechtliche Verhaltenspflichten wird insbesondere von *Deutsch*[184] in Anlehnung an die klassische Dreiteilung der Pflichtengründe in Gesetz, Vertrag und vorangegangenes (gefährliches) Handeln das Gesetz angesehen. Zur Aufstellung von Verhaltensregeln sei nicht zuletzt aufgrund des Prinzips der Gewaltenteilung[185] auch im Bereich des deliktischen Haftungsrechts am meisten der Gesetzgeber berufen.[186] Einzelfragen, wie etwa die, welche Merkmale ein Gesetz zu einem „Schutzgesetz" nach § 823 Abs. 2 BGB machen und wie das Verhältnis zwischen § 823 Abs. 2 BGB und Abs. 1 ist, sind auch heute noch nicht abschließend geklärt.[187]

Teilweise wird die Meinung vertreten, daß ein Verstoß gegen ein Gesetz, welches die Vornahme einer Handlung oder deren Unterlassen explizit anordnet, stets rechtswidrig sei.[188] Demnach wäre die Geltung der in Gesetzen formulierten Pflichten eine kategorische. Diese Auffassung klingt auch in den Motiven zum BGB an, wenn dort auf Seite 725 f. zu lesen ist: „widerrechtlich aber ist vor allem ein Verstoß gegen ein absolutes Verbotsgesetz". Bei Verstößen gegen solche gesetzlich formulierten Pflichten wird teilweise von verhaltens- oder hand-

---

[184] Unerlaubte Handlungen, Rn. 82. Eine weitere Quelle von (möglichen) Pflichten sind Verwaltungsakte gemäß § 35 S. 1 VwVfG bzw. nach den Verwaltungsverfahrensgesetzen der Länder, soweit sie das Verhalten von Personen regeln.

[185] Siehe dazu *Picker*, JZ 1987, S. 1041, 1047, der etwa das Amt des Richters zutreffend als für fallübergreifende Rechts- und Sozialgestaltung unzureichend beschreibt.

[186] Der BGH spricht teilweise insofern von „besonders normierten Verhaltensregeln" im Gegensatz zu aus § 823 Abs. 1 BGB abzuleitenden Verhaltensregeln, so etwa BGH NJW 1976, S. 46.

[187] Vgl. dazu die grundlegenden Ausführungen etwa von *Canaris*, Larenz-FS II, S. 27, 45 ff.

[188] So etwa *Deutsch*, Fahrlässigkeit, S. 214, relativierend aber auf S. 174 f.; *Deutsch/Ahrens*, Deliktsrecht, Rn. 82; *Grundmann* in MüKo, BGB, § 276, Rn. 22; wohl auch *M. Wolf* in Soergel, BGB, § 276, Rn. 36; *von Caemmerer*, DJT-FS, Bd. 2, S. 49, 131; *von Bar*, JuS 1988, S. 169, 172; teilweise wird bei der Bestimmung der Widerrechtlichkeit aber auch die zivilrechtliche vom Maßstab der Gesamtrechtsordnung losgelöst, vgl. dazu *von Bar*, Verkehrspflichten, S. 105 ff., 159 jeweils m. w. Nachw. Diese letztgenannte Auffassung, die sich im wesentlichen auf vereinzelte Gerichtsentscheidungen stützt, ist jedoch im Hinblick auf das Postulat der Widerspruchsfreiheit der Rechtsordnung abzulehnen. Auch in der strafrechtlichen Literatur wird allem Anschein nach die Auffassung vertreten, daß gesetzliche Verbote und Gebote kategorisch gelten, vgl. etwa *Kindhäuser*, JRE Bd. 2 (1994), S. 339, 345, der dies jedoch offenbar auf S. 346 (unten) relativiert.

lungsbezogener Rechtswidrigkeit gesprochen.[189] Schon in den Motiven selbst wird das soeben Gesagte jedoch auf den Seiten 728 f. dahingehend relativiert, als Notwehr etwa *alle* Ersatzansprüche ausschließe. In welchen sonstigen Fällen ein Verhalten trotz der Übertretung eines Verbotsgesetzes nicht in Widerspruch zur Rechtsordnung steht, insbesondere die dogmatischen Grundlagen der Rechtfertigungs- und Unrechtsausschließungslehre, war zur Zeit der Entstehung des BGB jedenfalls auf dem Gebiet des Zivilrechts noch nicht hinreichend erforscht.[190]

Auch die Literatur bleibt bei der Klärung der Frage nach der Widerrechtlichkeit eines Verhaltens zumeist nicht bei der Feststellung des Verstoßes gegen eine gesetzliche Verhaltensvorschrift stehen, sondern untersucht in der Regel auch, ob es unter dem Strich letztlich dabei bleiben kann, einen Verstoß als materiell widerrechtlich zu bewerten.[191] Dabei werden die geschriebenen und ungeschriebenen Rechtfertigungsgründe herangezogen.

Bohnert[192] hat wieder in Erinnerung gerufen, daß Pflichten, auch wenn sie in gesetzlichen Bestimmungen formuliert werden, nur *abstrakte* Sollenssätze enthalten. Ein Verstoß gegen diese macht Verhalten danach nicht ohne weiteres materiell rechtswidrig. Will man die Frage nach der Widerrechtlichkeit von Verhalten beantworten, dann muß man folglich vor der rechtlichen Begutachtung das Gesetz auf die gegebene und zu untersuchende Situation konkretisieren.[193]

II. Stellungnahme

Die Auffassung, nach der bereits jeder Verstoß gegen ein Verbotsgesetz aus sich heraus materiell rechtswidrig sei, ist abzulehnen. Die Bewertung von Verstößen gegen Verbotsgesetze als rechtswidrig bedeutet eine unzulässige Absolutsetzung der in gesetzlichen Vorschriften enthaltenen Verhaltensvorschriften.

Auch Gebots- oder Verbotsgesetze enthalten nämlich in aller Regel nur *prima-facie*-Pflichten, nicht aber unbedingte (kategorische) Verhaltensvorschriften.[194] Ihnen *kann* demnach in einer Situation die Eigenschaft als Pflicht zukommen.

---

[189] Vgl. *Deutsch*, Fahrlässigkeit, S. 214; *Deutsch/Ahrens*, Deliktsrecht, Rn. 82; *von Bar*, JuS 1988, S. 169, 171.

[190] So weist etwa *Deutsch*, Fahrlässigkeit, S. 436, darauf hin, daß das Merkmal der Widerrechtlichkeit in Abgrenzung von der Schuldhaftigkeit erst 1867 (!) durch *Jhering* herausgearbeitet worden ist, wodurch diese Ausführungen der Motive erklärbar erscheinen. Siehe im übrigen auch Deutsch (a.a.O.), S. 170 ff. Vgl. dazu auch die Erörterungen des Großen Zivilsenats des BGH in BGHZ 24, S. 21, 25.

[191] Siehe RGZ 155, S. 234, 237; *Schlechtriem*, SR BT, Rn. 790; *Zeuner* in Soergel, BGB, § 823, Rn. 292, 223 ff.; *Fuchs*, Deliktsrecht, S. 117; *Kötz/Wagner*, Deliktsrecht, Rn. 186.

[192] JR 1982, S. 6, 8 ff.

[193] So im Grunde schon *Bierling*, Prinzipienlehre, Bd. III, S. 189 ff. (insb. Anm. 2, S. 192).

[194] Dazu *Bohnert*, JR 1982, S. 6, 8 ff.; *Bierling*, Prinzipienlehre, Bd. III, etwa S. 189 ff.

Ob und gegebenenfalls welches Verhalten in einer konkreten Situation letztlich jedoch verbindlich vorgeschrieben ist, kann nur auf der Grundlage der jeweiligen situativen Umstände unter Anwendung der Regeln der Gesamtrechtsordnung bestimmt werden.[195] Der in einem Gebots- oder Verbotsgesetz umschriebenen Verhaltensweise kann nur dann Verbindlichkeit zukommen, wenn dies das Ergebnis der wertenden Anwendung der Gesamtrechtsordnung ist. Das folgt aus dem mit dem Systemargument verwandten Prinzip der Widerspruchsfreiheit der Rechtsordnung.[196] Für die Fälle, in denen die Voraussetzungen eines Rechtfertigungsgrundes vorliegen, ist dies allgemein anerkannt.[197] Insofern liegt es auch im Bereich des Vertragsrechts nicht anders. So mag eine Verhaltensweise zwar einer bestimmten Vertragsklausel zuwiderlaufen, aber dennoch, etwa aufgrund des Vorliegens eines Rechtfertigungsgrundes, weder pflichtwidrig noch rechtswidrig sein.[198]

Beispielsweise sei der Fall angeführt, in dem jemand des Nachts eine rote Ampel an einer ersichtlich ansonsten verwaisten Kreuzung überfährt, um eine im Fahrzeug befindliche Person, die sich in akuter Lebensgefahr befindet, durch Verbringen in das nächstliegende Krankenhaus zu retten. Zwar stellt das Gesetz in § 37 Abs. 2 S. 2 Nr. 1 S. 7 (ggf. i. V. m. Nr. 2) StVO ausdrücklich das „Gebot“ auf, vor einer roten Ampel anzuhalten und begründet also, wie oft gesagt wird, eine „Pflicht“ anzuhalten. Diese „Pflicht“ ist aber eben nur eine *prima-facie*-Pflicht und nicht mehr. Denn mit der Entscheidung des Gesetzgebers, ein Gebot des Inhalts einzuführen, daß Verkehrsteilnehmer an einer roten Ampel anzuhalten haben, hat er nicht eine kategorisch Geltung beanspruchende Norm errichtet. Er hat damit nicht einen Rechtbefehl geschaffen, der über allen anderen stehen soll. Vielmehr ist § 37 Abs. 2 S. 2 Nr. 1 S. 7 StVO wie jeder Rechtssatz als Teil des Gesamtsystems des Rechts zu verstehen und dementsprechend, das heißt mit Blick auf das Gesamtsystem anzuwenden.

Dieser rechtssystematische Aspekt wird bei jeder Rechtsanwendung nahezu selbstverständlich vorausgesetzt. Beispielsweise immer dann, wenn nach der Vereinbarkeit eines Rechtssatzes mit höherrangigem Recht gefragt wird oder unter Verweis auf das Bestehen eines inhaltlich widersprechenden anderen Rechtssatzes eine Lösung durch systematische Auslegung, Analogie, teleologische Reduktion oder andere Instrumente zur Schaffung praktischer Konkordanz und zur Harmonisierung gesucht wird. Es geht um das Prinzip der Einheit und

---

[195] So auch *Bohnert*, JR 1982, S. 6, 9; vgl. auch *Arzt*, ZStW 91 (1979), S. 857, 868 ff.

[196] Vgl. zu dem Zusammenhang zwischen Systemargument und dem Grundsatz der Einheit und Widerspruchsfreiheit der Rechtsordnung *Zippelius*, Einführung, S. 11 ff.; vgl. ferner bereits oben.

[197] Siehe nur *Schlechtriem*, SR BT, Rn. 790; *Zeuner* in Soergel, BGB, § 823, Rn. 292, 223 ff.; *Fuchs*, Deliktsrecht, S. 117; *Kötz/Wagner*, Deliktsrecht, Rn. 186 sowie bereits oben.

[198] Siehe dazu *Chr. Schäfer*, JA 2003, S. 600, 602.

Widerspruchsfreiheit der Rechtsordnung.[199] Daß die im Gesetz als verpflichtend umschriebenen Verhaltensweisen regelmäßig nur *prima-facie*-Pflichten sind, liegt unter anderem daran, daß der Gesetzgeber dazu genötigt ist, diese Regelungen, wie nahezu sämtliche Regelungen, auf einer bestimmten Abstraktionshöhe zu formulieren und sich in dem komplexen Normsystem einzelne Inhalte einfacher Normen widersprechen können.[200] Im Hinblick auf Einheitlichkeit und Widerspruchsfreiheit der Rechtsordnung setzt er voraus, daß im Ergebnis die Werte- und Güterordnung des Grundgesetzes, die auch ihn bindet, beachtet wird. Es ist also keine Besonderheit, daß ein in einem bestimmten Gesetz ausdrücklich als Gebot umschriebenes Verhalten im Ergebnis unverbindlich bleibt, weil die (Gesamt-) Rechtsordnung ein entgegengesetztes Verhalten *zuläßt*, oder sogar *verboten* wird, weil etwa die Rechtsordnung die Rettung eines höherwertigen Gutes zwingend fordert. Da der Gesetzgeber nicht jede Eventualität ausdrücklich berücksichtigen kann, überläßt er die systemstimmige *Normkonkretisierung* der Rechtsanwendung im Einzelfall, insbesondere also den Gerichten. Erst bei der Rechtsanwendung im Einzelfall kann abschließend ermittelt werden, ob und gegebenenfalls zu welchem konkreten Verhalten die Rechtsordnung letztlich *verpflichtet*.

Der einzelnen Vorschrift kann für eine bestimmte Situation folglich nur dann verbindliche Geltung zukommen, wenn ihre Beachtung unter Berücksichtigung aller Umstände des Einzelfalles der Werte- und Güterordnung entspricht, wie sie der Gesamtrechtsordnung zugrunde liegt. Auch Gesetze, die ausdrücklich Gebote oder Verbote aufstellen, enthalten insofern nur hypothetisch Pflichten, als ihre verbindliche Geltung unter dem genannten Vorbehalt steht. Meistens erfolgt die Prüfung der Vereinbarkeit mit der Gesamtrechtsordnung unauffällig.

Aus der Verletzung einer *prima-facie*-Pflicht läßt sich folglich keine verbindliche Aussage darüber treffen, ob das Verhalten rechtswidrig war. Auch bei Verstößen gegen ausdrücklich normierte „Pflichten" kann erst aufgrund der Anwendung der Gesamtheit aller Rechtsregeln die Erkenntnis erlangt werden, ob das in der gesetzlichen Bestimmung umschriebene Verhalten verbindlich geboten bzw. verboten ist. Im Beispielfall etwa war das Überfahren der roten Ampel nach der Gesamtwürdigung aller Umstände des Einzelfalles schlicht erlaubt. Der Fahrer hat kein Verbot (im strengen Sinne) verletzt.[201]

---

[199] Dazu schon oben.

[200] Auch ein noch so detailfreudiges und auf maximale Regelungsdichte ausgerichtetes Rechtssystem wird ohne ein Mindestmaß an Abstraktion in seinen Gesetzen nicht auskommen.

[201] Eine solche *prima-facie*-Verbotsverletzung darf konsequenterweise nicht zur Grundlage eines Schlusses auf Widerrechtlichkeit insgesamt gemacht werden. Denn das Urteil der Verbotsverletzung beruht nur auf einem Verstoß gegen einen Teilausschnitt des Rechts, nicht aber gegen die Gesamtrechtsordnung.

B. Zu den Verkehrs(sicherungs)pflichten und zur Frage der Rechtswidrigkeit von Verstößen gegen Verkehrs(sicherungs)pflichten

I. Verkehrs(sicherungs)pflichten in Literatur und Rechtsprechung

Der Begriff der Verkehrs(sicherungs)pflicht scheint für die deliktsrechtliche Haftung in weiten Bereichen ein Schlüsselbegriff zu sein.[202] Der Begriff wird nach gängiger Lehre und verbreitetem zivilrechtlichem Sprachgebrauch herangezogen, um bei Unterlassungen und für die sogenannten mittelbaren Verletzungen die Frage zu beantworten, ob der vermeintliche Schädiger gegen eine Rechtspflicht zum Handeln verstoßen hat[203] und damit eine der Haftungsvoraussetzungen des § 823 Abs. 1 BGB erfüllt. Die dogmatischen Grundlagen und die Einordnung der Verkehrs(sicherungs)pflichten in das Deliktsrecht des BGB sind noch immer umstritten.[204] Bekanntermaßen sieht die herrschende Lehre und Rechtsprechung ihren Platz in § 823 Abs. 1 BGB,[205] während eine andere Meinung die Verkehrs(sicherungs)pflichten in § 823 Abs. 2 BGB[206] und wieder eine andere Auffassung in einen (ungeschriebenen) § 823 Abs. 3 BGB[207] einordnen will.

Teilweise wird ausgehend von dem oben angesprochenen Verständnis von der verhaltensbezogenen Rechtswidrigkeit angenommen, daß richterrechtlich entwickelte und „verfestigte“ Verkehrs(sicherungs)pflichten (kategorisch) rechtsverbindliche Sollenssätze enthalten. *Von Bar*[208] bezeichnet sie ausdrücklich als *richterliche Gefahrsteuerungsgebote*, die einer Person zum Schutze der Rechtsgüter anderer auferlegt werden. Insofern konsequent soll ein Verstoß gegen Verkehrssicherungspflichten immer zugleich widerrechtlich sein.[209] Die Besonderheit der Verkehrs(sicherungs)pflichten besteht nach dieser Lehre darin, daß sie den Schutzgesetzen des § 823 Abs. 2 BGB vergleichbar generell-abstrakt

---

[202] Allgemein zu den Hintergründen etwa *von Bar*, JZ 1979, S. 332 ff.; *ders.*, Verkehrspflichten; *Larenz/Canaris*, SR BT II/2, S. 399 ff.; *Canaris*, Larenz-FS, S. 27, 77 ff.; *Wagner* in MüKo, BGB⁴, § 823, Rn. 50 ff. Aufgrund seiner nur schwachen dogmatischen Verwurzelung hat der Begriff zuweilen etwas Schillerndes an sich.

[203] Siehe dazu etwa *Deutsch*, JuS 1967, S. 152, 157; *Canaris*, Larenz-FS II, S. 27, 77 ff.; *Belling/Eberl-Borges* in Staudinger, BGB, § 831, Rn. 78; *Hager* in Staudinger, BGB, § 823, Rn. E 3; *von Bar*, JuS 1988, S. 169, 170; *Wagner* in MüKo, BGB^4, § 823, Rn. 50 ff.

[204] Dazu *Brüggemeier*, JZ 1986, 969, 973; *Hager* in Staudinger, BGB, § 823, Rn. E 2 ff.

[205] So *Larenz/Canaris*, SR BT II/2, S. 405; *Canaris*, Larenz-FS II, S. 27, 77 ff.; *Steffen*, VersR 1980, S. 409 f.; *Hager* in Staudinger, BGB, § 823, Rn. E 4 f.; *Kleindiek*, Deliktshaftung, S. 31 f.; *Raab*, JuS 2002, S. 1041, 1047 (Fn. 52).

[206] So etwa *Larenz*, Dölle-FS, S. 169, 192 ff.; *von Bar*, Verkehrspflichten, S. 157 ff.

[207] So *Mertens*, AcP 178 (1978), S. 227, 231 ff.

[208] Verkehrspflichten, S. 45.

[209] *Von Bar*, Verkehrspflichten, S. 157 ff., 165 ff.; *M. Wolf* in Soergel, BGB, § 276, Rn. 30, 36.

formuliert werden und auch sonst, etwa hinsichtlich der Beweislast und des Bezugspunktes für das Verschulden, diesen ähnlich gehandhabt werden sollen.[210] Insofern sieht diese Auffassung eine Parallele zwischen der Bewertung einer Verletzung von Verkehrs(sicherungs)pflichten als widerrechtlich und der Bewertung einer Verletzung schutzgesetzlich formulierter Pflichten.

Als Beispiel diene die generalklauselartige Verkehrs(sicherungs)pflicht, daß derjenige, der im Verkehr eine Gefahrenquelle schafft oder unterhält, verpflichtet ist, in bestimmter Weise Vorkehrungen zu treffen, um die Verwirklichung der Gefahr zu verhindern.[211] Häufig wird dann sogar bereits aus der Verwirklichung der Gefahr auf das Vorliegen der Verletzung der Verkehrssicherungspflicht geschlossen mit der Begründung, daß deren Verwirklichung entgegenzusteuern gerade der Inhalt der Pflicht war.[212]

Wegen der sich aus diesem Verständnis ergebenden Parallelen zur Problematik der Widerrechtlichkeit von Schutzgesetzverletzungen will eine Auffassung die Verkehrs(sicherungs)pflichten und deren Verletzung in § 823 Abs. 2 BGB einordnen.[213] Nur konsequent erscheint es, daß von dieser Lehre auch die Frage der Legitimation der Rechtsprechung hinsichtlich der Aufstellung von solchen den Schutzgesetzen im Sinne von § 823 Abs. 2 BGB vergleichbaren „Pflichten" diskutiert wird. Insbesondere *von Bar*[214] betont im Zusammenhang mit den Verkehrs(sicherungs)pflichten und wiederum parallel zur Dogmatik der Schutzgesetzverletzung nach § 823 Abs. 2 BGB einen seiner Meinung nach vorhandenen sogenannten verkürzten Verschuldensbezug bei der Verletzung von Verkehrs(sicherungs)pflichten. Das Verschulden soll sich demnach (nur) auf den Verstoß gegen eine Verkehrssicherungspflicht selbst beziehen, nicht auf die drohende Rechtsgutsverletzung. Das Maß der jeweiligen Verkehrssicherungspflicht in diesem Sinne soll sich nach einem typisierenden, in der Erfahrung mit gewöhnlichen Geschehensabläufen wurzelnden abstrakten Bewertungsverfahren bestimmen, mit dessen Hilfe Schadenslasten entsprechend Nutzen, Beherr-

---

[210] Siehe dazu *von Bar*, JuS 1988, S. 169, 170 ff., etwa 171.

[211] Vgl. *Deutsch*, JuS 1967, S. 152, 157, der diese Pflicht als durch Rechtsprechung verfestigtes Gewohnheitsrecht bezeichnet; siehe auch *von Bar*, JuS 1988, S. 169.

[212] So etwa *von Bar*, Verkehrspflichten, S. 154 ff. Unverständlich ist die Gleichsetzung von Verkehrs*pflicht* und mittelbarer Rechts*verletzung* (S. 157). Vgl. auch die Kritik an der Lehre vom Erfolgsverursachungsverbot von *Wagner* in MüKo, BGB, § 823, Rn. 52-55.

[213] So etwa *Larenz*, Dölle-FS, S. 169, 193 f.; *K. Huber*, von-Caemmerer-FS, S. 359, 381 f.; kritisch dazu *Canaris*, Larenz-FS II, S. 27, 78 f.; sowie *Larenz/Canaris*, SR BT II/2, S. 405 m. w. Nachw. Siehe im übrigen nochmals oben.

[214] Verkehrspflichten, S. 140 f., 158 ff.

schung und Risiko von Gefährdungen und unter Berücksichtigung von Vertrauensschutzaspekten angemessen zu verteilen seien.[215]

Insbesondere *Canaris*[216] ist der Tendenz, die Verkehrssicherungspflichten in § 823 Abs. 2 BGB zu verorten, und den damit verbundenen dogmatischen Erwägungen sowie den daraus gezogenen Konsequenzen immer wieder entgegengetreten. Seiner Auffassung nach soll sich aus dem Wortlaut des § 823 Abs. 1 BGB bereits deutlich ergeben, daß sich das Verschulden auf die Rechtsgutsverletzung beziehen muß. Kategorial wurzelten die Verkehrssicherungspflichten klar in § 823 Abs. 1 BGB und ergäben sich im Wege der Auslegung und Konkretisierung *dieser* Vorschrift.[217] Demnach handelt es sich bei Verkehrssicherungspflichten um nichts anderes als „gewöhnliche" deliktsrechtliche Pflichten. Die Haftung wegen der Verletzung von Verkehrssicherungspflichten ist danach immer noch eine Haftung für widerrechtliches und schuldhaftes Verhalten, insbesondere auf der Grundlage des § 823 Abs. 1 BGB.[218]

II. Stellungnahme

Am sprachlichem Umgang mit Verkehrssicherungspflichten wird schon auf den ersten Blick erkennbar, daß es sich bei diesen nach der insbesondere durch *von Bar*[219] vertretenen Meinung *nicht* um Pflichten im Wortsinne handelt.[220]

Zum einen ist gegen die Behandlung einer nur mehr generell-abstrakt und eben nicht konkret auf eine bestimmte Situation bezogen formulierten „Verkehrssicherungspflicht" als Pflicht (im strengen Sinne) dasselbe ins Feld zu führen, wie soeben im Zusammenhang mit der Frage, ob der Gebots- oder Verbotsgehalt eines Gesetzes kategorisch – oder eben nur hypothetisch – eine Pflicht festlegt. Selbst wenn man den teilweise angenommenen Sonderstatus der Verkehrs(sicherungs)pflichten anerkennen würde, könnte man aus der Verletzung einer solchen nicht die Widerrechtlichkeit des Handelns folgern. Die Abstraktionshöhe, auf der Verkehrssicherungspflichten häufig formuliert werden, ist für die konkrete Situation ebensowenig handhabbar, wie diejenige, auf der üblicherweise Gesetze formuliert werden. Es fehlt an der erforderlichen Detailschärfe. Pflichten i. e. S. lassen sich nur konkret-situativ unter Berücksichtigung *aller* Umstände des konkreten Einzelfalls bestimmen, wozu es eines wertenden

---

[215] Vgl. *Vollmer*, JZ 1977, S. 371, 374; *von Bar*, JuS 1988, S. 169, 170 f.

[216] *Larenz/Canaris*, SR BT II/2, S. 426.

[217] *Larenz/Canaris*, SR BT II/2, S. 405; ebenso etwa auch *Wagner* in MüKo, BGB, § 823, Rn. 59, 62; *Zeuner* in Soergel, BGB, § 823, Rn. 154 ff., 187; *Steffen*, VersR 1980, S. 409 f.

[218] Vgl. auch *Mertens* in MüKo, BGB^3, § 823, Rn. 206; *Hager* in Staudinger, BGB, § 823, Rn. E 71; *Steffen*, VersR 1980, S. 409 f.

[219] Verkehrspflichten, passim, insbesondere die obigen Nachweise.

[220] Vgl. dazu schon oben Kap. 2 C. II.

und konkretisierenden Aktes bedarf. Dasselbe muß für die Bestimmung von Pflichten gelten, die als Verkehrs(sicherungs)pflichten bezeichnet werden. Daraus folgt, daß eine abstrakt formulierte „Verkehrs(sicherungs)pflicht" zunächst unter Einbeziehung sämtlicher Umstände des Einzelfalles konkretisiert werden muß, soll aus ihrer Verletzung eine Haftung nach § 823 Abs. 1 BGB abgeleitet werden.[221] Bei der Anwendung des § 823 Abs. 1 BGB muß das Gericht das Vorliegen widerrechtlichen Verhaltens also stets durch Bestimmung der konkreten Pflichten und durch Feststellung ihrer Verletzung ermitteln.[222] Wenn es hier um Normkonkretisierung, vor allem um die Auslegung des § 823 Abs. 1 BGB geht,[223] erübrigen sich Erörterungen zu Fragen der Legitimation der Rechtsprechung. Denn gerade in der Konkretisierung von Normen auf einzelne Lebenssachverhalte ist eine der wesentlichen Aufgaben der Rechtsprechung zu sehen.[224] Ergeben sich für eine Haftung nach § 823 Abs. 1 BGB relevante Pflichten aus einer Konkretisierung dieser Vorschrift auf den jeweiligen Fall, kann der Bestand einer solchen Pflicht auch nicht von einer vorangegangenen richterlichen Konstatierung abhängen.

Ein weiterer Aspekt darf an dieser Stelle nicht unerwähnt bleiben: Was man Verkehrssicherungspflicht nennt, muß begrifflich Pflicht sein. Keinesfalls darf die Formulierung von Verkehrssicherungspflichten dazu dienen, Schadensersatzansprüche gewissermaßen nach eigenen Vorstellungen von gerechtem Schadensausgleich beliebig zur Entstehung zu bringen.[225] Der Begriff der Verkehrssicherungspflicht erscheint in der Diskussion häufig jedoch gerade nicht als Systembegriff der Verschuldenshaftung, sondern wird im Hinblick auf bestimmte, dem Deliktsrecht zugeschriebene Zwecke „funktional"[226] gehandhabt. Mit seiner Hilfe sollen schadensersatzrechtliche Ansprüche vorgeblich auf der Grundlage von Verschuldenshaftungsvorschriften, insbesondere auf der Grund-

---

[221] Das Problem unterschiedlicher Abstraktionshöhen, auf denen Verkehrssicherungspflichten formuliert werden, und die Tendenzen, Zufallsrisiken auf mittels der Konstatierung von Verkehrssicherungspflichten abzuwälzen spricht etwa *Deutsch*, Fahrlässigkeit, S. 161, an; zu den Tendenzen solche „Pflichten" zu übersteigern, *Deutsch*, Fahrlässigkeit, S. 176; *Kleindiek*, Deliktshaftung, S. 32, etwa will die Verletzung von Verkehrssicherungspflichten von dem Urteil der Rechtswidrigkeit kategorial abkoppeln: die Verletzung von Verkehrssicherungspflichten soll seiner Meinung nach die Widerrechtlichkeit des Verhaltens indizieren.

[222] Das hat auch der Große Senat des BGH für Zivilsachen, BGHZ 24, S. 21, 24 ff. betont; vgl. auch BGHZ 40, S. 379, 382; RGZ 54, S. 53, 59.

[223] So auch *Canaris*, FS für Larenz II, S. 27, 79 f.; wohl auch *Steffen*, VersR 1980, S. 409.

[224] Vgl. *Jarass* in Jarass/Pieroth, GG, Art. 20, Rn. 42; *Roellecke* in Umbach/Clemens, GG, Art. 20, Rn. 147.

[225] Kritisch gegenüber der Haltung, Verkehrspflichten „frei" zu formulieren und der Rechtsprechung ein entsprechendes Vorgehen „aufzureden" *Canaris*, Larenz-FS II, S. 27, 79.

[226] Siehe etwa *von Bar*, JZ 1979, S. 332.

lage von § 823 Abs. 1 BGB, begründet werden, die letztlich auf der gedanklichen Basis der Gefährdungshaftung stehen.[227]

Wenn es, wie oben dargelegt wurde, zutrifft, daß eine Haftung aus § 823 Abs. 1 BGB das Vorliegen von widerrechtlichem Verhalten und damit eine Pflichtverletzung voraussetzt, dann kann auch die Verletzung von Verkehrssicherungspflichten eine Haftung aus dieser Vorschrift nur dann begründen, wenn es sich bei Verkehrssicherungspflichten um *Pflichten* im Wortsinne handelt.

Die Verkehrssicherungspflichten als Quasi-Schutzgesetze in § 823 Abs. 2 BGB einzuordnen, erscheint mit *Canaris*[228] deshalb zweifelhaft, weil auf diese Weise der zentralen Vorschrift des Deliktsrechts, § 823 Abs. 1 BGB, ein Großteil ihres Anwendungsbereichs genommen würde – ohne daß die dadurch aufgeworfenen Abgrenzungsfragen nur ansatzweise gelöst wären. Dieser Ansatz ignoriert ferner, daß sich die Frage der Verletzung von Verkehrssicherungspflichten materiellrechtlich auch in anderen deliktsrechtlichen Vorschriften stellt. Sie ist keine Einzelerscheinung in § 823 BGB,[229] mögen sich auch alle verschuldenshaftungsrechtlich relevanten Pflichten, die dem Schutz absoluter Rechte dienen, aus der deliktsrechtlichen *lex generalis* des § 823 Abs. 1 BGB ableiten lassen. Es erscheint nur folgerichtig, in den in den §§ 831 ff. BGB abstrakt und ansatzweise niedergelegten Verhaltensanforderungen, gesetzliche Beispiele für (mögliche) Verkehrssicherungspflichten zu sehen.[230] Auch der Anwendungsbereich *dieser* Vorschriften würde entwertet werden, sollten Verkehrssicherungspflichten von § 823 Abs. 2 BGB aufgesogen werden.

C. Die haftungskonstitutiven Pflichten des § 823 Abs. 1 BGB und ihre Entstehung

I. Einführung

Wie sich gezeigt hat, kann die Frage, ob bestimmte Verhaltensweisen verbindlich vorgeschrieben sind, selbst dann nicht ohne Blick auf die konkreten Um-

---

[227] Siehe auch *Kötz/Wagner*, Deliktsrecht, Rn. 260 ff.; *Kötz*, Gutachten Bd. 2, S. 1789 f. Diese terminologische Praxis räumt etwa *von Bar*, Verkehrspflichten, S. 49, ein. Dazu auch unten. Soweit sich ein solches Vorgehen auf die Rechtsprechung des BGH stützen will, wenn dieser gelegentlich formuliert: "jeder, der eine Gefahr schafft, insbesondere durch die Eröffnung oder Zulassung eines Verkehrs, muß die Maßnahmen und Vorkehrungen treffen, die zur Abwendung der etwa Dritten daraus drohenden Gefahr notwendig sind", so etwa BGHZ 31, S. 73, 74; vgl. auch BGHZ 16, S. 95 f.; 31, S. 219, 221; 60, S. 54, 55, liegt dem wohl eine Fehlinterpretation zugrunde. Denn der BGH bestimmt mit dieser Formel lediglich die Person, die als Gefahrverantwortlicher in Betracht kommt; über den Pflichtengehalt äußert er sich an anderer Stelle.

[228] Larenz-FS II, S. 27, 52, 77 ff.

[229] *Canaris*, Larenz-FS II, S. 27, 78 f.

[230] Siehe nur *Belling/Eberl-Borges* in Staudinger, BGB, § 831, Rn. 2 ff.; § 832, Rn 2; § 836, Rn. 3; *Canaris*, Larenz-FS II, S. 27, 78 f. Dazu später.

stände einer Situation beantwortet werden, wenn die Formulierung einer entsprechenden „Pflicht“ im Gesetz ausdrücklich niedergelegt ist. Um so schwieriger wird die Bestimmung der jeweiligen Pflichten, wenn diese aus Normen abgeleitet werden müssen, die wie § 823 Abs. 1 BGB recht abstrakt formuliert sind.[231] In seiner Abstraktionshöhe ist § 823 Abs. 1 BGB von dem *neminem-laedere*-Grundsatz, auf dem die Bestimmung rechtsphilosophisch basiert,[232] nicht sehr weit entfernt.

Das allgemeine Schädigungsverbot (*„neminem laedere“*[233] oder *„alterum non laedere“*[234]) drückt für sich den Gedanken aus, daß in einer Gesellschaft die individuelle (Handlungs-) Freiheit Grenzen erfährt in der Freiheit der anderen. Aus dem Grundsatz selbst lassen sich aber keine konkreten Aussagen darüber treffen, ob und wenn ja, welche Pflichten in einer bestimmten Situation bestehen. Bereits an anderer Stelle wurde dieses „allgemeine Schädigungsverbot“ als für die praktische Anwendung zu wenig präzise und daher konkretisierungsbedürftig dargestellt.[235] Auch aus § 823 Abs. 1 BGB lassen sich Pflichten nur im Wege eines wertenden, das Gesetz auslegenden Vorganges entwickeln.

II. Die Herleitung aus der Verantwortlichkeit für die Schaffung von Gefahren

§ 823 Abs. 1 BGB läßt nicht schlicht auf jedes Verletzungsereignis die Entstehung eines Schadensersatzanspruches folgen, sondern nur auf solche, die auf widerrechtliches Verhalten zurückzuführen sind. Entgegen einer auch in den Gesetzesmaterialien zum BGB nachzulesenden Auffassung[236] ist der Eintritt der Verletzung eines absoluten (subjektiven) Rechts für sich noch nicht hinreichend für die Bejahung der Widerrechtlichkeit des verletzungsursächlichen Verhaltens. Daher wird aus der Vorschrift – unter weiteren Voraussetzungen – das „Verbot“ abgeleitet, für fremde Rechte oder Rechtsgüter ein Risiko oder eine Gefahr bestimmter Art zu schaffen, sie also in die Nähe einer Beeinträchtigung zu bringen und damit in ihrem Bestand oder ihrer Sicherheit zu *gefährden*.[237] Die

---

[231] Teilweise wird davon abweichend vertreten, daß deliktsrechtliche Pflichten, insbesondere Verkehrs(sicherungs)pflichten nicht aus § 823 Abs. 1 BGB ableitbar seien. So etwa *von Caemmerer*, DJT-FS, Bd. 2, S. 49, 71, wenn er davon spricht, daß das BGB eine große Lücke gelassen hätte, die durch die Verkehrspflichten geschlossen wurde.

[232] Siehe zu dem *neminem-laedere*-Grundsatz *Picker*, JZ 1987, 1041, 1048; *Lübbe*, ARSP Beiheft Nr. 74, S. 73 ff. jeweils m. w. Nachw.

[233] Diese ist neben den *praecepta „honeste vive*“ und *„suum cuique tribue*“ eine der drei als klassisch bezeichneten Rechtspflichten, vgl. *Kant*, Metaphysik der Sitten, S. 236.

[234] Die Formulierung wird von *Kant*, Metaphysik der Sitten, S. 236, auf *Ulpian* zurückgeführt.

[235] Vgl. *Lübbe*, ARSP Beiheft Nr. 74, S. 73 ff. Direkt darunter zu subsumieren, bringt damit keine weiterführenden Erkenntnisse ein. So in der Sache auch *Börgers*, Wandlungen, S. 74 f.

[236] Mot. S. 726; vgl. dazu bereits oben.

[237] *Cramer* in Schönke/Schröder, § 15, Rn. 131; *Traeger*, FG für Enneccerus, S. 102 ff., 106.

Abhängigkeit der Pflichtentstehung von dem Gefährdungsaspekt wurde in der Literatur an verschiedenen Stellen umfassend dargelegt[238] und entspricht auch ständiger Rechtsprechung.[239]

Hinsichtlich des Erfordernisses eines Gefährdungselementes scheint nahezu allgemein Einigkeit zu bestehen,[240] mag es auch häufig im Zusammenhang mit Fragen der Adäquanz und der Zurechnung besprochen werden.[241] Mit dem Begriff der *gefährdungsbezogenen Rechtswidrigkeit*[242] wird zutreffend charakterisiert, daß *bestimmte* Gefährdungen rechtswidrig sind.

Der Gefährdungsaspekt ist ein *tatsächlicher* Anknüpfungspunkt für die Entstehung deliktsrechtlicher Pflichten nach § 823 Abs. 1 BGB. Nun ist zu klären, wie das Vorliegen einer bestimmte Verhaltensweisen motivierenden Gefahr oder Gefährdung zu ermitteln ist.

1. Die Bestimmung des Bestehens einer Gefahr

a) Die Bestimmung des Vorliegens der tatsächlichen Voraussetzungen der Pflichtenentstehung mittels eines typisierenden (objektivierenden) Maßstabes

Nach wohl überwiegender Meinung soll die erforderliche Sorgfalt und damit auch das Pflichtenprogramm, durch eine objektivierende und typisierende Betrachtungsweise festgelegt werden.[243] Ausgangspunkt dieser Auffassung ist für

---

238 Vgl. zunächst nur *Münzberg*, Verhalten und Erfolg, S. 144 ff., 163; näher zum Gefährdungsaspekt unten.

239 Siehe BGHZ 31, S. 73, 74; vgl. auch BGH NJW 1990, S. 1236; 1975, S. 533; BGH VersR 1990, S. 1280, 1281; BGHZ 104, S. 323, 326 f.; 103, S. 338, 340; 80, S. 186, 189; 37, S. 165, 167; 31, S. 219, 221; 14, S. 83, 85; vgl. auch schon RGZ 52, S. 373, 378 f.; 54, S. 53, 57. Wie BGH NJW 1976, S. 46 zeigt läßt sich die Einbeziehung eines Dritten in die Verkehrssicherung ohne Schwierigkeiten in das System des § 823 Abs. 1 BGB einordnen.

240 Siehe etwa *Medicus*, ZGR 1998, S. 570, 574 sowie die Nachweise bei *von Bar*, Verkehrspflichten, S. 112 ff.; *Deutsch*, Larenz-FS I, S. 885 f.; nachgerade umgekehrt scheint das Verhältnis von *M. Wolf* in Soergel, BGB, § 276, Rn. 28, beurteilt zu werden, wenn er schreibt, „Die Verletzung von Verhaltenspflichten begründet die Gefährlichkeit in der konkreten Situation und macht das Verhalten rechtswidrig"; zustimmend wieder in Rn. 30.

241 Distanziert *Brüggemeier*, AcP 191 (1991), S. 33, 46; aus dem Strafrecht *Wolter*, GA 1977, S. 257 ff.; *ders.*, GA 1991, S. 531 f.

242 Vgl. dazu etwa *Mertens* in MüKo, BGB^3, § 823, Rn. 4.

243 *Deutsch*, Unerlaubte Handlungen, Rn. 123; *ders.*, Fahrlässigkeit, S. 137 ff., 299 ff., 387 ff; *Grundmann* in MüKo, BGB, § 276 Rn. 55, 77; *Hehl*, Verhältnis, S. 15f.; *Mertens* in MüKo, BGB^3, § 823, Rn. 23; *Larenz*, Hegels Zurechnungslehre, S. 94; *Koziol*, AcP 196 (1996), S. 593 (Anm. 1) und bei *Wagner* in MüKo, BGB^4, § 823, Rn. 63 ff.; ausdrücklich auch für die Verletzung von Verkehrssicherungspflichten *Hager*, Wolf-FS, S. 133, 140; *Medicus*, BR, Rn. 659; *Welzel*, Fahrlässigkeit und Verkehrsdelikte, in Abhandlungen, S. 315, 326 ff.

das Zivilrecht zumeist § 276 Abs. 2 BGB, der von der „im Verkehr erforderlichen Sorgfalt" spricht.[244]

Dementsprechend seien auch die für die Pflichtenentstehung relevanten Gesichtspunkte objektiv von einem übergeordneten Standpunkt aus zu bestimmen.[245] Das heißt, daß auch die Bestimmung des Vorliegens von für die Pflichtenentstehung konstitutiven Gefahren (Erkennbarkeit) von einem *objektiven* Standpunkt aus erfolgen muß.[246]

Diese Theorie argumentiert unter anderem mit dem Verkehrsschutzgedanken und dem Vertrauensgrundsatz.[247] Danach soll der am allgemeinen Rechtsverkehr Teilnehmende darauf vertrauen können, daß bestimmte allgemeine Verhaltens- und Sicherheitsstandards von jedem eingehalten werden. Wie jeder selbst alles zur Sicherung des Verkehrs Erforderliche veranlassen muß, soll er darauf rechnen können, daß die anderen genauso verfahren. In diesem Sinne wird auch auf die Ordnungsfunktion, die das Deliktsrecht zu erfüllen hat, verwiesen. Diese bestehe in Verfolgung des sekundären Normzwecks des Deliktsrechts[248] insbesondere in der Sicherstellung finanzieller Kompensation eines in bestimmter Weise Geschädigten und – dem vorgelagert – der Verbürgung von bestimmten Sicherheits- und Schutzstandards zugunsten eines angemessenen Rechtsgüterschutzes (Primärschutz).[249] Auf die Art und Weise, wie die anderen den ihnen zuzurechnenden Gefahren begegnen, hat der einzelne im Normalfall weder Einblick noch Einfluß. Vielmehr ist es dem Einzelnen nach §§ 823, 1004 BGB sogar grundsätzlich verboten,[250] sich selbst in die einem anderen obliegende

---

[244] Vgl. *U. Huber* in E. R. Huber-FS, S. 253, 264 f. Interessanterweise wird auch für das Strafrecht häufig nicht nur auf der Unrechtsebene ein objektiver Maßstab für maßgebend gehalten hinsichtlich der Vorhersehbarkeit und der zu beachtenden Sorgfaltspflicht, vgl. nur *Haas*, Kausalität, S. 83 ff., 272 ff.; *Hruschka*, Strafrecht, S. 403. Zumindest wird auch hier häufig zunächst auf der Unrechtsebene nur eine sog. objektive Pflichtwidrigkeit untersucht, vgl. die Nachweise von *Hirsch*, ZStW 94, (1982), S. 239, 266 ff. auch zur Gegenauffassung; *Herzberg*, JZ 1987, S. 536 ff. mit Kritik von *Struensee*, JZ 1987, S. 541 f.; *Welzel*, Fahrlässigkeit und Verkehrsdelikte, in Abhandlungen, S. 315, 324 ff. Kritisch gegenüber dem objektiven Maßstab *Nipperdey*, NJW 1957, S. 1777, 1781 f.; *Arzt*, ZStW 91 (1979), S. 857, 870 ff.

[245] Siehe *Hehl*, Verhältnis, S. 15 ff. m. w. Nachw.; *Raab*, JuS 2002, S. 1041, 1048; *Kleindiek*, Deliktshaftung, S. 33.

[246] *Hager* in Staudinger, BGB, § 823, Rn. E 30; *Stadler* in Jauernig, BGB, § 276, Rn. 28; siehe zum Strafrecht *Wolter*, GA 1977, S. 257, S. 258; *Haas*, Kausalität, S. 83 ff., 272 ff.; *Schroeder*, JZ 1989, S. 776 ff.; *Castaldo*, GA 1993, S. 495 ff. jeweils m. w. Nachw.

[247] Siehe dazu die Nachweise bei *Deutsch*, Fahrlässigkeit, S. 28 ff.; ferner *Ulmer*, JZ 1969, S. 163, 169 ff.; *Grundmann* in MüKo, BGB, § 276, Rn. 22; *Welzel*, Fahrlässigkeit und Verkehrsdelikte, in Abhandlungen, S. 315, 324 ff., 328.

[248] So etwa *Vollmer*, JZ 1977, S. 371, 372.

[249] *Löwisch* in Staudinger, BGB, § 276, Rn. 25 ff.

[250] Eine Ausnahme kann sich etwa aus den Vorschriften der Geschäftsführung ohne Auftrag ergeben.

Gefahrsteuerung einzumischen. Der Umstand, daß der Einzelne sich auf eine angemessene Gefahrbegegnung durch die anderen verlassen muß und sich der Gefahr machtlos ausgesetzt sieht, wird danach auf sekundärer Ebene kompensiert mit der Gewährung von Schadensersatz im Schadensfall.

Für die Bestimmung der Rechtswidrigkeit jedenfalls bleibt die Person des Täters in ihrer Individualität nach dieser Auffassung völlig oder jedenfalls weitgehend außer Betracht, also auch ihre individuellen Fähigkeiten sowie ihr *Horizont*.[251] Andernfalls bliebe, so wird argumentiert, die „schwerlich haltbare Konsequenz, daß der besonders unfähige Täter niemals unrechtmäßig handeln kann".[252] Dabei wird häufig darauf verwiesen, daß bei anderer Sichtweise in einigen Fällen dem Opfer ein Notwehrrecht abgeschnitten würde, da das Verhalten des Täters im Einzelfall als rechtmäßig angesehen würde. Eine nähere Differenzierung des Pflichtenprogramms, etwa nach Verkehrskreisen, Gruppenfähigkeiten oder Gruppenqualifikationen wird zur näheren Konkretisierung der Anforderungen sowohl für die Verschuldensprüfung wie schon für die Bestimmung der Widerrechtlichkeit diskutiert.[253]

Da es weniger darum gehe, einer Person einen Vorwurf wegen des von ihr entfalteten Verhaltens zu machen, sondern der Gedanke gerechten Schadensausgleichs im Fordergrund stehe, soll sowohl bei der Entstehung des Pflichtenprogramms als auch bei der inhaltlichen Ausgestaltung von der Individualität des Täters abstrahiert werden.[254] Das Vorhandensein bestimmter Fähigkeiten und Kenntnisse muß der Einzelne nach dieser Auffassung gleichsam *garantieren*,[255] für deren Fehlen haftungsrechtlich einstehen. Die danach vorzunehmende Objektivierung beschränkt sich dabei nicht auf die Formulierung der deliktsrechtlichen Pflichten. Sie wird teilweise auch auf das Verschulden erstreckt.[256] Einige Anhänger der objektiven Lehre wollen individuelle, täterbezogene Merkmale jedoch bei der Verschuldensprüfung berücksichtigen.[257]

---

[251] *Larenz*, Hegels Zurechnungslehre, S. 94; *Stoll*, AcP 162 (1963), S. 203, 209; *Welzel*, Fahrlässigkeit und Verkehrsdelikte, in Abhandlungen, S. 315, 326 ff. m. w. Nachw.

[252] Siehe *Wolter*, GA 1977, S. 257, 266 m. w. Nachw.

[253] Siehe etwa *Grundmann* in MüKo, BGB, § 276 Rn. 77; *Löwisch* in Staudinger, BGB, § 276, Rn. 35 ff.; *Deutsch*, Fahrlässigkeit, S. 30 ff., 43 ff. 127 ff.; 299 ff. m. w. Nachw.

[254] So *Stoll*, AcP 162 (1963), S. 203, 209; *Wieacker*, JZ 1957, S. 535, 536 f.; vgl. auch *Vollmer*, JZ 1977, S. 371, 374 ff.

[255] Vgl. etwa *Larenz*, JuS 1965, S. 373, 378 f., für den Objektivierung und Typisierung bedeutet, daß das Verschuldensprinzip in gewissem Maße „durch ein Element der Garantiehaftung modifiziert ist".

[256] Anders insoweit wohl *Hager*, Wolf-FS, S. 133, 140 ff.

[257] So etwa *Raab*, JuS 2002, S. 1041, 1047 f.

b) Die Lehre von der subjektiven Bestimmung der für die Pflichtenentstehung erforderlichen tatsächlichen Voraussetzungen

Nach einer anderen Lehre muß bei der Bestimmung der deliktsrechtlichen Pflichten ein subjektiver Maßstab angelegt werden und müssen deliktsrechtliche Pflichten insbesondere seitens ihrer Adressaten erfüllbar sein.[258] Ausgehend von der Prämisse, daß die dem Deliktsrecht zugeschriebene Steuerungs- und Bestimmungsfunktion nur dann sinnvoll erfüllt werden kann, wenn Pflichten, insbesondere Verkehrs(sicherungs)pflichten, realistisch und einzelfallbezogen, das heißt bezogen auf die zu verpflichtende Person und die sonstigen Umstände der betreffenden Lebenssituation formuliert werden,[259] ist es für diese Auffassung ausgeschlossen, Pflichten am Maßstab eines „Mustermenschen", einer fiktiven Person in einer fiktiven Situation zu konzipieren.[260] Für alle individuellen Merkmale muß der Satz „*ultra posse nemo obligatur*" gelten.[261] Damit werden subjektbezogene Merkmale nicht erst beim Verschulden relevant, sondern bereits bei der Bestimmung des jeweils geltenden Verhaltensmaßstabes (Frage des Verhaltensunrechts).[262]

Auch die Gefahrenprognose kann danach nur aus der Täterperspektive erfolgen.[263] Gerade auch in der Strafrechtswissenschaft wird die Theorie vertreten, daß die jeweiligen Pflichten am (subjektiven) Maßstab des jeweiligen Täters, das heißt unter Berücksichtigung von dessen Wissenshorizont und dessen Fähigkeiten, zu bestimmen sind.[264]

---

[258] So insbesondere *Nipperdey*, NJW 1957, S. 1777, 1781 f.; *Mertens* in MüKo, § 823, Rn. 32, Vorbem. §§ 823-853, Rn. 22, 57 jeweils m. w. Nachw.; zur sog. subjektiven Unrechtslehre siehe auch die Nachweise bei *Deutsch*, Fahrlässigkeit, S. 237 (Fn. 208, 209). Für das Strafrecht vgl. *Hirsch*, ZStW 94 (1982), S. 239, 266 ff.; *Haas*, Kausalität, S. 272 ff.

[259] So etwa *Belling/Eberl-Borges* in Staudinger, § 831, Rn. 94.

[260] Für die Anlegung eines situationsbezogenen Maßstabes aus dem strafrechtlichen Bereich auch *Arzt*, ZStW 91 (1979), S. 857, insbes. 871; siehe auch die Bedenken von *Wolter*, GA 1977, S. 257, 259 ff.

[261] Siehe *Mertens* in MüKo, § 823, Rn. 32 und Vorbem. §§ 823-853, Rn. 22, 57. Vgl. auch die Nachweise aus der strafrechtlichen Literatur bei *Hirsch*, ZStW 94 (1982), S. 239, 266 ff.

[262] Nach *U. Huber*, Wahl-FS, S. 301, 302 f., kommt es darauf an, wie sich ein sorgfältiger Verkehrsteilnehmer *in der Lage des Schädigers* zu verhalten hat.

[263] So auch *U. Huber*, Wahl-FS, S. 301, 302. Siehe dazu auch den Überblick zu der strafrechtlichen Dogmatik bei *Lenckner* in Schönke/Schröder, StGB, Vorb. zu §§ 13 ff., Rn. 71 ff.; vgl. ferner die Ausführungen von *Freund*, GA 1991, S. 387, 390 ff.; *Schroeder*, JZ 1989, S. 776, 777 ff.; *Stratenwerth* in Jescheck-FS, S. 287, 293 ff.

[264] Siehe *Struensee*, JZ 1987, S. 53, 59; *Schroeder*, JZ 1989, S. 776, 777. Siehe auch die ausführliche Erörterung von *Castaldo*, GA 1993, S. 495 ff., der nachweist, daß die Kritik an der subjektiven Lehre weitgehend auf Mißverständnissen beruht und aufzeigt, daß sich die objektive Lehre in der Sache oft der subjektiven annähert.

c) Stellungnahme

Hinsichtlich der Anwendung und Auslegung des § 823 Abs. 1 BGB[265] stehen sich hier zwei in ihrem theoretischen Ansatz unversöhnliche Meinungen gegenüber. Setzt eine Haftung aus § 823 Abs. 1 BGB das Vorliegen einer unerlaubten, das heißt gegen Gebote oder Verbote verstoßenden Handlung voraus, so dürfte sich die Theorie, nach der das bestehende Pflichtenprogramm objektiv-typisierend zu bestimmen ist und gleichwohl das Verhalten *des Deliktstäters* gesteuert werden soll, schon an diesem Punkt in einem argumentativen und zugleich normlogischen Widerspruch befinden: Steuerung scheitert, wenn es an den dazu erforderlichen Mitteln fehlt.

Ein zweiter Aspekt sticht sogleich ins Auge und liefert ein weiteres Argument gegen die objektive Lehre: Die Betonung des Vertrauensaspektes. Wenn das Verhalten des Deliktstäters gesteuert werden soll, müssen diesem all diejenigen Aspekte, aus denen sich Steuerungsgebote ergeben sollen, in irgendeiner Weise vor Augen stehen.

Die jeweils bestehenden Verhaltenspflichten können nur auf der Grundlage der die jeweilige Situation prägenden tatsächlichen Faktoren ermittelt werden.[266] Unter dem Blickwinkel des Begriffs der Verhaltenssteuerung erschiene es widersprüchlich, einer Person, die *alles* tut, was ihr möglich ist, aber eben noch nicht das vollbringt (erreicht), was einem irgendwie bestimmten (Ziel-) Maßstab entsprechen würde, die Widerrechtlichkeit ihres Verhaltens zu bescheinigen. Wenn der primäre Normzweck des Deliktsrechts darauf gerichtet ist, Schädigungen Dritter zu verhindern,[267] so kann dieser Zweck intentional auch nur dann erreicht werden, wenn die Verhaltenserwartungen am Maßstab des jeweiligen Täters ausgerichtet sind.[268] Das Argument, die subjektive Herangehensweise führe dazu, daß sich ein unterdurchschnittlich begabter Täter rechtmäßig verhalte und damit ein Notwehrrecht eines Beeinträchtigten beschnitten würde, verfehlt das Problem. Im übrigen ist die Notwehr nicht das einzige Institut, aus dem sich eine Rechtfertigung ergeben kann. Das eigentliche Problem kann mit der objektiven Lehre jedenfalls nur umgangen, nicht jedoch gelöst werden. Verschuldenshaftung ohne konkret-individuellen Vorwurf als reine Verursachungs-

---

265 Zur Vereinfachung wird von den Verschuldenshaftungsnormen *pars pro toto* nur § 823 Abs. 1 BGB erörtert.

266 *Löwisch* in Staudinger, BGB, § 276, Rn. 49 m. w. Nachw. aus der Rechtsprechung.

267 Siehe *Vollmer*, JZ 1977, S. 371, 372.

268 Siehe auch *Koziol*, AcP 196 (1996), S. 593, 595 aus österreichischer Perspektive.

haftung zu praktizieren, ist widersprüchlich.[269] Steuerung fände so nur allenfalls fiktiv statt.[270] Ein Verweis auf den Steuerungsaspekt ist so nicht verständlich.

Bedenken gegen die objektivierende Herangehensweise ergeben sich ferner daraus, daß diese Betrachtungsweise nicht konsequent durchgeführt wird. Rechtmäßigkeit und Rechtswidrigkeit von Verhalten werden auch im Zivilrecht nicht in jedem Falle typisiert oder objektiv bestimmt. Solches Vorgehen verträgt sich nicht mit rein situativ ausgestalteten Regelungsinstituten, wie Notwehr gemäß § 227 BGB, § 32 StGB und Notstand gemäß §§ 228, 904 BGB, § 34 StGB, denen die Rechtsfolge zu entnehmen ist, daß ein bestimmtes, obgleich möglicherweise verletzungsursächliches, und damit typischerweise verbotenes Verhalten *rechtmäßig* ist.[271]

Für die Bestimmung der in einer konkreten Situation bestehenden Pflichten ist die Heranziehung von Situationsgruppen und die Bildung von objektiven Normsituationen nicht geeignet. Ein für die Gegenauffassung wohl symptomatisches Problem, das direkt und zwangsläufig aus der objektiv-typisierenden Betrachtungsweise folgt, stellt sich, wenn es keine Situationstypik bzw. Verhaltens- oder Schutzstandards gibt, weil etwa eine Bezugsgruppe oder eine als Vorbild geeignete Verkehrspraxis (noch) nicht existiert oder typischerweise nicht existiert.[272] In zahlreichen Fällen geht es gar nicht anders, als doch das Individuum mit seinen jeweiligen Qualitäten zum Maßstab des bestehenden Pflichtenprogramms zu machen.

Es sollte im übrigen Einigkeit darüber bestehen, daß eine deliktsrechtlich relevante Situation in tatsächlicher Hinsicht so hinzunehmen ist, wie sie ist. Eine Typisierung in tatsächlicher Hinsicht ist wenig sinnvoll, will man der jeweiligen Situation gerecht werden. Im Ergebnis wird die Geltung des Verschuldensprinzips als solche in Frage gestellt, wenn der Verhaltensmaßstab nicht anhand der konkreten Situation mit allen ihren Merkmalen, insbesondere also allen persönlichen, zeitlichen und sachlichen Merkmalen, bestimmt wird.[273]

---

[269] Vgl. auch die Kritik von *Koziol*, AcP 196 (1996), S. 593, 594 f. m. w. Nachw.

[270] Siehe auch *Castaldo*, GA 1993, S. 495, 505 ff., 503.

[271] Sowohl für Fahrlässigkeitsdelikte als auch für Unterlassungsdelikte wird vertreten, daß die Rechtswidrigkeit in den Tatbestand einbezogen wird. Für das Strafrecht *Arzt*, ZStW 91 (1979), S. 857, 871.

[272] Vgl. das Beispiel des hochspezialisierten Arztes bei *Hirsch*, ZStW 94 (1982), S. 239, 273 f.; ferner *Wolter*, GA, 1977, S. 257, 269.

[273] *Von Bar*, Verkehrspflichten, S. 49, formuliert insofern zutreffend, daß eine solchermaßen bestimmte Pflicht nur „als schuldhaft verletzt gedacht wird." Der BGH hat sich etwa in BGHZ 54, S. 332, 337, dagegen verwahrt, auf der Grundlage des Gesichtspunktes der Billigkeit eine Ausnahme vom Verschuldensprinzip zu machen.

d) Zwischenergebnis

Wie immer man § 276 Abs. 2 BGB versteht, es bleibt dabei, daß die dem Einzelnen auferlegten Pflichten dessen Fähigkeiten nicht übersteigen können. Das kann auch im allgemeinen Verkehr nicht anders sein. Verneint man bei Außerachtlassung der objektiv und am Mustermenschen ausgerichteten Pflichten durch den unterdurchschnittlich Begabten eine Schadensersatzhaftung erst im Rahmen der Verschuldensprüfung,[274] so kommt man freilich in den meistem Fällen[275] zum selben Ergebnis;[276] diese (Aufbau-) Frage soll hier auch nicht vertieft werden. Kommen solche individuellen Gesichtspunkte in der Prüfung des § 823 Abs. 1 BGB aber an keiner Stelle zur Geltung, wird so das Verschuldensprinzip durch Elemente der Garantiehaftung derart „modifiziert", daß vom Verschulden als *Prinzip* im Grunde nicht mehr gesprochen werden kann. Wenn weder das Pflichtenprogramm unter Berücksichtigung der konkreten, situativen Momente bestimmt wird, noch beim Verschulden individuelle Defizite einbezogen werden, würde so letztlich eine vom Gesetz nicht vorgesehene verkappte Gefährdungshaftung gelten.[277]

Daß sich bei anderer Vorgehensweise Wertungswidersprüche ergäben, hat auch die Rechtsprechung erkannt. Die Entscheidung des Großen Senats des BGH[278] vom 04.03.1957 vollzieht nach, daß Verhaltensanforderungen konkret-situativ zu bestimmen sind und mit deren Beachtung eine Haftung aus Verschuldenshaftungsnormen in jedem Fall notwendigerweise wegen Fehlens der Widerrechtlichkeit ausscheidet. Denn „es geht nicht an, ein Verkehrsverhalten, das den Geboten und Verboten der Verkehrsordnung voll Rechnung trägt, trotzdem mit dem negativen Werturteil der Rechtswidrigkeit zu versehen"[279].

---

[274] So *Larenz/Canaris*, SR BT II/2, S. 369 f., 426; *Kleindiek*, Deliktshaftung, S. 33 m. Nachw.

[275] Siehe dazu nur *Belling/Eberl-Borges* in Staudinger, BGB, § 831, Rn. 71 ff., wo der Ausnahmefall des § 831 BGB dargestellt wird. Versteht man § 831 Abs. 1 BGB so, daß nicht nur widerrechtliches, sondern in bestimmtem Maße auch schuldhaftes Gehilfenverhalten erforderlich ist, dann verringern sich die Unterschiede erheblich; so etwa *von Caemmerer*, DJT-FS, Bd. 2, S. 49, 122 ff. mit Verweis auf die gesetzgeberischen Zwecke.

[276] Zum schwierigen Problem der Scheidung von Rechtswidrigkeit und Schuld *Münzberg*, Verhalten und Erfolg, S. 142, 143.

[277] Siehe *Larenz/Canaris*, SR BT II/2, S. 426 ff.; vgl. auch die Nachweise bei *Grundmann*, MüKo, BGB, Rn. 55 sowie *Kötz*, Gutachten Bd. 2, S. 1789 f.

[278] BGHZ 24, S. 21, 24 ff.

[279] BGHZ 24, S. 21, 26.

2. Der Grundsatz „*impossibilium nulla est obligatio*" und das der Verschuldenshaftung immanente Prinzip der Verhaltenssteuerung

a) Einführung

Es ist *sinnlos*, eine konkrete Verhaltensregel zu formulieren, die im betreffenden Einzelfall nicht eingehalten werden *kann*. Nur dann, wenn etwas möglich ist, kann es zum Inhalt einer konkreten Verhaltensregel werden. Andernfalls kann der Wille zu regelkonformem Verhalten noch so groß sein; er wird nicht den gewünschten Erfolg, die Beachtung der Regel hervorbringen.[280] Regelbeachtung setzt – neben der unterstellten Handlungsfreiheit – vor allem zweierlei voraus: Kenntnis der Regel sowie Erkennen der tatsächlichen Voraussetzungen, die normtheoretisch den „Tatbestand" der Regel bilden. Im Folgenden soll es allein um den zweiten Aspekt, den tatsächlichen gehen.

Reflexhandlungen und Handlungen, die im Schlaf oder im Zustand der Bewußtlosigkeit begangen wurden, werden nicht als Verstöße gegen Verhaltensnormen verstanden.[281] Spricht man ihnen bereits die Handlungseigenschaft ab, so wird dem Gedanken Rechnung getragen, daß sie mangels Steuerungsfähigkeit nicht verhaltensnormwidrig sein können. Mit anderen Worten erwartet die Rechtsordnung nicht, Reflexe und in den beschriebenen Zuständen erfolgende Bewegungen zu unterlassen. Das wäre auch sinnlos. Diesen Bewegungen mangelt die intentionale Steuerung. Es fehlt in diesen Fällen gleichsam ein probater Adressat für etwaige Verhaltensnormen.[282]

Die vorangehenden Ausführungen deuten darauf hin, daß bei der Bestimmung von Pflichten, verstanden als das, was die Rechtsordnung vom einzelnen verlangt, zwingend darauf Rücksicht zu nehmen ist, was der einzelne, für dessen Verhalten in einer bestimmten Situation ein rechtlicher Verhaltensmaßstab formuliert werden soll, zu tun *vermag*. Nur ein sämtliche tatsächliche Lebensumstände einbeziehender Standpunkt ist für die Bestimmung der Verhaltensleitlinien sinnvoll. Fehlen im konkreten Fall individuelle Fähigkeiten, die der Formulierung eines Verhaltensprogramms zugrundegelegt wurden, dann kann die Nichteinhaltung dieses Verhaltensprogramms sinnvoll nicht als Pflichtverlet-

---

[280] Vgl. *Freund*, GA 1991, S. 387, 389 ff.

[281] Das räumt auch *Stoll*, AcP 162 (1963), S. 203, 209 (Fn. 28), ein, der freilich ansonsten auf die Berücksichtigung individueller Aspekte verzichten will. Lateinisch könnte man formulieren: „*in somnio nulla est obligatio*".

[282] Freilich könnte, wie gelegentlich angemerkt wird, unter bestimmten Voraussetzungen als pflichtwidriges Verhalten angesehen werden, daß sich die betreffende Person schlafen gelegt hat. Dies wiederum schiede dann aus, wenn die Person sprichwörtlich unerwartet vom Schlaf „übermannt" worden ist und sich daher dem Schlaf nicht entziehen konnte. Zu diesem Beispiel siehe auch *Castaldo*, GA 1993, S. 495, 500 ff. Dieser Gesichtspunkt wird auch unter der Thematik der „*actio libera in causa*" behandelt.

zung bezeichnet werden. Auf diese Weise würde nämlich in Kauf genommen werden, daß ein unterdurchschnittlich Begabter als im Einzelfall von der Rechtsordnung als zu *mehr* „verpflichtet" behandelt wird, als er zu tun in der Lage ist.[283] Dies wäre sowohl mit Blick auf den Gedanken der Steuerung, als auch für die Verwirklichung möglichst hohen Rechtsgüterschutzes gleichermaßen wirkungs- und damit sinnlos.[284]

b) Zwischenbemerkung: Das Phänomen kategorialer Grenzen des Verschuldenshaftungssystems

Gerade hier liegt ein gewichtiges, wenn nicht das Kernproblem des Deliktsrechts. Es zeigt sich bereits ganz deutlich ein Dilemma. Während eine verhaltensorientierte Deliktshaftung den Zweck, den allgemeinen Rechtsverkehr zu schützen, nicht in optimaler Weise erfüllen kann, gelangt eine objektivierende oder typisierende Herangehensweise dazu, daß sie von Einzelnen im Einzelfall oder generell eine Garantie bestimmter nicht vorhandener Qualitäten verlangt und damit schon hinsichtlich des primären Normzwecks des § 823 Abs. 1 BGB, dem primären, auf Vermeidung von bestimmtem Verletzungsverhalten zielenden Güterschutz (Verhaltenssteuerungsprinzip),[285] notwendig zum Scheitern verurteilt ist. Daß diese zweite Herangehensweise argumentativ bereits außerhalb des Verschuldenshaftungssystems zu stehen droht, könnte dann allenfalls der sekundäre Normzweck des § 823 Abs. 1 BGB rechtfertigen. Allerdings kann sich der sachlich-gegenständliche Schutzumfang des § 823 Abs. 1 BGB in primärer und in sekundärer Hinsicht konsequenterweise nicht unterscheiden, da der nachgelagerte sekundäre Rechtsschutz in dieser Norm gerade an das Scheitern des vorgelagerten primären Güterschutzes, *soweit* er eben reicht, geknüpft ist. Für beide ist das Prinzip der (situativ-konkreten) Verhaltenssteuerung prägend. Erfolgsbezogene Modelle und Überlegungen der Gewährschaftshaftung[286] lassen sich mit dem Verhaltenssteuerungsmodell noch weniger vereinbaren. Der Gesetzgeber verfolgt bekanntlich den Zweck einer *angemessenen und gerechten* Schadensverteilung nicht nur mit dem Instrument der Verschuldenshaftung, sondern eben auch mit weiteren Instrumentarien, wie etwa der Gefährdungshaf-

---

[283] Mit Verweis darauf, daß die meisten Menschen „glücklicherweise" durchaus über die geforderten Fähigkeiten verfügten, will *Canaris*, Larenz-FS II, S. 27, 33, etwaige Bedenken nicht überbewertet wissen.

[284] Der umgekehrte Fall, daß eine Person, die überdurchschnittlich begabt ist, eine bestimmte Gefahrsituation zu meistern, würde methodisch genauso behandelt werden (müssen) – freilich mit unterschiedlichem Ergebnis. Denn dieser könnte sich, um pflicht- und damit rechtmäßig zu handeln, damit begnügen, den an den durchschnittlich Begabten angelegten Maßstäben zu entsprechen. Siehe dazu *Castaldo*, GA 1993, S. 495, 500, mit treffender Kritik auf S. 505 ff.; *Koziol*, AcP 196 (1996), S. 593, 597 f. m. w. Nachw. Zur Gegenauffassung *Hirsch*, ZStW 94, S. 239, 273 f.

[285] Dazu etwa *Kötz/Wagner*, Deliktsrecht, Rn. 119 ff.

[286] Siehe etwa die Konzeption von *Belling/Eberl-Borges* in Staudinger, BGB, § 832, Rn. 124.

tung und der Haftung für Aufopferung. Die vorgefundenen systematischen Grenzen sind bei der Rechtsanwendung zu akzeptieren.

3. Zum Verhältnis von Gefahr und Zufall – ein Erkenntnisproblem?

Da die Entstehung von Pflichten nach § 823 Abs. 1 BGB vom Bestehen einer Gefahr bzw. Gefährdung abhängt, kommt der Bestimmung der Gefahr eine Schlüsselrolle zu. Entsprechend streitig ist das Meinungsbild hinsichtlich der Gefahrenbestimmung. Denn ohne Gefahr keine Pflicht und damit immer auch kein Verhaltensunrecht.

Die Bewertung, in einer bestimmten Situation liege eine Gefahr vor, enthält eine bestimmte Wahrscheinlichkeitsprognose für den Eintritt eines Schadens.[287] Dem oben skizzierten Ansatz gemäß, nach dem die jeweils bestehenden Pflichten objektiv-typisierend zu bestimmen sein sollen, wird nicht selten auch das Vorliegen einer Gefahr objektiv verallgemeinernd bestimmt.[288] Maßgeblich sei der Erkenntnishorizont eines optimalen Beobachters oder eines durchschnittlichen Beobachters aus einer Bezugsgruppe. Die Gefahrbestimmung soll für die Ermittlung der jeweiligen Pflichtenlage nach einer Auffassung sogar von einem *ex-post*-Standpunkt aus vorgenommen werden.[289] In der Sache ähnlich gehen diejenigen vor, die den Begriff der Gefahr – ebenso wie den Begriff der Pflicht, der Pflichtverletzung und der Widerrechtlichkeit – funktional handhaben wollen.[290] Eine Gegenauffassung betont, daß das Bestehen einer Gefahr sinnvoll nur *ex ante* bestimmt werden kann.[291]

a) Die Abhängigkeit des Steuerungsaspekts vom Bestehen einer Gefahr

Im folgenden soll die These untersucht werden, ob in der (gedachten) Welt der Schadensquellen *Gefahr* das kontradiktorische Gegenteil von *Zufall* ist.[292] Anders gewendet: Ist ein eingetretener Schaden stets entweder auf eine Gefahr zurückzuführen oder eben nicht, und im zweiten Fall als *zufällig* eingetreten zu bezeichnen.[293]

---

[287] Vgl. *von Bar*, Verkehrspflichten, S. 113; *Deutsch*, Larenz-FS I, S. 885; *Kaufmann*, Jescheck-FS, S. 273, 276 f.

[288] Nochmals *Hager* in Staudinger, BGB, § 823, Rn. E 30; *Stadler* in Jauernig, BGB, § 276, Rn. 28, je m. w. Nachw.

[289] So etwa *Raab*, JuS 2002, S. 1041, 1048; *Stoll*, AcP 162 (1963), S. 203, 233 m. w. Nachw.

[290] So etwa *Deutsch*, Larenz-FS I, S. 885, 887 ff.

[291] Siehe etwa *Kaufmann*, Jescheck-FS, S. 273, 276 f. m. w. Nachw.

[292] Die Anregung zu diesen Überlegungen ist einer Lehrveranstaltung von *Prof. J. Hruschka* zu verdanken.

[293] Das ist eine häufig mit dem Adäquanzgedanken verbundene Überlegung, siehe *Münzberg*, Verhalten und Erfolg, S. 185 ff., der sich mit ebendieser Frage auseinandersetzt, wenn er unter anderem die gegen die Adäquanztheorie vorgebarachten Kritikpunkte schildert. Die Erwä-

Eine Gefahr liegt dann vor, wenn in einer Situation der (künftige) Eintritt eines Schadens möglich erscheint. Die Bejahung einer Gefahr setzt also die Vornahme einer Prognose voraus. Derjenige, der das Vorliegen einer Gefahr bestimmt, befindet sich in der *ex-ante*-Perspektive. Nimmt man die *ex-post*-Perspektive ein, so ist es überflüssig, über das Bestehen von Gefahren nachzudenken.[294] Widersprüchlich ist es aber, wenn das Vorliegen einer Gefahr von einem *ex-post*-Standpunkt aus bestimmt werden soll,[295] um von den daraus gewonnenen Erkenntnissen auf die Verhaltenssteuerung *ex ante* zu schließen. Denn *ex post* ist man zwar dahingehend klüger geworden, daß „etwas", gegebenenfalls das Verhalten des Täters den Erfolg in der Außenwelt ausgelöst haben muß,[296] weiß aber gerade nicht, ob die den Erfolg auslösenden Umstände dem Täter bekannt oder erkennbar waren und dessen Verhalten dadurch hätten beeinflussen können.[297]

Augenscheinlich kommt auch dem Blickwinkel große Bedeutung zu, von dem aus die *ex-ante*-Sicht vorgenommen wird. Mit wachsendem, sich weitendem Horizont des Betrachters nimmt zugleich die Menge der Fälle zu, in denen eine Gefahr gegeben ist, und nimmt die Menge der Fälle ab, die in der Welt der Schäden für den Zufall „übrigbleiben". Wachsender Horizont kann durch wachsende naturwissenschaftliche Erfahrungen und Kenntnisse bedingt sein. Für ein übermenschliches Wesen mit der Eigenschaft der Allwissenheit, für Gott oder für einen Weltgeist,[298] kann es keinen Zufall geben. Umgekehrt nehmen Schäden, die nicht auf eine Gefahr zurückgeführt werden können und daher dem Zufall zuzuschreiben sind, proportional zu wachsender „Beschränktheit" des Horizonts des Betrachters zu. In dessen Welt kommt also dem Zufall ein relativ hohes Gewicht zu. Zufall deckt sich in diesem Sinne mit den *unvorhersehbaren* Ereignisse.[299]

---

gungen spielen aber nicht nur und nicht erst bei der Zurechnungsfrage eine Rolle. Siehe auch *von Caemmerer*, DJT-FS, Bd. 2, S. 49, 74 ff., insbes. die Erörterungen in Anm. 114.

[294] Vgl. *Welzel*, Fahrlässigkeit und Verkehrsdelikte, in Abhandlungen, S. 315, 331 (Anm. 51).

[295] So zutreffend *Ulsenheimer*, JZ 1969, S. 364, 366 m. w. Nachw. A. A. *Deutsch*, Larenz-FS I, S. 885, 891, der meint, „scharf eingestellt erfolgt also jede Gefahrbestimmung aufgrund einer nachträglichen Prognose".

[296] Der Satz von *Deutsch*, Larenz-FS I, S. 885, „Kausalität ist verwirklichte Gefahr", darf also nicht unkritisch aufgenommen werden.

[297] *Arzt*, ZStW 91 (1979), S. 857, 876; *Freund*, GA 1991, S. 387, 389 ff..

[298] Siehe dazu auch *Freund*, GA 1991, S. 387, 390 f. m. w. Nachw.

[299] Vgl. etwa den Fall *von Caemmerers*, DJT-FS, Bd. 2, S. 49, 134 f.

b) Die Abhängigkeit der Verhaltenssteuerung vom Täterhorizont als Konsequenz

Gefahr ist nach allem als eine relative Größe. Ihr Vorliegen und damit alle von dieser Größe abhängigen Werte, Begriffe etc. sind abhängig insbesondere vom Standpunkt und vom Wissens- und Erfahrungshorizont des jeweiligen Betrachters.[300] Nur dessen Perspektive kann sinnvollerweise zur Formulierung von Pflichten eingenommen werden, die dessen Verhalten steuern sollen.[301] Geht man davon aus, daß Pflichten gefahrakzessorisch entstehen, so ergibt sich die einfache Folgerung, daß immer dann, wenn keine Gefahr vorliegt, auch keine Pflicht zur Entstehung gelangen kann.[302] In diesem Sinne geht von einer verborgen gebliebenen „Gefahr“ auch keine Warnfunktion aus.[303]

Nach dem Gesagten und auch der in den Materialien zum BGB niedergelegten Meinung[304] ist es ohne weiteres vorstellbar, daß in einer Situation für eine Person keinerlei Pflichten bestehen.[305] Wenn eine Gefährdung relevanter Schutzgüter Dritter nicht (einmal) *möglich* ist, dann ist das Verhalten zumindest aus Schutzaspekten heraus (insbesondere im Lichte des § 823 Abs. 1 BGB) *ungeregelt* und daher pflichtenfrei.[306] Mangels Gefährdung anderer besteht weder Bedarf noch Anlaß, das eigene Verhalten entsprechend anzupassen.[307] Dies gilt auch dann, wenn eine Person in einer bestimmten Situation keinerlei ihr objektiv zuzurechnende Gefahren sieht.[308] Denn diese bestehen für sie dann schlicht nicht. In der Umsetzung der Erkenntnis, daß nicht vermeidbare Erfolge in einem auf die Gefahrsteuerung aufbauenden Haftungssystem keinen Platz haben, sieht *Jakobs*[309] treffend eine Umwandlung des Urteils der Normwidrigkeit „von ohnmächtiger Klage über den Weltverlauf zur Feststellung einer Fehlleistung“. Ob einem Schadensereignis eine solche *Fehlleistung* zugrunde liegt, ist aber für den jeweiligen Einzelfall erst einmal festzustellen.

---

[300] So auch *Mertens* in MüKo, § 823, Rn. 17 aE.

[301] So auch *U. Huber*, Wahl-FS, S. 301, 307 f.

[302] *Becker*, Unerlaubte Handlungen, S. 343 f.

[303] *Arzt*, ZStW 91 (1979), S. 857, 876 f.; *Freund*, GA 1991, S. 387, 389 ff.

[304] Dazu nochmals Mugdan II, S. 1074.

[305] Siehe auch *Becker*, Unerlaubte Handlungen, S. 343 f.: Die Pflicht, Sorgfalt einzuhalten, „gilt überall da, wo irgend etwas da ist, in bezug auf das Sorgfalt eingehalten werden muß.“

[306] So auch *M. Wolf* in Soergel, BGB, § 276, Rn. 23; *Becker*, Unerlaubte Handlungen, S. 343 f.; mit *Arzt*, ZStW 91 (1979), S. 857, 876 f., wirkt dann eben eine Warnung auf das Verhalten nicht ein. Siehe zu dem Gefahrprognoseproblem auch *Bohnert*, JR 1982, S. 6, 9.

[307] Darauf weist auch M. Wolf in Soergel, BGB, § 276, Rn. 23, hin.

[308] A. A. etwa *von Caemmerer*, Reform, S. 11.

[309] Erfolgsdelikt, S. 121.

Wenn nun aus der Relativität des Gefahrgebriffs verbreitet die Konsequenz gezogen werden soll, die für die Entstehung von Pflichten relevanten Gefahren seien von einem objektiven Standpunkt aus zu bestimmen[310] oder gar vom Standpunkt eines optimalen Beobachters aus, liegt darin offenbar ein kapitulierender Kunstgriff.[311] Im Grunde zeigt dieser unverkennbar ein Abrücken vom Gedanken der Verhaltenssteuerung und vom Verschuldensgrundsatz, wenn nicht die hier angesprochenen Aspekte zumindest noch beim Verschulden erörtert werden.[312] Wenn nun aber die Gegenauffassung aus objektiver Betrachtung oder unter Zugrundelegung von Durchschnittsbegabungen ermittelte Gefahren für die Bestimmung deliktsrechtlicher Pflichten heranziehen will, nimmt sie einen Verstoß gegen den Grundsatz „*impossibilium nulla est obligatio*" in Kauf.[313] Ein solcher Verstoß liegt konkret immer dann vor, wenn die Grenzen des individuellen Täterhorizonts enger sind als die des „Mustermenschen".

Die Bestimmung von *virtuellen* oder *fiktiven*[314] Pflichten, wie sie einen gedachten Durchschnittsmenschen oder etwa einen in jeder Hinsicht verständigen und einsichtigen Bürger treffen, läßt sich gedanklich konsequent von dem Gefahrenhorizont aus vornehmen, der einem solchen gedachten Durchschnittsmenschen, einem verständigen und einsichtigen Bürger oder dergleichen (virtuell) zugedacht wird. Normative Verhaltenssteuerung beim *realen* Täter kann hingegen nur stattfinden, wenn diesem die steuerungsrelevanten Umstände im Handlungszeitpunkt tatsächlich vor Augen stehen.[315] Dem entspricht die Zurechnungsregel „*ignoratorum nulla est imputatio*".[316] Konkrete Pflichten lassen sich nun einmal nur durch eine konkrete Betrachtung der Handlungssituation und des Horizontes des Täters bestimmen.[317] Das wurde in den Materialien zum BGB gerade auch für das kognitive Element hervorgehoben.[318]

---

[310] So etwa *Mikus*, Verhaltensnorm, S. 48 ff., 63 m. w. Nachw.

[311] Ebenso, jedoch für die Frage der Zurechnung *von Bar*, Verkehrspflichten, S. 201.

[312] Vom Verschuldensgrundsatz wollte hierzulande bisher aber niemand vollständig abrücken, vgl. *von Caemmerer*, DJT-FS, Bd. 2, S. 49, 62; BGHZ 92, S. 143, 151; 54, S. 332, 336 f.

[313] *Stoll*, AcP 162 (1963), S. 203, 209, hält die Außerachtlassung von Individualaspekten für „möglich und sinnvoll".

[314] *Castaldo*, GA 1993,S. 495, 503 ff., 505.

[315] So auch *Castaldo*, GA 1993, S. 495, 498 ff.

[316] Siehe dazu und zu weiteren Nachweisen *Hruschka*, Rechtstheorie 22 (1991), S. 449, 454 f.

[317] Mit klaren Worten auch *U. Huber*, Wahl-FS, S. 301, 307.

[318] Mugdan II, S. 1074, wo einer Ersetzung des Verschuldens- durch das Veranlassungsprinzip widersprochen wird: „Übereinstimmend halten der Entwurf und die Anträge grundsätzlich daran fest, daß nicht jeder Eingriff in den fremden Rechtsbereich zum Schadensersatze verpflichtet, sondern nur ein solcher, der durch ein Verschulden des Urhebers des Schadens hervorgerufen sei. (...) Es ist nicht richtig, daß der Gedanke, die Schadensersatzpflicht von der Verschuldung loszulösen, die Anschauung der modernen Zeit zum Ausdruck bringe und den

Bekanntlich ist die Feststellung des Soll-Maßstabes im allgemeinen wie hinsichtlich der intellektuellen Begabungen unklar, soll dieser nicht auf der in der Handlungssituation vorliegenden Tatsachenbasis fußen. Wie soll der „Mustermensch" bestimmt werden? Wer will schon mit Sicherheit sagen können, wie weit oder wie wenig weit etwa die intellektuellen Durchschnittsbegabungen eines Menschen (in Europa?, in Mitteleuropa?, in Deutschland?, in einer bestimmten Region Deutschlands?) in einem bestimmten Lebensbereich genau gehen.[319]

Will man Pflichten aus den realen Umständen bestimmen, die sich innerhalb des Horizontes der jeweiligen Person befinden, muß man damit leben, daß Schutzpflichten gegenüber Rechtsgütern Dritter nur dann zur Entstehung gelangen können, wenn die betreffende Person von den vorhandenen Gefahren in irgendeiner Weise weiß.[320] Dem Argument, mit der subjektiv-individuellen Sichtweise würde der Rechtsgüterschutz, der ja ein Zweck des § 823 Abs. 1 BGB ist, ausgehöhlt, dieser dürfe aber nicht ignoriert werden,[321] ist zu erwidern, daß ein primärer Rechtsgüterschutz, das heißt eine Vermeidung des Verletzungseintritts überhaupt nicht erreicht werden *kann*, wenn der Täter die von ihm zu verantwortende Gefährdung nicht kennt. Bloß an der Vermeidung unerwünschter Ereignisse orientiert lassen sich Verhaltensnormen nicht aufstellen.[322]

Der sich aus § 823 Abs. 1 BGB ergebende Schutz stellt nur eine Säule der außervertraglichen Haftung dar. Es sei daran erinnert, daß gesetzliche Bestimmungen in großem Umfange ein bestimmtes Verhalten unabhängig davon vorschreiben, ob Rechtsgüter anderer in der betreffenden Situation überhaupt in irgendeiner Weise konkret gefährdet sind oder gefährdet werden können. In bestimmten Fällen hat sich der Gesetzgeber also aus bestimmten Gründen dazu entschlossen, Verhaltensnormen für bestimmte abstrakt umrissene Verhaltens- oder Situationstypen anzuordnen. Einer dieser Gründe mag sein, daß er so den Verkehrsteilnehmern die schwierige Aufgabe der Gefahrprognose und Einzelfallbewertung abnehmen möchte. Auch kann es beschleunigend wirken oder im Hin-

---

Bedürfnissen des Lebens mehr gerecht werde als der gegentheilige Standpunkt des Entw. (...) Man brauche bei seinem Thun und Lassen auf die rechtlich geschützten Interessen der Anderen nur soweit zu achten, als man bei Anwendung ordnungsmäßiger Sorgfalt erkennen müsse, daß dieselben dadurch gefährdet werden würden. Eine Handlung, deren Gefährlichkeit für einen Anderen man ungeachtet einer sorgfältigen Prüfung nicht zu erkennen vermöge, dürfe vorgenommen werden; äußere sie dennoch schädliche Wirkungen auf den Rechtskreis eines Anderen, so müsse der Betroffene diese Wirkung wie einen Zufall hinnehmen."

319 Siehe dazu auch *Castaldo*, GA 1993, S. 495, 505; *Wolter*, GA 1977, S. 257, 259 ff.

320 So auch *Jakobs*, Erfolgsdelikt, S. 42; *Mikus*, Verhaltensnorm, S. 27 ff. m. w. Nachw.

321 So *Grundmann* in MüKo, BGB, § 276, Rn. 22.

322 Vgl. *Jakobs*, Erfolgsdelikt, S. 121.

blick auf die Etablierung von Sicherheitsstandards effizient sein, wenn bestimmte Gefahrsituationen normiert sind.

4. Defekte im Steuerungsbereich und im Wissens- bzw. Erfahrungsbereich – Bildungs-, Erkundigungs- und sonstige der Gefahrerkenntnis dienende Pflichten als Kehrseite

a) Trunkenheit und sonstige Steuerungsdefizite

Gestützt auf die obigen Ausführungen könnte man die Behauptung aufstellen, daß etwa ein Betrunkener mit hinreichender Alkoholisierung insofern ebenso wenig Normadressat ist wie ein Schlafender oder ein sich reflexbedingt Bewegender.[323] Denn ersterem mangelt ab einem hinreichenden Alkoholisierungsgrad unter anderem das Gefahrbewußtsein und es fehlt damit an einer in tatsächlicher Hinsicht notwendigen Voraussetzung für die Entstehung von Pflichten. Im Ergebnis trifft dies genauso für die beiden anderen Personen zu. § 827 S. 1 BGB ordnet in diesen Fällen einen Ausschluß der *Verantwortung* an. Die hier angedeutete Sichtweise, nach der sich eine Person im Zustand des § 827 S. 1 BGB, in dem ihr insbesondere mangels Gefahrsicht bzw. Gefahrerkennbarkeit die Steuerungsfähigkeit abzusprechen ist,[324] nicht pflicht- und nicht rechtswidrig verhält, ist mit dem Wortlaut des Gesetzes vereinbar.[325] Auch § 827 S. 2 BGB zwingt nicht zu einer anderen Sicht der Dinge. Denn wenn dort für den Fall des freiwilligen Sichberauschens angeordnet ist, daß der Betreffende für den in diesem Zustand widerrechtlich verursachten *Schaden* verantwortlich ist, ist noch nicht eindeutig festgelegt, welches Verhalten dieser Person im einzelnen Fall möglicherweise als pflichtwidrig zugerechnet wird und damit Grundlage des Urteils der Widerrechtlichkeit ist. Dies kann letztlich aber nur das Sichberauschen (i.w.S.) selbst sein. Das im Rauschzustand Geschehene, insbesondere das Verhalten des Berauschten kommt vor allem mangels Steuerungsfähigkeit und Gefahrenbewußtsein regelmäßig nicht in Betracht.[326]

Ein Parallelproblem stellt sich bei der Beantwortung der Frage, ob sich eine Person, die aktuell in einer Situation (a) die tatsächlichen (gefahrrelevanten) Umstände, deren Vorliegen für das Bestehen einer Pflicht maßgeblich ist, *vorwerfbar* nicht erkennen kann, pflichtwidrig und damit rechtswidrig verhält. Für diese Person besteht nämlich im Zeitpunkt a des Handelns keine Gefahr, so daß es an

---

[323] Vertiefend zu Fragen unterdurchschnittlicher Begabung und unterdurchschnittlichen Fähigkeiten im Deliktsrecht siehe etwa *Koziol*, AcP 196 (1996), 593, 599 ff., 602 ff.

[324] *Wagner* in MüKo, BGB^4, § 827, Rn. 1.

[325] So auch *Wagner* in MüKo, BGB^4, § 827, Rn. 3.

[326] Siehe auch *Löwisch* in Staudinger, BGB, § 276, Rn. 100 ff.

der für die Ableitung einer Pflicht notwendigen Tatsachenbasis fehlt.[327] Die Besonderheit des Falles liegt jedoch darin, daß die aktuell fehlende Gefahrkenntnis vorwerfbar ist. Das bedeutet, daß immerhin im *Vorfeld* der genannten Situation a die Voraussetzungen für die Pflichtenentstehung zu bejahen waren in diesem Zeitraum bestimmte (Informations- oder ähnliche) Pflichten bestanden haben und verletzt wurden, welche auf die Erschließung bestimmter Informationen gerichtet waren. Die für die Entstehung von Pflichten im Vorfeld der Handlungssituation a erforderliche Gefährdungslage kann etwa in der (bekannten) Unwissenheit über bestimmte Abläufe mit Drittberührung gelegen haben. Beispielsweise könnte daher eine Erkundigungs- oder eine Bildungspflicht bestanden haben. Hier kann der Person zwar in der Situation a, ähnlich der Situation des § 827 S. 1 BGB, wegen Fehlens der Entstehungsvoraussetzungen deliktsrechtlicher Pflichten kein Vorwurf der Widerrechtlichkeit (mehr) gemacht werden. Unproblematisch können die Entstehungsvoraussetzungen jedoch bereits im Vorfeld vorgelegen haben und Pflichten auf deren Grundlage entstanden sein.

Dementsprechend ist nach allgemeiner Auffassung grundsätzlich auch die Entstehung von Informations-, Bildungs- und Erkundigungspflichten auf der Grundlage des § 823 Abs. 1 BGB möglich. Hier sind die vielfältigen Fälle angesprochen, in denen eine Person verantwortlich ist für einen Gefahrenherd, von dem zu erwarten ist, daß sich im Laufe der Zeit gefahrrelevante Veränderungen ergeben, wie z.B. bei der Verantwortung für Straßenbäume,[328] korrosionsanfällige Gegenstände, wie Kraftfahrzeuge, oder auch für die Erhaltung eines den Anforderungen einer beruflichen Tätigkeit, etwa als Arzt, Ingenieur oder Architekt, entsprechenden Ausbildungsstandes etc. Offenbar kommt dieser Gedanke mittelbar zur Sprache, wenn für bestimmte Tätigkeitsbereiche von Wissensstandards oder Qualifizierungsstandards die Rede ist.[329] Die Unfähigkeit, einzelne Gefahren zu erkennen, kann genauso gefahrträchtig sein, wie die Wirkungslosigkeit von Medikamenten oder anderen Schutzmitteln oder -maßnahmen. Aufgrund der raschen Entwicklung insbesondere in Wissenschaft und Technik ist es alles andere als unwahrscheinlich, daß einzelne ohne entsprechende Fort- und Weiterbildung in Anwendung oder Umgang mit Neuem ein etwaiges Gefahrpotential nicht kennen oder nicht erkennen. Ein Verstoß gegen Verhaltensnormen kann dann allenfalls in dem Moment vorliegen, in dem diese Person sich über die (neuen) gefahrrelevanten Umstände nicht ausreichend

---

[327] An dieser Stelle greift im österreichischen Recht die Vermutungsregelung des § 1297 österr. ABGB, wonach für alle, die den Verstandesgebrauch besitzen, die Fähigkeit zu einer Aufmerksamkeit vermutet wird, die bei gewöhnlichen Fähigkeiten angewendet werden kann.

[328] So auch *Raab*, JuS 2002, S. 1041, 1042.

[329] So wohl BGH VersR 1954, S. 173. Dazu auch *Grundmann* in MüKo, BGB, § 276, Rn. 55 f., der diesen Aspekt nicht ohne Berechtigung im Zusammenhang mit dem Stichwort des Übernahmeverschuldens erwähnt (Rn. 58 f.); *Löwisch* in Staudinger, BGB, § 276, Rn. 35 ff.

Kenntnis verschafft (hat).[330] Nur dieser Gesichtspunkt kann bei später fehlender Gefahrerkenntnis zum Anknüpfungspunkt für Verschuldenshaftung gemacht werden.

b) Folgerungen – Zur Möglichkeit des Bestehens von Selbstprüfungs- und sonstigen Gefahrprüfungs-, Gefahrkontroll-, Beobachtungs- und Informationspflichten

Teilweise scheint es zu befremden, aktuell defektbehaftetes schadenbringendes Verhalten (des Betrunkenen oder des vorwerfbare Unkundigen) als schon *nicht rechtswidrig* zu bewerten.[331] Insoweit scheint jedoch ein Unterschied zu der soeben abgeschossenen Gewehrkugel aus dem Beispiel von *Zippelius*[332] nicht vorzuliegen. Ebensowenig wie diese nach dem Betätigen des Gewehrhahnes in ihrem Fluge noch beeinflußt werden kann, haben Personen in kognitiven wie intentionalen Defektzuständen die Möglichkeit, das laufende Geschehen zu beeinflussen. Scheidet mithin die Annahme einer Pflichtverletzung aufgrund eines Defektes aus, so kann eine solche immerhin im Verhalten vor diesem Defekt, nämlich in der Herbeiführung oder Nichtverhinderung des Defektes liegen. Das ist keine neue Erkenntnis. So wird etwa für das Straßenverkehrsrecht von einer Pflicht zur gewissenhaften Selbstprüfung[333] gesprochen, die keineswegs erst in einem bestimmten Alter einsetzt, sondern generell bestehen dürfte. Man denke nur an Fälle konkreter Untauglichkeit zur Teilnahme am Straßenverkehr aufgrund des Verlustes von Sehhilfen oder aufgrund der Einwirkung von Alkohol, Medikamenten oder einer Erkrankung. Somit kann die im Verkehr konkret-situativ erforderliche Sorgfalt auch darin bestehen, auf bestehende eigene Defekte angemessen durch Unterlassung ins Auge gefaßter Handlungen oder durch begleitende oder vorausgehende defektkompensierende oder –reduzierende Maßnahmen zu reagieren.

Eine gefahrakzessorische Verhaltenshaftung *muß*, soll sie in sich widerspruchsfrei sein, auf den individuellen Gefahrhorizont des vermeintlichen Täters abstellen, mag jener auch im Einzelfall mal enger, mal weiter sein.[334] Ohne Berücksichtigung des individuellen kognitiven Elements würde man mit Postulaten hinsichtlich des jeweils zugrundezulegenden (Gefahr-) Horizontes arbeiten und dadurch Verstöße gegen den Grundsatz „*impossibilium nulla est obligatio*“

---

330 So auch die Überlegungen des BGH in BGHZ 99, S. 167, 172.

331 Siehe bereits oben, vgl. auch Wolter, GA 1977, S. 257, 266 m. w. Nachw.

332 AcP 157, S. 390, 395.

333 So *Zeuner* in Soergel, BGB, § 823, Rn. 222.

334 Vgl. dazu auch *Bohnert*, JR 1982, S. 6, 8 f. A. A. teilweise *Hager* in Staudinger, BGB, § 823, Rn. E 30, der zwar einerseits für die Erkennbarkeit der Gefahr auf einen objektiven Maßstab abstellen will, jedoch bei Zweifeln, die nur individuell, das heißt subjektiv, sein können, eine Erkundigungspflicht des Verantwortlichen annimmt.

in Kauf nehmen und letztlich das Verschuldenshaftungssystem verlassen. Die Relativität des Gefahrbegriffs ergibt sich aus seiner Abhängigkeit von verschiedenen Determinanten. Der Gefahrenhorizont wird insbesondere durch Standpunkt und Horizont des Betrachters bestimmt. Zum Beispiel wird für eine Person A als kleines Kind noch „reiner Zufall" sein, was sich für den A als Erwachsenen als offensichtliche Verwirklichung einer Gefahr darstellt. Zum anderen wird der Gefahrbegriff auch durch historische und soziokulturelle Faktoren, wie etwa den Wohnort (Gebirgsnähe, Seenähe etc.) oder das sonstige Umfeld und die daraus resultierenden Gewohnheiten und Erfahrungen bestimmt.

Je komplexer die Vorgänge in unserer heute zum Teil hochkomplizierten und technisierten Gesellschaft werden, desto häufiger wird man in bestimmten Fällen zunächst „Zufall" zu sehen glauben, um vielleicht Jahre später sogar in der Gesamtbevölkerung homogen um die Gefahrträchtigkeit von neuen, neuentwickelten oder nur als neu erkannten Gegenständen und Abläufen zu wissen. Da bekanntermaßen Unwissenheit für andere unmittelbar gefahrrelevant sein kann, kommt auch das Bestehen einer Pflicht zur Ausräumung oder Reduzierung von Wissens- und Erfahrungsdefiziten in Betracht.[335] Die Rechtsprechung hat das Bestehen von genau auf die Reduzierung solcher Defizite abzielenden Gefahrkontroll- und Gefahrinformationspflichten nicht nur rein singulär in besonderen Fallgestaltungen und Gefahrbereichen, etwa im Eisenbahnrecht, im ärztlichen Berufsrecht, für Architekten, Reiseveranstalter oder mit der Produktbeobachtungspflicht der Produzenten, sondern wohl generell anerkannt.[336] Zur Begründung dafür, daß es sich hierbei um ein allgemeines Prinzip handelt, kann etwa auf §§ 827 S. 2, 831, 832, 836 BGB verwiesen werden, auf Vorschriften also, die mit der Umkehrung der Beweislast eine Vermutung von bestimmten Umständen der Verletzung auf eine vorausgehende Sorgfaltsverletzung, beispielsweise im Bereich der Aufsicht und Kontrolle, enthalten.[337]

In fehlender wie schwindender fachlicher Kompetenz, unzureichender Aus- oder Weiterbildung und mangelnder Aufsicht und Kontrolle kann eine derart große

---

[335] So auch *Belling/Eberl-Borges* in Staudinger, BGB, § 832, Rn. 119; ferner *Bohnert*, JR 1982, S. 6, 9, nach dem der Sorgfältige in allen gefahrträchtigen Situationen eine Gefahrenprognose anstellt und sich danach verhält. Siehe auch *Schroeder*, JZ 1989, S. 776, 778 f.; *Jescheck/Weigend*, Strafrecht AT, S. 581.

[336] Siehe BGH NJW 2004, S. 3328, 3329; BGHZ 104, S. 323, 333 ff.; 103, S. 298, 304 ff.; 99, S. 167, 172 f.; 80, S. 186, 190 f.; 57, S. 245, 252 f.; 37, S. 165, 171 f.; 34, S. 208, 211 ff., 214 f.; 11, S. 175, 178 f.; BGH VersR 1990, S. 1280, 1281; 1974, S. 88, 89; 1954, S. 173. Siehe zur Produktbeobachtungspflicht etwa *Brüggemeier*, Deliktsrecht, S. 349 ff. m. Nachw. Zur ärztlichen Pflicht, sich unterrichtet zu halten, siehe *Zeuner* in Soergel, BGB, § 823, Rn. 164 m. w. Nachw. Wenn von sog. beruflichen Standards die Rede ist, die von jeweils in einem bestimmten Bereich Tätigen einzuhalten sind, vgl. etwa *Fuchs*, Deliktsrecht, S. 89 f. m. w. Nachw., wird auf diese Weise wohl das Bestehen von entsprechenden Fortbildungs- und ähnlichen Pflichten anerkannt.

[337] Siehe auch *Deutsch*, Fahrlässigkeit, S. 264 ff., 273, vor allem zu § 831 BGB.

Gefahr für Rechtsgüter anderer liegen, daß bis zur Ausräumung dieser Kompetenzdefizite auch das Gebot bestehen kann, von jedweder Aktivität in diesem Gefahrenkomplex abzusehen[338] und gegebenenfalls für qualifizierten Ersatz zu sorgen. Genauso kann mangelnde Beobachtung oder Erforschung der Gefahrentwicklung und der Effizienz der ergriffenen Maßnahmen verhindern, daß auf eine Veränderung der Lage zeitnah in angemessener Weise reagiert wird.[339] Auch aus der Verletzung solcher Pflichten kann ein Schadensersatzanspruch aus § 823 Abs. 1 BGB resultieren.

Von Übernahmefahrlässigkeit wird gesprochen, wenn die Übernahme einer gefahrträchtigen Aufgabe im Ergebnis deshalb zu beanstanden ist, weil die Aufgabe die jeweiligen Fähigkeiten übersteigt.[340] Ist die Entscheidung über die Aufnahme oder Durchführung einer bestimmten Aktivität einmal gefällt worden, so besteht eine der ersten Verkehrssicherungspflichten, eine Pflicht, die es gerade *vor* der Aufnahme bzw. *vor* der Durchführung zu beachten gilt, also möglicherweise darin, sich die notwendigen Informationen über damit verbundene Gefahrenpotentiale zu verschaffen und in die eigene Verhaltensweise einzubeziehen.

5. Das *individuelle* kognitive Element in der Rechtsprechung des BGH

In der Rechtsprechung des BGH ist an zahlreichen Stellen ganz deutlich erkennbar, daß der BGH das Erfordernis anerkennt und beachtet, daß Unterlassungen wie sonstige Handlungen nur dann widerrechtlich sind, wenn sie eine Pflichtverletzung darstellen und daß die Pflichten, deren Verletzung im jeweiligen Einzelfall festzustellen ist, notwendig aus dem Vorliegen einer Gefahr resultieren. Daß sich eine solche Gefahr für die Anwendung des § 823 Abs. 1 BGB auch aus Sicht des BGH nicht losgelöst von der jeweiligen Handlungssituation, sondern nur bezogen auf die Gegebenheiten des Einzelfalls und damit auch nur bezogen auf den Gesichtskreis des Einzelnen bestimmen läßt, manifestiert sich, wenn der BGH regelmäßig (wenn auch nicht immer in letzter Stringenz) feststellt, ob der *jeweilige Täter* deren Vorliegen erkennen konnte oder erkannt hat.[341] Denn die

---

[338] So auch die Überlegungen des BGH, BGHZ 57, S. 245, 252 f.

[339] Siehe BGHZ 99, S. 167, 172 f.; 80, S. 186, 191, 195; BGH VersR 1990, S. 1280, 1281.

[340] Vgl. *Deutsch*, Fahrlässigkeit, S. 111 und die Nachw. bei *Blomeyer* in MüHdbArbR, Bd. 1, § 59, Rn. 13; siehe auch *Jakobs*, Strafrecht AT, Abschnitt 9, Rn. 14.

[341] Deutlich etwa BGH NJW 2004, S. 3328, 3329: „Damit war für die Beklagte (...) die Erkrankung des Baums erkennbar."; NJW 2003, S. 1732, 1733: „Damit war es für die Bekl. vorhersehbar, daß weitere alte Pappeln jederzeit (...) umstürzen konnten. Davor hat sie die Augen verschlossen"; BGHZ 139, S. 43, 47: „konkret erkennbare Gefahrenlage", sowie die weiteren Ausführungen auf S. 48 ff., 50: „Hier jedoch mußte die Beklagte zu 2 nicht mit besonderen Verhaltensauffälligkeiten der Kinder rechnen"; siehe auch BGHZ 103, S. 338, 341 f.; 99, S. 167, 171, 175, 179; 95, S. 63, 74; 80, S. 186, 193-195 sowie 199, 204; 66, S. 208, 210; 31, S. 73, 77; 11, S. 175, 180; BGH NJW 1996, S. 3205, 3206; 1994, S. 2232, 2233 f.; 1990, S. 1236, 1237; 1975, S. 533 f.; VersR 1990, S. 1280, 1281; 1974,

Frage nach der Erkennbarkeit der Gefahr im konkreten Einzelfall[342] bedeutet nichts anderes als die Anerkennung der Relativität des Gefahrenbegriffs. Es zeigt darüber hinaus die Erkenntnis, daß Steuerung des Verhaltens die Erkenntnis der steuerungsrelevanten Gesichtspunkte durch die betreffende Person voraussetzt. Gerade am häufig diskutierten Beispiel der Beteiligung von Kindern auf der Seite des Bedrohten zeigt sich die klare Haltung des BGH: „daher (muß) jeder Grundstückseigentümer wirksame und auf Dauer angelegte Schutzmaßnahmen ergreifen, um Kinder vor Unfällen (...) zu schützen, *wenn ihm bekannt ist oder sein muß*, daß sie sein Grundstück – befugt oder unbefugt – zum Spielen benutzen“[343] (Hervorh. durch d. Verf.).

Daß auch der BGH gelegentlich von Kenntnissen der Allgemeinheit oder einer größeren Gruppe auf die Kenntnisse einer Einzelperson Rückschlüsse zieht,[344] bedeutet nicht, daß er die Kenntnisse der Allgemeinheit oder der Gruppe zur Norm für die der Einzelperson macht.[345] Denn ob sich aus Besonderheiten im zu entscheidenden Einzelfall Änderungen ergeben, prüft das Gericht stets einzelfallbezogen nach.[346]

Daß es für die Entstehung von deliktsrechtlichen Pflichten des genannten individuell-kognitiven Elements bedarf, hat der BGH übrigens auch für den Bereich der Verkehrs(sicherungs)pflichten ausdrücklich betont.[347] Auch das verdeutlicht, daß der BGH Verkehrspflichten kategorial als (gewöhnliche) deliktsrechtliche Pflichten behandelt. Daß § 823 Abs. 1 BGB dies verlangt, wurde bereits erörtert.

III. Zwischenergebnis

Es ist zusammenfassend festzustellen, daß die Entstehung von Pflichten in der Gefährdung der von § 823 Abs. 1 BGB geschützten Rechte und Rechtsgüter ihre Grundlage hat. Auf der Basis der Untersuchung des Begriffspaares *Gefahr und Zufall* hat sich für die Tatsachenseite die Erkenntnis ergeben, daß für die Feststellung einer für die Entstehung deliktsrechtlicher Pflichten relevanten Gefahr

---

S. 88, 89 f.; MDR 1957, S. 214, 215. Aus der strafrechtlichen Rechtsprechung sei BGHSt 47, S. 224, 231 genannt. Siehe zu § 832 BGB *Belling/Eberl-Borges* in Staudinger, BGB, § 832, Rn. 55.

[342] Der BGH stellt auf die „gesamten Umstände des Einzelfalls“ ab, BGHZ 139, S. 43, 48 f.

[343] BGH NJW 1994, S. 3348; siehe auch BGHZ 57, S. 245, 252 f.; zu weiteren Beispielen *Fuchs*, Deliktsrecht, S. 88 f.; zu von spielenden Kindern ausgehenden Gefahren BGH NJW 1990, S. 1236, 1237.

[344] So etwa in BGHZ 104, S. 323, 327.

[345] Anders die oben dargestellte Gegenmeinung.

[346] Siehe etwa BGHZ 104, S. 323, 327 ff.: Zunächst stellt das Gericht fest, daß eine bestimmte Gefahr als spezifisches Produktrisiko „der Getränkeindustrie“, deren Teil die Beklagte war, seit langem bekannt war. Mangeln anderer tatsächlicher Erkenntnisse – hier war der Sachverhalt unstreitig – durfte das Gericht davon ausgehen, daß auch die Beklagte dieses Wissen hatte und sich daraus deliktsrechtliche Pflichten zum Schutze Dritter ergeben konnten.

[347] So etwa BGHZ 80, S. 199, 204; siehe auch BGH NJW 1990, S. 1236, 1237.

allein der Horizont des jeweiligen potentiellen Deliktstäters entscheidend ist. Erkennt dieser nicht, daß ein aus Sicht eines vorgestellten allwissenden Beobachters bestehender Gefahrverlauf vorhanden ist oder durch sein Verhalten entstehen wird, wäre es nicht verständlich, wenn er aufgrund dieser (objektiven), für ihn nicht vorhandenen Gefahrenlage gleichwohl sein Verhalten anpassen oder, mit anderen Worten, in irgendeiner Weise verpflichtet sein sollte. Ohne Kenntnis einer Gefahrenlage mangelt es an der Fähigkeit, dieser zu begegnen.

Das Vorliegen einer pflichtenauslösenden Gefahr ist systemnotwendig vom subjektiven Täterhorizont aus *ex ante* zu bestimmen. Ein Verhalten ist danach bereits genau dann niemals pflichtwidrig und rechtswidrig, wenn aus Sicht des Täters eine Gefahr nicht vorliegt und deshalb keinerlei Veranlassung besteht, sein Verhalten, etwa zum Schutz anderer, gefahrentsprechend auszurichten. Das ist beispielsweise bei aus Sicht des Täters bestehender Gefahr*freiheit* der Fall. In solcher Lage kann es allenfalls sein, daß die Rechtsordnung dem Täter aufgrund der Vorhersehbarkeit bestimmter gefahrrelevanter Wissensdefizite Informations- oder Fortbildungspflichten auferlegt hat, die im Vorfeld hätten erfüllt werden müssen. Das ist in bestimmten Berufsfeldern und für bestimmte sonstige Tätigkeiten anerkannt und wird gelegentlich unter der Rubrik der sog. Übernahmefahrlässigkeit diskutiert. In diesen Bereichen manifestiert sich jedoch nur der allgemeine Grundsatz, wonach eine gefährliche Tätigkeit ohne die dazu erforderliche Kompetenz nicht durchgeführt bzw. eine entsprechende Aufgabe nicht übernommen werden darf oder bei Verlust der erforderlichen Kompetenz wieder eingestellt werden muß.[348] Gefahren wie Gefahrsteuerungsmaßnahmen sind hinsichtlich ihrer Entwicklung zu beobachten, um auf Veränderungen auf der einen oder anderen Seite angemessen reagieren zu können.

IV. Das Erfordernis weiterer Kriterien für die Entstehung von Pflichten

Die Gefahrakzessorietät der Entstehung deliktsrechtlicher Pflichten ist nun eingehend erörtert worden. Die Verantwortung für das Bestehen oder die Erhöhung einer Gefahr ist eine *notwendige* Bedingung für die Entstehung von Pflichten. Ist sie aber zugleich *hinreichend* dafür? Ist *jede* abstrakte oder konkrete Gefährdung von in § 823 Abs. 1 BGB genannten Rechtsgütern Dritter immer bereits rechtswidrig? Dem Buchstaben nach scheint das nicht selten angenommen zu werden.[349]

---

[348] Siehe nochmals BGHZ 57, S. 245, 252.

[349] Dazu etwa *Becker*, Unerlaubte Handlungen, S. 47, der diagnostiziert, daß als „soziales Faktum" herrscht, daß „Handlungen, die einen Gefahrzustand herbeiführen, deliktisch verboten werden", auch S. 344; so wohl auch *Schlund*, Verkehrssicherungspflichten, S. 20, 27; a. A. *Hager* in Staudinger, BGB, § 823, Rn. E 35. Unklar *Christensen*, Verkehrspflichten, S. 104 ff. Es wird teilweise sogar angenommen, daß „jede unmittelbar erfolgreiche Verletzungshandlung" aufgrund der Wirkung des absoluten Schutzes der in § 823 Abs. 1 BGB genannten

Die Frage zu stellen, muß aber heißen, sie zu verneinen.[350] Denn der im Urteil der Widerrechtlichkeit enthaltene Wertungs- oder Bewertungsaspekt wäre sonst eliminiert.[351] Nicht jede Gefährdung ist verboten, mögen auch die etwa den §§ 222, 230, 212, 223 StGB oder § 823 Abs. 1 BGB zugrunde liegenden Primärnormen *bestimmte* Gefährdungen verbieten.[352] Die nähere Bestimmung der verbotenen Gefährdungen ist folglich das zu lösende Problem. Sollte sich die Gegenauffassung etwa auf die Rechtsprechung des BGH stützen wollen, in der häufig zu lesen ist, daß jeder, der eine Gefahr schafft, die entsprechenden Maßnahmen zu treffen hat,[353] so gründet sie wohl auf einer Fehlinterpretation. Denn der BGH unternimmt mit Hilfe dieser Formulierung in aller Regel die Bestimmung der potentiell verpflichteten *Person*, die auch als Gefahrzuständiger bezeichnet werden kann. Die Erörterung der materiellen, für die Pflichtenentstehung und deren Inhalt relevanten Gesichtspunkte wird vom BGH aber nicht unterlassen.

Schon der bekannte Verweis darauf, daß, wäre bereits jede Gefährdung verboten, niemand mehr Autos in den Verkehr bringen oder fahren, Flüge durchführen oder andere alltägliche wie gefahrträchtige Aktivitäten entfalten dürfte, macht deutlich, daß damit noch nicht *alle* für die Entstehung von Pflichten maßgeblichen Kriterien genannt sein können.[354] Vor allem die materiell-inhaltlichen Kriterien sind noch nicht genannt worden. Die Gegenauffassung vermag beispielsweise das rechtliche Phänomen des sog. *erlaubten Risikos* nicht zu erklä-

---

Rechtsgüter immer *per se* rechtswidrig ist, vgl. etwa *Belling/Eberl-Borges* in Staudinger, BGB, § 831, Rn. 78 m. Nachw.

[350] Siehe *Zeuner* in Soergel, BGB, § 823, Rn. 1 f.; *von Caemmerer*, DJT-FS, Bd. 2, S. 49, 77; *U. Huber*, Wahl-FS, S. 301, 307 ff., 330 ff.; *Becker*, Unerlaubte Handlungen, S. 343 ff., 345. So bei allen Differenzen offenbar auch *von Bar*, Verkehrspflichten, S. 155; *Stoll*, AcP 162 (1963), S. 203, 233; *Welzel*, Fahrlässigkeit und Verkehrsdelikte, in Abhandlungen, S. 315, 326 f.; *Kaufmann*, Jescheck-FS, S. 273, 275. Zutreffend auch *Arzt*, ZStW 91 (1979), S. 857, 865: „Keine Rede kann jedoch davon sein, daß die Gefährdung derselben Rechtsgüter (scil. wie beim vorsätzlichen Erfolgsdelikt, der Verf.) ebenfalls typischerweise rechtswidrig ist."

[351] Ausführlicher dazu *Seebaß*, JRE Bd. 2 (1994), S. 375, 390; *von Caemmerer*, DJT-FS, Bd. 2, S. 49, 77 ff.; vgl. auch die klaren Ausführungen von *U. Huber*, Wahl-FS, S. 301, 303 ff.; *Becker*, Unerlaubte Handlungen, S. 345; *Kötz/Wagner*, Deliktsrecht, Rn. 98 ff. Auch schon *Wilburg*, Die Elemente des Schadensrechts, S. 43 ff.

[352] Zutreffend *Arzt*, ZStW 91 (1979), S. 857, 866 m. w. Nachw.

[353] BGHZ 104, S. 323, 326 f.; 103, S. 338, 340; 80, S. 186, 189; 60, S. 54, 55; 37, S. 165, 167; 31, S. 73, 74 sowie 219, 221; 14, S. 83, 85; NJW 1990, S. 1236; 1975, 533; VersR 1990, S. 1280, 1281.

[354] Vgl. *U. Huber*, Wahl-FS, S. 301, 303 ff.; *Larenz/Canaris*, SR BT II/2, S. 413 ff.; *Hager* in Staudinger, BGB, § 823, Rn. E 3; *Deutsch*, Larenz-FS I, S. 885, 897; *Seebaß*, JRE Bd. 2 (1994), S. 375, 390 f.; aus der strafrechtlichen Literatur *Arzt*, ZStW 91 (1979), S. 857, 865 ff.; *Welzel*, Fahrlässigkeit und Verkehrsdelikte, in Abhandlungen, S. 315, 326 f.

ren.[355] Dem Begriff des erlaubten Risikos[356] nach muß es prinzipiell so sein, daß die Verantwortlichkeit für eine erkannte Gefahr (Risiko) nicht hinreichend ist für die Entstehung von Pflichten.

Eine Beschränkung der für die Entstehung von Pflichten bedeutsamen Kriterien auf das Vorliegen von (objektiv oder subjektiv zu bestimmenden) Gefahren verkürzt die rechtliche Problematik der Pflichtenentstehung, insbesondere der Entstehung von Verkehrssicherungspflichten, in unsachgemäßer Weise. Denn nicht nur Gefährdungen geringeren Ausmaßes,[357] nein, selbst solche mit erheblichem Ausmaß werden in modernen Gesellschaftsordnungen auf der Grundlage bestimmter Erwägungen als rechtmäßig hingenommen.[358] Dies jedoch weist in eine der im folgenden zu erörternden Fragestellungen: Die Problematik der materiellen Bestimmung des Bestandes, Maßes und Inhalts deliktsrechtlicher Pflichten. Mit der Feststellung des Vorliegens einer Gefährdung ist folglich nur *eine* Voraussetzung für die Entstehung von deliktsrechtlichen Pflichten genannt.

V. Zusammenfassung

Das Gefahrschaffungs- oder -erhöhungsmoment ist eine notwendige Bedingung für das Bestehen deliktsrechtlicher Pflichten, wie sie etwa aus § 823 Abs. 1 BGB herzuleiten sind. Eine solche Pflicht kann nicht entstehen, wenn eine Situation ohne jede Gefahrrelevanz ist. In Gefährdungen, der erkannten Möglichkeit der Berührung eines fremden Rechtskreises, liegt der tatsächliche *Anknüpfungspunkt* für die Entstehung von deliktsrechtlichen Pflichten. Nur von den Rechts(güter)sphären Dritter, mit denen die eigene Sphäre erkennbar in gefahrerhöhender Weise in Berührung steht, können für den Einzelnen Motivationsimpulse ausgehen. Umgekehrt folgt daraus für den Einzelnen das konkrete Wissen, auf welche Rechte und Rechtsgüter Dritter er abstrakt Rücksicht zu nehmen hat, welche mithin auf den Kanon der zu beachtenden Gebots- und Verbotssätze Einfluß ausüben werden.

Die Beantwortung der Frage nach Bestand, Maß und Inhalt etwaiger deliktsrechtlicher Pflichten für eine konkrete Situation erfordert einen über die Feststellung einer Gefährdung hinausgehenden gesetzeskonkretisierenden, normati-

---

355 *U. Huber*, Wahl-FS, S. 301, 307 ff.; *Deutsch*, Fahrlässigkeit, S. 248 f.; *Seebaß*, JRE Bd. 2 (1994), S. 375, 390 ff. sowie *von Caemmerer*, DJT-FS, Bd. 2, S. 49, 77 ff. 127 f; siehe auch BGHSt 37, S. 106, 118, wo es aber gerade nicht um erlaubtes Risiko, sondern um eine verbotswidrige Gefährdung anderer, also um *verbotenes Risiko* ging (S. 120).

356 Teilweise wird der Begriff anders als hier gebraucht, nämlich verengt in dem Sinne, daß eine Gefährdung in qualitativer Hinsicht noch nicht intensiv genug ist, um die Entstehung einer Pflicht zur Vermeidung auszulösen; so etwa *Wolter*, GA 1977, S. 257, 272, andererseits als Institut der objektiven Zurechenbarkeit; *Wolter* (a.a.O.), S. 265.

357 In diesem Sinne *Wolter*, GA 1977, S. 257, 272.

358 Allgemein dazu *Seebaß*, JRE Bd. 2 (1994), S. 375, 390 ff.

ven Bewertungsakt. Die Formulierung von deliktsrechtlichen Pflichten leistet so einen Beitrag zur Abgrenzung individueller Freiheitsräume.

Kapitel 4 Die Bestimmung der verpflichteten Person

A. Einführung

Lehre und Rechtsprechung sind bis heute geprägt von der Vorstellung, daß sich Rechtspflichten entweder aus Vertrag, aus Gesetz oder aus gefährlichem Tun (Ingerenz) ergeben.[359] Während jedoch beispielsweise Schutzgesetze im Sinne des § 823 Abs. 2 BGB klar angeben (müssen), wer der Adressat der darin enthaltenen Verhaltensvorschriften ist, und es für den Vertrag als Quelle von Pflichten geradezu wesentlich ist, daß die Person des Schuldners (wie die des Gläubigers) hinreichend definiert ist, besteht für die Bestimmung der im Rahmen etwa des § 823 Abs. 1 BGB verpflichteten Person Erörterungsbedarf. Schon vor einiger Zeit wurde erkannt, daß die genannte Trias (Vertrag, Gesetz, gefährliches Tun) die Verpflichtungsgründe nicht erschöpfend benennt und daß gerade im Bereich der außervertraglichen Haftung für Fahrlässigkeit und Unterlassungen Begründungslücken bestehen.[360] Die Trias hat inzwischen etwas an Bedeutung verloren. Es wird nun mehr auf die Beziehung der jeweiligen Person zu einer Gefahrenquelle (Sicherungsgarantenstellung) oder zu einer vor Gefahren zu schützenden Person (Obhutsgarantenstellung) abgestellt.[361]

Wenn, wie oben gezeigt wurde, die Entstehung von deliktsrechtlichen Pflichten nach § 823 Abs. 1 BGB ein Gefährdungs- und Gefahrverantwortungsmoment voraussetzt, dann wird die Person des Verpflichteten auch in einem bestimmten rechtlichen oder tatsächlichen Verhältnis zu der Gefahr oder Gefahrenquelle stehen müssen.

B. Meinungsstand

Die Erkenntnis, daß deliktsrechtlich jede nach § 823 Abs. 1 BGB zu einem bestimmten Verhalten verpflichtete Person in einem besonderen Verhältnis zu einer Gefahrquelle steht, kommt in der ständigen Rechtsprechung des BGH und

---

[359] Zu dieser klassischen Trias der Verpflichtungsgründe vgl. *Wagner* in MüKo, BGB^4, § 823, Rn. 223 ff.; *Kleindiek*, Deliktshaftung, S. 38 ff., 96 ff., 200 ff.; *Medicus*, ZGR 1998, S. 570, 572; *Larenz/Canaris*, SR BT II/2, S. 404 ff.; *Ulmer*, JZ 1969, S. 163, 165 f.; für die Strafrechtswissenschaft grundlegend etwa *Jakobs*, Strafrecht AT, Abschnitt 29, Rn. 26 ff.; *Flachsmann*, Unterlassung, S. 29 ff.; *Sowada*, Jura 2003, S. 236 f., jeweils m. w. Nachw. Erkennbar lehnt sich die Unterscheidung von verhaltensbezogener (Verstoß gegen ein Gesetz) und gefährdungsbezogener Rechtswidrigkeit an diese Dreiteilung an.

[360] Siehe nur *Kleindiek*, Deliktshaftung, S. 38 ff, 103 m. Nachw. Schon die in diesem Zusammenhang gebräuchlichen Begriffe Garantenstellung und Ingerenz werden nicht einheitlich verstanden. So bezeichnet nach einem Sprachgebrauch „Ingerenz" ein vorangegangenes *verbotswidriges Verhalten*, nach einem anderen aber nur ein vorangegangenes *gefahrträchtiges Verhalten*, näher dazu *Sowada*, Jura 2003, S. 236 ff.

[361] Vgl. *Wagner* in MüKo, BGB^4, § 823, Rn. 223 m. w. Nachw.

in der Literatur deutlich zum Ausdruck.[362] Der folgende Satz darf insofern als anerkannter Grundsatz gelten: Derjenige, der eine Gefahr schafft, muß (die) Maßnahmen und Vorkehrungen treffen, die zur Abwendung der etwa Dritten drohenden Gefahr notwendig sind.[363] Der Begriff der „Gefahrschaffung" darf in diesem Kontext jedoch nicht dahingehend mißverstanden werden, daß stets ein die Schaffung einer Gefahr verursachendes aktives Tun der verpflichteten Person vorliegen müsse. Es genügt auch schon ein Fortdauernlassen oder auch nur ein Dulden einer nach bestimmten Kennzeichen dieser Person zuzurechenden Gefahr. Beispielsweise sei hier auch auf die Verantwortung für die Sicherheit von gefährlichen Gegenständen (Produkten, Waren, Anlagen etc.), die in den Verkehr gelangen oder in diesen hineinwirken,[364] hingewiesen sowie auf die Verantwortung für die Folgen der Übernahme oder Ausübung bestimmter gefahrträchtiger Tätigkeiten oder Aufgaben,[365] so etwa in einzelnen Berufen[366] oder im Sport.[367]

---

[362] BGHZ 136, S. 69, 76 f.; 104, S. 323, 326 f.; 103, S. 298, 303 sowie 338, 340; 80, S. 186, 189; 66, S. 208, 210; 65, S. 221, 224; 60, S. 54, 55; 37, S. 165, 167; 35, S. 209, 210; 34, S. 206, 209; 31, S. 73, 74 sowie S. 219, 221; 24, S. 124, 130; 16, S. 95 f., 98; 14, S. 83, 85; 9, S. 373, 386 f.; 3, S. 178, 380 f.; BGH NJW 1996, S. 3208, 3209 und 3210, 1990, S. 1236; 1975, S. 533; BGH VersR 1990, S. 1280, 1281; BGH Report 2002, S. 321, 322; vgl. auch RGZ 52, S. 373, 378 f.; 54, S. 53, 57 sowie BGHSt 37, S. 106, 115 (Ledersprayentscheidung). Ferner *Canaris*, SR BT II/2, S. 407; *Belling/Eberl-Borges* in Staudinger, BGB, § 831, Rn. 9; *Hager* in Staudinger, BGB, § 823, Rn. E 55; *Schlund*, Verkehrssicherungspflicht, S. 20; *Steffen* in RGRK, BGB, § 823, Rn. 152; *Deckert*, Jura 1996, S. 348, 352; *Fuchs*, Deliktsrecht, S. 86 ff.; *Christensen*, Verkehrspflichten, S. 101 ff.; *von Bar*, Verkehrspflichten, S. 113.

[363] So etwa BGHZ 136, S. 69, 77; 103, S. 298, 303; 60, S. 54, 55; 31, S. 73, 74; 16, S. 95 f., 98 ff.; 14, S. 83, 85; 5, S. 378, 380 f.; *Brüggemeier*, Deliktsrecht, S. 314 f.; Becker, Unerlaubte Handlungen, S. 343 ff.

[364] Dazu *Medicus*, BR, Rn. 650, 650 a-i; *Wagner* in MüKo, BGB^4, § 823, Rn. 234; *Steffen* in RGRK, BGB, § 823, Rn. 236 ff.; *Schiemann* in Erman, BGB, § 823, Rn. 99 f., 108 ff.

[365] Vertiefend *Ulmer*, JZ 1969, S. 163 ff., kritisch zur Betonung der *Übernahme* als Ansatzpunkt für die Begründung deliktischer Verantwortung S. 168 f. Siehe ferner *Christensen*, Verkehrspflichten, S. 21 ff.; 24 ff., 123 ff.; *Larenz/Canaris*, SR BT II/2, S. 408 f.; *Zeuner* in Soergel, BGB, § 823, Rn. 220 f.; *Hager* in Staudinger, BGB § 823, Rn. E 21 ff.; *Sowada*, Jura 2003, S. 236, 237 f. je m. w. Nachw. Siehe auch die Erwägungen von *Belling/Eberl-Borges* in Staudinger, BGB, § 831, Rn. 129 (S. 131); *Wagner* in MüKo, BGB^4, § 823, Rn. 235 f., 238 ff. Siehe aus der strafrechtlichen Rechtsprechung auch BGHSt 47, S. 224, 229, 232.

[366] Dazu *Larenz/Canaris*, SR BT II/2, S. 409 f.; *Christensen*, Verkehrspflichten, S. 54 ff., 118 ff.; *Schiemann* in Erman, BGB, § 823, Rn. 126 ff.; *Steffen* in RGRK, BGB, § 823, Rn. 236 ff.; *Wagner* in MüKo, BGB^4, § 823, Rn. 244 ff. sowie *Hager* in Staudinger, BGB § 823, vor allem Rn. E 8 f., 22, 314 ff., 374 ff.

[367] Siehe dazu *Schiemann* in Erman, BGB, § 823, Rn. 102 ff.; *Steffen* in RGRK, BGB, § 823, Rn. 356 ff.; *Wagner* in MüKo, BGB^4, § 823, Rn. 516 ff.; *Hager* in Staudinger, BGB, § 823, Rn. E 320 ff.

Der BGH und ihm folgend die herrschende Lehre verlangt als wesentliches Merkmal ferner, daß die betreffende Person die Möglichkeit hat, auf den Gefahrenherd einzuwirken.[368] Diesem Gesichtspunkt kommt eine haftungsbegrenzende Funktion zu.[369] Die Frage, ob gerade die sachenrechtliche Rechtsstellung als Eigentümer entscheidend dafür sein kann, daß jemand in die Situation deliktsrechtlicher Verpflichtung zum Schutze Dritter geraten kann, hat schon die reichsgerichtliche Rechtsprechung frühzeitig verneinend beantwortet:[370] Es komme auf das Vorliegen einer nicht technisch-sachenrechtlich, sondern mehr tatsächlich aufzufassenden Verfügungsberechtigung über die gefährliche Sache an, die sich nicht allein und keinesfalls ausschließlich aus dem Eigentum ergeben könne.[371] Die hier gemeinte Art der Verfügungsberechtigung kann auch aus tatsächlichen Umständen resultieren, etwa daraus, daß jemand in einem bestimmten Bereich einen Verkehr tatsächlich eröffnet, zuläßt oder andauern läßt[372] und dadurch eine gefahrrelevante Nähe der geschützten Personen zu diesem Gefahrenherd schafft. Aus dem Vorliegen der solchermaßen tatsächlich zu verstehenden „Verfügungsberechtigung" eines Eigentümers, Mieters oder Pächters, einer öffentlichrechtlichen Korporation oder einer sonstigen Person ergebe sich, so schon das Reichsgericht, die Verpflichtung *zu billiger Rücksichtnahme* auf die Interessen derjenigen, die mit der gefahrträchtigen Sache in Berührung kommen.[373] Die wohl herrschenden Literaturmeinung[374] folgt dem im wesentlichen.

Auch die Aspekte des Vertrauens- und Verkehrsschutzes haben in dieser Diskussion besonderes Gewicht. Besteht auf der Seite des für eine Gefahr Verantwortlichen regelmäßig die Möglichkeit zur Einflußnahme, so entspricht dem auf

---

[368] Siehe BGHZ 103, S. 298, 303; 31, S. 73, 74 sowie S. 219, 221; 24, S. 124, 130; 16, S. 95 f., 98 ff.; 9, S. 373, 383 f.; *Wagner* in MüKo, BGB^4, § 823, Rn. 225; *Larenz/Canaris* , SR BT II/2, S. 412 ff.; *Medicus*, ZGR 1998, S. 570, 572; *Schlund*, Verkehrsicherungspflicht, S. 20; *von Bar*, Verkehrspflicht, S. 122 ff. *Gottschalg*, NZM 2002, S. 590; *Esser/Weyers*, SR II BT, S. 565 ff.; *Becker*, Unerlaubte Handlungen, S. 343 ff.; *Ulmer*, JZ 1969, S. 163, 168; Christensen, Verkehrspflichten, S. 107 ff.; *Belling/Eberl-Borges* in Staudinger, BGB, § 831, Rn. 129 (S. 131).

[369] *Wagner* in MüKo, BGB^4, § 823, Rn. 225, meint sogar, daß auch derjenige, der eine Rechtsgutsverletzung nur unter Aufwendung unverhältnismäßiger Kosten vermeiden kann, nicht als Pflichtenträger in Betracht kommt.

[370] Siehe etwa RGZ 54, S. 53, 56 ff. m. w. Nachw.; *Fuchs*, Deliktsrecht, S. 92.

[371] So RGZ 54, S. 53, 56; siehe auch BGHZ 9, S. 373, 379 ff.

[372] BGHZ 37, S. 69, 70 f.; 34, S. 206, 209; 27, S. 278, 281; 14, S. 83, 85; BGH VersR 1990, S. 1280, 1281; *Medicus*, BR, Rn. 648; ausführlicher zum Thema Verkehrseröffnung *Steffen* in RGRK, BGB, § 823, Rn. 171 f.

[373] RGZ 54, S. 53, 57 ff.

[374] Vgl. etwa *Hager* in Staudinger, BGB, § 823, Rn. E 55 ff.; *Belling/Eberl-Borges* in Staudinger, BGB, § 831, Rn. 129 (S. 131); *Schlund*, Verkehrssicherungspflicht, S. 20; *von Bar*, Verkehrspflichten, S. 44 f. m. w. Nachw.

der Seite der potentiellen Opfer häufig ein Moment des Ausgeliefertseins. Sind diese schlicht darauf verwiesen, auf das ordnungsgemäße Wirken des Mächtigen zu vertrauen, so soll auch darin wiederum eine Quelle von Gefahren zu erblicken sein.[375] Das spielt auch in den sog. Übernahmefällen eine Rolle.[376] Aus der Abwehrfunktion der Rechte des Verantwortlichen (vgl. etwa §§ 1004, 903 S. 1 BGB)[377] ergibt sich danach spiegelbildlich typischerweise ein Schutzbedürfnis potentiell Bedrohter (Kompensationsgedanke).

Die Zuordnung deliktischer Verantwortung folgt nach allgemeiner Auffassung auch dem Nutzenprinzip (auch: Interessenprinzip) Anhaltspunkte.[378] So soll gerade derjenige die schädlichen Folgen einer Verhaltensweise tragen, dem sie auch den Nutzen bringt. Der Nutzenziehung soll mit anderen Worten die Risikotragung entsprechen.[379] Regelmäßig wird aufgrund seiner dinglichen Rechtsposition (vgl. etwa § 903 BGB) etwa der Eigentümer als Nutzzieher anzusehen sein, der nach Nutzen-Risiko-Überlegungen die nachteiligen Folgen der Gefahren, die aus ihm gehörenden Sachen resultieren, zu tragen hat. Auch eine Person, die vertraglich gegen eine Gegenleistung die Verkehrssicherung für einen anderen übernimmt, wird in diesem Sinne als Nutzzieher aus der mit seinem Tätigwerden resultierenden Gefährdung angesehen und soll demnach auch etwaige Schäden an Rechtsgütern Dritter tragen müssen.[380]

Entscheidende Bedeutung bei der Zuweisung deliktischer Verantwortung dürfte jedoch vor allem einem übergreifenden *normativen* Aspekt zukommen.[381] In dieses Merkmal spielt eine Vielzahl von Aspekten hinein, die häufig isoliert herausgestellt und teilweise als bereits für sich ausschlaggebend dargestellt werden. Letztlich wird mit dem „normativen Aspekt“ wohl die Notwendigkeit einer umfassenden, einzelfallbezogenen Wertung angesprochen.

C. Stellungnahme

Die Überlegungen in Literatur und Rechtsprechung zur Bestimmung der deliktsrechtlich verantwortlichen Person setzen bei dem Gefährdungselement an. Das stimmt mit den zur Pflichtenentstehung nach § 823 Abs. 1 BGB angestellten Überlegungen überein und ist daher nur folgerichtig. Eine Gefahr für andere kann abstrakt auf unterschiedlichste Weise begründet, unterhalten oder erhöht

---

[375] Siehe dazu RGZ 54, S. 53, 56, 58 f. sowie *Ulmer*, JZ 1969, S. 163, 169 f., 171 m. w. Nachw.

[376] *Christensen*, Verkehrspflichten, S. 87 f.; 114 ff.; *Larenz/Canaris*, SR BT II/2, S. 406 ff.

[377] Vgl. RGZ 54, S. 53, 56, 58 f.

[378] Siehe *von Bar*, Verkehrspflichten, S. 125 ff.; *Wagner* in MüKo, BGB^4, § 823, Rn. 228; *Larenz/Canaris*, SR BT II/2, S. 408; *Belling/Eberl-Borges* in Staudinger, BGB, § 831, Rn. 129 (S. 131).

[379] Ausführlich *von Bar*, Verkehrspflichten, S. 125 ff.

[380] *Belling/Eberl-Borges* in Staudinger, BGB, § 831, Rn. 129 (S. 131).

[381] Dazu *Wagner* in MüKo, BGB^4, § 823, Rn. 226 ff.; *Larenz/Canaris*, SR BT II/2, S. 412 f.

werden. Das kann nicht nur dadurch geschehen, daß jemand einen Verkehr in einem bestimmten abstrakt oder konkret gefährlichen Bereich (aktiv) eröffnet oder duldet, an einem Ort eine besondere Gefahrenquelle schafft oder unterhält oder gefährliche Gegenstände in den Verkehr bringt oder darin benutzt. Nicht zuletzt aus der Ausübung bestimmter, auch alltäglicher Tätigkeiten können sich selbstverständlich Gefahren ergeben und schließlich können Gefahren auch Folge des natürlichen Verschleißes oder Verfalls ursprünglich ungefährlicher Gegenstände sein.

Wenn in Literatur und Rechtsprechung darauf abgestellt wird, daß ein deliktsrechtlich Verantwortlicher auf die Gefahr einwirken können muß, stellt sich die Frage, was mit diesem Merkmal gewonnen ist. Daß jemand, der – ob rechtlich oder tatsächlich – *keinerlei* Einfluß auf den Gefahrenherd auszuüben vermag, nicht als deliktsrechtlich Verantwortlicher angesehen werden kann, liegt nämlich wohl auf der Hand. Wozu sollte dieser auch konkret verpflichtet sein können? Der Auffassung, daß es für die Bestimmung der deliktsrechtlich verpflichteten Person nicht auf die Eigentümerstellung ankommt, ist schon aus diesem Grunde ohne weiteres zuzustimmen. Ebensowenig, wie es notwendig der Eigentümer einer Sache ist, der die Schaffung von Gefahren aus seinem Eigentum veranlaßt, kann er allein aus seiner sachenrechtlichen Stellung heraus auf die Steuerung solcher Gefahren einwirken. Denn einerseits gibt das Eigentumsrecht nicht Auskunft über die rechtlichen oder tatsächlichen Einflüsse anderer auf eine Sache, sei es, daß an der Sache (nur) Sicherungseigentum besteht, sei es, daß die Sache vermietet, verliehen, verpachtet ist oder sonst dem bestimmenden Einfluß anderer ausgesetzt ist. Es kann beim Eigentümer also am Merkmal der Gefahrschaffung wie am Merkmal der Gefahrbeherrschung mangeln.[382] Auf der anderen Seite ist der deliktsrechtlich Verantwortliche in vielen Fällen mit deliktsrechtlicher Relevanz geradezu typischerweise nicht Eigentümer, da in bestimmten Lebensbereichen ein sachenrechtlicher Bezug vollends fehlt oder hinsichtlich der Beantwortung deliktsrechtlicher Fragen unerheblich ist. So etwa im Bereich deliktischer Haftung aufgrund der Ausübung bestimmter Tätigkeiten beispielsweise als Arzt, Bauleiter, Architekt, Wohnungseigentumsverwalter, Turnier- oder Wettkampfleiter oder als Produzent oder Händler von gefährlichen Gegenständen. Es erschiene nach allem befremdlich, wenn die dingliche Rechtslage für die Entstehung deliktsrechtlicher Pflichten besonders bedeutsam wäre. In der Tat kann bereits in jeder Art der Begründung von (Verkehrs-) Vertrauen ein Gefahrschaffungs- oder -erhöhungsaspekt liegen.[383]

---

[382] Siehe dazu etwa das Beispiel von *Schlund*, Verkehrssicherungspflicht, S. 20.

[383] So auch die Erwägungen des BGH, BGHZ 139, S. 79, 85 ff., wo auch darauf abgestellt wurde, daß durch den Hinweis: „Abgabe an Personen unter 18 Jahren erlaubt“ eine Gefähr-

Ob dem Kriterium der Nutzenziehung nach dem oben angesprochenen Nutzen-Risiko-Prinzip für die Feststellung der deliktsrechtlichen Verantwortung die Bedeutung zukommt, die ihr teilweise zugemessen wird, muß bezweifelt werden.[384] Warum etwa soll eine Person, die allgemein Vertrauen hinsichtlich des verantwortungsvollen Umganges mit einer Gefahr in Anspruch nimmt, deren Schaffung oder Erhöhung ihr selbst zuzurechnen ist, nur deshalb nicht nach § 823 Abs. 1 BGB in deliktsrechtlicher Verantwortung stehen, weil sie keinen Nutzen aus der Gefahrschaffung zieht? Abgesehen sei einmal davon, daß in vielen Bereichen eine Feststellung der Nützlichkeit entweder bereits ausgeschlossen oder nur schwer möglich sein dürfte. In dem Gedanken, daß derjenige, der aus einem Gegenstand den Nutzen zieht, auch die Risiken tragen soll, mag ein grundlegendes Gerechtigkeitsprinzip liegen. Dieses – mehr rechtspolitische, auf gerechte Schadenszuordnung abzielende – Prinzip ist aber letztlich unvereinbar mit dem im Verschuldensprinzip fest verankerten Steuerungsprinzip. Denn nach diesem Prinzip kann eine Person beispielsweise auch ohne jede Steuerungsfähigkeit die Verantwortung für etwaige schädliche Folgen tragen. Es ist daher nicht geeignet, auf dem Boden der Verschuldenshaftung eine individuelle haftungsrechtliche Verantwortung zu begründen. Von einem Nutzenaspekt kann das Bestehen von deliktsrechtlicher Verantwortung nach § 823 Abs. 1 BGB folglich nicht abhängen. Wie aber ist die abstrakte deliktische Verantwortung für eine Gefährdung und damit die abstrakte Adressatenstellung statt dessen zu bestimmen?

Die Untersuchung der Entstehung deliktsrechtlicher Verantwortung bedarf in der Tat einer *normativen Betrachtungsweise,* die verschiedene Aspekte einbezieht.[385] In weiten Bereichen dürfte bei der normativen Bestimmung deliktischer Verantwortung nicht zuletzt dem *Vertrauensgesichtspunkt* konstitutive Bedeutung zukommen.[386] Vertrauen ist in seiner Wechselbeziehung eine der Grundfesten jeder Gesellschaft. In gewisser Weise setzt fast jede nach außen wirkende

---

lichkeit der vertriebenen Feuerwerkskörper eher verschleiert wurde, womit umgekehrt möglicherweise ein haftungskonstitutives Verkehrsvertrauen begründet wurde.

[384] Gegen die Überbetonung des Nutzenaspektes auch *von Caemmerer*, DJT-FS, Bd. 2, S. 49, 62 f. m. w. Nachw.

[385] Nichts anderes als eine vom Gesetzgeber vorgenommene, normative Verantwortungszuweisung liegt beispielsweise auch § 1631 Abs. 1 BGB zugrunde. Die Vorschrift erlegt den gesetzlichen Vertretern die Aufsichtspflicht über Minderjährige auf und macht diese somit zu den rechtlich für das Handeln der Minderjährigen Verantwortlichen. Werden sie dieser Verantwortung nicht gerecht, kommt eine Haftung nach § 823 Abs. 1 BGB in Betracht. In § 832 Abs. 1 BGB wird den gesetzlich (z. B. nach § 1631 Abs. 1 BGB) Aufsichtspflichtigen neben der bestehenden haftungsrechtlichen Verantwortung für die jeweils aufsichtspflichtigen Personen zusätzlich u.a. eine Verschuldensvermutung aufgebürdet.

[386] Vgl. *Larenz/Canaris*, SR BT II/2, S. 410.

Handlung, die jemand vornimmt, ein Mindestmaß an Vertrauen in die Reaktion der anderen und die Bewertung durch die anderen voraus. Für die Bedeutung des Vertrauens in der Gemeinschaft muß nicht erst auf die Fälle verwiesen werden, in denen ein Erfahrener unter Verweis auf seine Kompetenz andere, weit weniger Erfahrene auf eine gefährliche Baustelle, eine risikoreiche Bergtour oder einen anspruchsvollen Hochseetörn mitnimmt.[387] Ein Schwinden des Vertrauens in die Redlichkeit anderer Teilnehmer am Rechtsverkehr hätte aufgrund der Wechselbezüglichkeit des Vertrauens bereits katastrophale Auswirkungen auf die eigenen Freiheitsräume. Denn deren Achtung durch die anderen könnte dann niemand mehr ohne weiteres voraussetzen.

Der Begründung von Vertrauen wird häufig bereits an sich objektiv Gefahrrelevanz innewohnen.[388] Erfolgt sie zurechenbar, kann darin ein verantwortungsbegründender Aspekt liegen. Nimmt man mit dem damit in Zusammenhang und Wechselwirkung stehenden Merkmal der *Ausschlußfunktion* absoluter Rechte einen weiteren rechtlichen Aspekt hinzu, dann wird erkennbar, warum gerade eine bestimmte Person abstrakt in deliktsrechtlicher Verantwortung stehen kann, auch wenn sie nicht (aktiv) in äußere Abläufe eingreift. Denn schon aufgrund der Ausschlußwirkung und Abwehrfunktion ihrer Rechte bzw. ihrer Rechtssphäre verweist jede Person die anderen darauf, ihr schlicht zu vertrauen, daß sie in der gebotenen Weise Gefahrvorsorge betreiben werde. Wesentlich scheint dabei der auch in der Rechtswissenschaft gelegentlich angesprochene Aspekt zu sein, daß häufig schon das Vorhandensein eines Gefahrwalters andere davon abhalten wird, eigene Maßnahmen zum eigenen Schutz oder zum Schutze des Verkehrs zu treffen.[389] Das ist der Vertrauensaspekt in seiner Verbindung mit dem Ausschlußgesichtspunkt.

Die Ausschlußfunktion des Eigentums, die sich unter anderem aus §§ 903, 985, 1004 BGB, Art. 14 GG ergibt, mag die Überlegung nochmals verdeutlichen. Der Eigentümer braucht grundsätzlich nicht zu dulden, daß sich andere in die Handhabung und Verwaltung seines Eigentums einmischen. Dieser Aspekt des Ausschlusses anderer von der Ergreifung eigener Maßnahmen trifft aber nicht nur auf das Eigentum zu, sondern ist auf alle anderen absoluten Rechte verallgemeinerungsfähig, so auch auf das allgemeine Persönlichkeitsrecht. Ob bei Gefährdungen Dritter aufgrund von Sachgefahren, der Berufsausübung oder anderer Gefahren, es ist keine Lebenssituation denkbar, in welcher der Einzelne nicht eine rechtlich zumindest vom Schutzbereich des Art. 2 Abs. 1 GG erfaßte

---

[387] Vgl. *Ulmer*, JZ 1969, S. 163, 167 zur Abgrenzung deliktischer Verantwortung vom vertraglichen Pflichtenkanon.

[388] Nach OLG Celle NJW 1961, S. 1939 (Leitsatz „b)“), soll nachgerade eine sozialethische Gebundenheit desjenigen entstehen, der einen Vertrauenstatbestand schafft.

[389] So auch *Gottschalg*, NZM 2002, S. 590, 591.

Handlung vornimmt und schon deshalb ein Eingreifen Dritter zumindest nicht ohne weiteres zulässig ist. Auch ein nach außen als fachkundig auftretender Bergführer, Busfahrer, Nothelfer, Betriebsinhaber, Skiliftbetreiber oder Bauaufseher hält regelmäßig sowohl die Gefährdeten als auch Dritte in bestimmtem Umfang davon ab, für notwendig zu erachtende Schutzmaßnahmen zu treffen. Neben die rein tatsächliche, psychologisch begründete Hemmschwelle tritt die rechtliche Hürde, die sich aus § 1004 BGB (analog) bzw. den anderen dem Schutz der absoluten Rechte dienenden Vorschriften ableiten läßt.

Aus dem Gesichtspunkt der Ausschließung anderer von der Einwirkung auf den Gefahrenherd kann somit der Schluß gezogen werden, daß derjenige, der andere kraft seiner Rechtssphäre von einem bestimmten Bereich oder von bestimmten Handlungen ausschließt, nunmehr insoweit *abstrakt* in deliktsrechtlicher Verantwortung steht. Ob er im Einzelfall *konkret* zu einer bestimmten Handlung verpflichtet ist, kann aus der abstrakten Verantwortung allein jedoch noch nicht abgeleitet werden.

Gegenüber dem Nutzen-Risiko-Prinzip weist dieser Ansatz den Vorteil auf, daß sich die Inanspruchnahme absoluter Rechte objektiv und ohne größere Schwierigkeiten bestimmen läßt. Da allerdings in jedem Handeln zumindest die Inanspruchnahme der allgemeinen Handlungsfreiheit zu erblicken ist, besteht umgekehrt bereits bei jeder Berührung anderer Rechtskreise auch zugleich abstrakte deliktsrechtliche Verantwortung. Abstrakte deliktsrechtliche Verantwortung ist in einer Gesellschaft, in der es fortwährend zu zahlreichen Berührungen anderer Rechtskreise kommt, ein ständiger Begleiter, ja eine ständige Last.

D. Die deliktsrechtliche Verantwortung bei juristischen Personen

I. Das Problem

Die Frage nach den Voraussetzungen deliktsrechtlicher Verantwortungszurechnung wirft besondere Probleme auf, wenn es um juristische Personen als Zuordnungsobjekt geht.[390] Gerade bei der besonders praxisrelevanten Bestimmung und Abgrenzung der Verantwortungsräume der juristischen Person und ihrer Organe zeigt sich, daß die Zuordnung deliktsrechtlicher Verantwortung auch heute noch viele ungelöste Probleme zu bieten hat. Fast schon berühmt geworden ist in diesem Zusammenhang die sogenannte Baustoff-Entscheidung (BGHZ 109, S. 297), in der sich der BGH mit der Frage befaßt hat, inwieweit sich ein GmbH-Geschäftsführer in einer Garantenstellung zum Schutze der Rechtsgüter Dritter befinden und folglich persönlich deliktsrechtlich verantwortlich sein kann.

---

[390] Dazu *Martinek*, Repräsentantenhaftung, S. 20 ff.; *Kleindiek*, Deliktshaftung, S. 117 ff.; *Brüggemeier*, AcP 191 (1991), S. 33, 51 ff.; *Altmeppen*, ZIP 1995, S. 881 ff.; *Spindler*, Unternehmensorganisationspflichten, S. 844 ff.; *K. Schmidt*, Gesellschaftsrecht, S. 1089 f.

Wie juristische Personen Inhaber von Rechten sein können, können sie auch Träger von Pflichten und also auch Träger deliktsrechtlicher Pflichten, als Hauseigentümer etwa Träger der Pflicht, für eine angemessene Beleuchtung oder einen funktionierenden Räum- und Streudienst zu sorgen, sein.[391] Traditionell wird in diesem Sinne auch in der Rechtsprechung ganz selbstverständlich von Verkehrs(sicherungs)pflichten juristischer Personen des Privatrechts wie des öffentlichen Rechts gesprochen oder die Eigenschaft juristischer Personen als potentieller Adressat deliktsrechtlicher Pflichten schlicht vorausgesetzt.[392]

Ohne weiteren Begründungsaufwand lassen sich bei den juristischen Personen etwa die oben referierten Gesichtspunkte, wie Gefahrveranlassung und Gefahrbeherrschung, wie sie als Prinzipien deliktsrechtlicher Haftung herausgearbeitet wurden,[393] über das Bindeglied der Zurechnung über die Gesellschaftsorgane ebenso bejahen wie das Verdikt der Pflichtverletzung (§ 31 BGB). So verleihen die Organe den juristischen Personen Handlungsfähigkeit und kommt etwa eine Erfüllung der der Gesellschaft obliegenden Pflichten ebensosehr nur vermittelt über die Organe in Betracht wie eine Pflichtverletzung.

Unter Beachtung des Prinzips der Impermeabilität juristischer Personen (auch: Trennungsgrundsatz; siehe etwa § 13 Abs. 2 GmbHG) erscheint dabei die Annahme zumindest sehr begründungsbedürftig, daß neben einer juristischen Person eines ihrer Organmitglieder oder eine sonstige Person, beispielsweise ein Gesellschafter oder Anteilseigner, *zusätzlich* Träger genau derjenigen deliktsrechtlichen Pflichten ist, die sonst natürlichen Personen in der konkreten Lage der betreffenden juristischen Person nach deliktsrechtlichen Grundsätzen obliegen.[394] Wie jede natürliche Person für *ihren* Gefahrenbereich grundsätzlich ausschließlich verantwortlich ist, müßte auch die juristische Person für ihren Gefahrenbereich grundsätzlich alleine und ausschließlich verantwortlich sein.[395] Nach

---

[391] In diesem Sinne *Medicus*, ZGR 1998, S. 570, 572 f.; siehe dazu auch *Kleindiek*, Deliktsrecht, S. 118 f.; *Haas*, Geschäftsführerhaftung, S. 218, 220 ff.; *Wagner* in MüKo, BGB^4, § 823, Rn. 377 m. w. Nachw.

[392] Siehe BGHZ 103, S. 338, 340 f.; 59, S. 76, 78 ff.; 39, S. 124, 127 ff.; 24, S. 200, 204 ff.; 17, S. 214, 217 ff.; 11, S. 175, 177 ff.; im gleichen Sinne auch schon RGZ 52, S. 373; 53, S. 53, 55; 54, S. 53, 56 ff.; vgl. dazu auch *Medicus*, ZGR 1998, S. 570, 573.

[393] Vgl. *Medicus*, ZGR 1998, S. 570, 572 f.; *Wagner* in MüKo, BGB^4, § 823, Rn. 377.

[394] Auch *Martinek*, Repräsentantenhaftung, S. 49, zweifelt daran, daß man eine und dieselbe Handlung zwei Rechtssubjekten zurechnen kann; so auch *Belling/Eberl-Borges* in Staudinger, BGB, § 831, Rn. 129; ähnlich *Landwehr*, AcP 164 (1964), S. 504. Siehe zum Trennungsprinzip grundlegend etwa *K. Schmidt*, Gesellschaftsrecht, S. 217 ff., 225; *Haas*, Geschäftsführerhaftung, S. 256 ff.; *Keßler*, GmbHR 1994, S. 429 ff.

[395] So etwa *Wagner* in MüKo, BGB^4, § 823, Rn. 394; *Heil/Russenschuck*, BB 1998, S. 1749 ff. *Haas*, Geschäftsführerhaftung, S. 220 f.; *Belling/Eberl-Borges* in Staudinger, BGB, § 831, Rn. 129, jeweils m. w. Nachw.

dem Impermeabilitätsgrundsatz, der als Prinzip des Rechts der juristischen Personen überhaupt verstanden werden kann und seine Grenzen nur im Bereich des Mißbrauchs erfährt,[396] wird die juristische Person selbst als vollwertige Teilnehmerin am Rechtsverkehr verstanden. Die für die juristische Person handelnden Organe hingegen vermitteln nur die Rechtsbeziehungen der juristischen Person nach außen, das Handeln des Organs als Organ ist Handeln der Gesellschaft.[397] Dementsprechend sieht etwa § 43 Abs. 2 GmbHG (siehe auch §§ 93 AktG, 34 GenG) vor, daß der Geschäftsführer für Verletzungen seiner (eigenen) Pflichten nur der Gesellschaft gegenüber, also nur im Innenverhältnis, haftet (Prinzip der Binnenverantwortung). In der Außensicht stellen Organ und juristische Person für die Belange der juristischen Person und also grundsätzlich auch für deliktsrechtlich relevante Vorgänge im Grunde ein Ganzes dar.[398]

Da das Organ oder der Organwalter als natürliche Person hinsichtlich der der juristischen Person obliegenden deliktsrechtlichen Pflichten demnach prinzipiell nicht selbst Adressat ist,[399] muß er für die Beurteilung der Haftung der juristischen Person beispielsweise im Bereich der Haftung für die Verletzung von Verkehrssicherungspflichten, für die Bestimmung des Vorliegens einer Pflichtverletzung, als Pflichtenadressat gedacht werden. Dieses Vorgehen bedeutet jedoch keineswegs, daß aus einer Verletzung derselben zugleich auch eine eigene Deliktshaftung des Organs resultiert. Das läßt sich an einer insofern vergleichbaren gesetzlichen Konzeption verdeutlichen: Auch der Erfüllungsgehilfe (§ 278 BGB) wird nach allgemeiner Auffassung nicht dadurch zum Schuldner (Pflichtenadressat), daß man ihn in die Pflichtenstellung des Schuldners hineindenkt und auf dieser Grundlage das Vorliegen einer dem Schuldner zuzurechnenden verschuldeten Pflichtverletzung untersucht, wie es eine Zurechnung nach § 278 BGB verlangt. Auch das Verhalten des Erfüllungsgehilfen kann nach der Vorschrift des § 278 BGB eine Haftung seines Geschäftsherrn (= Schuldner) auslösen, obwohl der Erfüllungsgehilfe selbst aus dem Vertrag zwischen

---

[396] Vgl. etwa *K. Schmidt*, Gesellschaftsrecht, S. 217 ff, 225; *Haas*, Geschäftsführerhaftung, S. 256 ff.; *Nölle*, Eigenhaftung, S. 75 ff. m. w. Nachw.

[397] *Martinek*, Repräsentantenhaftung, S. 25 ff., 28 f.; *Haas*, Geschäftsführerhaftung, S. 220 f.; *Frank*, BB 1975, S. 588. Eine Bestätigung des Trennungsprinzips kann im übrigen auch in der Ausgestaltung der Haftung nach § 64 GmbHG gesehen werden; siehe dazu *K. Schmidt*, Gesellschaftsrecht, S. 1083 ff.; siehe ferner *Keßler*, GmbHR 1994, S. 429 f.

[398] Vgl. *Heil/Russenschuck*, BB 1998, S. 1749, 1750; *Martinek*, Repräsentantenhaftung, S. 28 f.: „Identifizierung der juristischen Person mit ihren Repräsentanten".

[399] Nochmals *Heil/Russenschuck*, BB 1998, S. 1749, 1750 ff.; auch der BGH, BGHZ 109, S. 297, 303, bestätigt unter Verweis auf § 43 Abs. 2 GmbHG den Grundsatz, daß die Pflichten des Organs nur im Innenverhältnis, das heißt gegenüber der Gesellschaft bestehen. Insofern sind die Organpflichten eben zunächst keine deliktsrechtlich relevanten Jedermann-Pflichten.

Schuldner und Gläubiger gerade nicht verpflichtet wird und damit eine Pflicht auch nicht verletzten kann.[400]

Nach einer verbreiteten Gegenauffassung soll es gleichwohl ausgeschlossen sein, daß eine juristische Person die Voraussetzungen von Verschuldenshaftungsnormen erfüllt. Denn Verschuldenshaftungsnormen, wie etwa § 823 Abs. 1 BGB, setzten nach dieser Auffassung *eigene* und nicht nur zugerechnete Handlungsfähigkeit voraus. Da nur das zuständige Organ oder Organmitglied eine schuldhafte unerlaubte Handlung begehen könne, könne die Haftung der juristischen Person auch nur eine über §§ 31, 89 BGB vermittelte *Mithaft* sein, die *neben* eine Haftung des Organs oder Organmitglieds tritt,[401] das insofern – im Bilde freilich nicht ganz treffend – als „Haftungsvertreter" bezeichnet wird.[402] Deliktshaftung juristischer Personen wäre so stets „verdoppelte" Haftung.[403] Eine „Pflichtverletzung" der juristischen Person kommt nach dieser Konzeption nicht in Betracht. Eine deliktsrechtliche Verantwortlichkeit bestünde danach umgekehrt niemals nur zulasten der juristischen Person, sondern notwendig immer auch zulasten des zuständigen Organs. Dieses Ergebnis läßt sich auch aus der Vorschrift des § 31 BGB begründen, in der „eine *zum Schadensersatz verpflichtende* Handlung" (Hervorh. durch den Verf.) vorausgesetzt wird,[404] unter der man zugegebenermaßen eine solche verstehen kann, die den Tatbestand einer schadensersatzrechtlichen Norm vollständig erfüllt.

§ 31 BGB erfaßt jedoch, so eine differenzierende Auffassung, zwei verschiedene Fälle: zum einen wird darin die *Mithaftung* der juristischen Person für unerlaubte Handlungen angeordnet, die ihre Repräsentanten im Rahmen ihrer Aufgabenerfüllung begehen, zum anderen wird klargestellt, daß die Verletzung von Pflichten der juristischen Person vermittelt durch ihre Organe zur Haftung der juristischen Person führt.[405] Es ist also konzeptionell nicht zwingend, daß eine

---

[400] Diese Konzeption spricht *Medicus*, ZGR 1998, S. 570, 573 unten, nicht an.

[401] Vgl. *Altmeppen*, ZIP 1995, S. 881, 887, 888; *Brüggemeier*, AcP 191 (1991), S. 33, 64 ff.; *Ihlas*, Organhaftung, S. 152 f.; im Ergebnis ebenso *Landwehr*, AcP 164 (1964), S. 482, 505 ff.; *Stöber*, Vereinsrecht, Rn. 401; siehe auch die Nachweise bei *Kleindiek*, Deliktshaftung, S. 118 ff., der dazu auf S. 121 f. kritisch Stellung nimmt.

[402] So etwa *Weick* in Staudinger, BGB, § 823, Rn. 4, 32. Die Bezeichnung trifft jedoch deshalb nicht, weil im Recht der Vertretung das rechtsgeschäftliche Verhalten des Vertreters unter den Voraussetzungen des § 164 Abs. 1 S. 1 BGB dem Vertretenen (voll) zugerechnet wird und als solches *nicht* (auch) unmittelbar für und gegen den Vertreter wirkt.

[403] So *Kleindiek*, Deliktshaftung, S. 118 f.; ebenso wohl *Wieck* in Staudinger, BGB, § 31, Rn. 49; *Groß*, ZGR 1998, S. 551, 553; *Nölle*, Eigenhaftung, S. 30 f.; *Brüggemeier*, ZIP 2001, S. 381, 382, der in seiner Anm. zu BGH ZIP 2001, S. 379 ff. (Kindertee), dem BGH zuschreibt, zu einer „automatischen" gesamtschuldnerischen Haftung zu gelangen.

[404] Siehe nur *Medicus*, ZGR 1998, S. 570, 573.

[405] *Hommelhoff/Kleindiek* in Lutter/Hommelhoff, GmbHG, § 43, Rn. 61 f. m. w. Nachw.

Haftung der juristischen Person mit einer (Eigen-) Haftung eines ihrer Repräsentanten verbunden ist.

Der letzte Aspekt läßt sich vor allem damit begründen, daß das Organ aus den der juristischen Person zuzurechnenden Gefahren deliktsrechtlich grundsätzlich *nicht* selbst, nicht persönlich verpflichtet wird.[406] Denn Adressat deliktsrechtlicher Pflichten in *ihrem* Bereich ist eben zunächst nur die juristische Person, bei der die dafür erforderlichen Voraussetzungen vorliegen. § 31 BGB hätte, so wird vertreten, insofern nur deklaratorische Funktion und sei im Grunde überflüssig, da die Vorschrift nur die Prämissen der herrschenden Organtheorie bestätige.[407] Gleichwohl wird heute auch von den Vertretern der auf *von Gierke* zurückgehenden,[408] herrschenden Organtheorie[409] im Bereich der Deliktshaftung überwiegend von einer Doppelhaftung von Organ und juristischer Person ausgegangen.[410] Und das, obwohl die der juristischen Person obliegenden Pflichten grundsätzlich gerade nicht zugleich solche des Organs sind.[411] Ohne selbst Pflichtenadressat zu sein, kann ein Organmitglied aber auch keine deliktsrechtlichen Pflichten verletzen. Den dargestellten Grundprinzipien entsprechend erscheint daher eine deliktsrechtliche Verantwortung eines Organmitgliedes oder einer sonstigen Person, die für die Organisationseinheit der juristischen Person tätig ist, für Gefahren aus der Sphäre der juristischen Person nur unter besonderen Voraussetzungen denkbar.[412]

Zu einer deliktsrechtlichen Eigenhaftung von Organmitgliedern kommt es nur dann, wenn diese selbst *in eigener Person* die Voraussetzungen deliktsrechtli-

---

[406] Siehe etwa *Haas*, Geschäftsführerhaftung, S. 231 f., 233, 239; *Nölle*, Eigenhaftung, S 17 f.; *Belling/Eberl-Borges* in Staudinger, BGB, § 831, Rn. 129.

[407] *Landwehr*, AcP 164 (1964), S. 482, 504; *Martinek*, Repräsentantenhaftung, S. 30.

[408] *Von Gierke*, Genossenschaftstheorie, S. 603 ff.; Vgl. auch *K. Schmidt*, Gesellschaftsrecht, S. 250, 252.; *Martinek*, Repräsentantenhaftung, S. 27 ff.

[409] BGHZ 98, S. 148, 151 ff.; siehe auch die Nachweise bei *Weick* in Staudinger, BGB, § 31, Rn. 2; *Medicus*, ZGR 1998, S. 570, 576; *Kleindiek*, Deliktshaftung, S. 123 ff.

[410] Siehe *Westermann* in Erman, BGB, § 31, Rn. 9; *Hadding* in Soergel, BGB, § 31, Rn. 28; *Steffen* in RGRK, BGB, § 31, Rn. 9; *Landwehr*, AcP 164 (1964), S. 482, 505 ff.; ebenso wohl auch *Weick* in Staudinger, BGB, § 31, Rn. 49; grundsätzlich zustimmend, für die Haftung für Verkehrspflichtverletzungen jedoch einschränkend *Reuter* in MüKo, BGB, § 31, Rn. 43 f.

[411] *Hommelhoff/Kleindiek* in Lutter/Hommelhoff, GmbHG, § 43, Rn. 56 ff.; *Heil/Russenschuck*, BB 1998, S. 1749, 1750 ff.; *Haas*, Geschäftsführerhaftung, S. 231 f., 233, 239; *Belling/Eberl-Borges* in Staudinger, BGB, § 831, Rn. 129, jeweils m. w. Nachw. Diese Problematik wird häufig nicht angesprochen, siehe etwa *Stöber*, Vereinsrecht, Rn. 401.

[412] *Kleindiek*, Deliktshaftung, S. 202 f.; *Hommelhoff/Kleindiek* in Lutter/Hommelhoff, GmbHG, § 43, Rn. 61 f.; *Heil/Russenschuck*, BB 1998, S. 1749, 1750 ff.; *Haas*, Geschäftsführerhaftung, S. 239 ff., 256; *Christensen*, Verkehrspflichten, S. 181 ff.

cher Schadensersatzansprüche erfüllen.[413] Damit ist das eigentliche Problem benannt. Voraussetzung eines deliktischen Schadensersatzanspruchs ist im hier zu erörternden Bereich der Verschuldenshaftung zunächst das Bestehen von dem zuständigen Organmitglied persönlich obliegenden deliktischen Pflichten und deren Verletzung.[414] Das Bestehen abstrakter deliktsrechtlicher Verantwortung eines Organmitgliedes hängt wieder davon ab, daß die oben genannten Voraussetzungen dafür vorliegen.[415] Es ist damit unter Zugrundelegung der oben angestellten Überlegungen insbesondere erforderlich, daß diese Person erkennbar und zurechenbar eine eigenständige Gefährdung Dritter veranlaßt und daß *sie* im allgemeinen Rechtsverkehr demzufolge persönlich zur Einleitung gefahrsteuernder Maßnahmen verpflichtet ist.[416] Dieses Problem ist auch heute noch nicht abschließend gelöst.

Teilweise wird vorgeschlagen, eine deliktische Außenhaftung von Organpersonen vom Rang der jeweils betroffenen Rechtsgüter abhängig zu machen.[417] Mehr an den oben genannten Grundlagen der Begründung deliktsrechtlicher Verantwortung orientiert sind die meisten übrigen Ansätze. Einige Autoren wollen schon die Tätigkeitsübernahme der Organperson zur Verantwortungsbegründung auch im Außenverhältnis ausreichen lassen.[418] Ein Organmitglied müsse deliktsrechtlich sanktioniert in der Körperschaft auch zum Schutze der Rechtsgüter Dritter wirken.[419] Das Merkmal der tatsächlichen Möglichkeit, auf

---

[413] *Hommelhoff/Kleindiek* in Lutter/Hommelhoff, GmbHG, § 43, Rn. 63 f. m. Nachw.; *Zeuner* in Soergel, BGB, § 823, Rn. 171 f.; *Heil/Russenschuck*, BB 1998, S. 1749, 1750 ff.; *Groß*, ZGR 1998, S. 551, 567; *Haas*, Geschäftsführerhaftung, S. 231 f., 233, 239; *Keßler*, GmbHR 1994, S. 429, 431 f.; *Belling/Eberl-Borges* in Staudinger, BGB, § 831, Rn. 129; *Christensen*, Verkehrspflichten, S. 73 ff.; 185 ff.; *K. Schmidt*, Gesellschaftsrecht, S. 225, freilich im Kontext zur Durchgriffsproblematik.

[414] So auch der BGH, der jedoch im Anschluß an die noch als moderat angesehene „Baustoff I"-Entscheidung, BGHZ 100, S. 19, 25, die Organisationspflichten des GmbH-Geschäftsführers in BGHZ 109, S. 297, 302, mittels der angeblich bestehenden umfassenden Organisationsverantwortung ausgeweitet hat, so daß die Geschäftsleitung nunmehr letztlich mehr oder minder für jedes deliktische Handeln aus dem Unternehmensbereich verantwortlich gemacht werden kann. Kritisch dazu *Wagner* in MüKo⁴, BGB, § 823, Rn. 394; vertiefend etwa *Haas*, Geschäftsführerhaftung, S. 239 ff., 242 ff.; *Keßler*, GmbHR 1994, S. 429, 433 ff.

[415] Nochmals *Zeuner* in Soergel, BGB, § 823, Rn. 171 f.; *Belling/Eberl-Borges* in Staudinger, BGB, § 831, Rn. 129; siehe auch ausführlich *Larenz/Canaris*, SR BT II/2, S. 421 f.

[416] *Hommelhoff/Kleindiek* in Lutter/Hommelhoff, GmbHG, § 43, Rn. 56 ff., 63.

[417] Ausführlich *Hommelhoff/Kleindiek* in Lutter/Hommelhoff, GmbHG, § 43, Rn. 56 ff., 64.

[418] BB 1975, S. 588, 589: „(es stehe derjenige) unter einer eigenen Verantwortlichkeit hinsichtlich der Beachtung der betreffenden Pflichten gegenüber Dritten, der sich in eine Position begibt, in der es von seiner Person abhängt, daß besondere Sorgfaltsmaßnahmen zum Schutze Dritter vor Schäden beachtet werden." Ebenso *Altmeppen*, ZIP 1995, S. 881, 887 ff.

[419] *Brüggemeier*, AcP 191, 1991, S. 33, 64 ff.; *Larenz/Canaris*, SR BT II/2, S. 421 f.; *Nölle*, Eigenhaftung, S. 97 ff., 99 ff. Ähnlich wohl *Keßler*, GmbHR 1994, S. 429, 436, der den Ansatz für die Begründung der Garantenstellung des Organwalters in den „organisationstechni-

den Gefahrenherd einzuwirken, dürfte bei der Eingrenzung jedoch nur wenig weiterhelfen.[420] Andere fordern das Vorliegen eines zurechenbar gesetzten konkret vertrauensbegründenden Aktes des jeweiligen Organwalters, gehen jedoch davon aus, daß dieser bei der Übernahme einer Organstellung regelmäßig vorliegen wird; auf diese Weise sollen die Verantwortungssphären von juristischer Person und Organ systemgerecht zu trennen sein.[421]

Der BGH hebt zunächst hervor, daß es für eine deliktische Haftung darauf ankomme, daß derjenige, der aus einer deliktsrechtlichen Anspruchsnorm in Anspruch genommen werden soll, in *seiner* Person die Tatbestandsmerkmale der jeweiligen Anspruchsnorm erfüllen muß.[422] In der Baustoff-Entscheidung führte der BGH „als Grundlage für eine deliktische Eigenhaftung" des Geschäftsführers dessen „Verantwortung aus der mit seinen Geschäftsführeraufgaben verbundenen Garantenstellung zum Schutz Außenstehender vor Gefährdung oder Verletzung ihrer Schutzgüter i. S. von § 823 Abs. 1 BGB" an.

Daß die deliktischen Pflichten der juristischen Person grundsätzlich nicht mit denen ihrer Organe identisch sind, folgt aus den oben genannten Grundsätzen zur Entstehung deliktischer Verantwortung.[423] Juristische Person und Organperson(en) sind nicht identisch, so daß auch ihr jeweiliger Gefahren- und Verantwortungsbereich nicht identisch sein kann. Daß aber auch das Organ, wie jede andere Person, nicht von jedweder Außenbeziehung isoliert ist und daß folglich auch aus seiner Sphäre Gefahren für andere resultieren können, liegt ebenso auf der Hand.[424] Aus welchem Grunde sollte dann nicht auch das Organ selbst für sein außenwirksames Handeln oder Nichthandeln haften, wenn neben den weiteren Haftungsvoraussetzungen die konstitutiven Voraussetzungen abstrakter deliktsrechtlicher Verantwortung vorliegen?[425] Um nicht gefahrzulaufen, niemals eine unerlaubte Handlung der Gesellschaft bejahen zu können, ohne zugleich eine solche des Organs bejahen zu müssen, müssen die besonderen Gründe deliktsrechtlicher Verantwortung und gegebenenfalls darauf beruhender Haftung des Organs benannt werden.[426]

---

schen Risiken komplexer Unternehmensorganisation" sieht und daher wohl auch in der Übernahme der Organstellung die Einnahme einer Garantenstellung sieht.

420 So etwa *Keßler*, GmbHR 1994, S. 429, 435 f.

421 Siehe *Larenz/Canaris*, SR BT II/2, S. 421 f.; *Wagner* in MüKo, BGB⁴, § 823, Rn. 394.

422 BGHZ 109, S. 297, 302 ff.; BGHZ 125, S. 366, 374 ff.; BGH NJW 1974, S. 1371, 1372.

423 So etwa auch BGHZ 109, S. 297, 302 ff.; 125, S. 366, 374 ff.

424 *Brüggemeier*, AcP 191 (1991), S. 33, 64 f.; *Nölle*, Eigenhaftung, S. 97 ff.

425 Ebenso *Hommelhoff/Kleindiek* in Lutter/Hommelhoff, GmbHG, § 43, Rn. 62 ff.; *Brüggemeier*, AcP 191 (1991), S. 33, 64 f., der das Grundsatzproblem ausführlich anspricht.

426 So auch *Belling/Eberl-Borges* in Staudinger, BGB, § 831, Rn. 129.

In seiner Baustoff-Entscheidung liefert der BGH für den besonderen Fall deliktischer Außenverantwortung eines GmbH-Geschäftsführers letztlich keine tragfähige Begründung. Dem BGH wird die Neigung nachgesagt, unter Verweis auf eine dem Organ zukommende Garantenstellung aus Organisationsherrschaft, Organpflichten Außenwirkung zuzumessen bzw. solche nach Außen wirkenden Pflichten erst zu kreieren,[427] ohne die maßgeblichen Kriterien im einzelnen deutlich zu machen. Die eigentliche Begründung der Außenverantwortung (Garantenstellung) bleibt der BGH jedoch auch in seiner Baustoff-Entscheidung schuldig. Auch anhand der Bedeutung der bedrohten Rechtsgüter läßt sich dieses Problem wohl nicht dogmatisch überzeugend lösen.

Bei allen Unsicherheiten darf zumindest folgendes keinesfalls passieren: Es dürfen die jeweiligen Gefahren- und Verantwortungsbereiche von Organ und juristischer Person, aber auch von juristischer Person und ihren Gesellschaftern bzw. Mitgliedern nicht gleichgesetzt werden. Denn sonst ist der Trennungsgrundsatz zumindest im Recht der unerlaubten Handlung letztlich in der Sache Makulatur. Häufig wird auch übersehen, daß der Organwalter nicht typischerweise derjenige ist, welcher aus der Organisationsstruktur oder schon aus der Existenz der juristischen Person den Nutzen zieht.

Wenn auch ein Geschäftsführer Dritten nach § 823 Abs. 1 BGB nur dann haftet, wenn er selbst *ihm* obliegende deliktsrechtliche Pflichten verletzt hat, ergeben sich insofern auch keine grundlegenden Unterschiede zur Behandlung von Arbeitnehmern juristischer Personen, für die eine deliktsrechtliche Außenhaftung ebenfalls anerkannt ist.[428] In diesem Sinne steht auch der BGH auf dem Standpunkt, daß für die Eigenhaftung eines GmbH-Geschäftsführers im Grundsatz nichts anderes gilt als für jeden anderen Bediensteten der GmbH, soweit sich dessen Aufgabenbereich auf die Wahrung deliktischer Integritätsinteressen Dritter erstreckt.[429] Deliktsrechtliche Verantwortung gegenüber den Rechtsgütern Dritter kann damit grundsätzlich den Angehörigen beider Personengruppen zukommen.

II. Zusammenfassung

Die Überlegungen zur deliktsrechtlichen Verantwortungszuweisung zwischen juristischen Personen und ihren Organen müssen ausgehen von der rechtlichen

---

[427] Dazu *Ihlas*, Organhaftung, S. 152 ff. m. w. Nachw., der insbesondere die schlechte Vorhersehbarkeit der Organhaftung kritisiert; zu dieser Kritik bestätigend insbesondere *Medicus*, GmbHR 1993, S. 533, 540.

[428] Siehe dazu *Linck* in Schaub, Arbeitsrechtshandbuch, § 52, Rn. 89 ff.; vgl. auch *Spindler*, Unternehmensorganisationspflichten, S. 920 ff., 926 ff.; *Brüggemeier*, AcP 191 (1991), S. 33, 54 ff.; *Lieb*, JZ 1976, S. 526, 528; *Christensen*, Verkehrspflichten, S. 37 ff., jeweils m. w. Nachw. Zur strafrechtlichen Verantwortung von Arbeitnehmern BGHSt 47, S. 224, 229, 231.

[429] BGHZ 109, S. 297, 303.

Trennung der einzelnen Rechtssphären, die ihrerseits Ausgangspunkt für die Ermittlung der Verantwortlichkeitssphären sind. Die Organpersonen stehen daher nicht selbst in deliktsrechtlicher Verantwortung für die Erfüllung der deliktischen Pflichten der juristischen Person. Denn deliktische Pflichten der juristischen Person sind grundsätzlich nicht zugleich auch solche der Organpersonen. Vielmehr bedarf deren individuelle deliktische Verantwortung der besonderen Begründung.

Umgekehrt ist es jedoch auch nicht ungewöhnlich, wenn eine Organperson als Ergebnis eines wertenden Prozesses als Garant zur Sicherung vor Gefahren aus ihrer Geschäftsführung oder zum Schutze von Rechtsgütern Dritter qualifiziert wird. Denn wie jeder andere Teilnehmer am Rechtsverkehr müssen auch Organpersonen Rücksicht auf die Rechtsgütersphären anderer nehmen und dafür Sorge tragen, daß die in ihrer Rechtssphäre wurzelnden Gefahren für andere das zulässige Gefahrenmaß nicht überschreiten.

E. Ergebnis – Indizien für das Vorliegen abstrakter deliktischer Eigenverantwortung

Für die Begründung deliktischer Verantwortung werden in Literatur und Rechtsprechung mehrere Kriterien und Prinzipien herangezogen, wobei mal dem einen, mal dem anderen größeres Gewicht beigemessen wird. Zu nennen sind vor allem die Gefahrveranlassung, das Prinzip der Steuerbarkeit, das Nutzen-Risiko-Prinzip sowie der Vertrauensgrundsatz.

Nach der hier vertretenen Auffassung ist für die Entstehung deliktsrechtlicher Verantwortung vor allem die Ausschlußfunktion absoluter Rechte in Verbindung mit dem Vertrauensgrundsatz maßgeblich. Die Ausschlußfunktion aller absoluten Rechte bedeutet aufgrund des in einer Gesellschaft wechselseitig in Anspruch genommenen und geübten Vertrauens als Kehrseite, daß der Rechtsinhaber insofern deliktsrechtlich (abstrakt) für Schutz und Integrität der Rechtsgüter der anderen verantwortlich ist.

Kapitel 5 Zum materiellen Gehalt deliktsrechtlicher Pflichten im allgemeinen

A. Vorbemerkung und rechtsphilosophische Grundlagen

Ausgehend von der Erkenntnis, daß mittels der Konstituierung deliktsrechtlicher Pflichten nicht nur Rechtsgüter potentieller Opfer geschützt werden, sondern auch die Handlungsfreiheit potentieller Täter beschnitten wird, kann die Suche nach den bestehenden Geboten und Verboten nicht bei der tatsächlichen Feststellung des Bestehens von Gefahren stehenbleiben.[430] Begnügte man sich mit dem Ausmachen von auf menschliches Agieren zurückzuführenden Gefahren und knüpfte die Pflichtenentstehung allein an diese, ignorierte man die Interessen potentiell Verpflichteter an Existenz und Entfaltung, kurz: deren Freiheitsansprüche.[431] Zur Bestimmung der in einer konkreten Situation bestehenden Pflichten bedarf es eines die Gesamtumstände des Einzelfalls berücksichtigenden Bewertungsverfahrens.[432] In seiner ersten Entscheidung zur Haftung für die Verletzung von Verkehrssicherungspflichten hat das Reichsgericht[433] das *Gebot billiger Rücksichtnahme* formuliert und so diesen normativ wertenden Aspekt angesprochen.

Es gilt also, unter Berücksichtigung der beiderseits bestehenden rechtlichen Gewährleistungen einen angemessenen, den Grundprinzipien des geltenden Rechts entsprechenden Ausgleich der beiderseitigen Interessen zu finden[434] und auf diese Weise die jeweils geltenden Freiheits-, Risiko- und Schutzgrenzen festzusetzen.[435] Innerhalb eines Verschuldenshaftungssystems entspricht diese Güter- und Interessenabwägung gerade der Bestimmung der Grenze zwischen rechtswidrigem und nicht rechtswidrigem Verhalten und der Bestimmung der deliktischen Pflichten.

Die Frage nach den Entstehungsgründen und den materiellen Determinanten der deliktsrechtlichen Verhaltenspflichten führt unweigerlich in die rechtsphiloso-

---

[430] Dazu bereits oben. Vgl. auch grundlegend *Münzberg*, Verhalten und Erfolg, S. 259 ff.

[431] Siehe zu diesem Spannungsverhältnis *Larenz/Canaris*, SR BT II/2, S. 350 f.; *Esser/Weyers*, SR II BT, S. 523 f.

[432] *Larenz/Canaris*, SR BT II/2, S. 413 ff.; *Steffen* in RGRK, BGB, § 823, Rn. 139 ff. *Hager* in Staudinger, BGB, § 823, Rn. E 25 ff.; *Deutsch*, Larenz-FS I, S. 885, 897; *Arzt*, ZStW 91 (1979), S. 857, 868 f.; vertiefend zum rechtfertigenden Notstand *Joerden*, GA 1993, S. 245 ff. Gelegentlich wird der Bestand von Pflichten aber auch mehr postuliert als begründet. Am Wert der Interessenabwägung zweifelnd *Fraenkel*, Tatbestand und Zurechnung, S. 213 ff.

[433] RGZ 52, S. 373, 379.

[434] Vgl. *Deutsch*, Fahrlässigkeit, S. 228. Allgemeiner zu der Frage der Rolle der Grundrechte im Privatrecht etwa *Canaris*, Grundrechte und Privatrecht, S. 23 ff., 33 ff., 74 ff.

[435] Siehe dazu *Seebaß*, JRE Bd. 2 (1994), S. 375, 391 f.; *Canaris*, Grundrechte und Privatrecht, S. 19 f., 74 ff.; *ders.*, Larenz-FS II, S. 27, 35 f.

phischen und weltanschaulichen Grundlagen einer Gesellschaft. Denn es geht dabei um die materiellrechtliche Bestimmung dessen, was nach Maßgabe der Rechtsordnung in einer konkreten Situation geschehen soll, wie sich die Beteiligten zu verhalten und was sie gegebenenfalls umgekehrt zu dulden haben. Das bestehende außervertragliche Haftungsrecht des BGB beruht in seinen wesentlichen Teilen auf der Entscheidung, daß gerade Verstöße gegen in der geltenden Rechtsordnung wurzelnde Verhaltenspflichten zum Anknüpfungspunkt für außervertragliche Haftung gemacht werden (Unrechts- und Verschuldensprinzip).

Die meisten Argumente, welche die Sachdiskussion in diesem Themenbereich prägen, gehen auf philosophische oder weltanschauliche Grundhaltungen zurück.[436] Denn es sind Fragen der materiellen Gerechtigkeit, die über das hier interessierende Bestehen und den Inhalt von deliktsrechtlichen Pflichten entscheiden.[437] Ihre Beantwortung wird in unterschiedlichen Gesellschaften und Epochen nicht einheitlich erfolgen.

B. Das anzustrebende (Ziel-) Gefahrmaß – Zur Frage, ob eine zu verantwortende Gefahr *vollständig* beseitigt werden muß

I. Meinungsstand

Im Zusammenhang mit dem Inhalt deliktsrechtlicher Pflichten steht die Frage, welcher Zweck und welches Ziel durch jene vorgegeben wird. Verbreitet wird die Meinung vertreten, daß derjenige, der Gefahrenquellen schafft oder sonstwie zu verantworten hat, mit denen Dritte in Berührung kommen können, *alle* notwendigen Vorkehrungen zu treffen hat, *um* die Rechte, Rechtsgüter, und rechtlich geschützten Interessen der anderen zu schützen[438] oder kurz: „Wer eine Gefahr schafft, hat die Gefahr wieder zu beseitigen“[439]. Wer im übrigen das Bestehen einer Schadensersatzpflicht gemäß § 823 Abs. 1 BGB oder anderen Ver-

---

[436] Für eine Beschäftigung mit den einzelnen die Diskussion beeinflussenden philosophischen Strömungen, wie dem Utilitarismus, dem Liberalismus oder vernunftrechtlichen Ansätzen, ist hier freilich nicht der Platz. Einzelne ethische Prinzipien vertiefend zu erörtern, liegt bei der inhaltlichen Bestimmung der deliktsrechtlichen Pflichten freilich keineswegs fern. Zur sog. „Goldenen Regel“ siehe etwa *Hruschka*, JZ 1987, S. 941 ff.; zum Prinzip der Verallgemeinerung siehe ebenfalls *Hruschka*, JZ 1987, S. 941, 945 sowie *Joerden*, GA 1991, S. 411 ff. Auch auf diskursethische Ansätze – dazu etwa *Habermas*, Diskursethik, etwa S. 100 ff. sowie *ders.*, Faktizität und Geltung, S. 109 ff. – sei verwiesen sowie auf den kategorischen Imperativ *Kants*, siehe *Kant*, Grundlegung, S. 421,; zu dessen Verhältnis zu der „Goldenen Regel“ und dem „Prinzip der Verallgemeinerung“ siehe wieder *Hruschka*, JZ 1987, S. 941, 950 f.

[437] Zwar sind auch Fragen des gerechten Schadensausgleichs solche der materiellen Gerechtigkeit, sie liegen jedoch auf einer anderen Ebene als die hier zu erörternden.

[438] So etwa *M. Wolf* in Soergel, BGB, § 276, Rn. 30.

[439] Vgl. *Arndt*, Straßenverkehrssicherungspflicht, S. 17; *Schlund*, Verkehrssicherungspflicht, S. 27. Für eine Beseitigung der Gefahr im Sinne der Erreichung einer „kausalen Null-Lage“ tritt auch *von Bar*, Verkehrspflichten, S. 114, ein.

schuldenshaftungsnormen etwa bereits aus der Verwirklichung einer jemandem zuzurechnenden Gefahr ableiten will,[440] ignoriert das Erfordernis pflichtwidrigen Verhaltens (oder zumindest des Verschuldens) und modifiziert so die Vorschriften des Verschuldenshaftungsrechts.

Dem steht eine andere Meinung gegenüber. Nach dieser sollen je nach den Umständen des Einzelfalles unterschiedliche Maßnahmen in Betracht kommen und soll vor allem nicht eine völlige Gefahrbeseitigung angezeigt sein. *Hager*[441] etwa zeigt im Spannungsfeld zwischen Verpflichtetem und zu Schützendem auf, daß je nach den einzelnen situativen Gegebenheiten trotz Gefahrverantwortung mal eine Pflicht des Gefahrverantwortlichen überhaupt nicht besteht und somit umgekehrt die anderen auf Selbstschutzmaßnahmen verwiesen sind, daß – als Steigerung – in anderen Fällen der Sicherungspflichtige zur Warnung vor der Gefahr verpflichtet sein kann, und daß er die Gefahr wieder in anderen Fällen unter Umständen vollständig beseitigen bzw. bereits ihre Entstehung verhindern muß.[442] Eine vollständige Beseitigung aller zurechenbaren Gefahren ist hiernach also nicht geboten.[443]

Auch der BGH vertritt in seiner Rechtsprechung einen differenzierenden Standpunkt. In keiner Weise geht er davon aus, jede zu verantwortende Gefahr müßte vollständig beseitigt werden oder dürfte gar nicht erst zur Entstehung gelangen.[444] Die Sicherungspflichten reichen nach seiner Rechtsprechung nicht weiter, als „ein verständiger und in vernünftigen Grenzen vorsichtiger Mensch für ausreichend halten darf"[445]. Das wird am Beispiel der Verantwortung für den

---

[440] So etwa *Belling/Eberl-Borges* in Staudinger, BGB, § 832, Rn. 124 für den Fall, daß die Aufsichtspflicht durch Einschaltung eines Dritten erfüllt werden soll. In Rn. 73 heißt es aber, daß Unmögliches nicht verlangt werden kann.

[441] Staudinger, BGB, § 823, Rn. E 26 m. w. Nachw.

[442] Das Bestehen von Warn- und Instruktionspflichten im Spannungsfeld von Integritätsschutz und Handlungsfreiheit des Gefahrverantwortlichen wird auch im Zusammenhang mit dem Inverkehrbringen von Produkten oder der Verbreitung von Waren deutlich. Selbst bei erheblicher Gefährlichkeit ist die Verbreitung häufig nicht verboten, sondern sind einzelne Gefahren durch Warnung und Anleitung zu reduzieren, *Brüggemeier*, Deliktsrecht, S. 346 ff.

[443] So auch *Zeuner* in Soergel, BGB, § 823, Rn. 204; *Kötz/Wagner*, Deliktsrecht, Rn. 108 ff. Daß *Kesselring*, Verkehrssicherungspflichten, S. 20 ff., Maßnahmen verschiedener Intensitätsstufen unterscheidet, verdeutlicht, daß auch dieser eine völlige Gefahrbeseitigung nicht für generell geboten hält.

[444] Siehe nur BGHZ 108, S. 273, 274, 275, 277; 80, S. 186, 191; BGH NJW 1990, S. 1236, 1237. Siehe auch LG Hamburg NJW-RR 1994, S. 1312 f.

[445] BGHZ 103, S. 298, 304 sowie S. 338, 341; 31, S. 73, 74; BGH NJW 2004, S. 3328, 3329; 2001, S. 2023; 2000, S. 1946 f.; 1996, S. 3208, 3210 f.; 1994, S. 3348 m. w. Nachw.; 1990, S. 1236, 1237; NJW-RR 2002, S. 525, 526; S. 1056, 1057; 1992, S. 981 m. w. Nachw.; VersR 1978, S. 1163, 1164 f.; 1976, S. 149, 150. Zustimmend *Hager* in Staudinger, BGB, § 823, Rn. E 35. Für § 832 BGB siehe *Belling/Eberl-Borges* in Staudinger, BGB, § 832, Rn. 52.

Zustand von Treppen, einer alltäglichen, aber gleichwohl besonders bedeutsamen Gefahrenquelle, deutlich: Treppen müssen „nicht schlechthin gefahrlos und nicht frei von Mängeln sein", der Verkehrssicherungspflichtige hat „in geeigneter und objektiv zumutbarer Weise nur diejenigen Gefahren auszuräumen und erforderlichenfalls vor ihnen zu warnen, die für den Benutzer (...) nicht oder nicht rechtzeitig erkennbar sind (...)."[446] Im übrigen halten sich die Sicherungspflichten nach der ständigen Rechtsprechung des BGH „im Rahmen des Möglichen und Zumutbaren"[447]. Daß ein völlig gefahrfreier Zustand illusorisch ist und dessen Herbeiführung daher von niemandem erwartet werden kann, ist eine vom BGH immer wieder hervorgehobene Erkenntnis.[448]

II. Stellungnahme

Theoretisch können drei unterschiedliche, nach dem Inhalt von Pflichten anzustrebende Ergebnisse unterschieden werden: erstens eine Reduzierung der zu verantwortenden Gefahr auf den *status quo ante*, zweitens eine Reduzierung auf ein höheres Maß als das im *status quo* vorhandene und drittens eine Reduzierung auf ein geringeres als das ursprüngliche Maß.

Die Auffassung, wonach eine zu verantwortende Gefahr stets vollständig wieder zu beseitigen sei, stößt in verschiedener Hinsicht auf Bedenken. Zunächst fällt der Widerspruch zu den oben genannten, für die Entstehung von Pflichten relevanten Gesichtspunkten auf. Dort wurde ausgeführt, daß nicht jede Gefahrverursachung oder sonst zuzurechnende Gefährdung zur Entstehung von Pflichten führt. So kommt es beispielsweise trotz Gefahrverursachung nicht zur Entstehung von Pflichten, wenn eine Gefährdung von der Rechtsordnung aus bestimmten Gründen letztlich hingenommen wird und also erlaubt ist. Wenn aber in bestimmten Fällen die *Verursachung* einer Gefahr (Gefahr*ent*stehung) erlaubt ist, so kann nicht aus dem *Be*stehen derselben Gefahr eine Pflicht zu deren Beseitigung hergeleitet werden. Dies wäre widersprüchlich.[449]

---

[446] BGH Report 2002, S. 315, 316. Ähnlich auch für die Sicherheit des Straßenzustandes BGHZ 108, S. 273, 274 f. (Wildwechsel). Angemessene Instruktion der mit der Gefahr konfrontierten Verkehrskreise kann als verhältnismäßiges Minus zu einer Gesamtunterlassung oder -einstellung der Gefährdung geboten sein, BGHZ 139, S. 79, 82.

[447] BGHZ 37, S. 69, 70 f.; BGH VersR 1974, S. 88, 89; BGHZ 34, S. 206, 210: „des Gebotenen und Zumutbaren". BGHZ 103, S. 298, 303: Schädigungen anderer sind *möglichst* abzuwenden; ähnlich BGHZ 105, S. 346, 353.

[448] BGH NJW 2000, S. 1946 f.; 1996, 3208, 3210; 1994, S. 3348; NJW-RR 1992, S. 981; BGHZ 108, S. 273, 274; 40, S. 379, 383 je m. w. Nachw. Ferner BGHZ 139, S. 79, 85: die Gefahrenlage ist „so weit wie möglich zu verringern".

[449] Anders *von Bar*, Verkehrspflichten, S. 114, der auf diesen Gesichtspunkt mit dem Verweis auf das angebliche Bestehen einer Garantie reagiert. Dieser Einwand verfängt aber auf dem Boden der Verschuldenshaftung gerade nicht.

Eine Verpflichtung zur Reduzierung einer geschaffenen Gefahrenquelle auf Null wird in vielen Fällen auch schon deshalb ausscheiden, weil der Verursacher dazu tatsächlich nicht fähig ist. Häufig wird es in technischer Hinsicht nicht möglich sein, das geschaffene Gefahrmaß auf Null zu reduzieren. Es bliebe dann nur noch der Verzicht auf die gefahrrelevante Handlung an sich, sollte das Gefahrmaß „Null" einzuhalten sein. Es ist jedoch die Schaffung vieler und zum Teil erheblicher Gefahren gerade nicht verboten. Einige Gefährdungen müssen hingenommen werden, weil sie als notwendiger Teil des menschlichen Daseins schon nicht vermeidbar oder weil sie gegebenenfalls aufgrund des damit einhergehenden Nutzens gesellschaftlich erwünscht sind. Das läßt sich auch durch einen Verweis auf solche Lebensbereiche belegen, in denen sich der Gesetzgeber mit der Schaffung von Gefährdungshaftungstatbeständen davon abgewandt hat, nach einem individuellen Fehlverhalten zu suchen, und auf die rein objektive Veranlassung einer bestimmten Gefährdung abstellt.

War die Schaffung einer Gefahr mit einem bestimmten Gefahrmaß gleich aus welchen Gründen (noch) erlaubt (z.B. als erlaubtes Risiko), so wäre es widersprüchlich, hinsichtlich der Bestimmung des Ziels der Gefahr*beseitigung* einen anderen Maßstab anzulegen. Der Pflichtengehalt wird in diesem Fall regelmäßig dahin gehen, das noch tolerierte Gefahrmaß tunlichst nicht zu überschreiten. Die gelegentlich formulierte These, nach der die Veranlassung einer Gefährdung anderer ein Übergreifen in deren geschützten Rechtskreis bedeute und dieses Übergreifen notwendig dahin zu kompensieren sei, daß die Gefahr wieder beseitigt werde,[450] ist nach allem unzutreffend.

Es ist nicht sinnvoll, von einer gefahrverantwortlichen Person die Erreichung oder Einhaltung eines bestimmten Schutzniveaus im Sinne einer Garantie zu verlangen und es wäre demgemäß ein Fehlschluß, bereits bei einem objektiven Überschreiten eines intendierten Gefahrwertes von einer Pflichtverletzung zu sprechen. Das anzustrebende Gefahrmaß wirkt sich bei der Bestimmung des Pflichteninhalts nur mittelbar aus. Da sich Pflichten an das Verhalten wenden, nicht an äußere Abläufe und Geschehnisse, kann Pflichteninhalt nur sein, *Maßnahmen* zur Gefahrsenkung oder zur Gefahreindämmung zu ergreifen und mit diesen Maßnahmen den Erfolgseintritt zu verhindern zu versuchen.

Welches Gefahrmaß hinsichtlich eines bestimmten Rechtsguts verbleiben darf, ist letztlich genauso eine im Einzelfall zu beantwortende Rechtsfrage, wie es eine Frage des Einzelfalls ist, in welcher Situation mit welchem Gefahrmaß auf Eindämmung der Gefahr gerichtete Pflichten zur Entstehung gelangen können. Zu diesem Fragenkreis wurde beispielsweise der folgende, sehr alltägliche Fall

---

450 *Arndt*, Straßenverkehrssicherungspflicht, S. 17; *Schlund*, Verkehrssicherungspflicht, S. 27.

diskutiert:[451] Eine Mutter kocht Milch auf einer Herdplatte. An den Topf kann ihr zweijähriges Kind, ein Einzelkind, gerade so weit heranlangen, daß es ihn herunterziehen und sich dabei verbrühen kann.

Soweit ersichtlich, vertritt keiner die Auffassung, daß die Mutter das Milchkochen gänzlich zu unterlassen hätte. Ebensowenig findet sich die Auffassung, daß das Milchkochen als erlaubtes Risiko an sich ohne weiteres erlaubt und die Mutter insofern pflichtenfrei ist. Zutreffend wird vielmehr diskutiert, *wie* die geschaffene und keineswegs unerhebliche Gefahr *kompensiert* oder *reduziert*, wie ihr sinnvoll begegnet werden kann.[452] Die genannte Gefahrkompensation kann erfolgen etwa durch Beobachtung und Ermahnung des Kindes und etwaiges rechtzeitiges Eingreifen im Bedarfsfalle, durch Verbringen des Kindes in einen anderen Raum, der relativ ungefährlich ist, bzw. zu einer anderen Aufsichtsperson und durch ähnliche Maßnahmen. Ergreift die Mutter beim Milchkochen keine solchermaßen geeignete und verhältnismäßige Schutzmaßnahme zugunsten ihres Kindes, so verhält sie sich pflichtwidrig und damit rechtswidrig. Denn sie darf ihr Kind der erkannten erheblich Gefahr für dessen körperliche Unversehrtheit nicht schutzlos aussetzen. Insoweit ist der Fall einfach.

Wie ist es aber, wenn der Fall, das heißt die Situation, in der die Mutter für die nächste Mahlzeit Milch kochen will, komplexer wird? Beispielsweise könnte das zweijährige Kind eines von mehreren Kindern sein. Der ebenfalls nicht unbedeutende Zeitfaktor könnte ferner insofern modifiziert sein, als aus bestimmten Gründen mehrere gefahrrelevante Abläufe zugleich stattfinden (mehrere Kinder, mehrere Gefahrbrennpunkte und dergleichen). Eine jegliche Gefahr ausschließende Gestaltung und Organisation des Haushalts ist wohl ausgeschlossen. Diese zu fordern wäre weltfremd. Je komplexer die Handlungssituation, desto häufiger wird sich eine Situation ergeben können, in der Gefährdungen und Gefahrpotentiale, Güter und Interessen abzuwägen sind. An einer Betrachtung und Bewertung der konkreten Handlungssituation führt also kein Weg vorbei.

III. Zusammenfassung

Eine Pflicht zur Beseitigung jedweder geschaffenen Gefahr liefe indirekt darauf hinaus, daß auch vom Setzen eigentlich zulässiger, notwendiger oder unvermeidbarer Gefährdungen abgesehen werden müßte. Dies wäre aber nicht nur vielfach unerwünscht, da dann auch für die Allgemeinheit notwendige Aktivitäten unterlassen werden müßten, wenn sie mit Gefährdungen verbunden sind. Es wäre darüber hinaus häufig auch sinnlos oder widersprüchlich.

---

[451] Nach *Schroeder*, JZ 1989, S. 776, 777.

[452] Siehe etwa *Schroeder*, JZ 1989, S. 776, 777 m. w. Nachw.

Wer die Beseitigung jedweder zu verantwortenden Gefahr indirekt dadurch verlangt, daß er bei Gefahrverwirklichung unkritisch vom Vorliegen einer Pflichtverletzung spricht, mißachtet mitunter die Freiheitsinteressen potentiell Verpflichteter sowie die gesamtgesellschaftliche Bedeutung von Handlungsfreiräumen und verläßt mit diesem Ansatz letztlich den Boden des § 823 Abs. 1 BGB und der anderen dem Verschuldensgrundsatz folgenden Haftungsnormen.[453] Genausowenig wie behauptet werden kann, daß stets bei der Schaffung einer Gefahr für ein Rechtsgut eines anderen im Sinne des § 823 Abs. 1 BGB eine Pflicht zur Beseitigung dieser Gefahr entsteht, trifft es zu, daß jede Gefahr, deren Schaffung Pflichten zur Entstehung gebracht hat, vollständig wieder zu beseitigen ist.

C. Zur personalen Dimension deliktsrechtlicher Sicherungspflichten und zum erforderlichen angemessenen Gefahrmanagement als umfassender Primärpflicht

Wenn die Person des primär Gefahrverantwortlichen bestimmt ist und damit ein möglicher Adressat für deliktsrechtliche Pflichten feststeht, muß die Frage beantwortet werden, ob der Verantwortliche alle gebotenen Maßnahmen stets persönlich vorzunehmen hat oder ob und unter welchen Voraussetzungen auch ein Dritter beteiligt werden kann. Der Pflichtengehalt muß also auch in dieser Hinsicht konkretisiert werden. Damit stellt sich zugleich die Frage, wie strikt die inhaltlichen Vorgaben deliktsrechtlicher Pflichten sind und ob dem Verpflichteten etwa im Bereich der Verkehrs(sicherungs)pflichten ein Raum für eigene Entscheidungen (Ermessen) bleibt.

I. Zur Lehre von der obligatorischen eigenhändigen Ausführung – auch zur Lehre vom „Erfolgsverursachungsverbot"

Teilweise wird vertreten, daß die deliktsrechtlich abstrakt verantwortliche Person die jeweiligen Gefahrsteuerungsmaßnahmen persönlich durchzuführen hat bzw. daß sie ihre deliktsrechtliche Haftung durch eine Delegation von Sicherungsmaßnahmen auf Dritte nicht ausschließen kann.[454] So soll der Primärverantwortliche etwa nur die *Erfüllung* einer ihm obliegenden Pflicht übertragen, nicht aber durch eine Übertragung seine Pflichten erfüllen können.[455] Das Erfolgsrisiko einer jeden Maßnahme, beispielsweise auch einer solchen, in deren Rahmen eine andere Person in die Verkehrssicherung einge-

---

[453] Vgl. auch BGHZ 92, S. 143, 151.

[454] Vgl. *Deckert*, Jura 1996, S. 348, 352; *von Bar*, Verkehrspflichten, S. 240 ff., 261 ff. m. w. Nachw. auch aus der Rechtsprechung, der jedoch selbst hervorhebt, daß ein solches Vorgehen mit einem Verschuldenshaftungsprinzip nicht viel zu tun hat. Siehe auch *Belling/Eberl-Borges* in Staudinger, BGB, § 832, Rn. 124. Ebenso wohl auch *Medicus*, BR, Rn. 656.

[455] So etwa *Belling/Eberl-Borges* in Staudinger, BGB, § 832, Rn. 124; *Deckert*, Jura 1996, S. 348, 352.

schaltet wird, verbleibt nach dieser Auffassung vollkommen bei dem Primärverantwortlichen. Aus Sicht eines Opfers ist es dann gleichgültig, ob es überhaupt zur Mitwirkung eines Dritten gekommen ist. Insofern ist es aufrichtig, wenn *Medicus*[456] hervorhebt, daß eine Exkulpation durch (Aufbringung von) Sorgfalt bei der Auswahl des Dritten nicht möglich ist.

Völlig unmißverständlich ist hier die sog. Lehre vom Erfolgsverursachungsverbot, nach welcher der jeweilige Verantwortliche verpflichtet ist, jeden aus seinem Gefahrbereich möglicherweise resultierenden Verletzungserfolg zu vermeiden (Gewährleistungshaftung).[457] Kommt es tatsächlich zur Verletzung, liegt nach dieser Auffassung eine Pflichtverletzung vor, gleich welche gefahrbezogenen Maßnahmen vom Verantwortlichen ergriffen wurden. Die Lehre von den Erfolgsvermeidungspflichten gelangt auf der Grundlage ihrer Prämissen zu dem Ergebnis, daß Aufgabendelegation schlicht nicht haftungsbefreiend wirken *kann*. Geht es nämlich um das Ziel der Vermeidung von bestimmten Erfolgen in dem Sinne, daß diese, gleich auf welche Weise, nicht eintreten „dürfen", so spielt es keine Rolle mehr, ob ein solcher Erfolg in der konkreten Situation vermeidbar war oder ob er aufgrund eines Fehlverhaltens des primär Verantwortlichen oder eines Übernehmers eingetreten ist, wenn er nur im Ergebnis nicht „vermieden" wurde. Dabei spielt es für diese Lehre auch keine Rolle, ob der Übernehmer besonders qualifiziert ist oder bislang besonders zuverlässig war. Mit inhaltlichen Fragen des Verhaltensmaßstabes setzt sich diese Lehre – auf dem Boden ihrer Prämissen konsequent – also nicht auseinander. Verhalten ist für sie keine Bezugsgröße.

II. Gegenauffassung: Die grundsätzliche Zulässigkeit der Einschaltung von Dritten zur Erfüllung bestehender deliktischer Pflichten

Verbreiteter dürfte in Literatur und Rechtsprechung dagegen die Auffassung sein, daß ein höchstpersönliches Tätigwerden im Sinne einer eigenhändigen Verrichtung im deliktischen Haftungsbereich gerade nicht durchweg geboten ist.[458] Im Gegenteil: Der BGH erkennt in aller Deutlichkeit an, daß mancher bei

---

[456] Bürgerliches Recht, Rn. 656.

[457] In diesem Sinne etwa *Belling/Eberl-Borges* in Staudinger, BGB, § 832, Rn. 124 zu § 832 BGB (zur Gegenauffassung siehe Rn. 113 ff., 127 m. w. Nachw.). Ablehnend etwa *Fraenkel*, Tatbestand und Zurechnung, S. 15 ff., 20 ff. *Hager* in Staudinger, BGB, § 823, H 14, H 16; *Mikus*, Verhaltensnorm, S. 28 m. w. Nachw.; *Wolter*, GA 1977, S. 257; *Börgers*, Wandlungen, S. 60; *Wagner* in MüKo, BGB^4, § 823, Rn. 55 ff.

[458] BGH NJW 1976, S. 46, 47; BGH MDR 1957, S. 214, 215; RGZ 128, S. 149, 153; 113, S. 293, 296 f.; 82, S. 206, 220. Ferner *Ulmer*, JZ 1969, S. 163, 171; *Hager* in Staudinger, BGB, § 823, Rn. E 59; *Wagner* in MüKo, BGB^4, § 823, Rn. 287; *Zeuner* in Soergel, BGB, § 823, Rn. 214; *Teichmann* in Jauernig, BGB § 832, Rn. 4; *Larenz/Canaris*, SR BT II/2, S. 420 f.; *Brüggemeier*, Deliktsrecht, S. 317 f.; *Fuchs*, Deliktsrecht, S. 92 ff., 93; *Christensen*, Ver-

der Erfüllung „seiner Pflichten“ auf die Hilfe anderer angewiesen ist, und hat keinerlei grundsätzliche Bedenken gegen eine Aufgabenübertragung auf andere, wenn nur die weiterhin dem Primärverantwortlichen obliegende Gesamtorganisation eine zuverlässige Erfüllung gewährleistet.[459]

Die Auffassung, nach der eine (haftungsbefreiende) Aufgabendelegation grundsätzlich möglich ist, geht davon aus, daß für eine Gefahrenquelle häufig mehrere verschiedene Maßnahmen zur angemessenen Gefahrenbegegnung als erfolgversprechend in Frage kommen werden und hinsichtlich der Wahl einer dieser Maßnahmen ein *Ermessen* besteht.[460] In einer solcher Lage besteht die deliktsrechtlich sanktionierte Pflicht allein darin, *eine* dieser Maßnahmen auszuwählen, ordentlich durchzuführen und deren korrekte Umsetzung und Wirksamkeit zu überwachen.[461] *Eine* solche Maßnahme kann z.B. in der Betrauung einer geeigneten Person mit einzelnen Aufgaben der Gefahrbekämpfung bestehen.[462]

Die Einschaltung geeigneter Personen in die Ausführung deliktsrechtlich veranlaßter Sorgfaltsmaßnahmen soll nach dem geltenden Deliktsrecht als grundsätzlich erfolgversprechende Maßnahme zulässig, in manchen Situationen sogar geboten sein.[463] Letzteres insbesondere dann, wenn dem Primärverantwortlichen

---

kehrspflichten, S. 131 ff.; wohl auch *Müller*, BauR 2002, S. 1789, 1792; *Kesselring*, Verkehrssicherungspflichten, S. 24 ff.; *Spindler*, Unternehmensorganisationspflichten, S. 697 ff. Siehe auch *Belling/Eberl-Borges* in Staudinger, BGB, § 832, Rn. 113, 122 zur Aufsichtspflicht nach § 832 BGB sowie *Petershagen*, Gebäudehaftung, S. 219 ff. zu § 836 BGB.

[459] BGH MDR 1957, S. 214, 215; *Fuchs*, Deliktsrecht, S. 93; *Belling/Eberl-Borges* in Staudinger, BGB, § 832, Rn. 116, 122. Die Erfüllungsdimension wird häufig nicht gesehen, so etwa *Müller*, BauR 2002, S. 1789, 1792; *Kesselring*, Verkehrssicherungspflichten, S. 24 ff.

[460] *Ulmer*, JZ 1969, S. 163, 171. Daß hinsichtlich der Auswahl unter mehreren gleichwertigen Gefahrbekämpfungsmaßnahmen ein Ermessen besteht, erkennt nicht zuletzt auch der BGH an, BGHZ 57, S. 245, 252 f.; 45, S. 143, 148; 12, S. 75 (Leitsatz 2), 79; BGH VersR 1965, S. 38, 40; siehe auch LG Hamburg NJW-RR 1994, S. 1312 f. Auch das RG setzt das Bestehen von Ermessen voraus, RGZ 113, S. 293, 296 f. Deutlich auch *Schroeder*, JZ 1989, S. 776, 777. Das erkennen hinsichtlich des § 832 BGB offenbar auch *Belling/Eberl-Borges* in Staudinger, BGB, § 832, Rn. 96 an, siehe dagegen aber etwa auch Rn. 124.

[461] Siehe BGHZ 57, S. 245, 252 f. Ferner *Schlund*, Verkehrssicherungspflichten, S. 38 f.: „In seinem Ermessen liegt dabei die Lösung der Frage, welches von mehreren möglichen Mitteln er wählt.“ Warum nach *Schroeder*, JZ 1989, S. 776, 777, eine Mehrheit von alternativ gebotenen Maßnahmen keine präventive Wirkung entfalten kann, ist unklar.

[462] Das setzt der BGH, BGHZ 142, S. 227, 228 (Leitsatz „f)“), 233 f., voraus, wenn er sich mit der gehörigen Aufsicht über einen mit Sicherungsaufgaben betrauten Dritten beschäftigt.

[463] Siehe zur Möglichkeit haftungsbefreiender Drittbeteiligung etwa BGHZ 142, S. 227, 233 f.; 12, S. 75, 79, und zur Möglichkeit obligatorischer Aufgabenübertragung *Ulmer*, JZ 1969, S. 163, 171; *Wagner* in MüKo, BGB^4, § 823, Rn. 287; *Larenz/Canaris*, SR BT II/2, S. 419 ff.

die ausreichende fachliche Kompetenz für ein persönliches Tätigwerden fehlt.[464] Insofern kann auch auf arbeitsteilige Produktionsprozesse verwiesen werden. Dort wird ein Endhersteller nicht ohne weiteres mit der Verantwortung für Gefahren aus der Sphäre der einzelnen Teileproduzenten belastet.[465]

Nach einer Meinung soll die Wahrnehmung einer bestimmten Art von Pflichten nicht übertragbar sein.[466] Dazu soll vor allem die Pflicht zur allgemeinen (Ober-) Aufsicht über die Gefahrsteuerung und deren Organisation gehören,[467] bedeutsam nicht zuletzt im betrieblichen Bereich und in Unternehmen.[468] Umgekehrt ist es jedoch zumindest grundsätzlich möglich, deliktsrechtliche Pflichten durch Einschaltung eines Dritten zu erfüllen. Die aus der normativen Gefahrzuständigkeit resultierende allgemeine Verantwortung für die Oberaufsicht („Controllingaufgabe") bleibt jedoch als Teil der Gesamtverantwortung davon unberührt.[469]

III. Eigener Ansatz – Zum deliktsrechtlich vorgeschriebenen angemessenen Gefahrmanagement

1. Stellungnahme zum Meinungsstand

Die entsprechend der Lehre vom „Erfolgsverursachungsverbot" („Erfolgsvermeidungspflicht") gewonnenen Ergebnisse sind auf der Grundlage des § 823 Abs. 1 BGB abzulehnen.[470] Denn diese Lehre ist im Hinblick auf den Pflichtbegriff und die Konzeption des § 823 Abs. 1 BGB unstimmig,[471] sie ignoriert die Grundlagen der verhaltensbezogenen Deliktshaftung, wenn sie bereits mit dem Eintritt eines in § 823 Abs. 1 BGB beschriebenen (Verletzungs-) Erfolges materiellrechtlich eine Pflichtverletzung und Schadensersatzpflicht annehmen will. Kommt es nicht auf Verhaltenssteuerung, sondern auf Erfolgsvermeidung an, stellt sich die Frage nach der richtigen Mittelauswahl und einer Delegierbarkeit

---

[464] *Ulmer*, JZ 1969, S. 163, 171; *Wagner* in MüKo, BGB^4, § 823, Rn. 287; *Larenz/Canaris*, SR BT II/2, S. 419 ff.; *Petershagen*, Gebäudehaftung, S. 219 ff.

[465] Ausführlich *Fuchs*, JZ 1994, S. 533, 534 f. m. w. Nachw.

[466] Vgl. *Brüggemeier*, AcP 191 (1991), S. 33, 52 sowie *von Bar*, Verkehrssicherungspflichten, S. 244, der eine Haftungsentlastung durch Einschaltung Dritter aber wohl prinzipiell leugnet.

[467] Vgl. zur RG-Rechtsprechung *Brüggemeier*, AcP 191 (1991), S. 33, 52; *ders.*, Deliktsrecht, S. 102 f.; 317 ff.

[468] Siehe *Brüggemeier*, AcP 191 (1991), S. 33, 52; *ders.*, Deliktsrecht, S. 317 ff.; 525 f.

[469] *Brüggemeier*, AcP 191 (1991), S. 33, 52; *Fuchs*, Deliktsrecht, S. 93 f. *Zeuner* in Soergel, BGB, § 823, Rn. 214 ff. macht deutlich, daß das Bestehen von Organisations- Kontroll und Überwachungspflichten keine Besonderheit der Übertragungsproblematik ist.

[470] Zur Unvereinbarkeit der Lehre vom Erfolgsverursachungsverbot mit § 823 Abs. 1 BGB *Börgers*, Wandlungen, S. 60; *Wagner* in MüKo, BGB^4, § 823, Rn. 55 ff.

[471] Siehe dazu nochmals *Wagner* in MüKo, BGB^4, § 823, Rn. 55 ff.

bestimmter Maßnahmen von Anfang an nicht.[472] Soweit hinsichtlich des § 832 BGB von einer unbedingten Einstandspflicht ausgegangen wird,[473] gilt dasselbe. Ansonsten erübrigte sich die gesetzlich in § 832 Abs. 1 S. 2 BGB vorgesehene Möglichkeit, den Entlastungsbeweis hinsichtlich des Merkmals der Aufsichtspflichtverletzung zu führen. Diese Lehre kann zur Untersuchung der Voraussetzungen des § 823 Abs. 1 BGB *de lege lata* nichts beitragen, da ihre Prämissen mit den Prinzipien der Verschuldenshaftung unvereinbar sind.

Deliktsrechtliche abstrakte Gefahrverantwortung bedeutet in Übereinstimmung mit der geschilderten Gegenauffassung gerade nicht, daß die einzelnen zur Gefahrsteuerung erforderlichen Maßnahmen von Primärverantwortlichen in eigener Person zu verrichten sind. Vielmehr ist es prinzipiell möglich[474] und in bestimmten Fällen sogar geboten, daß deren Ausführung an Dritte delegiert wird mit der Folge, daß mit ordnungsgemäßer „Delegation"[475] Pflichterfüllung eintritt.[476]

Im wesentlichen kann dies schon damit begründet werden, daß es in vielen Bereichen des Alltags regelmäßig an der erforderlichen Qualifikation des Verantwortlichen für die jeweiligen Verrichtungen an sich oder aber für deren gefahreindämmende Umsetzung fehlen wird. Dazu muß nicht erst auf die Komplexität moderner Alltagsgefahren verwiesen werden. Wenn nämlich das Ziel der Maßnahmen eine Gefahrsenkung oder -eindämmung ist, würde häufig das glatte Gegenteil erreicht werden, verlangte man vom einzelnen Verantwortlichen höchstpersönliche Handanlegung auch dann, wenn dieser nicht ausreichend kompetent ist.[477] Folgerichtig bedeutet eine persönliche Durchführung des Primärverantwortlichen ohne ausreichende Qualifikation möglicherweise gerade

---

472 Nichts anderes scheint *von Bar*, Verkehrspflichten, S. 112 ff.; 261 ff., 270 ff. zu meinen, wenn er die Parallelen der Haftung für die Verletzung von Verkehrssicherungspflichten und der Gefährdungshaftung betont (S. 112 ff.) und von „unbedingten Einstandspflichten" oder „Garantiepflichten" spricht, mit diesen Begriffen aber augenscheinlich eine Aussage zum Haftungstatbestand des § 823 Abs. 1 BGB treffen will. Gegen eine „dem Gesetz fremde neue Kausalhaftung" etwa BGHZ 12, S. 75, 79; ebenso BGHZ 92, S. 143, 151.

473 So etwa *Belling/Eberl-Borges* in Staudinger, BGB, § 832, Rn. 124, 130, die jedoch gleichwohl den Standpunkt der h. M. in gewisser Weise für „zutreffend" halten (Rn. 113, 120) und für „selbstverständlich" erklären, „daß im Rahmen der Aufsichtspflicht Unmögliches nicht verlangt werden kann" (Rn. 73).

474 Diese Möglichkeit wird vom BGH häufig stillschweigend vorausgesetzt. Andernfalls wäre eine Auseinandersetzung mit dem Verhaltensmaßstab des Primärverpflichteten, beispielsweise zur gebotenen Intensität der Kontrolle und Überwachung, *nach* erfolgter Einschaltung eines Dritten nicht sinnvoll; BGHZ 142, S. 227, 233; 12, S. 75, 79.

475 Als nicht-technischer Begriff steht *Delegation* hier in Anführungszeichen. Damit soll vorerst die Frage offenbleiben, welches tatsächliche oder rechtliche Phänomen er beschreibt.

476 Siehe etwa *Larenz/Canaris*, SR BT II/2, S. 419; *Fuchs*, Deliktsrecht, S. 93 f..

477 Siehe auch *Larenz/Canaris*, SR BT II/2, S. 419.

eine Pflicht*verletzung*,[478] ist doch damit ein Erfolg hinsichtlich des Ziels einer Gefahrreduzierung oder -steuerung in keiner Weise zu erwarten. Da aber zur Sicherung der Rechtsgüter anderer allenfalls die Ergreifung *erfolgversprechender* Maßnahmen geboten sein kann und einem unqualifizierten Eingreifen gerade diese Eigenschaft mangelt, ist die Ansicht, wonach eine höchstpersönliche Ausführung durch den Primärverantwortlichen zwingend geboten ist, schon deshalb unstimmig.

Sicherungspflichten sind, so *Wagner*[479], deliktische Sorgfaltspflichten zur Kontrolle und Steuerung von Gefahren, die der eigenen Verantwortungssphäre entspringen. Es muß also der Zweck der jeweils gebotenen Maßnahmen, nämlich die Sicherung der Gütersphären anderer, mehr in das Zentrum der Aufmerksamkeit rücken. Wenn eine eigenhändige Gefahrsteuerung durch den Gefahrverantwortlichen einerseits nicht generell zwingend geboten ist, dieser aber andererseits bei entsprechender Befähigung selbst Hand anlegen darf, so kann von diesem letztlich nur verlangt werden, reiflich zu überlegen, welche Maßnahmen in der konkreten Situation erfolgversprechend sind, und diese Maßnahmen konsequent umzusetzen. Verspricht nur eine den Erfolg, so ist selbstverständlich diese eine Maßnahme ordnungsgemäß durchzuführen. Das kann im Einzelfall vollständige Selbstverrichtung oder Selbstverrichtung mit Fremdverrichtungselementen bedeuten. Kommen mehrere Wege in Betracht, so muß sich der Verantwortliche für einen entscheiden (Ermessen) und diesen insgesamt ordnungsgemäß durchführen.[480] Was ein deliktisch für eine Gefährdung nach § 823 Abs. 1 BGB Verantwortlicher schuldet, ist zumeist eine Mehrheit von Maßnahmen, zu denen auch Effizienzkontrolle und Informationsbeschaffung gehören.[481]

Selbst wenn ein Primärverpflichteter ein Maximum der ihm obliegenden Aufgaben delegieren will, so wird es ihm nicht gelingen, sämtliche ihm obliegenden Aufgaben abzuwälzen. Wird ein Dritter etwa zur Erfüllung einer Aufsichts- und Kontrollpflicht herangezogen, so würde dies nur dann zur Pflichterfüllung gereichen, wenn dieser Übernehmer auch seinerseits wieder hinreichend kontrolliert wird usf.[482] Zumindest ein Restmaß an Aufsichts-, Kontroll-, Informations- und Organisationspflichten, wie sie jeden Gefahrverantwortlichen auch unabhängig

---

478 Vgl. *Larenz/Canaris*, SR BT II/2, S. 419.

479 *Wagner* in MüKo, BGB^4, § 823, Rn. 230.

480 So auch *Ulmer*, JZ 1969, S. 163, 171; BGHZ 57, S. 245, 252 f.; 45, S. 143, 148; 12, S. 75 (Leitsatz 2), 79; BGH VersR 1965, S. 38, 40; *Schroeder*, JZ 1989, S. 776, 777.

481 *Belling/Eberl-Borges* in Staudinger, BGB, § 832, Rn. 118 f.; *Spindler*, Unternehmensorganisationspflichten, S. 689 ff.

482 So auch RGZ 113, S. 293, 296 f.

von einer Drittbeteiligung treffen,[483] verbleibt bei der grundsätzlichen Möglichkeit der Aufgabenübertragung jedem abstrakt deliktsrechtlich Verantwortlichen.[484] Denn das ist ein Element der auch bei Delegation von Aufgaben unberührt fortbestehenden abstrakten Gefahrzuständigkeit.

Der Auffassung, daß eine *völlige* Entschlagung von deliktsrechtlicher Verantwortung (nicht: Haftung im konkreten Einzelfall) durch Aufgabendelegation nicht möglich ist,[485] ist daher ohne weiteres zuzustimmen. Das ist jedoch etwas völlig anderes als das Postulat gebotener persönlicher Erfüllung deliktsrechtlicher Pflichten. Als Begründung braucht freilich mit einer „nichtübertragbaren Pflicht" zur (Ober-) Aufsicht nicht erst eine besondere Art der Pflicht kreiert zu werden. Vielmehr ergibt sich schon aus den Grundsätzen deliktischer Verantwortung, daß mit dem Verbleib abstrakter Gefahrzuständigkeit und -verantwortung ein bestimmter Aufgabenbereich stets bei dem Primärverpflichteten verbleibt – mag dieser auch durch mannigfaltige arbeitsteilige Delegation gleichsam atomisiert werden können.

2. Zum Begriff des angemessenen Gefahrmanagements

Eine Aufgabenübertragung kommt nur dann als Pflichterfüllung in Betracht, wenn sie (u.a.) verbunden wird mit einer Aufsichts- und Kontrollkomponente und so im Rahmen eines Gesamtkonzeptes, einer umfassenden Gefahrenorganisation erfolgt.[486] Nichts anderes dürfte auch der BGH meinen, wenn er davon spricht, der Verpflichtete müsse die Durchführung der gebotenen Maßnahmen „so organisieren (...), daß ihre Erfüllung zuverlässig gewährleistet" ist.[487] Das ist jedoch auch gegenüber den bei vollständiger Selbstvornahme bestehenden Anforderungen keine Besonderheit.[488] Denn auch bei eigenhändigem Vorgehen

---

[483] Siehe zu Begleitpflichten *Zeuner* in Soergel, BGB, § 823, Rn. 214 ff. m. w. Nachw. Zur Kontrollpflicht BGHZ 57, S. 245, 252 f.; zur Organisationspflicht BGH NJW-RR 2002, S. 1056, 1057 f.; BGHZ 95, S. 63, 71 ff.

[484] BGH NJW 1985, S. 270, 271 sowie S. 484 f.; RGZ 128, S. 149, 153 f.; 113, S. 293, 296 f. Vgl. auch *Zeuner* in Soergel, BGB, § 823, Rn. 214; *Frank*, BB 1975, S. 588, 589; *Belling/Eberl-Borges* in Staudinger, BGB, § 832, Rn. 113 ff.; RGZ 113, S. 293, 296 f.

[485] RGZ 113, S. 293, 296 f. Ferner *Belling/Eberl-Borges* in Staudinger, BGB, § 832, Rn. 113: eine selbständige Entpflichtung des Primärverpflichteten durch Übertragung ist nicht möglich.

[486] BGHZ 142, S. 227, 233 f.; BGH MDR 1957, S. 214, 215; siehe auch schon RGZ 128, S. 149, 153; 113, S. 293, 297. Siehe auch die Darstellung des Maßnahmenbündels bei *Zeuner* in Soergel, BGB, § 823, Rn. 214 ff.; *Spindler*, Unternehmensorganisationspflichten, S. 689 ff. und *Belling/Eberl-Borges* in Staudinger, BGB, § 832, Rn. 113 ff., die jedoch in der Organisationspflicht ein *Minus* zur sonst bestehenden Aufsichtspflicht sehen (Rn. 120).

[487] BGH NJW-RR 2002, S. 1056, 1057 f.; MDR 1957, S. 214, 215; ebenso *Belling/Eberl-Borges* in Staudinger, BGB, § 832, Rn. 122; siehe auch *Spindler*, Unternehmensorganisationspflichten, S. 691.

[488] BGHZ 103, S. 298, 305 ff.; 11, S. 151, 154; *Zeuner* in Soergel, BGB, § 823, Rn. 214 ff.

muß der Verantwortliche sein Handeln laufend auf seine fortbestehende Erfolgseignung und Effizienz überprüfen und gegebenenfalls anpassen. Die abstrakte Gefahrzuständigkeit gebietet ferner regelmäßig die Einholung von Informationen über die Gefahr (Gefahrkontrolle und -überwachung) sowohl in regelmäßigen Abständen als auch anlaßbezogen, und zwar ebenfalls unabhängig von einer etwaigen Aufgabendelegation.[489] Da die allgemeine Zuständigkeit auch im Falle einer Aufgabendelegation an Dritte erhalten bleibt, besteht ein bestimmter Grundkanon von Aufsichts-, Kontroll- und Überwachungspflichten zum Erwerb und Erhalt des erforderlichen Gefahrwissens sowie zur Effizienzkontrolle während der gesamten Zeit der Zuständigkeit fort, solange die Gefahr besteht.[490]

Es ist damit schon im allgemeinen übergreifender in Dimensionen eines umfassenden *Gefahrmanagements* zu denken. Keine der folgenden, nur beispielhaft genannten Einzelmaßnahmen, wie Organisation, Information, Warnung, Instruktion, Kontrolle und Überwachung, Auswahl, Aufsicht, ist – wie auch das Streuen, Löschen, der Abriß, die Nachrüstung und Wartung, die Reparatur und dergleichen – einmal völlig isoliert durchzuführen. Ordentliches Gefahrmanagement gestaltet sich dabei je nach Gefahrensituation unterschiedlich. Regelmäßig umfaßt es ein aus mehreren Einzelmaßnahmen bestehendes Maßnahmenbündel. Ein deliktsrechtlich für einen bestimmten Gefahrenherd Verantwortlicher kann sich daher in aller Regel nicht mit der Durchführung einer einzelnen Maßnahme begnügen, will er seine deliktsrechtlich sanktionierte Pflicht erfüllen. Vielmehr ist er zumeist zu einer Mehrheit von Einzelmaßnahmen verpflichtet, die gelegentlich zwar bereits isoliert als seine Verkehrssicherungspflicht bezeichnet werden, letztlich aber jeweils nur ein Teil der insgesamt zu erledigenden Aufgabe sind. Die umfassende Gesamtaufgabe besteht darin, all die zur hinreichenden Eindämmung der Gefahr erforderlichen Maßnahmen und Handlungen derart zu organisieren und zu initiieren, daß eine ordnungsgemäße Gefahrbegegnung im umfassenden Sinn gewährleistet ist.[491] Zu dieser umfassenden Aufgabe ist der Primärverantwortliche verpflichtet.

Die soeben beschriebene Aufgabe kann als *situationsangemessenes Gefahrmanagement* bezeichnet werden. Situationsangemessenes Gefahrmanagement beschreibt den Inbegriff der im konkreten Einzelfall gebotenen Einzelmaßnahmen.

---

[489] Vgl. dazu etwa BGHZ 142, S. 227, 228 (Leitsatz „f)"), 233 f.; 103, S. 298, 305 ff.; 57, S. 245, 252 f.; BGH VersR 1990, S. 1280, 1281; BGH MDR 1957, S. 214, 215; *Zeuner* in Soergel, BGB, § 823, Rn. 215; *Reitenspiess*, NZV 2003, S. 504, 506 ff. Zum Parallelproblem arbeitsteiliger Produktion siehe *Fuchs*, JZ 1994, S. 533, 534 ff.

[490] Siehe etwa BGHZ 68, S. 169, 175 ff., 178; 57, S. 145, 252 f.; BGH VersR 1990, S. 1280, 1281. Ebenso auch *Belling/Eberl-Borges* in Staudinger, BGB, § 832, Rn. 113 ff.

[491] So auch schon BGH MDR 1957, S. 214, 215; VersR 1965, S. 38, 40 f.

Wenn es gerade in der Rechtsprechung um das Bestehen und die schadensursächliche Vernachlässigung *einer* erforderlichen Aufgabe geht, so darf doch nicht aus dem Auge verloren werden, daß es sich dabei nur um *eine* im Rahmen des erforderlichen Gefahrmanagements gebotene Einzelmaßnahme handelt. Bei der Bestimmung der jeweils erforderlichen und streitentscheidenden Einzelmaßnahmen mag oft unausgesprochen die Überlegung im Hintergrund stehen, was ein Gefahrverantwortlicher insgesamt tun muß, um die Anforderungen und Erwartungen der Rechtsordnung an sein Verhalten zu erfüllen. Geht es um das Thema möglicher Haftungsprävention, so *muß* der Blick auf das Ganze gerichtet werden.

IV. Zusammenfassung

Ordentliche Gefahrbegegnung erfordert eine Mehrheit unterschiedlicher Einzelmaßnahmen, zu denen auch Kontroll- und Informationsmaßnahmen gehören, sowie die übergeordnete Organisation der Gefahrbegegnung. Vollständige höchstpersönliche Durchführung der gefahreindämmenden Maßnahmen ist dabei nicht prinzipiell notwendig.

Das grundsätzliche Problem, ob und inwieweit ein Dritter im Rahmen der Begegnung deliktsrechtlich relevanter Gefährdungen hinzugezogen werden kann, ist ausgehend von dem Zweck deliktsrechtlich gebotener Maßnahmen zu lösen. Zweck kann nur der Schutz und die Sicherung der Güter der anderen Verkehrsteilnehmer vor der jeweiligen Gefahr sein. Da es geboten ist, erfolgversprechende Maßnahme zu ergreifen, kann je nach den Umständen des Einzelfalles vollständiges eigenhändiges Vorgehen ebenso vorgeschrieben sein wie die partielle Einschaltung eines Dritten. Sind beide Varianten erfolgversprechend, so muß sich der Gefahrverantwortliche für eine Variante entscheiden und diese ordentlich durchführen. Was der deliktsrechtlich für eine Gefahr Verantwortliche im Einzelfall zu betreiben hat, wozu er deliktsrechtlich verpflichtet ist, ist letztlich nichts anderes als *situationsangemessenes Gefahrmanagement*.

D. Exkurs: Zur Wirkung der Grundrechte unter Privaten

Die Frage, ob und auf welche Weise Grundrechte unter Privaten wirken, hat die Fachwelt in den vergangenen Jahrzehnten immer wieder bewegt. Anlaß waren zumeist gerichtliche, insbesondere verfassungsgerichtliche Entscheidungen. Es sei etwa auf das Urteil des Bundesverfassungsgerichts im Fall „Lüth"[492] hingewiesen. Auch neuere Entscheidungen, etwa zur Frage, ob eine Verkäuferin während der Arbeitszeit ein islamisches Kopftuch tragen darf oder der Arbeitgeber ihr wegen des Tragens des Kopftuches kündigen kann,[493] lösen immer wieder Diskussionswellen aus. Da auch im hier besprochenen Themenbereich

---

492 BVerfGE 7, S. 198 ff.

493 Siehe BAG NZA 2003, S. 483 ff.; BVerfG NZA 2003, S. 959 (Nichtannahmebeschluß).

Grundrechtsträger beteiligt sind, der deliktsrechtlich Verantwortliche vor allem in Ausübung seiner allgemeinen Handlungsfreiheit, die potentiell Geschädigten im wesentlichen als Träger des Rechts auf Leben, körperliche Unversehrtheit und Eigentum, soll auch hier kurz die grundrechtliche Spannungslage angesprochen werden.

I. Zum Meinungsstand

In der deutschen Rechtslehre herrscht offenbar die Auffassung vor, daß Grundrechte zwischen Privaten nur mittelbar gelten.[494] Das wird vor allem damit begründet, daß die Grundrechte als Abwehrrechte des Einzelnen gegen den Staat entstanden sind. Andere als die Organe der staatlichen Gewalt seien nicht unmittelbar an die Grundrechte gebunden (Art 1 Abs. 3 GG). *Hager*[495] faßt die herrschende Meinung folgendermaßen zusammen: „Der Katalog der gewährleisteten Freiheiten richtet sich gegen den Staat und nicht gegen den Privaten; die Privatautonomie gerät in Gefahr, wenn die handelnden Subjekte denselben Schranken unterliegen sollten wie der eingreifende Staat.“ Mangels Adressatenstellung, so wird argumentiert, können Private durch Grundrechte nicht unmittelbar verpflichtet werden.

Aufgrund der objektiven Werteordnung, die das Grundgesetz in seinem Grundrechtsabschnitt errichtet habe,[496] gelten die dort getroffenen verfassungsrechtlichen Grundentscheidungen aber für alle Bereiche des Rechts und damit auch für das Privatrecht. Das Bundesverfassungsgericht traf insofern die Feststellung: „keine bürgerlich-rechtliche Vorschrift darf in Widerspruch zu ihm (scil. dem Wertsystem des Grundgesetzes, Anm. des Verfassers) stehen, jede muß in seinem Geiste ausgelegt werden.“[497] In das Privatrecht wirkt die im Grundgesetz angelegte Werteordnung insbesondere durch die Generalklauseln, die sog. Einbruchstellen[498] für die grundrechtlichen Wertungen, ein (Ausstrahlungswirkung).[499]

---

[494] Dazu *Bleckmann*, Staatsrecht II – Die Grundrechte, § 10, Rn. 100 ff.; *Clemens*, in Umbach/Clemens, GG, vor Art. 2 ff., Rn. 18 ff., 22 f.; *Jarass* in Jarass/Pieroth, GG, Vorb. vor Art. 1, Rn. 11 f.; *Sachs* in Sachs, GG, vor Art. 1, Rn. 31 ff.; *Belling*, ZfA 1999, S. 547, 569 ff. jeweils m. w. Nachw. Ferner *Lübbe-Wolff*, Eingriffsabwehrrechte, S. 159 ff., die die Drittwirkungsproblematik vor allem unter dem Blickwinkel der Eingriffsdogmatik erörtert.

[495] JZ 1994, S. 373 m. w. Nachw. (Anm. 9 und 10).

[496] So das BVerfG, BVerfGE 7, S. 198, 205 im Falle „Lüth“.

[497] BVerfGE 7, S. 198, 205.

[498] BVerfGE 7, S. 198, 206; *Dürig* in Neumann/Nipperdey/Scheuner, Die Grundrechte, Bd. 2, S. 525.

[499] BVerfGE 7, S. 198, 207; *Alexy*, Theorie der Grundrechte, S. 477 ff.; *Sachs* in Sachs, GG, vor Art. 1, Rn. 32.

Das Hauptgewicht der Begründung der herrschenden Lehre liegt heute offenbar auf dem Schutzpflichtaspekt.[500] Nach neuerer Auffassung kommt den Grundrechten neben ihrer wesensmäßigen Abwehrfunktion gegenüber dem Staat auch eine Schutzfunktion zu. Aufgrund des staatlichen Gewaltmonopols sei der Einzelne auf den Schutz seiner Rechte und Interessen durch den Staat angewiesen. Versagte der Staat etwa durch die ordentlichen Gerichte den grundrechtlich gebotenen Schutz und verstieße er damit gegen das von *Canaris*[501] sogenannte „Untermaßverbot", verletzte er das betreffende Grundrecht.

Nach einer anderen Auffassung entfalten Grundrechte ihre Wirkung auch zwischen Privaten *unmittelbar*.[502] Dem Argument, das unter Verweis auf die „historische Entwicklung der Grundrechte" vor allem hervorhebt, daß als Adressat der Grundrechte nur der Staat in Betracht komme, dabei aber wohl vor allem auf die Entwicklung seit der Weimarer Republik abstellt, hält etwa *Bleckmann*[503] entgegen, daß damit die deutlich weiter in die Geschichte reichende Entwicklung der Grundrechte in großen Teilen schlicht ignoriert würde. *Diederichsen*[504] schichtet die Problematik ab und gelangt ähnlich *Alexy*[505] von einem handlungstheoretischen Denkansatz her zu einer Grundrechtswirkung, die auch zwischen Privaten nur eine unmittelbare sein könne.

Folgender Widerspruch in der herrschenden Lehre wird hervorgehoben: Wie sollen Grundrechte zwar einerseits ihre Wirkung nicht zwischen Privaten selbst entfalten, wo doch das Rechtsverhältnis der Privatrechtssubjekte zueinander andererseits im Falle eines gerichtlichen Rechtsstreits zwischen diesen an den Grundrechten zu messen sein soll.[506] Aus der enumerativen Aufzählung in Art. 1 Abs. 3 GG im Umkehrschluß auf das Fehlen der unmittelbaren Grundrechtswirkung zu schließen, bedeute eine Überbetonung der Wortlautauslegung.[507] Die Kritik gipfelt in der Feststellung, daß sich eine Ablehnung der unmittelbaren Wirkung der Grundrechte zwischen Privaten konsequent nur durch Ablehnung *jeder* Wirkung der Grundrechte begründen läßt.[508]

---

500 *Sachs* in Sachs, GG, vor Art. 1, Rn. 35; *Canaris*, Grundrechte und Privatrecht, S. 37 ff.

501 Grundrechte und Privatrecht, S. 39.

502 *Alexy*, Theorie der Grundrechte, S. 484 ff.; *Diederichsen*, AcP 198 (1998), S. 171, 202 ff.; *Hager*, JZ 1994, S. 373, 375, 379, 381 f., jeweils m. w. Nachw.

503 So etwa *Bleckmann*, Staatsrecht II – Die Grundrechte, § 10, Rn. 112 f.

504 AcP 198 (1998), S. 171, 204.

505 *Alexy*, Theorie der Grundrechte, S. 484 ff.

506 *Diederichsen*, AcP 198 (1998), S. 171, 205.

507 *Diederichsen*, AcP 198 (1998), S. 171, 203 f.

508 *Alexy*, Theorie der Grundrechte, S. 491; *Diederichsen*, AcP 198 (1998), S. 171, 204.

II. Eigener Ansatz

Die Diskussion um die Frage, ob und gegebenenfalls wie Grundrechte zwischen Privaten wirken, kann in diesem Rahmen nur angedeutet werden. In der Tat erscheint es im Einklang mit der Mindermeinung etwas kurzsichtig, eine unmittelbare Beeinflussung des für das Bürger-Bürger-Verhältnis geltenden (Verhaltens-) Reglements durch grundrechtliche Gewährleistungen zu leugnen – einmal abgesehen von der Regelung des Art. 9 Abs. 3 S. 2 GG. Die Lehre von der mittelbaren Grundrechtswirkung kommt ohne die Zwischenschaltung staatlicher Stellen nicht aus. Ein originäres, staatsunabhängiges Bürger-Bürger-Verhältnis mit dem Erfordernis gegenseitiger Achtung und Rücksichtnahme scheint es in diesem Grundrechtsverständnis nicht zu geben. Denn Grundrechtsgeltung soll einen den Schutzanspruch bestätigenden Richterspruch voraussetzen.

Freilich mögen die Grundrechte Abwehrrechte gegen den Staat sein, und ist zuzugeben, daß ein Privater grundsätzlich nicht wie der Staat Adressat von Grundrechten ist und für diesen nicht dieselben Handlungsbeschränkungen gelten wie für den Staat. Von der grundsätzlichen Frage der Wirkung der Grundrechte ist jedoch die Frage nach Art und Maß der Wirkung zu unterscheiden.[509]

Die Wirkung der grundrechtlichen Gewährleistungen unter Privaten kann nur eine unmittelbare sein. Dies ergibt sich aus der Unterscheidung von Primär- und Sekundärnorm. § 823 Abs. 1 BGB enthält selbst keine Primärnormen, sondern ordnet in deren Anerkennung als Sekundärnorm die Schadensersatzsanktion an. Man stelle sich etwa die Frage, ob ein potentielles Opfer (auch) bei Fehlen jedweder strafrechtlichen und schadensersatzrechtlichen Sanktionierung einer Körper- oder Eigentumsverletzung bei einem bestimmten Gefährdungsgrad Unterlassung einer verletzungsträchtigen Handlung verlangen kann. Die Gegenauffassung kann etwa das Bestehen negatorischer und quasinegatorischer Ansprüche §§ 1004, 823 BGB (analog)[510] nicht ohne weiteres erklären. Nach aktueller Rechtslage kann jedoch jeder (Grund-) Rechtsträger seine gegenüber jedermann geltenden Rechte, beispielsweise sein Recht auf körperliche Integrität, unmittelbar gegenüber jedermann behaupten, ohne daß es dazu der Vermittlung durch den Staat *prinzipiell* bedürfte.[511] Ohne eine materiellrechtliche Position bedarf man auch nicht des Rechtsschutzes. Die Frage jedoch, auf welche Weise im Streitfalle Rechtsschutz zu erlangen ist, ist vom materiellen Recht unabhängig zu beantworten.

---

[509] Näher *Alexy*, Theorie der Grundrechte, S. 489. *Dreier* in Dreier, GG, Vorb., Rn. 88, 98; *Robbers*, Sicherheit als Menschenrecht, S. 201 f., weist zutreffend darauf hin, daß weder mittelbare noch unmittelbare Drittwirkung von Grundrechten den einzelnen in die grundrechtlich bestimmte Pflichtenposition des Staates einzuweisen vermag.

[510] Vgl. dazu etwa *von Caemmerer*, DJT-FS, Bd. 2, S. 49, 52 ff.

[511] Vgl. dazu *Hager* in Staudinger, BGB, Vorbem. zu §§ 823 ff., Rn. 63 ff. m. w. Nachw.

Die in den Grundrechten zum Ausdruck kommenden materiellen Gewährleistungsgehalte, die insbesondere die Zivilgerichte im späteren Streitfalle retrospektiv bei der Entscheidungsfindung zu beachten haben, bestimmen ihrer Intention nach bereits das menschliche Handeln. Wenn sie nicht schon im Handlungszeitpunkt für den Einzelnen gelten, dann gelten sie auch nicht in einem späteren Gerichtsverfahren, in dem die Rechtmäßigkeit dieses Verhaltens zu untersuchen ist.[512] Denn es wäre widersprüchlich, wenn die Gerichte etwa bei der Auslegung des Begriffs der Widerrechtlichkeit in Anwendung des § 823 Abs. 1 BGB oder des Strafrechts, also bei der nachträglichen Ermittlung der im Handlungszeitpunkt geltenden Gebote und Verbote andere Gesichtspunkte berücksichtigen würden als diejenigen, die bereits im Handlungszeitpunkt relevant waren.[513] Die Äußerungen, die der eine aufgrund seiner Meinungsäußerungsfreiheit (Art. 5 Abs. 1 GG) über einen anderen treffen *darf*, muß letzterer, der dadurch unstreitig in seinem allgemeinen Persönlichkeitsrecht (Art. 2 Abs. 1 i.V.m. Art. 1 Abs. 1 GG) betroffen ist, hinnehmen. Wird sein Grundrecht hingegen (grundrechtswidrig) verletzt, so braucht er die Beeinträchtigung nicht zu dulden (§ 1004 BGB) und darf sie der andere nicht veranlassen. Ebenso ist es bei Verhalten, das die Verletzung der körperlichen Unversehrtheit oder des Lebens hervorrufen kann. Der Bestand von Verkehrssicherungspflichten findet seine innere Rechtfertigung nicht etwa erst in der Formulierung staatlicher Schutzpflichten. Ihr etwaiger Bestand folgt bereits aus der drohenden Beeinträchtigung einer fremden Rechtssphäre.

In einem Gemeinwesen ist jede (Grund-) Rechtsbetätigung naturgegeben sozialbezogen.[514] Kaum wird jemand einmal seine Freiheit in sozialer Isolation ausüben. Diese Erkenntnis ist auch der dogmatische Ausgangspunkt für die Lehre von den immanenten Grundrechtsschranken, die nach allgemeiner Meinung zur Lösung von Grundrechtskollisionen herangezogen werden.[515] Darüber hinaus

---

[512] Vgl. auch BGHZ 63, S. 140, 146. *Canaris*, Grundrechte und Privatrecht, S. 75, erkennt diese Steuerungsfunktion nicht an, wenn er von einem Schutz vor rechtwidrigen Beeinträchtigungen spricht, diesen Schutz aber indirekt als eines der „Hauptziele der Schutzgebotsfunktion im Verhältnis zwischen Privatrechtssubjekten" anstrebt. Denn diese Schutzgebotsfunktion soll ja nach dieser Lehre die Wirkweise der Grundrechte gegenüber dem Staat beschreiben, die diesen zwingen soll, soweit geboten und verhältnismäßig, zugunsten des einen in Rechte des anderen einzugreifen.

[513] *Alexy*, Theorie der Grundrechte, S. 491; *Lübbe-Wolff*, Eingriffsabwehrrechte, S. 176 ff., hat dieses als „Hintertür-Argument" bezeichnete Argument zu entkräften versucht. Ferner *Wagner* in MüKo, BGB[4], § 823, Rn. 264.

[514] Zur unmittelbaren Bürger-Bürger-Relation *Alexy*, Theorie der Grundrechte, S. 484 ff., 490. *Arzt*, ZStW 91 (1979), S. 857, 865, beschreibt, daß wir die Rechtsgüter anderer durch unser Verhalten ständig vielfältigen Gefahren aussetzen.

[515] Siehe dazu *Dreier* in Dreier, GG, Vorb., Rn. 84 ff., 88 ff., 98; *Sachs* in Sachs, GG, Vor Art. 1, Rn. 120 ff.

ignoriert die Gegenauffassung Art. 2 Abs. 1 GG, wonach das Recht zur freien Entfaltung der Persönlichkeit nur soweit besteht, als der Grundrechtsträger „nicht die Rechte anderer verletzt".[516] Das menschliche Miteinander hat also auch eine grundrechtliche Dimension.

III. Zusammenfassung

Die grundrechtlichen Gewährleistungsgehalte wirken nach der hier vertretenen Auffassung zwischen Privaten *unmittelbar*. Innerhalb desselben rechtlichen Systems kann eine bestimmte Handlung nur entweder verboten oder nicht verboten sein. Aus dem Gewährleistungsgehalt des einen Grundrechts kann sich für die Ausübung eines anderen eine Beschränkung ergeben. Ob und gegebenenfalls welche Gebote oder Verbote im Einzelfall bestehen, muß unter Anwendung der gebräuchlichen Kollisionsauflösungsgrundsätze ermittelt werden.

Durch eine Leugnung einer Kollision von grundrechtlichen Gewährleistungen ist nichts gewonnen. Gesellschaftspolitisch würde man prospektivisch gleichsam rücksichtsloses Verhalten im rechtsgeschäftlichen oder sonstigen Verkehr „billigen" und dann retrospektivisch schließlich gegebenenfalls doch mit dem in der Bejahung eines Schadensersatzanspruchs nach § 823 Abs. 1 BGB liegenden Unrechtsurteil gesellschaftliche Mißbilligung aussprechen. Der Katalog der grundrechtlich gewährleisteten Freiheiten *wirkt* auch unter Privaten und beeinflußt demnach auch deren Verhältnisse.

E. Einzelne materielle Kriterien und die Bestimmung des Pflichtengehalts

I. Einführung

Die Kriterien, denen in der Diskussion um Inhalt und Ausgestaltung deliktsrechtlicher Pflichten in irgendeiner Weise Relevanz zugemessen wird, sind zahlreich und im einzelnen umstritten. Es seien hier nur Stichwörter, wie Vertrauensschutz, Rechtssicherheit, Zumutbarkeit, Verkehrs- und Ortsüblichkeit, Fairneß, Bezahlbarkeit, Versicherbarkeit genannt.

In der Rechtsprechung des BGH kommen regelmäßig Gesichtspunkte, wie der erforderliche Gefahrsteuerungsaufwand, die Intensität der Bedrohung in Qualität und Quantität sowie die Möglichkeiten der Bedrohten zum Selbstschutz, zur Sprache.[517] Bei Gefahren für die Rechtsgüter Leben und Gesundheit wird vom Gefahrverantwortlichen beispielsweise mehr Einsatz verlangt als bei Gefahren,

---

[516] Mag diese Klausel auch in der Praxis kaum Bedeutung haben, so zeigt sie doch den Gedanken der Wechselbezüglichkeit der Freiheit auf; siehe dazu näher *Jarass* in Jarass/Pieroth, GG, Art. 2, Rn. 18; *Dreier* in Dreier, GG, Art. 2, Rn. 37; *Hillgruber* in Umbach/Clemens, GG, Art. 2, Rn. 206 ff. jeweils m. w. Nachw.

[517] Siehe etwa BGHZ 99, S. 167, 174 f.; 80, S. 186, 191 ff.

die nur etwa das Rechtsgut Eigentum betreffen.[518] Als weitere Umstände, die sich auf das jeweilige Pflichtenprogramm auswirken, sind neben der Notwehr (§ 227 BGB, § 32 Abs. 1 StGB) und dem Notstand (§§ 228, 904 BGB, § 34 StGB) (u.a.) die Wahrnehmung berechtigter Interessen (§ 193 StGB),[519] die Einwilligung[520] und die eine Güterabwägung veranlassende Kollision von Rechten oder Interessen[521] anerkannt.

Im folgenden werden einige ausgewählte Einzelaspekte behandelt, die in der Diskussion um den Pflichtengehalt in der hier behandelten Thematik der Verkehrs(sicherungs)pflichten von besonderer Bedeutung sind. Für die auch sonst maßgeblichen Aspekte, welche wie die anerkannten Rechtfertigungsgründe auf das Pflichtenprogramm einwirken, muß auf die einschlägige Literatur verwiesen werden.[522] Abschließend wird das Augenmerk auf die schwierige Frage der Bestimmung des Pflichtengehalts gerichtet.

II. Einzelne bei der Bestimmung des Pflichteninhalts maßgebliche oder in diesem Zusammenhang diskutierte Aspekte

1. Die Bedeutung des Verkehrsvertrauens für Bestand und Inhalt deliktsrechtlicher Pflichten

a) Meinungsstand

Häufig wird in der Diskussion um Entstehung und Maß deliktsrechtlicher Pflichten der Vertrauensschutzaspekt hervorgehoben.[523] Zur Begründung von Pflichten wird teilweise auf das tatsächliche Setzen eines Vertrauenstatbestandes durch den Täter abgestellt.[524] Zum Teil stehen sprachlich mehr die berechtigten

---

[518] So BGHZ 99, S. 167, 174 f.; 80, S. 186, 191 ff.

[519] Dazu *Zeuner* in Soergel, BGB, § 823, Rn. 255-260.

[520] BGHZ 67, S. 48 ff.; *Zeuner* in Soergel, BGB, § 823, Rn. 225-254; *Otto*, Jura 2004, S. 679 ff.; *Brüggemeier*, Deliktsrecht, S. 386 ff., jeweils m. w. Nachw.

[521] Mit *Kant*, Die Metaphysik der Sitten, S. 224, kann es innerhalb eines Systems nicht zur Kollision mehrerer einander widersprechender Pflichten kommen, sondern nur zur Kollision mehrerer Verpflichtungs*gründe*. Aus deren Bewertung ergibt sich mithilfe von Metanormen, welches Verhalten Pflicht ist. Dazu *Jakobs*, Strafrecht AT, S. 444 ff.

[522] Dazu *Arzt*, ZStW 91 (1979), S. 857, 868 ff.; *Wolf*, Verbotenes Verhalten, S. 154; *Becker*, Unerlaubte Handlungen, S. 443 ff.; *Kindhäuser*, JRE Bd. 2 (1994), S. 339, 346 ff.; *Hruschka*, Rechtstheorie 22 (1991), S. 449, 450; *Neumann*, JRE Bd. 2 (1994), S. 81; *Deutsch*, Unerlaubte Handlungen, Rn. 90 ff.; *Vogel*, Norm und Pflicht, S. 37 ff.; *Tröndle* in Tröndle/Fischer, StGB, vor § 32, Rn. 2 ff.; *Freund*, GA 1991, S. 387, 406 ff.

[523] *Hager* in Staudinger, BGB, § 823, Rn. E 27 f.; *Ulmer*, JZ 1969, S. 163, 169 ff.; *Welzel*, Fahrlässigkeit und Verkehrsdelikte, in Abhandlungen, S. 315, 322; *von Bar*, Verkehrspflichten, S. 112, 119 f., 137 f., 186 ff.; *Hörl*, Die unvertretbare Gefahr, S. 28 ff.

[524] So etwa *Kreuzer*, AcP 184 (1984), S. 81, 85.

oder die legitimen (Sicherheits-) Erwartungen des Verkehrs im Vordergrund.[525] Nach verbreiteter Auffassung sollen die tatsächlichen Sicherheitserwartungen des Rechtsverkehrs im allgemeinen oder in bestimmten Verkehrskreisen sogar der entscheidende Maßstab bei der Begründung und der inhaltlichen Bestimmung von Verkehrspflichten im Sinne des § 823 Abs. 1 BGB sein.[526] Das wird unter anderem mit einem erheblichen Interesse des Rechtsverkehrs an der Einhaltung von bestimmten Sicherheitsstandards begründet.[527]

Auf der anderen Seite, so wird von anderen hervorgehoben, darf es nicht so weit kommen, daß die abstrakte Verantwortung (Gefahrenzuständigkeit) einer Person sich zu einer „allgemeinen Unfallversicherung"[528] der in diesem Gefahrenbereich befindlichen Personen auswächst. Es wurde in diesem Zusammenhang bereits vom Bestehen einer „Vollkasko-Mentalität"[529] im Rechtsbewußtsein der Bevölkerung gesprochen.

Von *U. Huber*[530] wird betont, daß es letztlich um die Frage der Bedeutung des Verkehrsvertrauens *im Rahmen der Verschuldenshaftung* geht. *Huber* weist mit dieser Überlegung auf den bloßen Hilfscharakter des Vertrauensaspektes hin.[531] Das Maß, in dem der Rechtsverkehr berechtigterweise auf Sicherheit vertrauen kann, wird seinerseits auch durch den Grundsatz der Eigenverantwortung bestimmt.[532] Die Deliktshaftung *de lege lata* wird durch die Berücksichtigung des Vertrauensaspektes demnach nicht zu einer Vertrauenshaftung, der Vertrauensaspekt ist in seiner Bedeutung also zu relativieren.

b) Eigener Ansatz

(1) Stellungnahme

Daß sich der Rechtsverkehr auf die Einhaltung bestimmter Sicherheitsstandards verläßt – und in vielen Bereichen verlassen können muß – kann kaum bezweifelt werden. Die soeben referierten Gedanken zu den Wirkungen des Verkehrsver-

---

525 BGH VersR 1990, S. 1280 f. *Hager* in Staudinger, BGB, § 823, Rn. E 27; *Edenfeld*, VersR 2002, S. 272 f.; *Brüggemeier*, JZ 1986, S. 969, 977; *Reitenspiess*, NZV 2003, S. 504, 506.

526 Vgl. BGHZ 105, S. 346, 352; 99, S. 167, 174 f.; 80, S. 186, 189; BGH VersR 1990, S. 1280, 1281; *Oechsler* in Staudinger, BGB, Einl. zum ProdHaftG, Rn. 33, zur Produzentenhaftung nach § 823 Abs. 1 BGB; *Haas*, Geschäftsführerhaftung, S. 215, *Ulmer*, JZ 1969, S. 163, 170; *Deutsch*, Fahrlässigkeit, S. 128 ff., jeweils m. w. Nachw.

527 *Von Bar*, Verkehrspflichten, S. 112 f., 117 ff.; siehe auch BGHZ 105, S. 346, 352.

528 So schon *Esser*, JZ 1953, S. 129, 130 ff., 132 f., m. w. Nachw.

529 So *Edenfeld*, VersR 2002, S. 272.

530 E. R. Huber-FS, S. 253, 274.

531 So auch *Stoll*, AcP 176 (1976), S. 145, 161: im Vordergrund der haftungsrechtlichen Bewertung steht nicht die Gewährleistung objektiver Sicherheitsstandards, sondern die Verhaltenspflicht des Deliktstäters.

532 Ausführlich *Wagner* in MüKo, BGB[4], § 823, Rn. 251 ff.

trauens auf Bestand und Maß von deliktsrechtlichen Pflichten haben teilweise jedoch einen entscheidenden Aspekt ausgeklammert. Es geht um die grundlegende Frage, ob das Verkehrsvertrauen überhaupt zur Ermittlung des Gehalts deliktsrechtlicher Pflichten herangezogen werden *kann*.

Da es um die Ermittlung von Fehlverhalten geht, darf Verkehrsvertrauen sinnvollerweise nicht ohne weiteres berücksichtigt werden, jedenfalls nicht, solange es sich im Gesichtskreis des Täters nicht widerspiegelt (notwendiges kognitives Element). Es ist damit bereits die Bedeutung des Vertrauensschutzaspektes hinsichtlich der Pflichtenlage des deliktsrechtlich Verantwortlichen, wie sie verbreitet betont wird, für sich zu bezweifeln.[533] Bereits oben wurde herausgearbeitet, daß es hinsichtlich der Entstehung von Pflichten auf die (gefahrrelevante) Tatsachenlage ankommt, wie sie sich *aus der Sicht des Täters* darstellt, da sonst eine Verhaltenssteuerung nicht Platz greifen kann oder reine Fiktion bliebe. Mit derselben Begründung können auch legitime Verkehrserwartungen *für sich* keine Rolle hinsichtlich der Pflichtenlage spielen. Mögen die Sicherheitserwartungen des Verkehrs noch so hoch sein, wie sollen sie auf das Verhalten des abstrakt Verantwortlichen steuernd einwirken, wenn dieser sie nicht kennt? Solange also gefaßtes Vertrauen und Verkehrserwartungen in Existenz wie in Ausmaß für den deliktisch Verantwortlichen unbekannte Größen sind und damit für sich genommen bei dem Deliktstäter nicht entscheidungsbestimmend wirken *können*, müssen diese Aspekte bei der Bestimmung der Pflichtenlage außer Betracht bleiben.

Daß sich das tatsächlich bestehende Vertrauen und das erkannte Vertrauen nicht entsprechen, dürfte nicht selten vorkommen. Daß auch darin wieder eine Gefahrenquelle zu sehen ist, der es zu steuern gelten kann, liegt auf der Hand. In vielen Fällen wird sich der Aspekt der Erkennbarkeit jedoch nicht stark auswirken, da regelmäßig ein recht breites Wissen über Vertrauensstandards vorhanden sein wird und da vorhandenes Vertrauen aufgrund entsprechender Manifestation dem Verantwortlichen zumeist nicht lange verborgen bleiben wird. Häufig dürfte es dem Einzelnen aus Erfahrung, Literatur und gesellschaftlicher Praxis in etwa bekannt sein, welche Erwartungen der Rechtsverkehr in bestimmten Situationen in sein Verhalten setzt. Will sich jemand einen gefahrrelevanten Bereich neu „erschließen", so dürfte es für ihn zumeist erkennbar sein, daß dort möglicherweise besondere Sicherheitserwartungen existieren. Da in den meisten Bereichen schon die Ausübung bestimmter Tätigkeiten *erkennbar* bestimmte Verkehrserwartungen weckt oder auf solche stößt, wird für den Einzelnen in den meisten Fällen eine Reihe vorgelagerter Erkundigungs- und Informationspflichten bestehen.

---

[533] So auch *Kreuzer*, AcP 184 (1984), S. 81, 85.

Von den eben genannten Merkmalen, die für die Berücksichtigung von Vertrauen in *tatsächlicher* Hinsicht bedeutsam sind, ist die *materiellrechtliche* Bedeutung des einmal als bestehend festgestellten Vertrauens zu unterscheiden. Bestehendes (und erkanntes) Vertrauen prägt den normativen Gehalt an Pflichten. Je gewichtiger das Verkehrsvertrauen in einer bestimmten Situation ist, desto intensiver können die Schutzpflichten des deliktsrechtlich Verantwortlichen werden und umgekehrt. Das Maß der aus Sicht eines Verantwortlichen von potentiellen Opfern zu erwartenden Eigenverantwortung nimmt mit wachsendem (erkennbarem) Verkehrsvertrauen ab, und zwar umsomehr, je mehr potentielle Opfer mangels eigener Einflußnahmemöglichkeit hinsichtlich der Abläufe auf ihr Vertrauen verwiesen sind. Insofern kann sogar zu erwartendes sorgfaltswidriges selbstgefährdendes Verhalten zu einer Verschärfung des Pflichtengehalts führen.[534]

Wer als erfahrener Bergführer Laien eine besonders anspruchsvolle Bergtour anbietet und mit der erforderlichen Ausrüstung ausstattet, dem obliegen Pflichten mit besonderer inhaltlicher Intensität hinsichtlich der Personen wie der Ausrüstung, da in solchen Fällen nur er selbst die genauen Dimensionen möglicher Gefahren überblickt und diesen steuernd begegnen kann und die Gefährdeten im wesentlichen auf ihr Vertrauen verwiesen sind. In einer solchen Lage des Ausgeliefertseins ist das Vertrauen besonders bedeutsam. Wer dagegen vertraute Gefahren des Alltags schafft oder unterhält, indem er ein Haus baut, ein Grillfest veranstaltet, mit seinem PKW zum Einkaufen fährt oder ähnliches, dem obliegen weit geringere Pflichten im Hinblick auf den Schutz der anderen, da er seinerseits grundsätzlich darauf vertrauen darf, daß sich die am allgemeinen Verkehr Teilnehmenden im Wissen um bestehende Gefahren eigenverantwortlich verhalten werden. Ist aber mit einer Annäherung an eine nicht recht kalkulierbare Gefahrenquelle durch potentielle Opfer zu rechnen, muß gegebenenfalls trotz des Prinzips der Eigenverantwortung entsprechende Vorsorge getroffen werden.[535]

Vertrauen ist schließlich keine statische Größe. Wie die Welt in natürlicher und zeitlicher, aber auch in wissenschaftlicher und technischer Hinsicht einem ständigen Wandel unterliegt und auch dieser Wandel auf das Maß der jeweils bestehenden Gefahren und Schutzerwartungen einwirkt, vollzieht auch das Vertrauen Anpassungen und Veränderungen.

---

[534] Vgl. nur *Wagner* in MüKo, BGB⁴, § 823, Rn. 252.

[535] Dazu *Wagner* in MüKo, BGB⁴, § 823, Rn. 253, 263; *Medicus*, BR, Rn. 652. Dasselbe gilt grundsätzlich für vorhersehbares Fehlverhalten selbst nicht bedrohter Dritter, *Wagner* (a.a.O.), Rn. 254 ff.

(2) Zur häufig geforderten besonderen Berücksichtigung von Kindern

Nach verbreiteter Meinung sollen in solchen Fällen besondere Anforderungen an die einzuhaltenden Sicherheitsvorkehrungen zu stellen sein, in denen Kinder auf der Seite des Gefährdeten beteiligt sind.[536] Denn Kindern fehle es an Einsichtsfähigkeit und Erfahrung hinsichtlich bestehender Gefahren. Das erfordere ein höheres Maß an Schutz, wenn es um die Umzäunung eines Grundstückes geht, auf dem sich beispielsweise eine Fabrik, ein Schrottplatz oder ein Teich befindet.

Auch für die hier angesprochene Problematik muß es bezogen auf das Verhaltenssteuerungsprinzip und die Anwendung des § 823 Abs. 1 BGB bei dem genannten Grundsatz bleiben. Auch die Gefährdung von Kindern *kann* sich hinsichtlich der Frage des „ob", aber auch des „wie" deliktsrechtlicher Verpflichtung *nur* dann auswirken, wenn der Gefahrverantwortliche um deren *mögliche* Beteiligung weiß. Dazu reicht es aus, daß er damit rechnen muß, daß sich Kinder im Gefahrenbereich aufhalten oder in diesen hineingelangen können.[537] Das gängige Beispiel des Straßenverkehrs, in dem ein Kind an einer normalen Landstraße fernab von Spielplätzen und anderen Orten, an denen sich Kinder erwartungsgemäß aufhalten, unvorhersehbar hinter einer Böschung hervortritt, vor ein vorbeifahrendes Auto läuft und dabei verletzt wird, kann insofern nicht anders behandelt werden, als wenn in der gleichen Situation ein Erwachsener anstelle des Kindes von dem PKW erfaßt wird.[538] Insofern fehlt es für die materielle Berücksichtigung der Beteiligung des Kindes schon an dem kognitiven Erfordernis.

Auch ein übersteigertes Vertrauen von Kindern in die Sicherheit ihrer Umgebung bzw. umgekehrt deren Sorglosigkeit kann folglich nur insoweit pflichtenverschärfend zum Tragen kommen, als mit ihrer Präsens zu rechnen ist.[539] Unproblematisch ist allerdings, daß aufgrund der kindlichen Unerfahrenheit und Unbesonnenheit regelmäßig dann besondere Anforderungen an den Gefahrzuständigen gestellt werden, wenn (auch) mit einer Gefährdung von Kindern zu rechnen ist.[540]

---

[536] So etwa *von Bar*, Verkehrspflichten, S. 119 f.; siehe auch die Nachweise zur Rechtsprechung von *Hager* in Staudinger, BGB, § 823, Rn. E 37; *Fuchs*, Deliktsrecht, S. 88 f.

[537] So ausdrücklich BGH NJW 1997, S. 582, 583 f.; 1994, S. 3348 (m. w. Nachw.); 1991, S. 292, 293; BGHZ 139, S. 43, 48 f.; ebenso *Wagner* in MüKo, BGB^4, § 823, Rn. 257 ff.; *Medicus*, BR, Rn. 652; *Fuchs*, Deliktsrecht, S. 88 f., jeweils m. w. Nachw.

[538] Auch der BGH, BGH NJW 1991, S. 292, 293, verlangt *konkrete* Anhaltspunkte dafür, daß Kinder in den Gefahrenbereich gelangen können.

[539] *Wagner* in MüKo, BGB^4, § 823, Rn. 257, 262. Auf Spielplätzen ist auch danach zu differenzieren, mit welchen Altersgruppen jeweils zu rechnen ist, BGHZ 103, S. 338, 340 ff.

[540] BGH NJW 2004, S. 1449, 1450 f.; 1994, S. 3348; 1991, S. 292 f.; *Medicus*, BR, Rn. 652.

c) Zur Bedeutung des Vertrauensgrundsatzes

Bisher wurde von Vertrauen gesprochen, das dem Deliktstäter – von ihm veranlaßt oder schlicht vorgefunden – entgegengebracht wird und damit regelmäßig pflichten*erweiternd* oder pflichten*verschärfend* wirkt. Vertrauen kann aber auch pflichten*reduzierend* wirken.[541] Eine solche Pflichtenreduktion tritt vielfach dann ein, wenn das Vertrauen berechtigterweise seitens des Deliktstäters besteht und darauf gerichtet ist, daß sich die anderen Verkehrsteilnehmer ebenso eigenverantwortlich oder regelkonform verhalten werden, wie er sich seinerseits als gefahrverantwortlicher Verkehrsteilnehmer regelkonform verhält. Im Straßenverkehr etwa ist anerkannt, daß derjenige, der sich selbst vorschriftsgemäß verhält, unter normalen Umständen damit rechnen darf, daß sich die anderen Verkehrsteilnehmer ebenso verkehrsgerecht verhalten.[542] Dieser Aspekt wird als Ausprägung des Vertrauensgrundsatzes angesehen.[543] Liegen keine besonderen Umstände vor (z.B. Nähe von Schulen, Kindergärten oder Spielplätzen, in Straßennähe spielende Kinder, sichtbare Steuerungsdefizite anderer Verkehrsteilnehmer), erfährt dieser Grundsatz anerkanntermaßen keine Erschütterung.[544] Daneben kann sich das Vertrauen in gefahrsteuerndes Verhalten eines Dritten pflichtenreduzierend auswirken.[545] Damit ist das Thema der Drittbeteiligung angesprochen.

2. Die Bedeutung der Verkehrsüblichkeit

Wenn es um Inhalt und Umfang von Verkehrspflichten geht, orientiert sich die Rechtspraxis offenbar auch an der Verkehrspraxis.[546] Dem Kriterium der Verkehrsüblichkeit scheint damit eine eigenständige Bedeutung zuzukommen.

---

[541] Siehe BGHZ 142, S. 227 f., 233 sowie BGHZ 103, S. 338, 341 („1. a)" a.E.); *Medicus*, BR, Rn. 652; auch sonst kann das übliche Verkehrsvertrauen, wie es sich im „üblichen Umgang" mit einer gefährlichen Sache manifestiert, pflichtenreduzierend insofern wirken, als nicht mit *jedem* Umgang gerechnet werden muß, BGHZ 104, S. 323, 328. Hier spielt der Gedanke der Eigenverantwortung herein.

[542] Siehe BGH JZ 1989, S. 350; *Hentschel*, Straßenverkehrsrecht, Einleitung, Rn. 136; *Wagner* in MüKo, BGB^4, § 823, Rn. 251, jeweils m. w. Nachw.

[543] Zum Vertrauensgrundsatz siehe etwa BGHSt 12, S. 81, 83 f.; BGH NJW 2003, S. 1929, 1930 f.; 1998, S. 2816, 1817; 1985, S. 2757, 2758; VRS 14, S. 30 f.; OLG Neustadt VRS 7, S. 200, 201; *Deutsch*, Fahrlässigkeit, S. 140; *Welzel*, Fahrlässigkeit und Verkehrsdelikte, in Abhandlungen, S. 315, 322 ff., 327 ff.

[544] BGH NJW 1998, 2816, 1817. Siehe auch *Welzel*, Fahrlässigkeit und Verkehrsdelikte, in Abhandlungen, S. 315, 327. Zu den einzelnen Aspekten der Einschränkung des Vertrauensgrundsatzes *Wagner* in MüKo, BGB^4, § 823, Rn. 257 ff., 262; *Grundmann* in MüKo, BGB, § 276, Rn. 139 ff.

[545] Siehe etwa BGHZ 142, S. 227, 233.

[546] Siehe BGHZ 40, S. 379, 382 f., 385; BGH NJW 1976, S. 46; *Wagner* in MüKo, BGB^4, § 823, Rn. 267.

Bei näherem Hinsehen ergibt sich jedoch, daß wohl niemand Verhaltensnormen aus der geübten Praxis ableiten will. Das erstaunt nicht. Aus einer etablierten Sorglosigkeit etwa soll für niemanden eine Haftungsentlastung erwachsen, sie ist vielmehr zu korrigieren.[547] Wie sollte im übrigen eine Motivation zu umsichtiger Verkehrssicherung entstehen, wenn die Verantwortlichen nur dafür zu sorgen bräuchten, daß die Standards in ihrem Lebensbereich sinken und auf niedrigem Niveau verharren? Wohl nicht zuletzt deshalb äußert der BGH zutreffend, daß die Berufung auf die Verkehrsübung „nicht ohne weiteres" von dem Vorwurf entlastet, die im Verkehr erforderliche Sorgfalt nicht beachtet zu haben.[548] Freilich kann eine bestimmte Verkehrspraxis sowohl beim Gefahrverantwortlichen als auch auf der Seite der Geschützten vertrauensbildend wirken.[549] Solches Vertrauen wiederum kann sich in der Tat auf den Gehalt von Pflichten auswirken.

3. Allgemeines Lebensrisiko und Eigenverantwortung

Eintritt und Umfang von Schäden hängen häufig nicht nur vom Schädiger, sondern auch vom Opfer ab. Daher muß der Blick bei der Bestimmung der im konkreten Fall bestehenden Sicherungspflichten auch die Seite der potentiellen Opfer einbeziehen.[550] Manche Gefahr ist dem sog. allgemeinen Lebensrisiko zuzuordnen. Allgemeines Lebensrisiko bezeichnet Gefahren, die, etwa als natürliche Erscheinungen,[551] schon mit dem menschlichen Dasein an sich einhergehen und für deren Folgen niemand verantwortlich gemacht werden kann und demzufolge niemand zur Haftung herangezogen werden können soll.[552] Die lateinische Sentenz: „*casum sentit dominus*" bringt zum Ausdruck, daß eine Schadensabwälzung auf einen anderen bei zufälligem, also von niemandem zu verantwortendem Schadenseintritt grundsätzlich nicht in Betracht kommt. Daß jeder darüber hinaus erst recht diejenigen Verletzungsfolgen tragen soll, die er im wesentlichen selbst und eigenverantwortlich herbeigeführt hat, ist ebenfalls Gemeingut. Dieser Grundsatz hat beispielsweise in der Regelung des § 254 BGB Niederschlag gefunden. Die Eigenverantwortung muß einen Verkehrsteilnehmer in Situationen, in denen eine Verhaltensweise unweigerlich zu

---

[547] Ebenso *Stadler* in Jauernig, BGB, § 276, Rn. 29 m. w. Nachw.; siehe dazu auch die Belege aus der reichsgerichtlichen Rechtsprechung von *Mull*, Haftung, S. 112.

[548] BGH NJW 1985, S. 620, 621.

[549] Darauf will in BGHZ 40, S. 379, 385 f. auch der BGH hinaus, wenn er ausschließt, daß sich ein Verletzter aufgrund einer (im Entscheidungsfall nicht vorhandenen) ihn besonders schützenden Verkehrspraxis auf entsprechende Weiterführung verlassen konnte.

[550] So auch BGHZ 104, S. 323, 328 f.; 40, S. 379, 384 ff.; siehe auch *Wagner* in MüKo, BGB^4, § 823, Rn. 251; *Hager* in Staudinger, BGB, § 823, Rn. E 32; *ders.* (a.a.O.), Vorbem. zu §§ 823 ff., Rn. 48 ff.; *Deckert*, Jura 1996, S. 348, 351; *Zeuner* in Soergel, Vor § 823, Rn. 72 ff.

[551] Vgl. etwa BGHZ 108, S. 273, 275; 31, S. 73, 74 f.; BGH VersR 1974, S. 88, 90.

[552] Dazu *Lange/Schiemann*, Schadensersatz, S. 145 ff.

einer äußerst hohen Gefährdung eigener Rechtsgüter in einem fremden Gefahrenbereich führt, sogar dazu veranlassen, von dieser Verhaltensweise vollständig abzusehen[553] oder besondere Schutzmaßnahmen zu ergreifen.[554] Grundsätzlich ist also jeder gehalten, sich vor Gefahren selbst zu schützen und vor Verletzungen zu bewahren.[555] Im Regelfall kann der Gefahrverantwortliche auch davon ausgehen, daß sich die gefährdeten Personen eigenverantwortlich verhalten bzw. erkannte Risiken „auf eigene Gefahr" auf sich nehmen.[556]

Das Maß des zu erwartenden Eigenschutzes hängt seinerseits wieder von verschiedenen Faktoren ab, wie etwa dem jeweils zu erwartenden Gefahrwissen[557] oder der Bedeutung der Gefahrensphäre für den allgemeinen Verkehr.[558] So kann ein Gefahrverantwortlicher im Regelfall davon ausgehen, daß sich Personen einer offensichtlichen Gefahr nicht unangemessen nähern oder einer solchen Gefahr nur mit der gehörigen Sorgfalt begegnen werden.[559] Die Rechtsprechung geht jedoch auch nicht von einem prinzipiellen Vorrang des Selbstschutzaspektes aus, wenn ein späteres Opfer für eine Gefahrenquelle ebenso verantwortlich ist wie der deliktsrechtlich zur Verantwortung Gezogene.[560] Im Einzelfall wird abzustufen sein nach den zu erwartenden Kenntnissen und Erfahrungen der mit der Gefahr konfrontierten Personen.[561] Sollten Gefahren nicht bereits vor sich selbst warnen, genügen möglicherweise auch schon Maßnahmen zur Information, Instruktion und Warnung potentiell Bedrohter, wie etwa das Aushängen

---

553 Vgl. das Beispiel der Straßenbenutzung mit einem besonders breiten oder schweren Fahrzeug von *Schlund*, Verkehrssicherungspflicht, S. 39.

554 Vgl. BGH NJW 2002, S. 1263, 1264, der dort aber auch betont, daß bei durch andauernde Aufmerksamkeit der Gleisarbeiter vermeidbaren, aber durch deren naheliegendes Fehlverhalten nicht fernliegenden übermäßigen Selbstgefährdungen schärfere Sicherungsmaßnahmen zu ergreifen sind.

555 Davon geht der BGH oft auch stillschweigend aus, vgl. nur BGH Report 2002, S. 315, 316; BGHZ 40, S. 379, 384 ff.; deutlicher aber BGH JZ 1989, S. 350; OLG Karlsruhe, NJW 1988, S. 213; zu weiteren Nachweisen siehe *Wagner* in MüKo, BGB[4], § 823, Rn. 251.

556 Siehe BGHZ 63, S. 140, 142 ff., wo auf S. 144 zur Begründung etwa auch auf das Verbot des „*venire contra factum proprium*" verwiesen wird.

557 Bei atypischen Gefahren kann der Verkehrsteilnehmer je nach Situation mit einem Warnhinweis rechnen, OLG Karlsruhe, NJW 1988, S. 213 f. m. w. Nachw.

558 BGH VersR 1968, S. 68.

559 *Hager* in Staudinger, BGB, § 823, Rn. E 32; siehe auch BGH VersR 1990, S. 1280, 1281.

560 So etwa der BGH, BGH NJW 2004, S. 3328, 3329 f., der in einem Fall, in dem ein mittig auf der Grundstücksgrenze stehender Grenzbaum krankheitsbedingt bei einem Sturm auf das Haus des Opfers gefallen ist, jeweils hälftige Verantwortung sah.

561 Vgl. etwa BGH NJW 2002, S. 1263, 1264, wo der BGH die Erfahrung von durch vorbeifahrende Züge gefährdeten Gleisarbeitern als pflichtenreduzierendes Moment anspricht.

von Warntafeln oder Piktogrammen.[562] Denn damit werden die gefährdeten Personen in die Lage versetzt, sich selbst vor Schaden zu bewahren.

Ein Gesichtspunkt für die Beurteilung der Frage, ob sich in den Gefahrenbereich gelangende Dritte hinreichend selbstschützend verhalten werden und sich daher die Anforderungen für den Gefahrverantwortlichen verringern, liegt in der *Üblichkeit* bestimmter Gefahrenlagen für diejenigen, die in deren Umfeld erwartungsgemäß (nicht: bestimmungsgemäß) verkehren.[563] Auch ein zu erwartendes Fehlverhalten Dritter, von Kindern beispielsweise, kann die Pflichtenlage je nach den besonderen Verhältnissen im Ergebnis beeinflussen.[564] Zu berücksichtigen ist hier auch, ob von dem Gefahrenbereich eine besondere Anziehungskraft oder eine Art „Provokation" für jene Personen ausgeht.[565]

Zutreffend ist auch auf die Schutz*bedürftigkeit* der durch Verkehrssicherung zu schützenden Personen abzustellen. Denn entscheidend ist auch, inwieweit von diesen erwartet werden kann oder darf, daß sie selbst die Gefahrensituation wahrnehmen, in ihrem Ausmaß zutreffend einschätzen und sich entsprechend verhalten werden.[566] Damit ist die *Fähigkeit* zu eigenverantwortlichem und angemessen selbstschützendem Verhalten gemeint. Sie ist eine Voraussetzung für die Verantwortungszurechnung unter dem Gesichtspunkt der Eigenverantwortung (§ 254 BGB). Die Schutzbedürftigkeit hängt sowohl von der Zusammensetzung der Gruppe der Gefährdeten als auch von den Eigenschaften der Gefahr ab. Anerkanntermaßen gelten strengere Anforderungen, wenn damit zu rechnen ist, daß Kinder in den Gefahrenbereich gelangen.[567]

Je größer ein bestehender Wissensvorsprung des Gefahrverantwortlichen gegenüber den schutzbedürftigsten Gefährdeten ist und je geringer deren Einfluß ist, desto mehr müssen sich diese auf angemessenen Schutz durch den Verant-

---

[562] Vgl. etwa BGHZ 108, S. 273, 275 (Wildwechsel); 139, S. 79, 82 ff. (Vertrieb von Feuerwerkskörpern); 99, S. 167, 170 ff. (Vertrieb eine Produkts eines ausländischen Herstellers); 80, S. 186, 191 f. (Eintritt der Wirkungslosigkeit eines Fungizides); BGH VersR 1990, S. 1280, 1281 (fehlende Sicherung eines Schiebetorflügels gegen ein Herausspringen); *Schlund*, Verkehrssicherungspflicht, S. 38 und *Filthaut*, NZV 1996, S. 181, 183.

[563] Ausführlich dazu *Hager* in Staudinger, BGB, § 823, Rn. E 38 ff.

[564] Siehe etwa BGHZ 139, S. 43, 47 f. sowie S. 79, 85; 103, S. 338, 340; BGH NJW 1997, S. 582, 583 f.; *Wagner* in MüKo, BGB⁴, § 823, Rn. 253; *von Bar*, Verkehrspflichten, S. 119 f.

[565] BGH NJW 1997, S. 582, 583 f. Siehe dazu auch *Wagner* in MüKo, BGB⁴, § 823, Rn. 251–263; *Hager* in Staudinger, BGB, § 823, Rn. E 44, jeweils m. w. Nachw.

[566] Siehe auch *Hager* in Staudinger, BGB, § 823, Rn. E 36 f.

[567] So etwa BGHZ 139, S. 43, 47 f. sowie S. 79, 85; BGH NJW 1997, S. 582, 583 f. Näher *Wagner* in MüKo, BGB⁴, § 823, Rn. 253; *von Bar*, Verkehrspflichten, S. 119 f.

wortlichen verlassen können.[568] Insoweit kommt dem Aspekt der Eigenverantwortung in bestimmten Situationen kaum noch Gewicht zu.

4. Zur Bedeutung der Berechtigung zum Aufenthalt im Gefahrenbereich

Interessant ist auch die Bedeutung des Berechtigung der gefährdeten Personen, sich der Gefahr zu nähern.[569] Das Problem kann auf die Frage zugespitzt werden, ob ein *Unbefugter deliktsrechtlich schutzlos* ist oder nur eingeschränkt Schutz genießt. Es dürfte weitgehend darin Übereinstimmung bestehen, daß keiner seinen Rechtsgüterschutz *in toto* einbüßt, wenn er sich unbefugt in einen fremden Gefahrenbereich begibt.[570] Für solche Fälle geht man – vom Sonderproblem der Beteiligung von Kindern abgesehen[571] – davon aus, daß die Verkehrs(sicherungs)pflichten im Einzelfall weniger streng sein werden, als wenn die Annäherung berechtigterweise erfolgt.[572] Das ist nur folgerichtig, da der Gefahrverantwortliche – von der Beteiligung nicht voll verantwortlicher Personen einmal abgesehen – in aller Regel mit einem normgemäßen Verhalten und also mit der Beachtung von Zäunen und Verbotsschildern rechnen darf. Insofern braucht er mit dem Eindringen des Unbefugten unter normalen Umständen auch nicht zu rechnen. Ist jedoch ein Gefahrenbereich umgekehrt generell für den allgemeinen Verkehr eröffnet, so daß insofern grundsätzlich keine Person unbefugt ist, so erstrecken sich die Sicherungspflichten auch auf alle Personen, die in den Gefahrenbereich gelangen.[573]

5. Sozialadäquanz, erlaubtes Risiko und verkehrsrichtiges Verhalten

Für die Beantwortung der Frage, ob und unter welchen Voraussetzungen ein Verhalten rechtmäßig ist, wird auch der Aspekt der Sozialadäquanz herangezogen: Wenn ein Verhalten sozial adäquat ist, soll es folglich auch rechtmäßig sein.[574] Neben der Sozialadäquanz haben auch das erlaubte Risiko[575] und das

---

[568] BGH Report 2002, S. 315, 316.

[569] Dazu *Hager* in Staudinger, BGB, § 823, Rn. E 38 ff., 50 ff.; *von Bar*, Verkehrspflichten, S. 186 ff.; *Fuchs*, Deliktsrecht, S. 90 ff.

[570] *Hager* in Staudinger, BGB, § 823, Rn. E 42 ff.; *Zeuner* in Soergel, BGB, § 823, Rn. 205; *von Bar*, Verkehrspflichten, S. 119 f., 187. Anders *Wagner* in MüKo, BGB⁴, § 823, Rn. 263, der an den Grenzen der tatsächlichen Eröffnung des Verkehrs auch die Reichweite von Verkehrssicherungspflichten festmacht. So auch noch RGZ 76, S. 187, 188; 87, S. 128, 129.

[571] Vgl. nur BGH NJW 1994, 3348, wonach es auf die Berechtigung des Aufenthalts in einem Gefahrenbereich bei Kindern nicht ankommt, wenn nur mit deren Eindringen zu rechnen ist. Siehe auch *Hager* in Staudinger, BGB, § 823, Rn. E 45.

[572] Siehe nur *Gottschalg*, NZM 2002, S. 590; a. A. etwa *Brüggemeier*, Deliktsrecht, S. 321 f., der das Regel-Ausnahme-Verhältnis umkehren will, m. w. Nachw. auch zur h. M.

[573] Vgl. auch *Fuchs*, Deliktsrecht, S. 90 ff.; *Hager* in Staudinger, BGB, § 823, Rn. E 36, 41.

[574] BGHZ 63, S. 140, 142 ff.; ferner *Deutsch*, Fahrlässigkeit, S. 243 ff.; *Zipf*, ZStW 82 (1970), S. 633 ff.; *Jescheck/Weigend*, Strafrecht AT, S. 251 f., *Nipperdey*, NJW 1957, S. 1777 ff.

verkehrsrichtige Verhalten[576] ihren festen Standort im Komplex der Rechtswidrigkeitsfrage.[577]

Einzelheiten sind in ihrer dogmatischen Bedeutung umstritten.[578] Wird eines dieser Institute bejaht, werden jedoch Handlungsräume auch zulasten der Rechtskreise Dritter insofern eröffnet, als deren Gefährdung als erlaubt anzusehen ist.[579] Das liegt daran, daß die Sozialadäquanz, das sog. erlaubte Risiko und das verkehrsrichtige Verhalten eine umfängliche Abwägung und Bewertung der jeweiligen Gesamtsituation und folglich auch eine Aussage über die Vereinbarkeit des fraglichen Verhaltens mit der bestehenden Gesellschaftsordnung einschließen.[580] Insofern kann als Resultat dieser Bewertung Handlungsfreiheit des Deliktstäters dahingehend bestehen, daß er sich auch erkanntermaßen gefahrträchtig verhalten darf. Prospektivisch kann demnach ggf. von rechtsethischer *Unbedenklichkeit* des geplanten Verhaltens gesprochen werden. Rechtswidrig kann es daher weder im Zeitpunkt der Vornahme der Handlung, noch zu einem späteren Zeitpunkt sein.[581]

Nun sind jedoch die Aspekte und Kriterien, die ein bestimmtes Risiko als erlaubt bzw. ein bestimmtes Verhalten als sozial adäquat erscheinen lassen, wohl dieselben wie diejenigen, die heranzuziehen und zueinander ins Verhältnis zu setzen sind, wenn es um die Frage der Rechtmäßigkeit von Verhalten überhaupt geht. Wenn sich das sozial Adäquate oder das erlaubte Risiko wie das rechtlich Gebotene und Verbotene letztlich nur aus einer wertenden und wägenden Betrachtung ermitteln läßt,[582] wird die entscheidende Diskussion um die Kriterien,

---

[575] Siehe *von Caemmerer*, DJT-FS, Bd. 2, S. 49, 75 ff., 127; BGHSt 37, S. 106, 118; *Kindhäuser*, GA 1994, S. 197 ff., 215 ff.; *Schroeder*, JZ 1989, S. 776, 780; *Herzberg*, JZ 1987, S. 536, 538 sowie das von *Arzt*, ZStW 91 (1979), S. 857, 870 ff., zitierte Beispiel.

[576] BGHZ (GS) 24, S. 21 ff. Zur Ausdehnung der auf den Straßen- und Schienenverkehr gemünzten Entscheidung *Baumgärtel* in Baumgärtel, Handbuch der Beweislast, § 831, Rn. 15. Kritisch dazu, „rechtswidrige" Schädigungen durch verkehrsrichtiges Verhaltens zu rechtfertigen, *von Caemmerer*, DJT-FS, Bd. 2, S. 49, 134; *Deutsch*, JuS 1967, S. 152, 155. Siehe ferner BGHZ 105, S. 346, 352.

[577] *Nipperdey*, NJW 1957, S. 1777 ff.; *Jescheck/Weigend*, Strafrecht AT, S. 591 f. m. Nachw.

[578] Dazu *Steffen* in RGRK, BGB, § 823, Rn. 111, 122 f.; *Zeuner* in Soergel, BGB, § 823, Rn. 3; 266; *Zipf*, ZStW 82 (1970), S. 633, 639 ff. Zur Sozialadäquanz *Deutsch*, Fahrlässigkeit, S. 243 ff.; zum erlaubten Risiko *ders.* (a.a.O.), S. 248 f.; zum verkehrsrichtigen Verhalten *Wagner* in MüKo, BGB^4, § 823, Rn. 23.

[579] *Nipperdey*, NJW 1957, S. 1777, 1778 f. A.A. offenbar *Medicus*, BR, Rn. 630; anders für das verkehrsrichtige Verhalten wohl auch *Deutsch*, JuS 1967, S. 152, 156 f.

[580] So auch *U. Huber*, Wahl-FS, S. 301, 303 ff. m. Nachw. auch zu den anderen Instituten. Siehe auch *Kindhäuser*, GA 1994, S. 197 ff., insbesondere zu den Problemen der Diktion, Verhaltensweisen, die sozial adäquat sind oder mit denen ein erlaubtes Risiko gesetzt wird, als „erlaubt" zu bezeichnen.

[581] Näher *Kindhäuser*, GA 1994, S. 197, 215 ff., 217, auch zum Unterschied des erlaubten Risikos zum Eingreifen von Rechtfertigungsgründen und zur sog. Pflichtenkollision.

[582] Vgl. *Münzberg*, Verhalten und Erfolg, S. 262 (Fn. 506).

die für die Bewertung von Verhalten relevant sind, mit davon losgelösten Überlegungen zum erlaubten Risiko und dergleichen nur unnötig belastet. Die drei Institute führen insofern nicht weiter.[583]

6. Der Gesichtspunkt der Zumutbarkeit

a) Allgemeines

Der Gesichtspunkt der Zumutbarkeit wird nach allgemeiner Auffassung – isoliert oder als Teil des Verhältnismäßigkeitsprinzips – als wesentliches Merkmal der deliktsrechtlichen Pflichten und als Meßlatte für deren inhaltliche Ausgestaltung angesehen.[584]

Das aus der Grundrechtsdogmatik bekannte *Prinzip der Verhältnismäßigkeit* schichtet zwischen drei Wertungsstufen ab: Zunächst muß das ausgewählte Mittel (hier: die Sicherungsmaßnahme) hinsichtlich des angestrebten Zwecks *geeignet* sein.[585] Der Zweck derjenigen deliktsrechtlichen Pflichten, deren Verletzung Ansprüche nach § 823 Abs. 1 BGB auslösen kann, liegt darin, die dort genannten Rechtsgüter zu schützen. Damit scheiden solche Maßnahmen, denen im Hinblick auf einen Rechtsgüterschutz schon die Eignung fehlt, schon deshalb als möglicherweise gebotene Maßnahmen (Mittel) aus (Untergrenze). Schwieriger, weil nur wertend zu ermitteln, sind jedoch die weiteren Stufen der Erforderlichkeit und vor allem der Zumutbarkeit (Verhältnismäßigkeit i.e.S.).

Wo im Einzelfall die rechtliche Grenze zwischen noch möglicherweise Gebotenem und nicht mehr Zumutbarem (normative Obergrenze) liegt, kann mit dem Verhältnismäßigkeitsprinzip untersucht und mit dessen Begriffen beschrieben werden. Auch kann mit den zum Verhältnismäßigkeitsprinzip gehörenden Kriterien der Geeignetheit und der Zumutbarkeit untersucht werden, welche Maßnahmen überhaupt als mögliche Pflicht in Betracht kommen. Insofern kann das Prinzip der Verhältnismäßigkeit bei der Beantwortung der Frage nach dem Pflichtengehalt weiterhelfen. Um zu Erkenntnissen im Einzelfall führen zu kön-

---

[583] So für das verkehrsrichtige Verhalten auch *von Caemmerer*, DJT-FS, Bd. 2, S. 49, 131 ff., 134. Siehe auch *Arzt*, ZStW 91 (1979), S. 857, 869 ff., 871 f.

[584] So etwa BGHZ 136, S. 69, 76 f.; 112, S. 74, 75 f.; 108, S. 273, 274 f.; 103, S. 298, 303 f.; 60, S. 54, 55 f.; 40, S. 379, 382 f.; 37, S. 69, 70 f.; 34, S. 206, 210; BGH NJW 2004, S. 1449, 1450 f.; 1994, 3348; 1975, S. 444, 445 (ständige Rechtsprechung). Siehe auch BGHSt 47, S. 224, 231; OLG Köln NJW-RR 1987, S. 988; 1986, S. 1029, 1030; *Steffen* in RGRK, BGB, § 823, Rn. 150; *Hager* in Staudinger, BGB, § 823, Rn. E 31; *Schlund*, Verkehrssicherungspflicht, S. 38; siehe auch *Wagner* in MüKo, BGB^4, § 823, Rn. 248 f., der hervorhebt, daß Bestand und Inhalt von Pflichten nicht erst durch das Merkmal des Möglichen begrenzt werden; ferner *Deckert*, Jura 1996, S. 348, 351; *von Bar*, Verkehrspflichten, S. 127 f.; *Belling/Eberl-Borges* in Staudinger, BGB, § 832, Rn. 71 ff., 89 ff.

[585] Vgl. schon *Wilburg*, Die Elemente des Schadensrechts, S. 43 ff.

nen, muß dieses Prinzip jedoch mit materiellen Wertungskriterien angereichert werden.

b) Insbesondere zur finanziell maximal zumutbaren Aufwandshöhe

Die Aktivitäten, die der Verpflichtete gegebenenfalls zu entfalten hat, lassen sich auch hinsichtlich ihres wirtschaftlichen Aufwandes, ihrer Kosten beschreiben.[586] Der BGH spricht gelegentlich von der Grenze des wirtschaftlich Zumutbaren.[587] Ganz selbstverständlich erscheint es daher, sich auch mit der Frage zu befassen, ob sich auch die Kostenlast, der ein Sicherungspflichtiger ausgesetzt ist, im Rahmen der Verhältnismäßigkeit bewegen muß[588] und welche Güter und Interessen in diese Prüfung einzustellen sind. Regelmäßig werden die Größe der Gefahr und die Bedeutung des gefährdeten Rechtsguts zum Aufwand für im Einzelfall mögliche Sicherungsmaßnahmen und allgemein zum Durchführungsinteresse ins Verhältnis gesetzt.[589]

Eine Konstatierung von Schutzpflichten, deren Einhaltung den deliktsrechtlich Verantwortlichen finanziell überfordern würde, mag zunächst bedenklich erscheinen. Auf der anderen Seite wäre es aber mindestens ebenso bedenklich, wenn die gebotenen Sicherheitsstandards von der finanziellen Situation des Verpflichteten abhingen. Je mehr der deliktsrechtlich Verantwortliche den anderen Verkehrsteilnehmern an Gefährdung zumutet, desto mehr wird man ihm umgekehrt auch an Sicherheitsmaßnahmen zumuten können, die absolut gesehen aufwandsintensiver sind.

Beim Umgang mit einem mittellosen oder finanziell besonders schwachen Sicherungsverantwortlichen werden die Unterschiede deutlich. Während teilweise eine inhaltliche Entlastung hinsichtlich der gebotenen Sicherungsmaßnahmen für möglich gehalten wird (z.B. Warnung oder Instruktion statt Gefahrbeseitigung),[590] will eine andere Auffassung eine Erleichterung aus finanziellen Gründen nicht zulassen.[591] Dieser zweiten Auffassung ist der Vorzug zu geben. Aufwand und Nutzen müssen zwar in einem angemessenen Verhältnis zueinander

---

[586] Zur Kosten-Nutzen-Analyse und ihrer Berechtigung etwa *Wagner* in MüKo, BGB^4, § 823, Rn. 249 f. m. w. Nachw. Siehe auch *Kesselring*, Verkehrssicherungspflichten, S. 22 ff.

[587] BGHZ 104, S. 323, 326, 329.

[588] Dazu etwa *Hager* in Staudinger, BGB, § 823, Rn. E 31; *Wagner* in MüKo, BGB^4, § 823, Rn. 249 f.; *von Bar*, Verkehrspflichten, S. 127 f. jeweils m. w. Nachw.

[589] Siehe *von Bar*, Verkehrspflichten, S. 127 f.; *Hager* in Staudinger, BGB, § 823, Rn. E 31; *Wagner* in MüKo, BGB^4, § 823, Rn. 249 f. Ferner BGHZ 31, S. 73, 74 f.; 104, S. 323, 329.

[590] So etwa BGHZ 108, S. 273, 275; 139, S. 79, 82.

[591] *Hager* in Staudinger, BGB, § 823, Rn. E 31; *Kesselring*, Verkehrssicherungspflichten, S. 22 ff.

stehen[592] jedoch kann der Schutz des Verkehrs nicht von der im Einzelfall unterschiedlichen finanziellen Situation abhängen. Unter Verweis auf absolut gesehen hohe, im Einzelfall nicht aufzubringende Kosten einer erforderlichen Schutzmaßnahme ist niemand berechtigt, von dieser Maßnahme abzusehen.[593] Der zu erwartende Kostenaufwand ist vielmehr an sich und *ohne* Berücksichtigung der konkreten finanziellen Lage des Verantwortlichen in Relation zu setzen zu den gefährdeten und durch die Maßnahme zu schützenden Rechtsgütern.[594]

Fehlen beispielsweise die erforderlichen finanziellen Mittel, um einen Fahrstuhl in einem Kaufhaus den geltenden Sicherheitsnormen anzupassen, so darf der Fahrstuhl dem Verkehr nicht unter Inkaufnahme von unerträglichen Sicherheitseinbußen zugänglich gemacht werden. Es ist in einem solchen Fall, soweit möglich und sicherheitsrechtlich zulässig, auf andere Fahrstühle und Treppen auszuweichen. Auch ein PKW, der während der TÜV-Prüfinterwalle seine Verkehrssicherheit verliert, darf grundsätzlich nicht unter Verweis auf eine Situation wirtschaftlicher Not im öffentlichen Verkehr betrieben werden.

7. Die Bedeutung der Versicherbarkeit

Gelegentlich wird bei der Begründung deliktsrechtlicher Pflichten, die jemand möglicherweise verletzt hat, darauf hingewiesen, daß die schadensersatzrechtlichen Risiken einer solchen Pflichtverletzung in zumutbarer Weise durch den Gefahrverantwortlichen versichert werden könnten.

Das Heranziehen eines möglichen oder zumutbaren Versicherungsschutzes zur Bestimmung deliktsrechtlicher Pflichten ist jedoch systemwidrig und daher abzulehnen. In erster Linie setzt eine haftpflichtversicherungsvertragliche Erstattungspflicht eines Versicherers das Bestehen eines Schadensersatzanspruchs materiellrechtlich voraus – und vermag diesen daher nicht erst zu begründen.[595] Denn immerhin geht es etwa bei § 823 Abs. 1 BGB primär nicht um allgemeinen Vermögensschutz oder um einen Vermögensschutz nach Billigkeit, sondern um Vermögensschutz, der an ganz bestimmte Voraussetzungen geknüpft ist, insbesondere daran, daß eines der dort genannten Rechtsgüter widerrechtlich verletzt wurde. Soweit keine Versicherungspflicht besteht, liegt die Entscheidung über den Abschluß einer Versicherung zudem im jeweiligen eigenen Ermessen.

---

[592] Vgl. nochmals die Nachweise bei *Wagner* in MüKo, BGB⁴, § 823, Rn. 249 f.

[593] *Hager* in Staudinger, BGB, § 823, Rn. E 31; *Kesselring*, Verkehrssicherungspflichten, S. 22 f.

[594] So auch *Kesselring*, Verkehrssicherungspflichten, S. 22 ff.

[595] So auch *Larenz/Canaris*, SR BT II/2, S. 416 f.

Aus im Einzelfall bestehenden oder als „zumutbar“ erachteten Haftpflicht- bzw. Schadensversicherungen lassen sich für die Beurteilung der tatbestandlichen Voraussetzungen deliktsrechtlicher Haftung nach § 823 Abs. 1 BGB methodisch sauber keine Konsequenzen ableiten.

8. Der Zeitfaktor in der Pflichtenproblematik

Häufig scheint in der Frage nach dem Inhalt der in einer konkreten Lebenssituation bestehenden deliktsrechtlichen Pflichten ein gewichtiges Problem völlig ausgeblendet oder zumindest vernachlässigt zu werden: Der Zeitfaktor.[596] Mit der Lebensweisheit „Gut’ Ding braucht Weile“ spricht der Volksmund die verbreitete – und hier nur kurz zu behandelnde Erfahrung aus, daß die Qualität einer Leistung in Abhängigkeit steht zu der investierten Zeit. Offensichtlich bedeutsam ist die aus dieser Lebensweisheit zu ziehende Konsequenz, daß bei der Formulierung deliktsrechtlicher Pflichten die je nach Fallgestaltung unterschiedlich komplexe Gesamtlebenssituation zu berücksichtigen ist.[597] Geht es nämlich um Verhaltenssteuerung, so sind auch die zeitlichen Ressourcen desjenigen begrenzend zu berücksichtigen, um dessen Verhaltenssteuerung es gehen soll. Die Zeit begrenzt auch das Mögliche. Mit der insgesamt verfügbaren Zeit steht auch das qualitative und quantitative Maximum der darin von der jeweiligen Person zu leistenden Werke und Verrichtungen fest. Aus ihr kann sich im Einzelfall sogar die (zeitliche) Unmöglichkeit bestimmter Maßnahmen ergeben, die in anderer Lage durchaus noch praktikabel gewesen sein mögen.[598]

Allerdings kann sich mit höchster zeitlicher Auslastung auch niemand gleichsam aus seiner deliktischen Verantwortung stehlen. Denn es kann eine Pflichtverletzung darstellen, Verantwortung zu übernehmen, der man insbesondere aus Zeitgründen nicht hinreichend gerecht werden kann. Damit ist eine Pflicht angesprochen, seine abstrakte deliktsrechtliche Verantwortung nicht weiter auszudehnen, als zeitliche Ressourcen bestehen, die diese Ausdehnung *ex ante* zulassen. Diese Pflicht ergänzt die bekanntere Pflicht, keine deliktsrechtliche Verantwortung zu übernehmen, der man aufgrund seiner Fähigkeiten nicht gewachsen ist (Stichwort: Übernahmefahrlässigkeit).

Auch an diesem zeitlichen Aspekt wird deutlich, daß bei der Bestimmung der deliktsrechtlichen Pflichten, deren mögliche Verletzung untersucht wird, stets

---

596 Siehe dazu aber *Schroeder*, JZ 1989, S. 776, 779; *König*, Fahrlässigkeit, S. 98 m. Nachw.

597 *König*, Die grobe Fahrlässigkeit, S. 98, formuliert folgendermaßen: „Die Möglichkeit, eine Entscheidung längere Zeit zu bedenken, begründet im Interesse der Schadensvermeidung auch die Pflicht zur Überlegung. Je weniger Zeit umgekehrt in einer Situation zur Verfügung steht, desto schwieriger ist es, den schädigenden Erfolg vorherzusehen und zu vermeiden.“

598 Siehe dazu das Beispiel von *Schäfer/Teusch*, JA 2003, S. 768. Sobald die zur Erledigung einer Aufgabe erforderliche Zeit nicht mehr zur Verfügung steht, ist die Aufgabe aus zeitlichen Gründen unmöglich.

die konkreten Lebenssituation zugrunde zu legen ist. Die zeitliche Dimension spielt bei der Bestimmung des Pflichtengehalts eine wesentliche Rolle.

III. Die normlogische „Außengrenze" des Pflichtenbegriffs

1. Der Grundsatz „impossibilium nulla est obligatio" als begriffliche Grenze des Pflichtengehalts

Wie schon die Entstehung deliktsrechtlicher Pflichten in tatsächlicher Hinsicht vom Gefahrenhorizont und den Fähigkeiten des zu Verpflichtenden abhängig ist, muß auch der Inhalt deliktsrechtlicher Pflichten dem Grundsatz „*impossibilium nulla est obligatio*" entsprechen. Das setzt die Berücksichtigung sämtlicher Umstände des Einzelfalles voraus.[599] Nach dem genannten Grundsatz sind bei der Bestimmung des Pflichtengehalts die Grenzen dessen einzuhalten, was der Pflichtenadressat in der Handlungssituation zu leisten vermag. Das Leistungsvermögen steht dabei unter anderem in Abhängigkeit von den jeweiligen individuellen Fähigkeiten, Fertigkeiten, Erfahrungen und Kenntnissen. Darüber hinausgehende Anforderungen an das Verhalten wären sinnlos, ihre Erfüllung zu erwarten wäre utopisch. Solche „Anforderungen" würden als Pflicht ihren Zweck, das Verhalten der jeweiligen Betroffenen zu steuern, verfehlen.

Logisch markiert die Abgrenzung des Möglichen vom Unmöglichen die *äußerste Grenze* hinsichtlich des als deliktsrechtliche Pflicht in Betracht kommenden Verhaltens.[600] Diese Feststellung besagt etwas vollkommen Selbstverständliches und beschreibt einen mit der haftungssystematischen Grundentscheidung des Gesetzgebers im Verschuldenshaftungsrecht notwendig einhergehenden Aspekt.

Als Beispiel für unmögliche Anforderungen diene etwa eine in einem Schadensersatzprozeß gegenüber einem Waldeigentümer formulierte „Pflicht", persönlich alle (mehrere zigtausend) Bäume seines großflächigen Waldes einzeln mindestens sechsmal im Jahr eingehend von der Wurzel bis zum Wipfel auf morsche Äste sowie Standfestigkeit und Gesundheitszustand zu untersuchen. Ein an die Verletzung dieser „Pflicht" geknüpfter Schadensersatzanspruch wäre gestützt auf § 823 Abs. 1 BGB deshalb materiellrechtlich fehlerhaft, weil deren Erfüllung nicht möglich ist und es sich daher nicht um eine Pflicht handelt. Ein Scha-

---

599 So explizit BGH VRS 10, S. 12; siehe auch *Wagner* in MüKo, BGB^4, § 823, Rn. 248. Ferner kann auf die standardmäßige Formulierung in vielen Entscheidungen des BGH verwiesen werden, nach der Inhalt und Bestand deliktischer Pflichten, insbesondere von Verkehrs(sicherungs)pflichten von den Umständen des konkreten Einzelfalls abhängen, BGH NJW 1975, 444 f.; 1995, 2631; sowie Urteil vom 30.09.1957, AZ: III ZR 76/56 (insoweit nicht in BGHZ 25, S. 340 ff. abgedruckt).

600 So explizit auch für Verkehrs(sicherungs)pflichten *Hager* in Staudinger, BGB, § 823, Rn. E 35; *Wagner* in MüKo, BGB^4, § 823, Rn. 248. Siehe auch BGHZ 105, S. 346, 353: alle *möglichen* Vorkehrungen sind zu treffen.

densersatzanspruch nach § 823 Abs. 1 BGB setzt aber die Verletzung einer Pflicht voraus.

Problematisch ist zumeist gerade die Bestimmung der Grenze zwischen schon unmöglichen und noch möglichen Verhaltensanforderungen. Die Problematik ist aus dem allgemeinen Schuldrecht (§ 275 Abs. 1 BGB) bekannt.[601] Sie kann hier nicht vertieft werden. Einzig ist festzuhalten, daß diese Grenze besteht.[602]

2. Die Grenze der Zumutbarkeit – Von der „Überspannung der Pflicht"

Auch mit dem Kriterium der Zumutbarkeit wird eine Grenze des Gehalts deliktsrechtlicher Pflichten formuliert.[603] Die Anforderungen der Rechtsprechung an das Verhalten mögen mitunter hoch sein,[604] *zu* hoch dürfen sie jedoch nicht sein.[605] Häufig findet sich in Rechtsprechung und Literatur dementsprechend der Hinweis, daß Pflichten oder Sorgfaltsanforderungen nicht „überspannt" werden dürften.[606]

Von Bar[607] freilich hält den Begriff der Überspannung von Verkehrspflichten für „eine Leerformel". Von seinem Ansatz aus, nach dem Verschuldenshaftung und Gefährdungshaftung nicht zweierlei sind, sondern fließend ineinander übergehen, mag das konsequent erscheinen.[608] Für ihn kann es keine Überspannung von deliktsrechtlichen Pflichten geben, da dem Begriff der Pflicht in seinem

---

[601] Vgl. etwa *Ehmann/Kley*, JuS 1998, S. 481, 484 ff.

[602] Siehe etwa auch BGHZ 104, S. 323, 326 f.

[603] Dazu schon oben; vgl. nur BGH NJW 1994, S. 3348, NJW-RR 1986, S. 1029, 1030; ferner etwa *Hager* in Staudinger, BGB, § 823, Rn. E 35; *Wagner* in MüKo, BGB^4, § 823, Rn. 248.

[604] Vgl. *Edenfeld*, VersR 2002, S. 272 m. w. Nachw.

[605] Siehe jedoch auch das Bekenntnis von *Steffen*, VersR 1980, S. 409, 410.

[606] BGHZ 142, S. 227, 233; 40, S. 379, 385; BGH NJW 1976, S. 46, 47; 1990, S. 2553, 2554; 1994, S. 3348; 1999, S. 3633, 3634; 2000, S. 3425; NJW-RR 1986, S. 1029, 1030; BGHZ 34, S. 206, 213: „überspitzen"; sowie *Münzberg*, Verhalten und Erfolg, S. 275 m. Nachw.; *von Caemmerer*, DJT-FS, Bd. 2, S. 49, 64; *Canaris*, Larenz-FS II, S. 27, 79; *Larenz/Canaris*, SR BT II/2, S. 483 mit einem prägnanten Negativbeispiel aus der Rechtsprechung; *Westen*, Hippel-FS, S. 591, 603; *Deckert*, Jura 1996, S. 348, 352; *Vollmer*, JZ 1977, S. 371, 373.

[607] Verkehrspflichten, S. 128 ff., 130.

[608] Freilich darf auch nicht verkannt werden, daß beide Systeme durch Entlastungsmöglichkeiten aufgrund optimalen oder idealen Verhaltens bei einzelnen Gefährdungshaftungen (vgl. etwa § 7 Abs. 2 S. 2 StVG) einerseits und die nicht seltene Umkehrung der Beweislast bei der Verschuldenshaftung andererseits nicht streng und idealtypisch verwirklicht sind, sondern daß es durchaus Annäherungen gibt. Die Grundlagen der Haftung unterscheiden sich deutlich. Dazu auch *Larenz/Canaris*, SR BT II/2, S. 610 f.

Verständnis vor allem ein an billiger Schadensverteilung ausgerichteter Zweck zukommt.[609]

Mit der Forderung, die Anforderungen oder Pflichten des Einzelnen nicht zu überspannen, wird jedoch zutreffend darauf hingewiesen, daß die Belastbarkeit des einzelnen auch *unter Wertungs- oder Verhältnismäßigkeitsgesichtspunkten* Grenzen findet. Kommen in einer bestimmten Situation mehrere zum Schutze potentieller Opfer geeignete Handlungen (begrifflich) als Pflicht in Betracht, weil sie möglich sind, dann ist im Spannungsfeld der involvierten Interessen, der Schutz-, Erhaltungs- und Freiheitsinteressen einerseits und der Entfaltungs- und sonstigen Freiheitsinteressen andererseits, ein Ausgleich zu finden. Bei der Frage, unter welchen Voraussetzungen die Verhaltensanforderungen des Einzelnen „überspannt" werden, handelt es sich also nicht im wesentlichen um eine Frage der Bestimmung der normlogischen Grenzen des Pflichtbegriffs, sondern letztlich um eine Frage des normativen Pflichtengehalts.

3. Keine Modifikation des Pflichtengehalts und der materiellrechtlichen Haftungsgrundlagen durch Modifikation der Beweislastverteilung

Ein dem Problem der Überspannung von Pflichten verwandtes, jedoch auf anderer Ebene angesiedeltes Thema ist das der *Überspannung der Anforderungen an den Entlastungsbeweis*.[610] Es wird virulent, wenn die Beweislast insofern umgekehrt ist, als sich der vermeintliche Deliktstäter hinsichtlich des Tatbestandsmerkmals der Widerrechtlichkeit, also hinsichtlich des Vorliegens einer Pflichtverletzung, entlasten muß.

Als Extremfall der „Überspannung" der Anforderungen an den Entlastungsbeweis tritt der gelegentlich propagierte Ausschluß jeder Entlastungsmöglichkeit auf.[611] Mit einer Überspannung der Anforderungen an den Entlastungsbeweis wird auf beweislastrechtlicher Ebene im Ergebnis dasselbe bewirkt, wie mit einer Überspannung der Pflicht auf materiellrechtlicher Ebene: die Konstatierung einer Haftung in einem Fall, in dem diese *de lege lata* nicht zu begründen ist. *Vollmer*[612] etwa spricht in diesem Zusammenhang von einer „normativ wertenden Verschärfung des Pflichteninhalts". Allem Anschein nach will er aber nicht den Pflichteninhalt verschärfen, sondern – mit Hilfe einer Beweislastumkehr einerseits und durch Anwendung des § 278 BGB andererseits – die delikti-

---

[609] Zu solchen Überlegungen hat der BGH ausgeführt, daß insbesondere der Gesichtspunkt der Billigkeit (§ 242 BGB) nicht ausreicht, das positiv niedergelegte Verschuldensprinzip zu verlassen; siehe BGHZ 54, S. 332, 337.

[610] Vgl. dazu etwa BGH NZV 1997, S. 391, 392; BGHZ 92, S. 143, 151; KG NJW-RR 2003, S. 24, 25; OLG Düsseldorf NZV 2002, S. 91, 92; OLG Hamm NZV 1998, S. 409.

[611] *Vollmer*, JZ 1977, S. 371, 374 ff.; *Belling/Eberl-Borges* in Staudinger, BGB, § 832, Rn. 124 zu § 832 BGB.

[612] JZ 1977, S. 371, 374.

sche Haftung ausweiten und so letztlich das *Haftungsrecht* für den Gefahrzuständigen *verschärfen*.

Bei solchem Vorgehen werden beweislastrechtliche und materiellrechtliche Kategorien unzulässig vermengt.[613] Entscheidend ist zunächst, daß sich die materiellrechtlichen Kategorien durch eine auf die eine oder andere Weise geregelte Zuweisung der Darlegungs- und Beweislast nicht ändern.[614] Es bleibt mithin dabei, daß bei § 823 Abs. 1 BGB die im Einzelfall bestehenden Pflichten zu bestimmen sind (Rechtsfrage) und deren Verletzung festzustellen ist, gleich ob die Beweislast wie im Normalfall beim Geschädigten liegt oder, wie insbesondere in Fällen der Arzthaftung, der Haftung wegen Organisationsverschuldens oder der Produzentenhaftung, aus bestimmten Erwägungen heraus durch die Rechtsprechung[615] oder wie etwa bei §§ 831 Abs. 1, 832 Abs. 1, 833 S. 2, 836 BGB durch das Gesetz selbst,[616] beim Gefahrverantwortlichen angesiedelt wird. Für § 836 BGB hat der BGH sogar ausdrücklich hervorgehoben, daß darin gerade keine Ausnahme vom Verschuldensgrundsatz normiert ist.[617]

IV. Durch Abwägung zum Pflichtengehalt

Ein in jeder Hinsicht gefahrfreier Zustand ist illusorisch. Dessen Herbeiführung kann nicht erwartet werden, weder seitens potentieller Opfer noch seitens der Rechtsordnung.[618] Was die Verkehrsteilnehmer einander nach den hinter den Verschuldenshaftungsnormen stehenden Primärnormen abstrakt schulden, ist die

---

[613] Siehe dazu anhand der Parallelproblematik der Handhabung des Begriffs der Pflichtverletzung in § 280 Abs. 1 S. 1 BGB *Chr. Schäfer*, JA 2003, S. 600, 603 f.

[614] Ebenso BGHZ 104, S. 323, 332 f., ausdrücklich S. 334; 92, S. 143, 151. Vgl. auch die Ausführungen des Großen Senats des BGH, BGHZ 24, S. 21, 27 ff. Ebenso auch *Brüggemeier*, Deliktsrecht, S. 333 und *Stoll*, AcP 176 (1976), S. 145, 161 f., der freilich hervorgebt, daß eine Umkehrung der Beweislast in diesem Bereich auf Kosten des Verschuldensprinzips geht. Im Grundsatz wohl auch zustimmend, jedoch relativierend *Steffen* in RGRK, BGB, § 823, Rn. 496. Siehe dazu nochmals *Chr. Schäfer*, JA 2003, S. 600, 603 f.

[615] Zur Beweislastverteilung BGHZ 105, S. 346, 352; 104, S. 323, 329 ff.; 92, S. 143, 150; 80, S. 186, 195 ff.; 51, S. 91, 106 f.; *Wagner* in MüKo, BGB^4, § 823, Rn. 313 ff.; *Steffen* in RGRK, BGB, § 823, Rn. 496 ff.; *Zeuner* in Soergel, BGB, § 823, Rn. 317 ff.; *Brüggemeier*, Deliktsrecht, S. 354 ff.; *Stoll*, AcP 176 (1976), S. 145, 166 f., 167 ff. Für den Bereich der Haftung für die Verletzung von Verkehrsicherungspflichten *von Bar*, Verkehrspflichten, S. 276 ff., 280 ff., S. 301 ff. Zur Arzthaftung *Laufs* in Laufs/Uhlenbruck, Handbuch des Arztrechts, §§ 107-111; *Wagner* (a.a.O.), Rn. 727 ff., 744 ff.; *Brüggemeier* (a.a.O.), S. 406 ff.; *Baumgärtel* in Baumgärtel, Handbuch der Beweislast, § 823 Anhang C II. Zur Produkthaftung *Wagner* (a.a.O.), Rn. 608 ff.; *Baumgärtel* (a.a.O.), § 823 Anhang C III.

[616] *Ulmer*, JZ 1969, S. 163 ff.; zu § 831 BGB siehe auch die Ausführungen des Großen Senats des BGH, BGHZ 24, S. 21, 29 f.; zu § 836 *Petershagen*, Gebäudehaftung, S. 103 ff., 207 ff.

[617] BGHZ 54, S. 332, 337. Siehe auch RGZ 52, S. 373, 377 sowie *Stoll*, AcP 176 (1976), S. 145, 161 f.

[618] BGH NJW 2000, S. 1946 f.; 1996, S. 3208, 3210; 1994, S. 3348; NJW-RR 1992, S. 981.

angemessene Aufbringung von gegenseitiger Rücksichtnahme und Sorgfalt. Bei der Bestimmung deliktischer Pflichten muß letztlich das rechte Maß zwischen Schutz- und Entfaltungsinteressen gefunden werden.

Die Rechtswissenschaft begegnet der Frage nach dem methodischen Ansatz zur Klärung der Pflichtenlage überwiegend mit der gängigen Formel, daß die jeweils involvierten Rechte und Interessen angemessen zur Geltung zu bringen sind,[619] wobei meist auf das Erfordernis einer „Abwägung"[620] hingewiesen wird. Hier kommen letztlich Kollisionsauflösungsinstrumente, wie das Verhältnismäßigkeitsprinzip, zur Anwendung, wie sie auch etwa zur Auflösung von Grundrechtskollisionen, eingesetzt werden.

Der Pflichtengehalt ist nach gängigem Sprachgebrauch unter Berücksichtigung sämtlicher Umstände des Einzelfalles zu ermitteln.[621] Je höher das Maß der Gefährdung einer ins Auge gefaßten Handlung für andere ist, desto eher wird diese Handlung als verboten oder nur unter der Voraussetzung als (noch) zulässig angesehen, daß zugleich gefahrreduzierende oder -kompensierende Maßnahmen getroffen werden. Die Intensität der gestellten Anforderungen variiert also insbesondere in Abhängigkeit zu Art und Maß drohender Schäden, zur Höhe der Realisierungswahrscheinlichkeit[622], aber auch zum Präventionsaufwand.[623] Ein festes Prüfschema wird bei der Bestimmung des Pflichtengehalts ebensowenig praktiziert wie man sich auf eine feste Rangordnung der einzelnen Kriterien und

---

[619] Dazu *Larenz/Canaris*, SR BT II/2, S. 412-417; *Hager* in Staudinger, BGB, § 823, Rn. E 27 ff.; *Edenfeld*, VersR 2002, S. 272, 273 ff.; *von Bar*, Verkehrspflichten, S. 112 ff.; *ders.*, JuS 1988, S. 169, 170 f.; *Deckert*, Jura 1996, S. 348, 351; *Zeuner* in Soergel, BGB, § 823, Rn. 204 ff.; *ders.*, JZ 1961, S. 41, 43; *G. Schiemann* in Erman, BGB, § 823, Rn. 80 f.; *Steffen*, VersR 1980, S. 409 f.; *Becker*, Unerlaubte Handlungen, S. 74 f.; *Wilburg*, Die Elemente des Schadensrechts, S. 43 ff.; aus dem Strafrecht *Wolter*, GA 1977, S. 257, 264 f.; zu § 832 BGB *Belling/Eberl-Borges* in Staudinger, BGB, § 832, Rn. 52 ff., 89 ff.

[620] *Von Caemmerer*, DJT-FS, Bd. 2, S. 49, 78 f.; *U. Huber*, Wahl-FS, S. 301, 309; *Edenfeld*, VersR 2002, S. 271, 273 ff.; *Steffen*, VersR 1980, S. 409 f.; *Castaldo*, GA 1993, S. 495, 498 ff.; *Fraenkel*, Tatbestand und Zurechnung, S. 213 ff.

[621] *Zeuner* in Soergel, BGB, § 823, Rn. 204 ff.; *Wagner* in MüKo, BGB^4, § 823, Rn. 277 ff.; *U. Huber*, Wahl-FS, S. 301, 309 f.; *Edenfeld*, VersR 2002, S. 271, 273 ff.

[622] BGH VersR 1965, S. 38, 40. Ausführlich *Wagner* in MüKo, BGB^4, § 823, Rn. 249; *Larenz/Canaris*, SR BT II/2, S. 412 ff., 414; *Canaris*, Grundrechte und Privatrecht, S. 77 ff., 80; Hager in Staudinger, BGB, § 823, Rn. E 27, 31; *U. Huber*, Wahl-FS, S. 301, 309 f; *von Caemmerer*, DJT-FS, Bd. 2, S. 49, 79 f.; *Edenfeld*, VersR 2002, S. 271, 273 ff.; *Becker*, Unerlaubte Handlungen, S. 74 f.; *Brüggemeier*, Deliktsrecht, S. 320 f.; zu § 832 BGB *Belling/Eberl-Borges* in Staudinger, BGB, § 832, Rn. 55 ff.

[623] Zum Problem der teilweisen Kollision von Erziehungsauftrag und (auch) drittschützendem Aufsichtsaspekt siehe die Nachweise bei *Belling/Eberl-Borges* (a.a.O.), Rn. 78 ff. Nach BGHZ 40, S. 379, 384 ff. kann auch das Verhältnis zwischen Sicherungsaufwand und daraus resultierendem Sicherheitsgewinn eine Rolle spielen (gemeindliche Streupflicht zur Nachtzeit).

Aspekte festlegen will.[624] Daher spricht man wohl auch von einem „beweglichen Zusammenspiel".[625]

Nach der Rechtsprechung soll maßgeblich sein, was „ein verständiger und in vernünftigen Grenzen vorsichtiger Mensch für ausreichend halten darf."[626] Der BGH führt die Abwägung der Güter und Interessen somit aus Sicht einer gedachten vernunftgeleiteten Person durch.

Die Frage nach der Art und Weise, wie unter Berücksichtigung der im einzelnen relevanten Gesichtspunkte die Pflichtenlage zu bestimmen ist, ist schwierig und hier letztlich nicht zu lösen. Begnügt man sich hinsichtlich des methodischen Ansatzes mit der gängigen Formel, daß die jeweils involvierten Rechte und Interessen angemessen zur Geltung zu bringen bzw. gerecht mit- und gegeneinander abzuwägen sind, dann wird man ebenso rasch Einigkeit erzielt haben, wie man mit diesem Ergebnis im einzelnen noch unzufrieden sein wird.[627] Für die sogenannten Rahmenrechte, wie das Persönlichkeitsrecht oder das Recht am eingerichteten und ausgeübten Gewerbebetrieb, ist es jedoch allgemein anerkannt, daß die Frage, ob bestimmte Verhaltensweisen erlaubt oder unerlaubt sind, nicht anders als durch eine einzelfallbezogene Abwägung gelöst werden kann.[628] Das Ergebnis dieser Abwägung beschreibt im Bezug auf die Gefährdung fremder Rechtsgüter das – wie es hier genannt wird – situationsangemessene Gefahrmanagement.

Inhalt und Grenzen deliktsrechtlicher Pflichten, insbesondere von Verkehrssicherungspflichten, werden also objektivrechtlich durch einzelfallbezogene Bewertung anhand sämtlicher Umstände der konkreten Situation ermittelt.[629] In

---

[624] Dazu näher *Canaris*, Grundrechte und Privatrecht, S. 77 ff. Siehe aber das von *Joerden*, GA 1993, S. 245, 258 ff., herausgearbeitete Regelsystem für Notstandslagen.

[625] Vgl. *Canaris*, Grundrechte und Privatrecht, S. 78 ff.; *Deckert*, Jura 1996, S. 348, 351; ausführlich etwa *U. Huber*, Wahl-FS, S. 301, 307 ff., 309 f. Siehe auch *Haas*, Geschäftsführerhaftung, S. 215 f. Siehe auch die Sorgen von *Steffen*, VersR 1980, S. 409.

[626] BGHZ 103, S. 298, 304; BGH NJW 2001, S. 2023; 2000, S. 1946 f.; 1996, S. 3208, 3210 f.; 1994, S. 3348; NJW-RR 2002, S. 525, 526; S. 1056, 1057; 1992, S. 981; VersR 1978, S. 1163, 1164 f.; 1976, S. 149, 150. Siehe auch *Kötz/Wagner*, Deliktsrecht, Rn. 108 ff.

[627] Vgl. zu den Schwierigkeiten der inhaltlichen Bestimmung und siehe den Lösungsansatz bei *Joerden*, GA 1991, S. 245, der sich auf ein zugespitztes Problem bezieht.

[628] BGHZ 91, S. 117, 120 ff.; 90, S. 113, 125; 65, S. 325, 331 ff.; 59, S. 30, 34, 38 f.; 45, S. 296, 307 f.; ferner *Hager* in Staudinger, BGB, § 823, Rn. C 17, D 4; *Zeuner* in Soergel, BGB, § 823, Rn. 115; *G. Schiemann* in Erman, BGB, § 823, Rn. 48 f. jeweils m. w. Nachw.

[629] *Zeuner* in Soergel, BGB, § 823, Rn. 204 ff.; *Wagner* in MüKo, BGB^4, § 823, Rn. 277 ff.; *U. Huber*, Wahl-FS, S. 301, 309 f.; *Edenfeld*, VersR 2002, S. 271, 273 ff., jeweils m. w. Nachw. Wenn der BGH gelegentlich darauf abstellen will, was ein vernünftiger und umsichtiger Mensch für notwendig und ausreichend halten darf, klingt insofern ein vernunftrechtlicher Ansatz an. Freilich zeigt der Gebrauch von Begriffen, wie „vorsichtig" und „ausreichend", daß es hier letztlich um die Auflö-

diesem Sinne äußerten übrigens die Vereinigten Großen Senate des BGH für eine alltägliche Lebenssituation, den Straßenverkehr, sogar die Auffassung, daß sich eine obere Geschwindigkeitsgrenze durch Bewertung der einzelnen Situation feststellen läßt.[630]

V. Zwischenstand

Sobald das eigene Handeln Wirkungen auf die Rechtskreise anderer zeitigen kann, muß der einzelne nach den dem § 823 Abs. 1 BGB zugrundeliegenden Primärnormen den Verhaltensmaßstab beachten, der als angemessene Um- und Rücksichtnahme umschrieben werden kann – oder aber auch als situationsangemessenes Gefahrmanagement.

Der Gehalt dieser Primärnormen kann nur in einem die Gesamtumstände der jeweiligen Situation berücksichtigenden Wertungs- und Bewertungsverfahren ermittelt werden. Bei der Bestimmung von Bestand und Inhalt deliktsrechtlicher Pflichten und der Feststellung ihrer Verletzung geht es um die Untersuchung *einer* Voraussetzung deliktsrechtlicher Haftung nach § 823 Abs. 1 BGB *de lege lata*. Hier geht es in Anwendung und Beachtung der Kategorien des Verschuldenshaftungsrechts *nicht* in erster Linie um das Problem „gerechter" Verteilung von Schadenslasten. Die Diskussion um eine gerechte Verteilung von Schadenslasten ist von der Diskussion um die Anwendung der im geltenden Deliktsrechtssystem *de lege lata* verwendeten Begriffe getrennt zu führen und darf insbesondere mit der Frage um die Bestimmung des Pflichtengehalts nicht vermengt werden.

---

sung einer Konfliktsituation geht. Zumindest vertieft der BGH diesen Ansatz in seinen Entscheidungen nicht näher, sondern begibt sich in den weiteren Ausführungen zumeist wieder in das gewohntere Fahrwasser der verbreiteten Abwägungs- und Verhältnismäßigkeitsterminologie.

[630] BGHSt 7, S. 118, 120.

Kapitel 6 Zur Problematik der sogenannten Übertragung deliktsrechtlicher Sicherungspflichten im besonderen

A. Zur Möglichkeit deliktsrechtlicher Entlastung durch Übertragung der Verkehrssicherung und zu den Voraussetzungen der Entlastung

I. Die verneinende Auffassung

Vereinzelt wird die Möglichkeit, eine Haftungsbefreiung durch Einschaltung eines Dritten in die Verkehrssicherung zu erreichen, schon grundsätzlich verneint.[631] *Von Bar*[632] hält eine Haftungsentlastung durch Einschaltung einer Hilfsperson im Rahmen etwa des § 831 BGB schlechthin für ausgeschlossen und verweist insofern auf eine angebliche *unbedingte Einstandspflicht* des Erstgaranten.

Teilweise läßt sich auf diese Haltung auch erst aus einer näheren Analyse einzelner Eckaussagen schließen. Wird beispielsweise zunächst zugebilligt, einen geeigneten Dritten in die Verkehrssicherung einzuschalten, werden aber die in diesem Zusammenhang entstehenden Kontroll- und Überwachungspflichten „ergebnisorientiert" derart streng formuliert („überspannt"), daß nachgerade mit jedem Versagen des Übernehmers eine Pflichtverletzung des Erstgaranten vorliegen soll, so wird die Möglichkeit haftungsbefreiender Einschaltung eines Dritten unter dem Strich doch geleugnet.

II. Die herrschende Meinung

Die herrschende Rechtsprechung steht im wesentlichen auf dem Standpunkt, daß einzelne Maßnahmen der *Verkehrssicherung* prinzipiell haftungsbefreiend auf Dritte übertragbar sind: In einer Übertragung von Sicherungsmaßnahmen kann die Erfüllung der Verkehrssicherungspflichten liegen.[633] Wenn es nämlich für eine erfolgreiche Haftungsentlastung durch Einschaltung eines Übernehmers als entscheidend angesehen wird, daß hinsichtlich dessen Einschaltung klare und unmißverständliche Absprachen zwischen Primärverpflichtetem und Überneh-

---

[631] *Medicus*, BR, Rn. 656; *Vollmer*, JZ 1977, S. 371, 372 f.; *von Bar*, Verkehrspflichten, S. 270 f., 274; diesem folgend *Brüggemeier*, AG 1982, S. 268, 277. Bei § 832 Abs. 1 BGB begründen *Belling/Eberl-Borges* in Staudinger, BGB, § 832, Rn. 124, die von ihnen proklamierte Gewährschaftshaftung mit Erwägungen zu § 1631 BGB.

[632] Verkehrspflichten, S. 270 ff.; mittelbar ergibt sich dieses Ergebnis für einen Großteil der Fälle auch aus der durch *von Bar*, a.a.O., S. 269 ff., befürworteten Anwendung des § 278 BGB auf deliktische Pflichten.

[633] BGHZ 142, S. 227, 233 f.; 34, S. 206, 212 f.; BGH NJW 1982, S. 2187 f.; NZV 1992, S. 357, 358 f.; MDR 1957, S. 214, 215; VRS 10, S. 12 (Leitsatz 1), 13; deutlich auch schon RGZ 82, S. 206, 220.

mer getroffen wurden,[634] ist damit zugleich gesagt, daß eine Haftungsentlastung infolge einer Drittbeteiligung *möglich* ist.

Im Ergebnis entspricht dies der wohl auch in der Literatur überwiegend vertretenen Auffassung.[635] *Ulmer*[636] bringt den Vorgang auf den Punkt: wer einen Dritten, den er zur Gefahrenabwehr veranlaßt, „in gehöriger Weise auswählt und überwacht, erfüllt (...) damit die ihm im Rahmen von § 823 Abs. 1 (und nicht etwa nur nach § 831) BGB obliegenden Handlungspflichten."[637] Denn der Verkehr vertraue nicht darauf, daß Gefahrabwendungs- und Schutzmaßnahmen durch den Verantwortlichen in eigener Person vorgenommen werden.[638]

Üblicherweise spricht man von einer infolge der Einschaltung eines Dritten eintretenden Modifikation der Verkehrs(sicherungs)pflichten. Bestehende Handlungspflichten sollen sich bei Einschaltung eines Dritten umwandeln in Pflichten zu sorgfältiger Auswahl, in Überwachungs-, Kontroll- und ähnliche Pflichten.[639] Auf „Null" läßt sich die abstrakte deliktische Verantwortung durch Einschaltung eines anderen demnach nicht reduzieren.[640] Nach einer Formulie-

---

[634] BGH NJW 1996, S. 2646 f.; NJW-RR 1988, S. 471 f.; *Gottschalg*, NZM 2002, S. 590; auch für den umgekehrten Fall BGHZ 31, S. 219, 224.

[635] *Larenz/Canaris*, SR BT II/2, S. 419, 420; *Ulmer*, JZ 1969, S. 163, 171; *Wagner* in MüKo, BGB^4, § 823, Rn. 290 ff.; *Mertens* in MüKo, BGB^3, § 823, Rn. 224; *Zeuner* in Soergel, BGB, § 823, Rn. 214; *Hager* in Staudinger, BGB, § 823, Rn. E 59 f.; *Fuchs*, Deliktsrecht, S. 92 ff.; *Christensen*, Verkehrspflichten, S. 131 ff.; *Steffen* in RGRK, BGB, § 823, Rn. 166, 132; *Belling/Eberl-Borges* in Staudinger, BGB, § 832, Rn. 120; *Spindler*, Unternehmensorganisationspflichten, S. 697 ff.; *Petershagen*, Gebäudehaftung, S. 219 ff., jeweils m. w. Nachw. Zurückhaltend *Kesselring*, Verkehrssicherungspflichten, S. 24 ff, 27 f.

[636] JZ 1969, S. 163, 171.

[637] Ebenso *Larenz/Canaris*, SR BT II/2, S. 419, 420; *Wagner* in MüKo, BGB^4, § 823, Rn. 287; *Hager* in Staudinger, BGB, § 823, Rn. 59; a. A. wohl *Deckert*, Jura 1996, S. 348, 352, nach der nur die *Erfüllung* einer Verkehrssicherungspflicht übertragen (delegiert) werden soll.

[638] Ulmer, JZ 1969, S. 163, 171.

[639] BGHZ 142, S. 227, 228 (Leitsatz „f)"), 233; 110, S. 114, 121 f. m. w. Nachw. (ständige Rechtsprechung); BGH NJW 1996, S. 2646; 1976, S. 46; 1985, S. 270 f.; vgl. auch schon RGZ 53, S. 53, 57 f.; 53, S. 276, 282 sowie *Wagner* in MüKo, BGB^4, § 823, Rn. 292; *Mertens* in MüKo, BGB^3, § 823, Rn. 224; *Zeuner* in Soergel, BGB, § 823, Rn. 214; *Hager* in Staudinger, BGB, § 823, Rn. E 60 f.; *Schiemann* in Erman, BGB, § 823, Rn. 85; *Steffen* in RGRK, BGB, § 823, Rn. 166, 132; *Spindler*, Unternehmensorganisationspflichten, S. 698 f.; *Christensen*, Verkehrspflichten, S. 131 ff.; *Kesselring*, Verkehrssicherungspflichten, S. 24 ff., 27 f.; *Belling/Eberl-Borges* in Staudinger, BGB, § 832, Rn. 120 f.; *Bergmann/Schumacher*, Kommunalhaftung, Rn. 52 ff.; *Frank*, BB 1975, S. 588, 589; *Haas*, Geschäftsführerhaftung, S. 231 f. Unklar *Deckert*, Jura 1996, S. 348, 352.

[640] BGHZ 142, S. 227, 233; BGH NJW 1985, S. 270, 271; 1976, S. 46, 47 MDR 1957, S. 214, 215 (ständige Rechtspr.); ebenso *Zeuner* in Soergel, BGB. § 823, Rn. 214; *Steffen* in RGRK, BGB, § 823, Rn. 166, 132; *Hager* in Staudinger, BGB, § 823, Rn. E 60 f.; *Wagner* in MüKo, BGB, § 823, Rn. 290 ff.; *Belling/Eberl-Borges* in Staudinger, BGB, § 832, Rn. 113, 120.

rung des BGH in einer Grundsatzentscheidung bleibt es im Falle einer Übertragung auf Dritte bei einer Pflicht, die gerichtet ist auf „allgemeine, fortlaufende Überwachungstätigkeit“[641]. Auch dieser Verantwortung kann der Primärverantwortliche jedoch gerecht werden.[642] Ob ein ordnungsgemäß ausgewählter und angeleiteter Übernehmer der übertragenen Gefahr seinerseits ordnungsgemäß begegnet, spielt für die Frage der Pflichterfüllung des Primärverpflichteten folgerichtig keine Rolle (mehr).[643]

III. Eigener Ansatz

1. Das Lösungskonzept

Für eine erfolgreiche deliktsrechtliche Haftungsbefreiung oder -entlastung kommt es letztlich darauf an, die Bejahung wenigstens eines der Tatbestandsmerkmale der Anspruchsgrundlage, im allgemeinen also des § 823 Abs. 1 BGB, auszuschließen. Unter dem Blickwinkel der Haftung für die Verletzung von Verkehrssicherungspflichten kommt es für den Verantwortlichen somit darauf an, es zu einer solchen Pflichtverletzung nicht kommen zu lassen oder umgekehrt: *seine Pflichten zu erfüllen*. Nicht nur die innere Stimmigkeit eines Verschuldenshaftungssystems setzt die Erfüllbarkeit formulierter deliktischer Pflichten voraus. Auch die gesetzlichen Regelungen selbst dokumentieren das soeben Gesagte: So sprechen – unabhängig davon, ob man die Beachtung der bestehenden Pflichten als Verschuldensfrage oder, wie hier, als Rechtswidrigkeitsfrage ansieht – die §§ 831 Abs. 1 S. 2, 832 Abs. 1 S. 2, 833 S. 2, 836 BGB ausdrücklich von der Beobachtung der erforderlichen Sorgfalt. Mit der „Beobachtung“ bestehender Sorgfaltspflichten, die gleichbedeutend ist mit der Erfüllung der bestehenden Pflichten, ist jede Haftung nach Verschuldenshaftungsnormen materiellrechtlich ausgeschlossen, gleich ob aus der Generalnorm des § 823 Abs. 1 BGB oder aus einer der Spezialnormen.[644]

Wenn eine oder gegebenenfalls *die* eine Variante, der Gefahr angemessen zu begegnen und also seine Pflicht zu erfüllen, darin liegt, einen geeigneten Dritten auszuwählen, mit der Ausführung der gebotenen Aufgaben zu beauftragen und ihn gehörig zu überwachen, so scheidet eine deliktische Haftung nach Verschuldenshaftungsrecht mit der Beachtung all dieser Anforderungen aus.

---

[641] BGH NJW 1972, S. 1321, 1322 f.; zur Aufsichtspflicht schon RGZ 113, S. 293, 296 f.

[642] BGHZ 142, S. 227, 233 f. mit dem Hinweis, daß der Primärverantwortliche ohne besondere Anhaltspunkte darauf vertrauen kann, daß der Übernehmer seinen Aufgaben nachkommt. Ferner BGH MDR 1957, S. 214, 215.

[643] Das wird schon mit dem Wort Erfüllung deutlich gemacht. Ebenso zunächst *Belling/Eberl-Borges* in Staudinger, BGB, § 832, Rn. 113 ff., 120 m. w. Nachw., zweifelnd und schließlich verneinend aber in Rn. 124.

[644] Wie oben gezeigt, wirkt sich die Beweislastmodifikation materiellrechtlich nicht aus. Im praktischen Ergebnis ergeben sich freilich Unterschiede.

Die Frage, ob ein Primärverantwortlicher seiner Verantwortung durch Einschaltung eines Dritten gerecht werden kann, hängt von den Anforderungen der Rechtsordnung ab. Sinn und Zweck deliktischer Sorgfaltspflichten ist die Steuerung oder Eindämmung von Gefahren durch den Gefahrverantwortlichen. Dieser ist aber nicht notwendig in eigener Person hinreichend kompetent zur allumfassenden (eigenhändigen) Durchführung von Schutzmaßnahmen. Dann ist die Betrauung eines kompetenten Dritten deliktsrechtlich vorgeschrieben.[645] In anderer Lage kann im Rahmen angemessenen Gefahrmanagements die Einschaltung eines geeigneten Dritten ebenso zum Schutze der Rechtsgüter anderer *geeignet* sein, wie vollständig eigenhändiges Vorgehen. Eine Übertragung einzelner Aufgaben ist dann ebenso haftungsbefreiend zulässig, wie das umfassende eigenhändige Vorgehen gegen die Gefahr haftungsentlastend wirken kann.[646]

2. Gang der weiteren Untersuchung

Wer das seitens der Rechtsordnung geforderte situationsangemessene Gefahrmanagement betreibt, erfüllt dadurch seine Pflicht. Vollständiges eigenhändiges Vorgehen kann dabei ebenso geboten oder als inadäquates Vorgehen verboten sein wie die partielle Veranlassung fremdverrichteter Maßnahmen.

Kommt in einer Situation *nur eine* bestimmte *Handlungsvariante* zur adäquaten Gefahrenbegegnung in Betracht, so ist *diese* Handlung auszuführen. Darin erschöpft sich dann die deliktsrechtliche Verantwortung nach Verschuldenshaftungsnormen. Wie sich bei komplexen und für viele Menschen nicht durchschaubaren Gefahrenquellen des modernen Alltags zeigt, wird angemessenes Gefahrmanagement häufig nicht ohne Beteiligung kompetenter Dritter auskommen. Dafür kann das Beispiel einer Kfz-Reparatur genannt werden oder die Wartung oder Reparatur einer Gasheizung oder die Renovierung eines Gebäudes. In solchen Fällen würde ein Vorgehen in vollständiger Eigenarbeit häufig keine verläßliche Gefahrsteuerung im Sinne einer Eindämmung oder Reduzierung bedeuten und wäre damit pflichtwidrig.

Entscheidend ist nach allem der genaue Inhalt der (Verkehrssicherungs-) Pflicht, die einzelnen Handlungselemente der einzelnen Maßnahmenpakete bzw. die Einzelmaßnahmen innerhalb akzeptabler Gefahrmanagementkonzepte. Im folgenden Abschnitt sollen einige typischerweise mit der Einschaltung von Übernehmern verbundene Begleitmaßnahmen erörtert werden, die regelmäßig vom Primärverantwortlichen gefordert werden.

---

645 Siehe nochmals *Larenz/Canaris*, SR BT II/2, S. 420 f.

646 *Ulmer*, JZ 1969, S. 171; ebenso *Larenz/Canaris*, SR BT II/2, S. 419 f.; *Wagner* in MüKo, BGB4, § 823, Rn. 287. Von dieser Prämisse geht auch die herrschende Rechtsprechung aus, BGHZ 57, S. 245, 252 f.; BGH NJW 1976, S. 46, 47; RGZ 128, S. 293, 296 f. und 149, 153 f.

IV. Exkurs: Zur Frage der (analogen) Anwendung des § 278 BGB

Es ist ein alter Streit, ob § 278 BGB im Deliktsrecht analoge Anwendung finden soll. Eine Anwendung des § 278 BGB auf das Deliktsrecht hätte zur Folge, daß der Gefahrverantwortliche im Falle einer schuldhaften Verletzung deliktsrechtlicher Pflichten durch einen Übernehmer als Quasi-Erfüllungsgehilfen trotz der Einschaltung des Übernehmers stets schadensersatzpflichtig wird und eine Entlastungsmöglichkeit nicht bestünde.

Die Frage, ob § 278 BGB allgemein im Deliktsrecht oder zumindest für den Bereich der Haftung für die Verletzung von Verkehrssicherungspflichten anwendbar ist, liefert seit vielen Jahrzehnten immer wieder Stoff für wissenschaftliche Abhandlungen.[647] Teilweise wird die analoge Anwendung des § 278 BGB befürwortet.[648] Mit dieser analogen Anwendung soll dem Primärverantwortlichen das fahrlässige Fehlverhalten seiner Gehilfen, beispielsweise seiner Arbeitnehmer, unter Ausschaltung der Exkulpationsmöglichkeit des § 831 Abs. 1 S. 2 BGB zugerechnet werden.[649]

Gegen eine Anwendung des § 278 BGB wird neben der systematischen Stellung der Vorschrift zutreffend ihr Wortlaut ins Feld geführt.[650] Immerhin fehlt es bei unerlaubten Handlungen bis zur Entstehung eines Schadensersatzanspruches bekanntlich an einem Schuldverhältnis.[651] Das deliktsrechtlich sanktionierte Jedermann-Verhältnis ist bis zum Bestehen einer Gefahr bestimmter Qualität und Intensität noch keine durch individuelle Ansprüche geprägte Sonderverbindung (arg. e § 1004 Abs. 1 BGB). Ferner wird zu Recht darauf hingewiesen, daß der mit § 278 BGB verfolgte rechtspolitische Zweck des Schutzes des Vertragspartners auf das Deliktsrecht nicht recht paßt.[652] Denn bei einer Aufgabenübertragung im Deliktsrecht ist der deliktsrechtlich Geschützte im Falle einer Pflichtverletzung durch den Übernehmer letzterem gegenüber nicht anspruchslos, was im Vertragsrecht mangels Sonderbeziehung zwischen Erfüllungsgehilfen und Gläubiger regelmäßig der Fall ist. Im Deliktsrecht entsteht zumeist eigene deliktsrechtliche Verantwortung des Übernehmers. Damit steht der Kreis der deliktsrechtlich durch Verkehrssicherungspflichten Geschützten im Falle einer

---

647 Vgl. nur die Darstellung bei *Wagner* in MüKo, BGB^4, § 823, Rn. 290 ff.

648 *Mertens*, AcP 178 (1978), S. 227, 237; *Vollmer*, JZ 1977, S. 371, 375, *von Bar*, Verkehrspflichten, S. 269 ff.; *Becker*, Unerlaubte Handlungen, S. 514 ff., 516; *von Caemmerer*, DJT-FS, Bd. 2, S. 49, 115 ff.; *Brüggemeier*, Deliktsrecht, S. 103 f. m. w. Nachw.

649 Siehe etwa *Brüggemeier*, Deliktsrecht, S. 103 f. m. w. Nachw.

650 *Böhmer*, JZ 1961, S. 566, geht nicht von den Zwecken des Deliktsrechts, sondern vom Wortlaut des § 278 BGB aus und kommt so zur Ablehnung der Anwendbarkeit.

651 So etwa *Hager* in Staudinger, BGB, § 823, Rn. E 62 m. Nachw.; *Mull*, Haftung, S. 109 f.

652 Ausführlich *Eike Schmidt*, AcP 170 (1970), S. 502, 531 f. So auch *Medicus*, BR, Rn. 656.

Fremdverrichtung nicht schutzlos da.[653] Auch die Rechtsprechung folgt traditionell der Ansicht, nach der § 278 BGB für deliktische Pflichten nicht gilt.[654]

B. Zu den im Zusammenhang mit einer Übertragung bestehenden Anforderungen im einzelnen

I. Vorbemerkung

Nun ist zu erörtern, was bei einer geplanten Aufgabenübertragung zu einem angemessenen Gefahrmanagement gehört oder gehören kann, was etwa bei der Auswahl des Übernehmers, im Zusammenhang mit dessen Einschaltung und bei dessen Überwachung zu beachten ist. Wird beispielsweise ein Übernehmer eingeschaltet, der *ex ante* nicht erwarten läßt, auf die Gefahr in der erforderlichen Weise einzuwirken, oder wird er auf eine Weise mit der Wahrnehmung der jeweiligen Aufgabe betraut, die nicht erfolgversprechend ist, so genügte der Primärverpflichtete den an sein Verhalten gestellten Anforderungen nicht. Auf solche Weise käme es folglich auch nicht zu einer deliktsrechtlichen Entlastung.

II. Die „richtige" Auswahl des Übernehmers

Während im Schrifttum nicht immer hinreichend deutlich getrennt wird zwischen der Frage nach den zur Haftungsentlastung des Primärverantwortlichen erforderlichen Eigenschaften des Übernehmers einerseits und der Frage, unter welchen Voraussetzungen einem Übernehmer eigene deliktische Verantwortung zuwächst, andererseits, geht es an dieser Stelle allein um die erste Frage. Welche Merkmale und Eigenschaften muß also eine Person aufweisen, durch deren Einschaltung die Erfüllung deliktsrechtlicher Pflichten eintreten soll?

1. Zur erforderlichen Qualifikation des Übernehmers

a) Meinungsstand

Der Primärverpflichtete muß den Übernehmer, wie häufig formuliert wird, sorgfältig auswählen.[655] Insbesondere aber schon die Frage nach den Kriterien, die ein geeigneter Übernehmer hinsichtlich seiner Qualifizierung notwendigerweise erfüllen muß, ist umstritten. Da der Primärverpflichtete solche Maßnahmen zu ergreifen hat, die in angemessener Weise auf die geschaffene Gefahr einwirken, muß ein Übernehmer, zumindest zu solch angemessener Einwirkung auf den

---

[653] *Wagner* in MüKo, BGB^4, § 823, Rn. 291 ff.; *Hager* in Staudinger, BGB, § 823, Rn. E 60, 62; *Medicus*, BR, Rn. 656.

[654] RGZ 113, S. 293, 296; BGHZ 4, S. 1, 3 f.; *Wagner* in MüKo, BGB^4, § 823, Rn. 291 f.; *Mull*, Haftung, S. 108 ff.

[655] *Hager* in Staudinger, BGB, § 823, Rn. E 61; *Wagner* in MüKo, BGB^4, § 823, Rn. 292 f.; *Fuchs*, Deliktsrecht, S. 93; *Christensen*, Verkehrspflichten, S. 133 f.; *von Bodenhausen*, Haftung, S. 125 ff., 161 ff. zur RG-Rechtsprechung zu § 831 BGB.

Gefahrenherd geeignet sein.[656] Er muß persönlich hinreichend seriös und zuverlässig sein[657] und über die jeweils erforderliche Sachkunde und Erfahrung verfügen.[658] Sowohl fachlich als auch persönlich muß er eine verläßliche Aufgabenerfüllung erwarten lassen, in seiner Einschaltung darf nicht eine untragbare Ausweitung der Gefahr liegen. Wenn der Primärverpflichtete beispielsweise aus bisherigen Einsätzen eines Übernehmers um die erforderliche Erfahrung und Qualifikation des Übernehmers weiß und dieser zudem nach dem Wissen des Primärverpflichteten noch keinen bedeutsamen Fehler gemacht hat und also kein Grund besteht, an der Kompetenz des Übernehmers zu zweifeln, soll ein (erneuter) Einsatz dieser Person unbedenklich sein.[659]

Wie aber läßt sich die Eignung einer Person feststellen, die im konkreten Fall als Übernehmer in Betracht gezogen wird, verfügt der Primärverantwortliche doch in vielen Fällen nicht über einschlägige Sachkunde. Hier stellt sich beispielsweise die Frage, ob man sich auf besondere staatliche, berufsständische oder andere Genehmigungen, Auszeichnungen oder Zertifizierungen, die ein Unternehmen trägt, verlassen darf.[660] *Wagner*[661] bietet als Orientierung folgende Formel an: Je größer die Gefahr als Produkt aus Schadenswahrscheinlichkeit und Schadenshöhe ist, desto intensiver müssen die Anstrengungen des Verantwortlichen sein, sich insbesondere der Zuverlässigkeit des Übernehmers zu versichern. Der Gesichtspunkt der Zuverlässigkeit gewinnt nach der Rechtsprechung des BGH im übrigen mehr und mehr an Bedeutung, je unabhängiger der Übernehmer von der Person des Primärverpflichteten ist.[662]

---

656 BGHZ 103, S. 298, 305 ff.; 12, S. 75, 79; BGH NJW 1976, S. 46, 47; MDR 1957, S. 214, 215; VersR 1965, S. 38, 40; auch schon RGZ 128, S. 293, 296 f.; 113, S. 293, 295; *Mertens* in MüKo, BGB^3, § 823, Rn. 224; siehe auch die Nachweise bei *Belling/Eberl-Borges* in Staudinger, BGB, § 832, Rn. 116 sowie *von Bodenhausen*, Haftung, S. 141 ff.

657 Siehe BGH NJW 2001, S. 2023 f.; BGHZ 142, S. 227, 233 f., wo der BGH aufgrund fehlender Anhaltspunkte für eine etwaige Unzuverlässigkeit des Übernehmers eine Pflichtverletzung, insbesondere eine Verletzung der Überwachungspflicht bei turnusmäßigen Kontrollen, abgelehnt hat. Damit ist auch gesagt, daß ein zuverlässiger Übernehmer mit Sicherungsaufgaben betraut werden darf. Siehe auch schon RGZ 159, S. 283, 291.

658 BGHZ 103, S. 298, 305 ff., 307; BGH VersR 1965, S. 37, 38; so auch schon RGZ 82, S. 206, 220 f. Zum Parallelproblem arbeitsteiliger Produktion *Fuchs*, JZ 1994, S. 533, 534 ff.

659 BGH NJW 1994, S. 3332, 3333 („bewährter Architekt"); VersR 1965, S. 37, 38.

660 *Wagner* in MüKo, BGB^4, § 823, Rn. 292; siehe für die Auswahl unter Hotelbetreibern im In- und Ausland durch einen Reiseveranstalter, BGHZ 103, S. 298, 305 ff. In BGH VersR 1965, S. 37, 38 war die behördliche Sprengstofferlaubnis nur als persönliche Mindestanforderung an einen Feuerwerker angesehen worden, von eigenen Sicherungsmaßnahmen, wie Kontrollen sollte die auftraggebende Stelle jedoch nicht entbunden sein.

661 In MüKo, BGB^4, § 823, Rn. 292.

662 So BGH NJW 1976, S. 46, 47. Siehe auch BGHZ 103, S. 298, 305 ff.

b) Stellungnahme

Bei der Formulierung der inhaltlichen Anforderungen der Auswahlpflicht sind die obigen Ausführungen zur Inhaltsbestimmung deliktsrechtlicher Pflichten zu beachten. Bei der Inhaltsbestimmung ist das Spannungsverhältnis von Opferschutz und Handlungsfreiheit des Gefahrverantwortlichen aufzulösen. Im einzelnen sind unter anderem das Gefahrpotential sowie die Zumutbarkeit möglicher Maßnahmen zu berücksichtigen.

Handelt es sich etwa um eine gewöhnliche Gefahr des Alltags, deren Reduzierung oder Beseitigung keine speziellen Fähigkeiten oder Kenntnisse voraussetzt, so sind an die Auswahl keine besonderen Anforderungen zu stellen. Einzig muß der Übernehmer persönlich so zuverlässig erscheinen, daß er eine ordentliche Durchführung der ihm anvertrauten Aufgaben erwarten läßt. Beispielsweise redet gewöhnlich niemand von der erforderlichen fachlichen Qualifikation des Übernehmers, wenn es um das Schneeräumen oder ähnliche alltägliche Aufgaben geht.[663] Anders, wenn die einzudämmenden Gefahren gewaltiger, komplexer oder weniger gewöhnlich sind.

Ist es vom Ausgangspunkt her geboten, eine Person auszuwählen, die erwarten läßt, daß sie die ihr übertragenen Aufgaben auch sachgerecht, sorgfältig und gewissenhaft ausführen wird, dann ergibt sich aus dem Vorhandensein eines aussagekräftigen Zertifikats oder einer Auszeichnung zumindest ein Indiz für eine ordnungsgemäße Erledigung der betreffenden Aufgaben. Fehlt es an anderen Informationen über die Eignung und Zuverlässigkeit des Übernehmers, so wird man es dem Primärverantwortlichen nicht verwehren können, sich auf eine solche Auszeichnung zu verlassen und dementsprechend eine Aufgabenübertragung vorzunehmen. Natürlich ist es geboten, sämtliche vorhandenen oder nach angemessenem Aufwand zugänglichen Informationsquellen auszuschöpfen und in die Entscheidung einzubeziehen.

Hinzuweisen ist noch auf die *zeitliche Dimension* der Problematik der Entscheidungsfindung. Der Zeitfaktor wird nur zu oft ausgeblendet, scheitert doch gerade daran häufig eine umfassende Erhebung des an sich zugänglichen Informationsmaterials. Es darf nicht unbeachtet bleiben, daß in Situationen, in denen schnelles Handeln zur Vermeidung schlimmerer Folgen oberstes Gebot ist, im Hinblick auf eine genaue Informationserhebung und Auswertung Abstriche zuzulassen sind. Entscheidend ist auch hier, daß eine Maßnahme getroffen wird, die situationsbedingt den anzustrebenden Erfolg verspricht.

Folgende Personengruppe wird man grundsätzlich als persönlich *ungeeignete Übernehmer* ansehen müssen: Personen, die zu eigenverantwortlichem Handeln

---

[663] Vgl. BGH NJW 1985, S. 484 ff.; MDR 1957, S. 214, 215.

erkennbar nicht fähig sind oder denen die Rechtsordnung die volle Verantwortung für das eigene Tun (noch) nicht zurechnen will (vgl. §§ 827, 828 BGB). Wem die Rechtsordnung entweder keine oder aber Deliktsfähigkeit nur beschränkt zumißt, der läßt auch nur in gleicher Weise verantwortungsbewußtes Handeln erwarten, wenn es um die Erledigung von Sicherungsaufgaben geht. Freilich müssen die Umstände, aus denen sich die insofern fehlende Eignung ergibt, dem Primärverantwortlichen *ex ante* erkennbar sein.[664] Das ist bei Minderjährigkeit oder etwa Trunkenheit eines potentiellen Übernehmers regelmäßig der Fall, nicht aber in allen Fällen eingeschränkter Steuerungsfähigkeit.

Eine fachlich hinreichend ausgebildete Person, die sich zur Übernahme einer Sicherungsaufgabe in Schwarzarbeit anbietet, kann jedoch nicht bereits deshalb als unqualifiziert angesehen werden.[665] Schwarzarbeiter sind nicht erfahrungsgemäß generell besonders unzuverlässig. Insofern scheiden sie nicht prinzipiell als Übernehmer aus.

2. Wirtschaftliche Gesichtspunkte, insbesondere zum Erfordernis ausreichender Finanzkraft oder ausreichenden Versicherungsschutzes

a) Meinungsstand

Als umstrittenes Einzelproblem läßt sich in diesem Kontext die Frage isolieren, welche Merkmale und Qualitäten ein für eine Aufgabenübertragung im übrigen geeigneter Übernehmer im Hinblick auf seine finanzielle Situation aufweisen muß. Teilweise wird mit Verweis auf ein Interesse des Rechtsverkehrs daran, daß der deliktische Schutz durch eine Übertragung nicht geschmälert wird, ausreichende Finanzkraft des Übernehmers gefordert.[666] *Belling/Eberl-Borges*[667] wollen den Primärverpflichteten im Rahmen des § 832 BGB jedenfalls das Risiko der Insolvenz des Übernehmers tragen lassen. Zum Teil wird auch vertreten, daß eine Übertragung nur erfolgen darf, wenn der Übernehmer von einem Haftpflichtversicherungsschutz des Erstverantwortlichen mitumfaßt ist.[668]

---

[664] Dieses Risiko kann auch nicht einseitig dem Primärverantwortlichen aufgebürdet werden. Vielmehr gehört es dem allgemeinen Lebensrisiko an. Anders sehen dies freilich etwa *Belling/Eberl-Borges* in Staudinger, BGB, § 832, Rn. 40, wenn sie generell meinen, daß ein Geschäftsunfähiger kein Vertrauen begründen kann.

[665] Anders *Belling/Eberl-Borges* in Staudinger, BGB, § 832, Rn. 40, die eine Entlastung bei beidseitigem Verstoß gegen das Gesetz zur Bekämpfung der Schwarzarbeit ablehnen.

[666] *Fuchs*, JZ 1994, S. 533, 536; *Wagner* in MüKo, BGB, § 823, Rn. 293. Vgl. auch *Belling/Eberl-Borges* in Staudinger, BGB, § 831, Rn. 102, wo die Frage für die allgemeine Haftung für Verkehrspflichtverletzungen offen gelassen, für § 831 BGB aber verneint wird.

[667] Staudinger, BGB, § 832, Rn. 124.

[668] *Vollmer*, JZ 1977, S. 371, 375; *Fuchs*, JZ 1994, S. 533, 536; *ders.*, Deliktsrecht, S. 94; *Wagner* in MüKo, BGB⁴, § 823, Rn. 293.

Der These, wonach der Übernehmer hinreichend solvent bzw. versichert sein muß, wurde vor allem entgegengehalten, daß der Zweck des § 823 Abs. 1 BGB und der Verkehrs(sicherungs)pflichten nicht in erster Linie im Vermögensschutz, sondern im Rechtsgüterschutz liegt.[669] Ausreichende Finanzkraft eines Haftungsschuldners hänge aus Sicht eines Geschädigten zumindest außerhalb des Vertragsrecht weitgehend vom Zufall ab.[670] Immerhin trägt auch sonst der Verletzte das Risiko, von einem insolventen und nicht haftpflichtversicherten Schädiger verletzt zu werden.[671] Im übrigen wird darauf hingewiesen, daß unser Rechtssystem eine bestimmte Finanzausstattung oder wirtschaftliche Sicherheiten nicht als Voraussetzung für deliktische Verantwortung ansieht. Warum sollte die Übertragung bestimmter Aufgabenbereiche unter einem Vorbehalt vorhandener Kapital- und Deckungsvorsorge stehen, während jedem die Aufnahme gefährlicher Tätigkeit grundsätzlich ohne eine solche Vorsorge offen steht?[672] Auch der BGH hat zu diesem Erfordernis ausdrücklich ablehnend Stellung genommen, da die allgemeinen Vermögensinteressen nicht vom Schutzbereich umfaßt seien: Die im Verkehr erforderliche Sorgfalt diene in diesem Bereich dazu, „rechtswidrige schädigende Handlungen (...) zu verhindern“, „nicht aber für den Fall entstehenden Schadens für einen zahlungskräftigen Schuldner“ zu sorgen.[673]

b) Stellungnahme

Dem BGH und der diesem folgenden Literatur ist im Grundsatz zuzustimmen. Es hängt in der Tat von zufälligen Umständen ab, ob ein Deliktstäter solvent oder ausreichend versichert ist. Durch eine Übertragung von Verkehrssicherungsmaßnahmen kommt es damit nicht notwendigerweise zu einer Besser- oder Schlechterstellung potentieller Opfer. Grundsätzlich darf dieser Gesichtspunkt damit keine Rolle spielen. Es kann ausnahmsweise anders sein, wenn der Rechtsverkehr um eine bestimmte, etwa pflichtversicherungsrechtliche Absicherung des Primärverpflichteten weiß und sich auch im Vertrauen darauf in einen Gefahrenbereich begibt.

Für bestimmte Fälle mag man es umgekehrt durchaus als ein Merkmal eines zuverlässigen Übernehmers ansehen können, in finanzieller Hinsicht insofern ab-

---

[669] *Eike Schmidt*, AcP 170 (1970), S. 502, 533; *Spindler*, Unternehmensorganisationspflichten, S. 765 f.; *Petershagen*, Gebäudehaftung, S. 221. Zu § 831 BGB *Belling/Eberl-Borges* in Staudinger, BGB, § 831, Rn. 102 (anders aber für § 832 BGB, dort Rn. 124). *Hager* in Staudinger, BGB, § 823, Rn. E 6 ff., relativierend Rn. E 61.

[670] *Belling/Eberl-Borges* in Staudinger, BGB, § 831, Rn. 102; *Eike Schmidt*, AcP 170 (1970), S. 502, 533.

[671] *Eike Schmidt*, AcP 170 (1970), S. 502, 533.

[672] Siehe *Spindler*, Unternehmensorganisationspflichten, S. 765 ff., 767 ff.

[673] BGHZ 12, S. 75, 79.

gesichert zu sein, als für Haftpflichtfälle eine entsprechende Haftpflichtversicherung besteht.

3. Zum Erfordernis der Selbständigkeit des Übernehmers

a) Meinungsstand

In Literatur und Rechtsprechung wird zum Teil die Meinung vertreten, daß Übernehmer selbständig sein oder zumindest eine „gewisse Selbständigkeit" aufweisen müssen. Arbeitnehmer und andere weisungsgebundene Personen kommen demnach als Übernehmer nicht in Betracht, wenn es um eine Haftungsentlastung des Primärverantwortlichen geht.[674]

Nach der Gegenauffassung soll ausgehend vom Gesichtspunkt der Übernahmeverantwortung auch ein Arbeitnehmer geeigneter Übernehmer einer Sicherungsaufgabe sein können.[675] Obwohl einem Arbeitnehmer eine bestimmte Sicherungsaufgabe in der Regel im Rahmen seines Arbeitsvertrages zugewiesen wird, soll sich der Primärverpflichtete deliktsrechtlich auch durch eine solche Übertragung entlasten können. Es gehe weniger um Aspekte des Arbeitnehmerschutzes als um den Schutz der legitimen Sicherungserwartungen des Rechtsverkehrs in eine ordnungsgemäße Sicherung durch die zuständigen Personen, und seien es Arbeitnehmer.[676] Arbeitnehmerschutz sei im Innenverhältnis durch die Einräumung von Freistellungs- oder Erstattungsansprüchen zu erreichen.

Der BGH hat in einer Entscheidung die Einschaltung eines selbständigen Unternehmers als ein geeignetes Mittel anerkannt, die Selbständigkeit aber gerade nicht als eine notwendige Eigenschaft eines Übernehmers angesehen.[677]

b) Stellungnahme

Selbständigkeit des Übernehmers ist im Einklang mit der Rechtsprechung des BGH für eine Entlastung des Primärverantwortlichen weder als erforderlich noch als hinreichend anzusehen. Der Begriff der Selbständigkeit ist als Differenzierungsmerkmal schon für sich genommen problematisch, da er in verschiedenen Rechtsbereichen unterschiedlich verstanden wird. Es kommt entscheidend darauf an, daß der Übernehmer eine verläßliche Aufgabenerfüllung erwarten läßt.[678] Diese Eigenschaft ist vom Begriff der Selbständigkeit jedoch vollkommen unabhängig. Auch ein Arbeitnehmer kann durch die erforderliche sachliche

---

[674] Siehe BGH NJW 1987, S. 2510, 2511; *Hager* in Staudinger, BGB, § 823, Rn. E 65; einschränkend *Brüggemeier*, Deliktsrecht, S. 103 ff.

[675] Siehe nur *Larenz/Canaris*, SR BT II/2, S. 421 f.

[676] Zu diesen Überlegungen *Hager* in Staudinger, BGB, § 823, Rn. E 65.

[677] Siehe etwa BGH NJW 1976, S. 46, 47. So auch *Zeuner* in Soergel, BGB, § 823, Rn. 214.

[678] So auch BGHZ 142, S. 227, 233 f.; BGH NJW 1976, S. 46, 47.

und persönliche Qualifikation eine zuverlässige Gefahrbegegnung versprechen.[679] Er wäre so für eine Aufgabenübernahme grundsätzlich befähigt.[680]

Daß es allerdings hinsichtlich der Erforderlichkeit und Intensität weiterer sicherungsbezogener Begleitmaßnahmen bedeutsam sein wird, ob mit den Sicherungsaufgaben ein entsprechend ausgewiesenes Fachunternehmen oder nur eine ungelernte Aushilfskraft betraut wird, liegt auf der Hand.[681]

III. Die deliktsrechtlichen Anforderungen an den Akt der Übertragung

Gerade auch dem Akt der Übertragung selbst kommt bei der ordentlichen Einschaltung eines Dritten besondere Bedeutung zu.

1. Meinungsstand

Die Meinungen zu den an den eigentlichen Übertragungsakt gestellten Anforderungen liegen weit auseinander. Während die einen als Voraussetzung der entlastenden Einschaltung eines Dritten den Abschluß eines wirksamen Übernahmevertrages[682] ansehen, brauchen Übernahmeverträge nach anderer Auffassung nicht wirksam zu sein[683] und genügt nach wieder anderer Auffassung auch schon eine faktische Übernahme durch einen Dritten zur Haftungsentlastung des Primärverpflichteten, wenn dadurch seitens des Primärverpflichteten hinreichendes Vertrauen begründet wird.[684] Nach der dritten Meinung bedarf es zu eine Haftungsentlastung also keines persönlichen Kontaktes der Beteiligten.[685] Herrschend dürfte die Auffassung sein, daß eine Haftungsentlastung durch Einschaltung eines Dritten vom Vorliegen klarer und unmißverständlicher Absprachen zwischen Primärverpflichtetem und Übernehmer abhängt.[686] Der BGH verlangt „klare Absprachen" vor allem zur Gewährleistung einer zuverlässigen Ge-

---

[679] Das erkennt der BGH auch in BGH NJW 1979, S. 864, 865 grundsätzlich an, verneint die Frage jedoch im Entscheidungsfall für einen siebzehnjährigen Lehrling.

[680] Freilich ist es eine andere Frage, in welchem Maße er als Übernehmer seinerseits deliktische Verantwortung trägt. Der BGH hat in NJW 1987, S. 2510, 2511 eine deliktische Verantwortung des Arbeitnehmers zutreffend abgelehnt.

[681] Siehe nur *Zeuner* in Soergel, BGB, § 823, Rn. 214.

[682] Vgl. dazu die Nachweise bei *Zeuner* in Soergel, BGB, § 823, Rn. 221.

[683] *Hager* in Staudinger, BGB, § 823, Rn. E 64.

[684] Vgl. *Ulmer*, JZ 1969, S. 163, 172; *Wagner* in MüKo, BGB[4], § 823, Rn. 288 ff.; § 831, Rn. 45; *Zeuner* in Soergel, BGB, § 823, Rn. 221; *von Bar*, Verkehrspflichten, S. 120 ff.

[685] Vgl. *Wagner* in MüKo, BGB[4], § 823, Rn. 288 ff.; 831, Rn. 45; *Zeuner* in Soergel, BGB, § 823, Rn. 221.

[686] BGH NJW 1996, S. 2646 f.; VersR 1990, S. 1280, 1281; NJW-RR 1988, S. 471 f.; *Hager* in Staudinger, BGB, § 823, Rn. 59; *Wagner* in MüKo, BGB[4], § 823, Rn. 295; *Gottschalg*, NZM 2002, S. 590. Für den umgekehrten Fall des geplanten Rückzuges aus der Übernehmerverantwortung ebenso BGHZ 31, S. 219, 224.

fahrbekämpfung.[687] Eine formularvertragliche Aufgabendelegation hat der BGH jedoch als prinzipiell ausreichend angesehen.[688]

Ebenso wie die Einschaltung des Dritten aus Sicht des Primärverantwortlichen auf der Grundlage klarer Absprachen zu stehen hat, muß auch die zu übernehmende Tätigkeit hinreichend bestimmt sein. Dies hat der Primärverpflichtete je nach Gegenstand der übertragenen Tätigkeitsfelder durch Information und Instruktion sowie durch Richtlinien, Weisungen, Arbeits- und Einsatzpläne, Sicherungskonzepte und ähnliche Vorgaben sicherzustellen.[689]

2. Stellungnahme

Die an den Übertragungsakt zu stellenden Anforderungen sind von dem Erfordernis aus zu bestimmen, daß dieser als ein Element angemessenen Gefahrmanagements im erforderlichen Maße eine zuverlässige Gefahrbekämpfung verspricht.[690] Dem Gesetz läßt sich keine Aussage dazu entnehmen, auf welche Weise ein Primärverpflichteter einen Dritten mit der Wahrnehmung von Sicherungsaufgaben zu betrauen hat, um seine deliktischen Pflichten zu erfüllen. Das gilt auch für die §§ 831 ff. BGB. Der Auffassung, nach der es zur Entlastung des Primärverantwortlichen eines Übernahmevertrages *nicht* bedarf und es vielmehr auf die Entstehung von Vertrauen beim Übernehmer ankommt, ist zuzustimmen. Auf eine ordnungsgemäße Aufgabenerledigung durch den Übernehmer kann der Primärverantwortliche jedoch nur vertrauen, wenn er die situations- und personenbedingt erforderlichen Informationen und Anweisungen gibt. Auch das Vorliegen eines Übernahmevertrages gewährleistet die zuverlässige Durchführung der jeweils erforderlichen Maßnahmen noch nicht ohne weiteres.

Entscheidend kommt es darauf an, daß dem Übernehmer die genauen (Sicherungs-) Ziele seiner Tätigkeit und der gefährdete und zu schützende Personenkreis vor Augen geführt werden, so daß jener einen ausreichenden Eindruck von der Gefahrenlage gewinnen kann. Die Voraussetzungen und näheren Umstände, unter denen bestimmte Maßnahmen durchzuführen sind, müssen hinreichend genau benannt, gegebenenfalls muß gewonnenes Erfahrungswissen weitergegeben werden (Anleitung).[691] Entsprechend der Verteilung des gefahrbezogenen

---

687 BGH NJW 1996, S. 2646; siehe auch BGHZ 31, S. 219, 234; *Wagner* in MüKo, BGB^4, § 823, Rn. 295; *Hager* in Staudinger, BGB, § 823, Rn. E 59; *Kesselring*, Verkehrssicherungspflichten, S. 25 ff.

688 BGH MDR 1957, S. 214, 215, jedoch mit dem Zusatz, daß dann eine „erhöhte Überwachungspflicht" bestehe.

689 BGH VersR 1990, S. 1280 f.; RGZ 113, S. 293, 295 ff. Siehe ferner *Hager* in Staudinger, BGB, § 823, Rn. E 61 und *Belling/Eberl-Borges* in Staudinger, BGB, § 832, Rn. 117; *Spindler*, Unternehmensorganisationspflichten, S. 693.

690 Siehe zu dieser Formulierung BGH VersR 1990, S. 1280, 1281; MDR 1957, S. 214, 215.

691 Siehe BGH VersR 1990, S. 1280, 1281; so auch schon RGZ 113, S. 293, 295 ff.

Sachverstandes zwischen Primärverpflichtetem und Übernehmer kann es darüber hinaus auch geboten sein, dem Übernehmer Detailanweisungen zu geben. Je nachdem kann auch die Ausarbeitung und Anordnung eines Organisationsplanes sowie eines Arbeits- und/oder Einsatzplanes erforderlich sein, beispielsweise bei einer nur zeitweiligen Sicherungstätigkeit des Übernehmers oder bei Einschaltung mehrerer Übernehmer. Gegebenenfalls müssen auch Gerätschaften und Arbeitsmitteln überlassen werden.[692]

Der Übertragungsakt muß also einen wirksamen Einsatz des Übernehmers ermöglichen und versprechen. Das setzt die Ausstattung mit den erforderlichen Informationen, Instruktionen und Arbeitsmitteln voraus. Erst diese begleitenden Maßnahmen machen die Einschaltung eines Dritten zu einem probaten Mittel der Gefahrbegegnung. Bei alltäglichen Gefahren erübrigen sich weitergehende Informationen und Anweisungen regelmäßig ebenso, wie sie bei atypischen Gefahren unerläßlich sein werden.

IV. Die „richtige" Aufsicht – Grenzen des Vertrauens

Dem Gefahrverantwortlichen obliegt es im Rahmen angemessenen Gefahrmanagements generell, die Entwicklung der Gefahr zu überwachen und die Wirksamkeit der von ihm ergriffenen Maßnahmen zu kontrollieren.[693] Werden Kontroll- und Aufsichtspflichten auch unabhängig von einer Drittbeteiligung formuliert,[694] ist es nur konsequent, wenn sie auch bei einer Drittbeteiligung bestehen.

1. Meinungsstand

Regelmäßig wird davon gesprochen, daß sich die bestehenden Sicherungspflichten im Falle einer Drittbeteiligung „umwandeln“ insbesondere in Pflichten zur ordentlichen Überwachung und Kontrolle des Übernehmers.[695] Das Verständnis hinsichtlich der erforderlichen Überwachungs*intensität* variiert erheblich. Das Meinungsbild reicht von einer Auffassung, die einen mehr oder

---

692 Siehe auch die Ausführungen in BGHZ 32, S. 352, 356 f.

693 Vgl. BGHZ 99, S. 167, 172 ff.; zum Parallelproblem arbeitsteiliger Produktion *Fuchs*, JZ 1994, S. 533, 534 ff.

694 Siehe dazu oben sowie *Zeuner* in Soergel, BGB, § 823, Rn. 214 ff.; *Reitenspiess*, NZV 2003, S 504, 507 m. Nachw.

695 BGH NJW 1985, S. 270, 271 sowie S. 484 f.; 1976, S. 46, 47; BGHZ 103, S. 298, 305 ff.; 68, S. 169, 178; BGH VersR 1990, S. 1280, 1281; 1965, S. 37, 38 sowie S. 38, 40; MDR 1957, S. 214, 215; RGZ 159, S. 283, 291; 128, S. 149, 153; 113, S. 293, 296 f.; *Ulmer*, JZ 1969, S. 163, 171; *Wagner* in MüKo, BGB[4], § 823, Rn. 294; *Zeuner* in Soergel, BGB, § 823, Rn. 214 ff.; *Hager* in Staudinger, BGB, § 823, Rn. E 59 f., 61; *Fuchs*, Deliktsrecht, S. 93 f.; *Treitz* in Wussow, Unfallhaftpflichtrecht, Rn. 458 ff.; *Kesselring*, Verkehrssicherungspflichten, S. 28 f., 66 ff.; *Belling/Eberl-Borges* in Staudinger, BGB, § 832, Rn. 118 zur h. M.; *Haas*, Geschäftsführerhaftung, S. 231 f.; *Frank*, BB 1975, S. 588, 589. *Medicus*, BR, Rn. 656 und etwa *Belling/Eberl-Borges* (a.a.O.), § 832, Rn. 124, sehen hier schon grundsätzlich keine Entlastungsmöglichkeit.

minder konkreten Anlaß zu Überprüfungsmaßnahmen fordert,[696] bis dahin, daß eine nachgerade lückenlose Aufsicht über den Übernehmer verlangt wird.[697]

Daß Inhalt und Umfang auch der Kontroll- und Überwachungspflichten weitgehend von den Umständen des Einzelfalles abhängen und daß es auch für die Überwachungspflicht Grenzen gibt, erkennt nicht zuletzt auch der BGH ausdrücklich an. Zum einen verweist er dazu auf den Vertrauensgrundsatz, wenn er feststellt, daß der Primärverpflichtete „in Grenzen (...) darauf vertrauen (kann)", daß der Übernehmer der Pflicht auch nachkommt.[698] Im allgemeinen, vor allem bei nicht besonders großen Gefahren, soll der Primärverpflichtete in seinen entsprechenden Erwartungen geschützt sein, „solange nicht konkrete Anhaltspunkte bestehen, die dieses Vertrauen erschüttern"[699]. Zum anderen darf es, so der BGH, auch nicht zu einer Überspannung von Kontrollpflichten kommen.[700] Kontroll- und Überwachungspflichten werden durch Qualifikation und Zuverlässigkeit des Übernehmers bestimmt, da davon das Maß der seitens des Primärverantwortlichen weiterhin zu steuernden Gefahr abhängt.[701] Auch eine erwiesene Zuverlässigkeit eines Übernehmers befreit jedoch von einer Aufsichts- und Kontrollpflicht nicht generell, sondern kann je nach Schadensrisiko und sonstigen Umständen des Einzelfalles mal erheblich abgeschwächt sein oder sich sogar geradezu erübrigen,[702] mal nahezu unvermindert fortbestehen.[703]

Sinn und Zweck der Überwachung und Kontrolle ist die Sicherstellung der Eignung der zur Gefahreindämmung ergriffenen Maßnahme in personeller wie auch in sachlicher Hinsicht. Der Primärverpflichtete soll durch die gewonnenen Informationen gegebenenfalls den Bedarf einer Intervention erkennen.[704] Je nach den Umständen des Einzelfalles können Stichproben ausreichen oder kann voll-

---

[696] Siehe *Wagner* in MüKo, BGB^4, § 823, Rn. 294; *Zeuner* in Soergel, BGB, § 823, Rn. 214.
[697] Siehe etwa *Christensen*, Verkehrspflichten, S. 133 f.
[698] BGH NJW 1985, S. 270, 271; 1999, S. 3633, 3634. Siehe auch BGHZ 57, S. 245, 252 f.
[699] BGHZ 142, S. 227, 233 f.; 103, S. 298, 305 f. Strenger aber etwa RGZ 113, S. 293, 296 f.
[700] BGHZ 142, S. 227, 233; NJW 1976, S. 46, 47.
[701] Dazu *Wagner* in MüKo, BGB^4, § 823, Rn. 294; *Zeuner* in Soergel, BGB, § 823, Rn. 214.
[702] *Hager* in Staudinger, BGB, § 823, Rn. E 61.
[703] So durfte sich der Veranstalter eines Feuerwerkes in BGH VersR 1965, S. 38, 40 f., nicht mit der Einschaltung eines erfahrungsgemäß kompetenten und zuverlässigen Feuerwerkers begnügen, sondern mußte aufgrund der mit dem Feuerwerk verbundenen Gefahr für Leib und Leben der Besucher selbst überprüfen, ob die ergriffenen Schutzmaßnahmen ausreichen.
[704] BGHZ 149, S. 206, 211 f.; *Teichmann* in Jauernig, BGB, § 823, Rn. 38; *Hager* in Staudinger, BGB, § 823, Rn. E 61; *Fuchs*, Deliktsrecht, S. 93, jeweils m. w. Nachw.

ständige Überprüfung geboten sein.[705] Dabei ist es eine Frage der Effizienz von Kontrolle überhaupt, daß diese unauffällig und nicht vorhersehbar ist.[706]

2. Stellungnahme

Die Einschaltung eines Übernehmers birgt die besondere Gefahr in sich, daß sich dieser (nachträglich) als ungeeignet oder unzuverlässig erweist. Auch kann sich die (ursprüngliche) Gefahrenlage derart verändern, daß neue, andere Maßnahmen erforderlich werden. Denn eine Gefahrenquelle liegt schon im allgemeinen darin, daß der Primärverantwortliche aufgrund fehlender Kenntnis auf eine entsprechende Veränderung nicht in angemessener Weise oder angemessener Zeit reagieren kann. Daher kann sich der Primärverpflichtete nach einer Übertragung nicht gleichsam „zurücklehnen" und den Dingen ihren Lauf lassen.[707] Auch auf neu entstehende Gefahren ist angemessen einzuwirken. Das wiederum setzt Information voraus, die in regelmäßigen Abständen, anlaßbezogen oder entsprechend den besonderen Erfordernissen des Einzelfalls zu beschaffen ist.[708] Die Kontrolle hat also nicht nur dem Übernehmer zu gelten, sondern auch der Gefahrentwicklung.

Es bleibt festzuhalten, daß auch in der Übertragung ein Gefährdungselement steckt, das eine Überwachung angemessener Ausführung erforderlich machen kann.[709] Wiederum hängt es von den Umständen des konkreten Falles ab, welche Maßnahmen geboten sind, wie häufig beispielsweise die Gefahrenquelle zu inspizieren und der Übernehmer zu kontrollieren ist.[710] Die aufgrund einer Übertragung entstehende Pflicht zur *Aufsicht über einen Übernehmer* ist als Teilaspekt der *allgemeinen Aufsichtspflicht*, die jedem Primärverantwortlichen obliegt, zu begreifen. Der Gefahrverantwortliche hat nicht nur dafür zu sorgen, daß gebotene Gefahrsteuerungsmaßnahmen ergriffen werden. Er hat auch stetig die Gefahrentwicklung zu beobachten und die ergriffenen Maßnahmen auf ihre Wirksamkeit zu untersuchen, um notfalls Korrekturmaßnahmen ergreifen zu können. Besonderheiten gegenüber einem vollständig eigenhändigen Vorgehen bestehen insofern nicht.

---

[705] BGHZ 103, S. 298, 305 f.; BGH VersR 1965, S. 38, 40 f.; *Ulmer*, JZ 1969, S. 163, 171; *Wagner* in MüKo, BGB⁴, § 823, Rn. 294; *Spindler*, Unternehmensorganisationspflichten, S. 693.

[706] Siehe nur *Spindler*, Unternehmensorganisationspflichten, S. 693.

[707] RGZ 128, S. 149, 153.

[708] Von diesen grundsätzlichen Überlegungen geht auch der BGH aus, BGHZ 34, S. 206, 211 ff., 214 f.; siehe auch schon RGZ 113, S. 293, 297. Siehe ferner *Müller*, BauR 2002, S. 1789, 1792 f.; *Kesselring*, Verkehrssicherungspflichten, S. 28 f., 66 ff.

[709] So auch BGH NJW 1985, S. 270 f.

[710] Zu den Grenzen vgl. nur BGHZ 142, S. 227, 233; BGH VRS 10, S. 12 (Leitsatz 1), 13 f.

V. Keine Besonderheiten im Bereich der §§ 831, 832, 833 und 836 f. BGB?

Gelegentlich wird zu einer Haftungsentlastung gerade im Bereich der §§ 831, 832, 833 und 836 f. BGB gefordert, daß für den Übernehmer ebenfalls die dort geregelte Beweislastmodifikation zur Anwendung kommt.[711] Diese Auffassung ist jedoch mit denselben Erwägungen abzulehnen wie Tendenzen, in die Verkehrssicherungspflichten Aspekte des Insolvenz- oder Versicherungsschutzes einzubeziehen. Verkehrssicherungspflichten dienen wie alle aus § 823 Abs. 1 BGB ableitbaren Primärpflichten dem (primären) Schutz der dort genannten Rechtsgüter.[712] Soweit die deliktische Haftungsnorm nicht primär und unmittelbar allgemeinen Vermögensschutz bezweckt (Tatbestandsfrage), können auch die aus der jeweiligen Vorschrift abzuleitenden Verhaltenspflichten nicht unmittelbar diesem Vermögensschutz dienen.

VI. Die „richtige" Organisation der Gefahrbegegnung

Je nach Art und Komplexität der Gefahr und der Erfordernisse ihrer Begegnung ist eine mehr oder weniger umfangreiche Organisation der Gefahrbegegnung erforderlich.[713] In einzelnen Bereichen des Deliktsrechts hat sich dazu eine eigene Kasuistik herausgebildet.[714] Organisationshaftung wird zumeist mit Blick auf juristische Personen und aus mehreren Personen bestehende Organisationseinheiten oder aber als Problem der Unternehmenshaftung diskutiert.[715]

Die sachliche Rechtfertigung dafür, mit dem Merkmal der Personenmehrheit oder gar der Unternehmensbezogenheit einen besonderen Komplex der sog. Organisationspflichten zu verselbständigen, ist zu bestreiten.[716] Denn der

---

[711] Zum Substitutionsgedanken *Belling/Eberl-Borges* in Staudinger, BGB, § 832, Rn. 126.

[712] So zumindest für § 831 BGB *Belling/Eberl-Borges* in Staudinger, BGB, § 831, Rn. 102.

[713] Dazu schon oben. Ferner BGH NJW-RR 2002, S. 1056, 1057 f.; *Kötz/Wagner*, Deliktsrecht, Rn. 292 ff.; *Zeuner* in Soergel, BGB, § 823, Rn. 214 ff.; *Treitz* in Wussow, Unfallhaftpflichtrecht, Rn. 458 ff.; *Medicus*, BR, Rn. 657; *Spindler*, Unternehmensorganisationspflichten, S. 689 ff.; *Christensen*, Verkehrspflichten, S. 135 ff.

[714] Vgl. BGHZ 109, S. 297 ff.; 95, S. 63, 71 ff., 74 f.; BGH NJW 1985, S. 484 ff.; MDR 1957, S. 214, 215; *Hager* in Staudinger, BGB, § 823, Rn. E 61 ff., E 73 ff.; *Wagner* in MüKo, BGB^4, § 823, Rn. 407 ff.; *Belling/Eberl-Borges* in Staudinger, BGB, § 831, Rn. 9 ff., 19 f, 121 f.; *von Bar*, Verkehrspflichten, S. 36 ff., 96 ff., 254 ff.

[715] Vgl. nur *Brüggemeier*, AcP 191 (1991), S. 33 ff.; *Medicus*, BR, Rn. 657; siehe auch BGHZ 11, S. 151, 154 ff.; 24, S. 200, 213 f.; 39, S. 129 f.; BGH NJW 1980, S. 2810, 2811. Der Rechtsprechung ging es bei der Formulierung von Organisationspflichten wohl gelegentlich auch darum, ein erwünschtes haftungsrechtliches Ergebnis zu erlangen. Dazu wollte der BGH eine ansonsten deliktsrechtlich unbedenkliche Einschaltung eines Dritten nicht zulassen, wenn nicht eine Haftung des Primärverpflichteten etwa über § 31 BGB sichergestellt war, vgl. BGHZ 24, S. 200, 213 f.; 39, S. 129 f.; BGH NJW 1980, S. 2810, 2811; *Hager* in Staudinger, BGB, § 823, Rn. E 62.

[716] In Andeutung *Landwehr*, AcP 164 (1964), S. 482, 499. Zu arbeitsteiligen Prozessen *Fuchs*, JZ 1994, S. 533, 534 ff.

Primärverantwortliche ist verpflichtet, Maßnahmen zu treffen, die eine Eindämmung der Gefahr auf das zu erreichende Gefahrmaß versprechen. Typischerweise ist dabei eine Mehrheit von Einzelmaßnahmen zu treffen, die sinnvoll aufeinander abgestimmt werden müssen. Mit der gebotenen guten Organisation im umfassenden Sinn dürfte insofern nichts anderes gemeint sein als mit dem oben eingeführten Begriff des situationsangemessenen *Gefahrmanagements*. Der Gefahrzuständige muß in der Tat sorgfältig Gefahrerforschung und Gefahrvorsorge betreiben, Gefahrbegegnungsmaßnahmen initiieren und die Gefahrensituation und die Effizienz der getroffenen Maßnahmen überprüfen, gleich welcher Gefahr er zu begegnen hat.[717] Kaum ein gefahrrelevanter Vorgang kann als einfach und unkompliziert bezeichnet werden. Häufig spielen sich auch im Privatleben arbeitsteilige Prozesse ab, werden Dritte aufgrund freier Disposition oder aufgrund von Sachzwängen einzeln oder zu mehreren zu Gefahrbegegnungsmaßnahmen herangezogen.

Auch die überwiegende Zahl der Alltagsgefahren ist mit einmaligen Aktivitäten noch längst nicht ein für alle Mal erledigt, sondern erfordert eine längerfristige und wiederholte Befassung. Ohne eine gewisse Organisation kommt dabei niemand aus. Je mehr Personen freilich in einen Gefahrsteuerungsprozeß einbezogen sind, je mehr Hierarchieebenen bestehen, und je komplexer die Gefahr im übrigen ist, desto höher werden die an die Organisation zu stellenden Anforderungen sein. Daß es eine zusätzliche Gefährdung bedeutet, auf eine Gefahrenlage mit einer komplexeren Organisation einzuwirken, liegt nämlich auf der Hand. Auch dieser besonderen Gefahr ist zu begegnen, vor allem durch ein gutes Management.

Zu sorgfältigem Gefahrmanagement ist also nicht nur verpflichtet, wer eine besonders komplexe Organisationsstruktur geschaffen hat, unterhält oder verwaltet.[718] Gefahrmanagement und Organisation sind keine Sache, die nur große, komplexe Unternehmen und die öffentliche Hand angeht. Sie geht *jeden* an, der für drittbezogene Gefahren verantwortlich ist.

VII. Zusammenfassung

Das gebotene angemessene Gefahrmanagement kann vorsehen, einen in persönlicher und sachlicher Hinsicht geeigneten Dritten mit bestimmten Aufgaben der Gefahrensicherung zu betrauen, es kann dies aber auch nur zulassen oder aber vollkommen ausschließen. Die obligatorisch wie fakultativ erfolgte Einschaltung eines geeigneten Dritten bedeutet freilich nur dann die Erfüllung der bestehenden deliktsrechtlichen Pflichten und damit den Ausschluß deliktischer Haf-

---

[717] Siehe dazu auch *Spindler*, Unternehmensorganisationspflichten, S. 760 ff., 983 ff.

[718] *Landwehr*, AcP 164 (1964), S. 482, 499; näher *Spindler*, Unternehmensorganisationspflichten, S. 760 ff., 983 ff.

tung nach Verschuldenshaftungsnormen, wenn sie flankiert wird durch ein Bündel von Aufsichts-, Kontroll- und Organisationsmaßnahmen und so eingebettet ist in das gebotene angemessene Gefahrmanagement. Die Einschaltung eines geeigneten Übernehmers ist damit immer nur eine *Teilmaßnahme* aus einem Paket von Maßnahmen. Wenn die ergriffenen Maßnahmen angesichts der Gesamtumstände eine angemessene Gefahrbegegnung versprechen, genügt der (Primär-) Verantwortliche den an sein Verhalten gestellten Anforderungen.

C. Die deliktische Haftung des Übernehmers

I. Einführung

Ein Übernehmer haftet nach § 823 Abs. 1 BGB und den anderen Vorschriften des deliktischen Verschuldenshaftungsrechts, wenn die dafür erforderlichen Voraussetzungen vorliegen. Dafür muß er unter anderem Adressat einer deliktsrechtlichen Pflicht sein und diese Pflicht verletzt haben.

Bislang konzentrierte sich die Betrachtung auf die Frage, welche Anforderungen an das Verhalten eines Primärverantwortlichen gestellt werden, oder auf welche Weise sich dieser deliktsrechtlich entlasten kann. Da sich hinsichtlich der relevanten Anspruchsgrundlagen zwischen dem Übernehmer und dem Primärverantwortlichen keine Unterschiede ergeben, kann zunächst auf die obigen allgemeinen Ausführungen verwiesen werden. Bekanntlich wird in der *Übernahme* von Aufgaben ein eigenes Gefahrzurechnungskriterium gesehen.[719] Bevor auf die Besonderheiten der Haftung des Übernehmers und auf die bestehenden Spezialvorschriften der §§ 831 ff. BGB einzugehen ist, ist zunächst die allgemeine Grundlage der Deliktshaftung des Übernehmer zu erörtern.

II. Die Position des BGH zu den Grundsätzen der Haftung des Übernehmers

Der BGH stützt seine Überlegungen zu der Frage, aus welchem Grund der Übernehmer deliktsrechtlich verantwortlich ist, regelmäßig auf die auch sonst im Deliktsrecht maßgeblichen Gesichtspunkte, insbesondere auf den mit dem Gefährdungsaspekt verbundenen Aspekt der Begründung von Verkehrsvertrauen.[720] In der Entscheidung vom 17.01.1989[721] hob der BGH zunächst auf eine Änderung der Bereichszuständigkeit in Richtung des Übernehmers ab. Mit der Feststellung, daß sich der Primärverantwortliche in Grenzen auf die Vornahme der erforderlichen Schutzvorkehrungen durch den Übernehmer verlassen

---

[719] *Hager* in Staudinger, BGB, § 823, Rn. E 21, 63 f.; *Ulmer*, JZ 1969, S. 163, 164 ff.; *Larenz/Canaris*, SR BT II/2, S. 408 f.

[720] Siehe etwa die Erwägungen in BGHZ 80, S. 186, 189 f.

[721] BGH JZ 1989, S. 350.

darf, erkennt der BGH jedoch die entscheidende Bedeutung des Vertrauens für die Entstehung deliktischer Übernehmerverantwortung an.[722]

Noch in der Rechtsprechung des Reichsgerichts wurde dem Vorliegen eines (Übernahme-) Vertrages haftungsbegründende oder zumindest haftungsverstärkende Bedeutung zugemessen.[723] Eine abstrakte deliktsrechtliche Verantwortung des Übernehmers kann nach heute aktueller Rechtsprechung des BGH jedoch schon durch *tatsächliche* Übernahme entstehen, nämlich dann, wenn der Übernehmer dadurch entsprechendes Vertrauen des Primärverpflichteten schafft.[724] Der älteren Auffassung, nach der die deliktische Verantwortung des Übernehmers von Abschluß und Wirksamkeit eines Übernahmevertrages abhängt,[725] erteilt der BGH nun eine Absage: „Die deliktische Einstandspflicht des mit der Wahrnehmung der Verkehrssicherung Beauftragten beruht (...) nicht eigentlich auf dem Vertrag mit dem primär Verkehrssicherungspflichtigen. Sie besteht gegebenenfalls auch dann, wenn dieser Vertrag rechtlich keinen Bestand hat."[726]

III. Die Auffassung der Literatur

In der Literatur bietet sich kein einheitliches Bild. Früher sah man die Grundlage für eine deliktische Verantwortung des Übernehmers gegenüber Personen, die nicht selbst am Übernahmevertrag beteiligt waren, im Institut des Vertrages mit Schutzwirkung für Dritte.[727] Die deliktische Verantwortung basierte so auf dem Übernahmevertrag.[728] Da jedoch die grundlegende Unterscheidung des BGB zwischen Vertrags- und Deliktshaftung mehr und mehr in der Argumentation Niederschlag gefunden hat, verlor die vertragsrechtlich begründete Haltung zur Haftung des Übernehmers an Bedeutung.[729]

---

[722] BGH JZ 1989, S. 350; BGHZ 142, S. 227, 233 f. Ähnlich RGZ 127, S. 14, 18 f.

[723] RGZ 127, S. 14, 18 f.; 116, S. 213, 214; 89, S. 384, 385; 88, S. 433, 434; *Christensen*, Verkehrspflichten, S. 25 ff.

[724] BGHZ 31, S. 219, 221 ff.; BGH NJW 1975, S. 533, 534; ebenso OLG Celle NJW 1961, S. 1939, 1940. Siehe im selben Sinne auch BGHSt 47, S. 224, 229, 332.

[725] In RGZ 127, S. 14, 18; BGH VersR 1957, S. 234, 235 wurde das Vorliegen einer vertraglichen Vereinbarung noch besonders betont, ohne daß freilich ausdrücklich gesagt wurde, das Vorliegen eines wirksamen Vertrages sei Voraussetzung der Haftung eines Übernehmers; vgl. auch *Ulmer*, JZ 1969, S. 163, 172 (Fn. 99, 106) m. w. Nachw.

[726] BGH JZ 1989, S. 350. So auch schon BGH NJW 1959, S. 34, 35. Siehe zur Entstehung einer Garantenstellung die Ausführungen in BGHZ 109, S. 297, 303 f., die zwar für sich nicht sehr erhellend sind, die aber zeigen, daß ein Vertrag zur Entstehung deliktsrechtlicher Verantwortung nach Auffassung des BGH nicht erforderlich ist. Umgekehrt kann im Abschluß eines Vertrages freilich auch ein vertrauensbegründender Umstand liegen, so BGHZ 142, S. 227, 233; siehe ferner BGH NJW 1975, S. 533, 534.

[727] Siehe dazu etwa *Ulmer*, JZ 1969, S. 163, 166 m. w. Nachw. (Anm. 31, 32).

[728] Dazu *Ulmer*, JZ 1969, S. 163, 166 (insbesondere Anm. 33-40), 172 (Anm. 99, f.).

[729] Dazu *Ulmer*, JZ 1969, S. 163, 166 f. m. w. Nachw.

Ein Großteil der Lehre folgt heute der „neueren" Rechtsprechung des BGH, wonach es zur Entstehung (abstrakter) deliktischer Verantwortung einer wirksamen vertraglichen Vereinbarung über die Übernahme *nicht* bedarf.[730] Auch nach dieser Literaturauffassung ist ein vertrauensauslösender (Mitwirkungs-) Akt des Übernehmers als gefahrschaffendes Moment unverzichtbar.[731] Wenn für den Primärverantwortlichen insofern deutlich werden muß, daß sich nunmehr der Übernehmer um die Gefahrenbegegnung kümmern werde, ist das nur konsequent. Denn erst dann hält er den Erstverantwortlichen von weiteren eigenen Maßnahmen ab.[732] Daher soll im allgemeinen auch eine gefälligkeitshalber erfolgte Aufgabenübernahme zur Haftungsbegründung ausreichen.[733]

Der innere Grund der Haftung eines Übernehmers liegt darin, daß der Übernehmer gerade durch sein Verhalten den Primärverantwortlichen von etwaigen eigenen Sicherungsmaßnahmen abhält und genau dadurch eine (neue) Gefahr für die Rechtsgüter anderer schafft.[734] Gerade darin liegt auch die Grundlage der Garantenstellung oder, mit anderen Worten, der *eigenen* deliktischen Verantwortung des Übernehmers.

IV. Stellungnahme – Die Schaffung von Vertrauen als Anknüpfungspunkt für die vom Übernehmer zu tragende deliktische Verantwortung

Der Übernehmer einer Sicherungsaufgabe steht nach dem schon bisher Gesagten aufgrund der Inanspruchnahme eigenen Vertrauens originär in deliktsrechtlicher Verantwortung. Denn das entscheidende Gefährdungsmoment resultiert bei der Übernahme von Gefahrsteuerungsaufgaben, die zunächst einem andern oblagen,

---

[730] *Ulmer*, JZ 1969, S. 163, 172; *Christensen*, Verkehrspflichten, S. 85 f., 95; *Zeuner* in Soergel, BGB, § 823, Rn. 221. Nach einer Auffassung soll auch ein unwirksamer Übernahmevertrag deliktische Verantwortung des Übernehmers begründen können, so etwa *Hager* in Staudinger, BGB, § 823, Rn. E 64, nach einer anderen kommt es rein „auf das Faktum einverständlicher Übernahme" an, so *Wagner* in MüKo, BGB^4, § 823, Rn. 288; *Ulmer*, JZ 1969, S. 163, 172; ebenso *Zeuner* in Soergel, BGB, § 823, Rn. 221; *Hager* in Staudinger, BGB, § 823, Rn. E 63 f.; wohl auch *Steffen* in RGRK, BGB, § 823, Rn. 131 f. Trotz seines im Grundsatz abweichenden Ansatzes in dieser Frage zustimmend *von Bar*, Verkehrspflichten, S. 120 ff.; *Medicus*, BR, Rn. 658; so auch *Haas*, Geschäftsführerhaftung, S. 231, der freilich umgekehrt, vom Besonderen des § 831 BGB zum Allgemeinen des § 823 Abs. 1 BGB hin argumentiert. Zur älteren „Vertragslehre" *Wagner* (a.a.O.), § 823, Rn. 288 (Anm. 1265).

[731] Siehe *Ulmer*, JZ 1969, S. 163, 171 ff.; *Zeuner* in Soergel, BGB, § 823, Rn. 221; *Hager* in Staudinger, BGB, § 823, Rn. 63 f.; *Medicus*, BR, Rn. 658; *Belling/Eberl-Borges* in Staudinger, BGB, § 831, Rn. 126, 129; *Steffen* in RGRK, BGB, § 823, Rn. 131.

[732] *Ulmer*, JZ 1969, S. 163, 171; *Christensen*, Verkehrspflichten, S. 123 ff., 126 ff.; *Hager* in Staudinger, BGB, § 823, Rn. E 64; *Haas*, Geschäftsführerhaftung, S. 231.

[733] Siehe nur *Belling/Eberl-Borges* in Staudinger, BGB, § 832, Rn. 121, 160 f. m. w. Nachw.

[734] *Ulmer*, JZ 1969, S. 163, 170 f.; *Hager* in Staudinger, BGB, § 823, Rn. 63 f.; *Larenz/Canaris*, SR BT II/2, S. 418 f.

im wesentlichen aus der Inanspruchnahme von Vertrauen. Dabei ist es nicht ausschlaggebend, daß der Übernehmer in vielen Fällen unmittelbar nur das Vertrauen des Primärverpflichteten in Anspruch nehmen wird, da er gegenüber dem übrigen Rechtsverkehr häufig nicht in Erscheinung tritt. Denn die Konsequenz gerade der Inanspruchnahme des Vertrauens des Primärverpflichteten ist für ihn in aller Regel unverkennbar: der Primärverpflichtete wird *im Vertrauen* auf eine ordnungsgemäße Erledigung der übernommenen Aufgaben der Gefahrsicherung davon absehen, andere, *ex-ante* ebenso erfolgversprechende Maßnahmen zu treffen.

Zweifel bestehen, wenn der BGH zur Begründung deliktischer Übernehmerverantwortung zunächst anscheinend auf eine Änderung der Bereichszuständigkeit abstellen will.[735] Daß sich die Bereichszuständigkeit bei einer Übertragung der Verkehrssicherung grundsätzlich ändert, kann nicht richtig sein. Denn es fehlte dann auch an einer Grundlage für dem Primärverpflichteten obliegende Überwachungs- und sonstige flankierende Pflichten. Die Bereichszuständigkeit bleibt von der Einschaltung des Übernehmers vielmehr unberührt. Der Primärverpflichtete bleibt abstrakt auch der primär Zuständige, sowohl hinsichtlich des ihm ursprünglich zuzurechnenden Gefahrenherdes, als auch hinsichtlich des von ihm *durch* Übertragung von Aufgaben auf einen anderen neu geschaffenen.

Die deliktsrechtliche Verantwortung des Übernehmers ergibt sich in der Tat daraus, daß dieser eine Gefahr für die Rechtsgüter anderer schafft, indem er den Primärverpflichteten veranlaßt, von der Ergreifung weiterer eigener Sicherungsmaßnahmen abzusehen. Diese abstrakte Verantwortung erstreckt sich auch auf den Primärverpflichteten. Denn, wie auch der BGH zutreffend annimmt,[736] verläßt sich dieser in seiner „Rolle" als Verkehrsteilnehmer auch selbst darauf, daß die Verkehrssicherung ordentlich durchgeführt wird. Da der Übernehmer eine eigene Gefahr schafft, ist seine deliktische Verantwortung folglich auch eine eigene, *originäre* Verantwortung. *Insofern* ist der Übernehmer *primär* verantwortlich.[737]

V. Einzelfragen

1. Die zeitliche Ausdehnung der Übernehmerverantwortung

Beginn und Ende der deliktsrechtlichen Verantwortung des Übernehmers lassen sich aus den allgemeinen Grundsätzen ableiten. Sobald der Übernehmer davon ausgehen muß, daß der Primärverpflichtete im Vertrauen auf sein Tätigwerden ansonsten gebotene eigene Maßnahmen unterläßt, steht er in der Verantwortung. Mit diesem Zeitpunkt kommt die Entstehung konkreter Sicherungspflichten in

---

[735] BGH JZ 1989, S. 350.
[736] Vgl. etwa BGH JZ 1989, S. 350 m. w. Nachw.
[737] So etwa auch *Ulmer*, JZ 1969, S. 163, 171.

der Person des Übernehmers in Betracht.[738] Für das Ende deliktischer Verantwortung gilt das Umgekehrte. Sobald das in den Übernehmer gesetzte Vertrauen aus dessen Sicht derart zerstört ist, daß sich der Primärverpflichtete wieder zu eigenen Maßnahmen veranlaßt sehen muß, wird der Übernehmer von seiner deliktsrechtlichen Verantwortung wieder frei.[739] Denn dann ist die Grundlage seiner deliktischen Verantwortung beseitigt. Von da an muß sich der Primärverantwortliche wieder vollständig um den Aufgabenbereich kümmern.

Das Vertrauen des Primärverpflichteten kann zu jedem Zeitpunkt und auf unterschiedliche Art und Weise erschüttert oder zerstört werden. Die Zerstörung des Vertrauens muß dabei nicht notwendig vom Übernehmer ausgehen. So kann ein Primärverantwortlicher etwa auch nach einem durch *ihn* erklärten Widerruf eines Auftrages nach § 671 Abs. 1 HS 1 BGB nicht mehr auf der Grundlage des Auftragsverhältnisses auf die Durchführung von Sicherungsmaßnahmen durch den Auftragnehmer vertrauen. In Betracht kommt ebenso die Erklärung einer Kündigung, wobei dann das zeitliche Ende der deliktsrechtlichen Verantwortung auch von der Art und dem Inhalt der Kündigung abhängt. Im übrigen wirken auch eine für den Primärverpflichteten erkennbare Nachlässigkeit des Übernehmers und erst recht eine partielle oder völlige Einstellung der Sicherungstätigkeit durch diesen vertrauenserschütternd und beenden insofern nach Ablauf einer bestimmten Zeit die Übernehmerverantwortung.

Für den Zeitpunkt des Vertrauenswegfalls kann es dabei nicht darauf ankommen, daß die Aufkündigung oder Beendigung der Sicherungstätigkeit durch den Übernehmer nicht *zur Unzeit*[740] erfolgt. Denn die Zerstörung des Vertrauens kann nicht vom Zeitpunkt der Kenntniserlangung abhängen. Eine Vertrauenserschütterung kann tatsächlich auch zu ungünstiger Zeit oder gar zur Unzeit eintreten. Die aus § 242 BGB gewonnenen Grundsätze zum Schutz vor nachteiligen rechtlichen Folgen aus einem Ereignis, auf das man sich zu seiner Zeit nicht einzustellen brauchte, haben nämlich keine vertrauenserhaltende Kraft. Vielmehr lassen sie nur die rechtlichen Wirkungen, hier des Wegfalls des Vertrauens, erst zu einem späteren Zeitpunkt eintreten. Da der Übernehmer bei einer Einstellung der Sicherungstätigkeit zur Unzeit jedoch nicht mit einem umgehenden Eingreifen des Primärverantwortlichen rechnen kann, verbleibt die deliktische Verantwortung vorerst bei ihm. Zwischen der erkannten Beseitigung des Vertrauens des Primärverantwortlichen und der „Entlassung" des Übernehmers aus seiner

---

[738] So auch *Ulmer*, JZ 1969, S. 163, 174; *Hager* in Staudinger, BGB, § 823, Rn. E 64.

[739] So auch *Ulmer*, JZ 1969, S. 163, 174. Etwaige vertragliche Ansprüche sind hier nicht zu thematisieren.

[740] So womöglich *Ulmer*, JZ 1969, S. 163, 174; *Hager* in Staudinger, BGB, § 823, Rn. E 64.

Verantwortung wird regelmäßig eine bestimmte *Zeitspanne* liegen.[741] Denn zwischen dem für den Primärverantwortlichen erkennbaren Erfordernis, daß er in dem durch den Dritten übernommenen Aufgabenteil nunmehr wieder selbst tätig werden muß, und der frühestmöglichen Wirksamkeit neuer Maßnahmen wird ein größerer oder kleinerer Zeitraum liegen.

Die deliktische Verantwortung des Übernehmers setzt also ein, sobald der Übernehmer erstmals davon ausgeht, daß der Primärverantwortliche im Vertrauen auf ein gefahrbezogenes Tätigwerden des Übernehmers von eigenen (anderen oder weiteren) Maßnahmen zur Sicherung einer Gefahrenquelle absehen wird. Sie endet, wenn der Übernehmer aufgrund der Beseitigung des in Anspruch genommenen Vertrauens davon ausgehen kann, daß sich der Primärverpflichtete wieder selbst in der Pflicht sieht und wirksame Maßnahmen treffen kann.

2. Besonderheiten bei einer Übernahme im Rahmen der Berufsausübung

Während es auf besondere Qualifikationen beim Übernehmer nach einer Auffassung im Grundsatz nicht entscheidend ankommt,[742] will eine Gegenauffassung gerade in der Berufsausübung einen bedeutsamen Anknüpfungspunkt für Übernehmerhaftung sehen.[743]

Ob die übernommene Aufgabe zum Beruf des Übernehmers gehört, dürfte in der Tat für die Frage nach den Grundlagen deliktischer Verantwortung nicht entscheidend sein.[744] Ein Berufsträger mag gerade wegen seiner Berufstätigkeit besonderes Vertrauen in eine ordnungsgemäße Aufgabenerledigung schaffen.[745] Doch ist damit keineswegs ein neues rechtliches Kriterium benannt. Vielmehr ist das Vorliegen einer einschlägigen Berufstätigkeit wie übrigens auch das Vorliegen einer einschlägigen Berufsausbildung oder fundierter Erfahrungen als *ein* Aspekt von mehreren für die Entstehung berechtigten Vertrauens schlicht *mit*entscheidend. Rechtliche Besonderheiten ergeben sich daraus jedoch nicht.

---

741 BGHZ 31, S. 219, 223. Ebenso wohl *Hager* in Staudinger, BGB, § 823, Rn. E 64; *Ulmer*, JZ 1969, S. 163, 174, wenn sie die Anerkennung einer Kündigung zur Unzeit ablehnen.

742 *Hager* in Staudinger, BGB, § 823, Rn. E 21; *Wagner* in MüKo, BGB^4, § 823, Rn. 244 f., spricht in Bezug auf die Berufshaftung von einer Querschnittsmaterie, die keine eigenständige dogmatische Kategorie darstelle; kritisch auch *Canaris*, Larenz-FS II, S. 27, 83 f. A. A. etwa *von Caemmerer*, DJT-FS, Bd. 2, S. 49, 73.

743 Siehe BGH VersR 1954, S. 173; ferner *von Bar*, Verkehrspflichten, S. 49 ff.; *Mertens* in MüKo, BGB^3, § 823, Rn. 33, 214 sowie *Hager* in Staudinger, BGB, § 823, Rn. E 22 m. w. Nachw., die Bedeutung der Berufstätigkeit relativierend.

744 Vgl. *Larenz/Canaris*, SR BT II/2, S. 421 f.; *Wagner* in MüKo, BGB^4, § 823, Rn. 244 f. Im Ergebnis zustimmend wohl auch *Christensen*, Verkehrspflichten, S. 118 ff., 121 f.

745 BGH VersR 1954, S. 173.

3. Zur Bedeutung des Bestehens eines Übernahmevertrages für die deliktische Verantwortung des Übernehmers im allgemeinen

Nach den bisherigen Überlegungen kann das Vorliegen eines wirksamen Übernahmevertrages nicht als notwendige Voraussetzung für die Entstehung deliktischer Verantwortung des Übernehmers angesehen werden.[746] Es kommt vielmehr auf die auch sonst für die Entstehung von deliktsrechtlicher Verantwortung maßgebenden Gesichtspunkte an. Im Bereich der Übernehmerhaftung hängt die Gefährdung der Rechtsgüter anderer wesentlich von Existenz und Maß des Vertrauens ab, das der Übernehmer beim Primärverantwortlichen in Anspruch nimmt. Da bekanntermaßen auch beim Abschluß von Verträgen Vertrauenstatbestände gesetzt werden, *kann* das deliktsrechtlich relevante Vertrauen zugleich mit dem Abschluß eines entsprechenden Vertrages zur Entstehung gelangen. Die Entstehung deliktsrechtlich relevanten Vertrauens ist vom Abschluß eines Vertrages jedoch umgekehrt nicht abhängig.[747]

Eine Verzahnung des Vertrags- und des Deliktsrechts enthalten offenbar die §§ 831 Abs. 2, 832 Abs. 2, 834 BGB. Sollte jemand auf der Grundlage der genannten Vorschriften behaupten wollen, das BGB selbst würde als Voraussetzung für die Übernehmerhaftung das Vorliegen eines Vertrages für die dort geregelten Gefahrbereiche fordern,[748] so ist als Gegenargument auf den Zweck und den Regelungsgehalt der Vorschriften zu verweisen.[749] Der Bedeutungsgehalt liegt in der Normierung einer Beweislastumkehr zulasten des Geschäftsherrn, der Aufsichtsperson bzw. des Tierhalters und der qualifizierten Übernehmer insofern, als neben dem Kausalitätsbeweis das Vorliegen einer bestimmten Pflichtverletzung, nämlich eine Verletzung der Auswahl-, Beschaffungs- oder Leitungspflicht, der Aufsichtspflicht bzw. der Tierbeaufsichtigungspflicht, (widerleglich) vermutet wird.[750] Auf der Grundlage der Generalnorm des § 823 Abs. 1 BGB freilich können Schadensersatzansprüche gegenüber einem Übernehmer entstehen, der nicht aufgrund eines Übernahmevertrages tätig wird. Damit kann es ohne Vertrag zu deliktischer Übernehmerhaftung kommen.

---

[746] BGH JZ 1989, S. 350; OLG Celle NJW 1961, S. 1939, 1940; *Ulmer*, JZ 1969, S. 163, 166 f., 172; *Wagner* in MüKo, BGB^4, § 823, Rn. 288, *Zeuner* in Soergel, BGB, § 823, Rn. 221; *Hager* in Staudinger, BGB, § 823, Rn. E 63 f.; *von Bar*, Verkehrspflichten, S. 120 ff.

[747] So auch *Christensen*, Verkehrspflichten, S. 123 ff.; *Belling/Eberl-Borges* in Staudinger, BGB, § 831, Rn. 126.

[748] So hält etwa *Christensen*, Verkehrspflichten, S. 29, das Vorliegen eines Vertrages bei den §§ 831 Abs. 2, 832 Abs. 2, 834 BGB für eine Voraussetzung deliktischer Haftung des Übernehmers einer Aufsichtspflicht.

[749] Einzelheiten dazu bei *Ulmer*, JZ 1969, S. 163, 172; *Belling/Eberl-Borges* in Staudinger, BGB, § 831, Rn. 124; § 832, Rn. 30, 41; 834, Rn. 10, 18; *Fuchs*, Deliktsrecht, S. 133 ff.

[750] Siehe etwa *Fuchs*, Deliktsrecht, S. 133 f. Näher dazu sogleich.

Es kann festgehalten werden, daß der Übernahmevertrag deliktsrechtlich nicht haftungskonstitutiv ist. Es ist vollkommen konsequent, daß es für deliktische Übernehmerverantwortung auch nicht auf das Bestehen eines *wirksamen* Übernahmevertrages ankommt. Auch bei Abschluß eines unwirksamen Vertrages über die Übernahme der Verkehrssicherung und sogar bei völligem Fehlen eines Vertrages kann entsprechendes haftungsbegründendes Vertrauen beim Primärverantwortlichen entstehen. So etwa bei nachhaltiger tatsächlicher Übernahme der Verkehrssicherung.[751] Für die deliktische Verantwortung wird man es umgekehrt auch als unerheblich ansehen müssen, ob der Übernehmer durch sein Verhalten seine gegenüber dem Primärverpflichteten bestehenden vertraglichen Pflichten verletzt. Denn es kommt für die *deliktische* Verantwortung und Haftung allein darauf an, ob die *dafür* erforderlichen Voraussetzungen vorliegen.

4. Zur Begründung von Übernahmeverantwortung durch Arbeitnehmer

Ein Thema mit großer praktischer Relevanz ist die Frage, ob Arbeitnehmer als Übernehmer in deliktische Verantwortung hineinwachsen können. Umgekehrt stellt sich die Frage, ob die Übernehmerhaftung von der Selbständigkeit des Übernehmers abhängt.[752]

Teilweise wird vertreten, von Arbeitnehmern könne eine Übernehmerverantwortung prinzipiell oder regelmäßig nicht begründet werden. Denn Arbeitnehmer seien in der Übernahmeentscheidung nicht frei, sondern arbeitsvertraglich gebunden.[753] Daß indes auch Arbeitnehmer prinzipiell in ihrem Tätigkeitsbereich deliktische Verantwortung tragen und einem Dritten damit bei Vorliegen der Voraussetzungen des § 823 Abs. 1 BGB deliktsrechtlich haften, entspricht den allgemeinen Grundsätzen der Zivilrechtsordnung.[754] Zur Bestätigung kann etwa auf das Institut des innerbetrieblichen Schadensausgleichs verwiesen werden.[755] Denn die Auseinandersetzung über Haftungsquoten und die Frage der

---

[751] So BGHZ 31, S. 219, 221.

[752] Siehe dazu etwa *Christensen*, Verkehrspflichten, S. 123 ff.

[753] Siehe dazu bei *Hager* in Staudinger, BGB, § 823, Rn. E 65, der als Beleg dafür BGH NJW 1979, S. 864, 865 benennt. Dort ging es aber gerade nicht um die grundsätzliche Frage, ob ein Arbeitnehmer als solcher überhaupt eigene deliktische Verantwortung begründen kann. Denn der BGH hat die Verantwortung des Arbeitnehmers, der sich bei Schadenseintritt noch in der Lehre befunden hat, aufgrund dessen Minderjährigkeit verneint.

[754] Der BGH setzt dies etwa auch in BGH NJW 1979, S. 864, 865 voraus. Siehe auch *Ulmer*, JZ 1969, S. 163, 172 f.; *Larenz/Canaris*, SR BT II/2, S. 423 ff.; ausführlich *Christensen*, Verkehrspflichten, S. 156 ff.; *Blomeyer* in MüHdbArbR, § 60, Rn. 1; *Linck* in Schaub, Arbeitsrechtshandbuch, § 52, Rn. 89, jeweils m. w. Nachw. Im Ergebnis ebenso *Hager* in Staudinger, BGB, § 823, Rn. E 65.

[755] *Blomeyer* in MüHdbArbR, § 60, Rn. 14, 15 ff.; *Linck* in Schaub, Arbeitsrechtshandbuch, § 52, Rn. 91 jeweils m. w. Nachw.

Haftungsentlastung durch den Arbeitgeber setzt die eigene deliktische Verantwortung voraus.

Die Gegenauffassung berücksichtigt mit dem Argument der vertraglich eingeschränkten Handlungsfreiheit und der geringen Gestaltungsmacht von Arbeitnehmern nicht hinreichend, daß die im einzelnen übernommenen Tätigkeiten und Aufgabenbereiche auch nur einen beschränkten Teilbereich innerhalb eines komplexeren Gesamtgefüges abdecken können und dementsprechend auch die deliktische Verantwortung relativ gering sein kann. Ohne Zweifel können auch Arbeitnehmer durch ihr Handeln deliktsrechtlich relevantes Vertrauen eines Primärverantwortlichen begründen.[756] Freilich kann dieses Vertrauen gegenüber einem Arbeitnehmer nicht weiter gehen, als dessen Rechts- und Gestaltungsmacht reicht. Die deliktische Verantwortung des Arbeitnehmers ist begrenzt durch die Freiheiten, die ihm insbesondere der Arbeitsvertrag beläßt bzw. einräumt. Auch Weisungen des Arbeitgebers wirken sich hier aus. Je genauer der Arbeitgeber die Vorgehensweise bei einzelnen Gefahren vorschreibt, desto geringer ist die Freiheit des Arbeitnehmers. Dessen Verantwortung kann dann im Einzelfall etwa rein in der Einhaltung und Umsetzung solcher Vorschriften bestehen.

VI. Zum Merkmal des Übernahmevertrages bei §§ 831 Abs. 2, 832 Abs. 2, 834 BGB

Da es für die Begründung deliktischer Verantwortung eines Übernehmers nach der allgemeinen Vorschrift des § 823 Abs. 1 BGB *nicht* auf das Bestehen oder die Wirksamkeit eines Übernahmevertrages ankommt,[757] stellt sich die Frage nach dessen Bedeutung im übrigen. Dazu ist vom Regelungsgehalt der genannten Vorschriften selbst auszugehen. Die Absätze 2 der § 831 und § 832 BGB sehen als Rechtsfolge vor, daß *die gleiche Verantwortung* besteht. Damit kann nur die im jeweiligen Absatz 1 angeordnete gemeint sein. § 834 BGB sieht mit anderer Formulierung eine entsprechende Anknüpfung an § 833 BGB vor. In § 838 BGB ist das Vertragsmerkmal zwar nicht genannt, unter Verweis auf ein Redaktionsversehen wird die Haftung des Übernehmers teilweise jedoch auch nach § 838 BGB an das Vertragsmerkmal geknüpft.[758]

---

[756] So auch *Ulmer*, JZ 1969, S. 163, 173. Allgemein zur Übernehmerverantwortung in arbeitsteiligen Prozessen *Christensen*, Verkehrspflichten, S. 135 ff.

[757] Siehe nochmals *Ulmer*, JZ 1969, S. 163, 171 f.; *Belling/Eberl-Borges* in Staudinger, BGB, § 831, Rn. 126; *Wagner* in MüKo, BGB^4, § 831, Rn. 45.

[758] Siehe nur *Petershagen*, Gebäudehaftung, S. 187 f.; *Zeuner* in Soergel, BGB, § 838, Rn. 2; *Teichmann* in Jauernig, BGB, § 838, Rn. 1; einschränkend *Mull*, Haftung, S. 152; *Belling/Eberl-Borges* in Staudinger, BGB, § 838, Rn. 3, 4 halten das Vertragserfordernis für unzeitgemäß; dagegen auch *Wagner* in MüKo, BGB^4, § 838, Rn. 5.

1. Meinungsstand

Nach wohl allgemeiner Auffassung handelt es sich bei den §§ 831 Abs. 1, 832 Abs. 1, 833 und 836 (f.) BGB um Spezialvorschriften gegenüber § 823 Abs. 1 BGB.[759] Denn darin werden bestimmte, auch aus § 823 Abs. 1 BGB ableitbare Verkehrs(sicherungs)pflichten gesetzlich besonders normiert.[760] Die Bedeutung dieser Vorschriften im Verhältnis zu § 823 Abs. 1 BGB liegt nach der herrschenden Lehre in einer Umkehrung der Beweislast.[761] Neben der hier nicht interessierenden Umkehrung der Beweislast im Hinblick auf die Frage der Kausalität ist in den genannten Vorschriften auch eine Beweislastumkehr insofern normiert, als danach der Geschäftsherr, die Aufsichtsperson bzw. der Tierhalter dahingehend beweisbelastet ist, daß er *die im Verkehr erforderliche Sorgfalt beobachtet* hat. Insofern weichen diese Vorschriften von § 823 Abs. 1 BGB ab.[762] Nach der herrschenden Lehre handelt es sich bei allen vier Paragraphen, abgesehen von der Gefährdungshaftungsregelung des § 833 S. 1 BGB, um Verschuldenshaftungsregelungen.[763]

Die §§ 831 Abs. 2, 832 Abs. 2, 834 (und 838) BGB knüpfen die Rechtsfolgenanordnung der Beweislastmodifikation (= „gleiche Verantwortung") an die Voraussetzung, daß die entsprechenden Pflichten zur ordentlichen Leitung, Aufsicht, Errichtung oder Unterhaltung des zunächst Verantwortlichen *durch Vertrag* übernommen wurden. Zur Erklärung der Bedeutung dieses Übernahmevertrages wird darauf hingewiesen, daß den Regelungen die Unterscheidung zwischen Übernahmevertrag und Vollzug der Übernahme zugrunde liegt.[764] Nach einer Überlegung sollte ein Übernehmer nach den genannten Vorschriften nicht allein aufgrund einer (tatsächlichen) Übernahme haften, sondern nur unter der Voraussetzung, daß er sich zu dieser *vertraglich* verpflichtet hat. Damit sollten

---

[759] *Belling/Eberl-Borges* in Staudinger, BGB, § 831, Rn. 18; § 832, Rn. 162 f.; *Christensen*, Verkehrspflichten, S. 46 f., 92 ff.; *Larenz/Canaris*, SR BT II/2, S. 477 f., 485 ff.; *Frank*, BB 1975, S. 588; *Ulmer*, JZ 1969, S. 163, 164; *Spindler*, Unternehmensorganisationspflichten, S. 694 ff.; *Petershagen*, Gebäudehaftung, S. 103 ff., 106 ff.

[760] *Belling/Eberl-Borges* in Staudinger, BGB, § 831, Rn. 18 ff.; *Wagner* in MüKo, BGB^4, § 831, Rn. 7; *Haas*, Geschäftsführerhaftung, S. 216 f.; *Frank*, BB 1975, S. 588 f.; *Fuchs*, Deliktsrecht, S. 133 f.; *Brüggemeier*, Deliktsrecht, S. 514 f.; *Spindler*, Unternehmensorganisationspflichten, S. 694 ff.

[761] *Ulmer*, JZ 1969, S. 163, 164, 172; *Fuchs*, Deliktsrecht, S. 133 f.; *Christensen*, Verkehrspflichten, S. 93.

[762] So etwa *Steffen* in RGRK, BGB, § 831, Rn. 4; ebenso *Zeuner* in Soergel, BGB, § 831, Rn. 1; § 832, Rn. 2; § 833, Rn. 1; *Ulmer*, JZ 1969, S. 163, 164 ff.; im Ergebnis wohl auch *Wagner* in MüKo, BGB^4, § 831, Rn. 42 f.

[763] Siehe nur *Belling/Eberl-Borges* in Staudinger, BGB, § 831, Rn. 2 ff.; *Zeuner* in Soergel, BGB, § 831, Rn. 1; § 832, Rn. 2; § 833, Rn. 1; *Fuchs*, Deliktsrecht, S. 133 f.

[764] Mugdan II, S. 1090, 1300 f.; dazu auch *Ulmer*, JZ 1969, S. 163, 164 f.

vor allem Fälle gefälligkeitshalber übernommener Verkehrspflichten vom tatbestandlichen Anwendungsbereich ausgeschlossen werden.[765] Nach einer neueren Auffassung ist statt eines Übernahmevertrages ausreichend, daß sich der Übernehmer (auch nur einseitig) „verbindlich für zuständig erklärt".[766] Sei vor allem bezweckt, die Beweislastumkehr nicht auch für Übernahmen wirken zu lassen, denen eine bloße Gefälligkeit zugrunde liegt, gingen die Vorschriften zu weit. Es soll daher bereits genügen, daß sich der Übernehmer rechtsverbindlich bindet, etwa in Form einer einseitigen Selbstverpflichtung.[767] Im übrigen soll es nicht einmal *ausdrücklicher* Erklärungen bedürfen.[768] Eine andere Auffassung will an der Voraussetzung des Vertragsschlusses für die Haftungsverschärfung festhalten.[769] Demzufolge reicht weder ein nichtiger noch ein unwirksamer Vertrag als Grundlage für die verschärfte Haftung nach §§ 831 Abs. 2, 832 Abs. 2 und 834 BGB aus.[770]

Belling/Eberl-Borges[771] vertreten im Zusammenhang mit § 831 Abs. 2 BGB hinsichtlich der *inhaltlichen* Anforderungen an den Übernahmevertrag die Ansicht, daß der Übernehmer die jeweiligen Aufgaben „als eigene Verkehrspflichten" übernimmt. *Belling/Eberl-Borges* geht es dabei offenbar darum, die Fälle auszuschließen, in denen der Dritte deliktisch gebotene Aufgaben nicht in persönlicher Verantwortung, sondern in beim Primärverantwortlichen verbleibender Verantwortung wahrnimmt. In diesen Fällen sollen die Voraussetzungen des § 831 Abs. 2 BGB nicht vorliegen.

2. Stellungnahme

Hinsichtlich der Bedeutung des Abschlusses eines Übernahmevertrages für die Übernehmerhaftung ist zwischen der allgemeinen Haftung nach § 823 Abs. 1 BGB und den besonderen Haftungstatbeständen der §§ 831 Abs. 2, 832 Abs. 2, 834 (und 838) BGB zu unterscheiden. Für die allgemeine deliktische Haftung gelten die allgemeinen Grundsätze. Daß auch in der tatsächlichen Übernahme von Aufgaben ein vertrauensschaffendes und damit ein gefahrerhöhendes Moment liegen kann, aus dem sich deliktische Verantwortung ergeben

---

765 Mugdan II, S. 1090, 1300 f.; dazu auch *Ulmer*, JZ 1969, S. 163, 164 f.; *Belling/Eberl-Borges* in Staudinger, BGB, § 831, Rn. 126, § 832, Rn. 30, jeweils m. w. Nachw.

766 So *Belling/Eberl-Borges* in Staudinger, BGB, § 831, Rn. 126.

767 *Belling/Eberl-Borges* in Staudinger, BGB, § 831, Rn. 126; bei § 832 BGB dagegen wird eine Lockerung des Vertragserfordernis nicht vertreten, *dies.* (a.a.O.), § 832, Rn. 32.

768 *Belling/Eberl-Borges* in Staudinger, BGB, § 832, Rn. 32. *Wagner* in MüKo, BGB^4, § 832, Rn. 18, will eine „faktische Absprache" genügen lassen.

769 *Zeuner* in Soergel, BGB, § 823, Rn. 11; *Spindler* in Bamberger/Roth, BGB, § 832, Rn. 13.

770 Siehe etwa *Christensen*, Verkehrspflichten, S. 98 f. m. w. Nachw.

771 In Staudinger, BGB, § 831, Rn. 127 ff., 129 m. w. Nachw. zum Meinungsstand.

kann, wurde ebenso bereits festgestellt, wie die fehlende Abhängigkeit der Entstehung gefahrbegründenden Vertrauens vom Abschluß von Verträgen.

Die §§ 831 Abs. 2, 832 Abs. 2, 834 (und 838) BGB sind *leges speciales* zu § 823 Abs. 1 BGB und zwar vor allem in beweislastrechtlicher Hinsicht.[772] Wenn es schon bei § 823 Abs. 1 BGB materiellrechtlich keine notwendige Haftungsvoraussetzung ist, daß ein Übernahmevertrag zustande kommt, so kann dieses Merkmal erst recht bei §§ 831 Abs. 2, 832 Abs. 2, 834 BGB keine materiell *haftungs*konstitutive Bedeutung haben.[773] Konstitutiv kann das Merkmal daher nur in anderer Hinsicht sein. Seinen Sinn findet das Erfordernis des Übernahmevertrages in der Begründung der Beweislastmodifikation. Da die §§ 831 Abs. 2, 832 Abs. 2, 834 (und 838) BGB nicht eine materiellrechtlich sonst nicht bestehende Deliktshaftung begründen, gibt das Merkmal des Übernahmevertrages (nur) den Eintritt der Beweislastmodifizierung frei.

Belling/Eberl-Borges meinen, das Merkmal der Übernahme *durch Vertrag* sei zu eng und erfasse nicht einseitig vertrauensbegründende Akte, wie etwa die Selbstbindung, für welche die Rechtsfolgen der §§ 831 Abs. 2, 832 Abs. 2, 834 BGB aber ebenso gelten sollen.[774] Die Funktion der Vorschriften liegt jedoch nicht darin zu bestimmen, auf welche Weise eigene deliktische Verantwortung eines Übernehmers begründet wird, es geht nur darum festzulegen, unter welchen Voraussetzungen die Belastung eines Übernehmers mit der Umkehrung der Beweislast eintreten soll.[775]

Daß der Übernehmer die zu übernehmenden Aufgaben, wie es gefordert wird,[776] als „eigene Verkehrssicherungspflichten" übernehmen muß, paßt nicht zu den oben dargestellten Grundsätzen. Es liegt zunächst schon nicht in der Hand zweier Vertragsschließender, über die Voraussetzungen deliktischer Haftung zu disponieren. Die Verantwortung des Übernehmers bestimmt sich zum einen

---

[772] Daneben weisen sie in Gegenüberstellung mit § 823 Abs. 1 BGB auch die Besonderheit auf, daß ihr Schutzbereich weiter ist und nicht etwa durch das Merkmal der Verletzung bestimmter Rechtsgüter begrenzt ist.

[773] Anders wohl noch Überlegungen in den Protokollen zum BGB, Mugdan II, S. 1090. Auch *Belling/Eberl-Borges* in Staudinger, BGB, § 831, Rn. 126, mögen das anders sehen, wenn sie bei § 831 BGB von einer Belastung mit „haftungsrechtlicher Verantwortlichkeit" sprechen.

[774] In Staudinger, BGB, § 831, Rn. 126; § 832, Rn. 40; ähnlich *Wagner* in MüKo, BGB^4, § 823, Rn. 18.

[775] So auch *Wagner*, BGB^4, § 823, Rn. 18. Soweit bei *Belling/Eberl-Borges*, a.a.O., anhand von Gesichtspunkten argumentiert wird, die, wie Minderjährigkeit, Gesetzwidrigkeit eines Tätigwerdens des Übernehmers, bereits der Entstehung von Vertrauen auf der Ebene der allgemeinen Voraussetzungen deliktischer Verantwortung entgegenstehen können, bringt das hier keine weiteren Erkenntnisse. Insofern steht die Auseinandersetzung um das Erfordernis des Vertragsschlusses bei den Spezialtatbeständen möglicherweise wieder am Anfang.

[776] So *Belling/Eberl-Borges* in Staudinger, BGB, § 831, Rn. 127 ff., 129 m. w. Nachw.

normativ und ist zum anderen keine derivative. Wenn die Rechtsordnung bereits in der Inanspruchnahme des Vertrauens eines deliktisch (Primär-) Verantwortlichen die Begründung (eigener) deliktischer Verantwortung sieht, ist es nicht denkbar, daß jemand bei einem Primärverantwortlichen Vertrauen hinsichtlich seines eigenen gefahrsteuernden Tätigwerdens schafft, ohne daß ihm insofern zugleich eigene deliktische Verantwortung zuwächst. Freilich hindern Gesichtpunkte, die der Wirksamkeit eines entsprechenden Vertrages im Wege stehen, wie etwa die Minderjährigkeit des Übernehmers, zweifellos auch die Entstehung von entsprechendem Vertrauen des Primärverantwortlichen. Bereits deshalb wird eine deliktische Eigenverantwortung etwa bei minderjährigen Übernehmern schon allgemein nur recht selten entstehen (siehe auch § 828 Abs. 3 BGB). Die darüber hinausgehende Frage nach einer möglichen verschärften Haftung eines Minderjährigen nach § 831 Abs. 2 BGB (etc.) wird wegen des Vertragserfordernisses noch weit seltener bejaht werden können.

3. Meinungsstand zur Wirkung der Regelungen der allgemeinen Rechtsgeschäftslehre auf die Wirksamkeit des Übernahmevertrages

Zu der Wirkweise der Regelungen der allgemeinen Rechtsgeschäftslehre hinsichtlich des Übernahmevertrages und zur Frage, wie sich die haftungsrechtliche Lage nach § 831 Abs. 2, 832 Abs. 2, 834 BGB etwa bei Minderjährigkeit des Übernehmers oder des Primärverantwortlichen darstellt, fehlt es weitgehend an detaillierteren Stellungnahmen.[777] Daß ein Übernahmevertrag bzw. die teilweise für ausreichend erachtete einseitige Verpflichtungserklärung *wirksam* sein muß, wird häufig noch explizit gefordert.[778]

Belling/Eberl-Borges[779] heben unter Verweis auf den Normzweck hervor, daß es nicht auf die Wirksamkeit des Vertrages ankommen kann, sondern nur darauf, ob sich aus der Sphäre des Übernehmers Wirksamkeitshindernisse für dessen Übernahmeerklärung ergeben. Sie befürworten damit in der Sache eine teleologische Reduktion der Regelungen dahingehend, daß es eines wirksamen Vertrages im Sinne eines wirksamen zweiseitigen Rechtsgeschäfts nicht bedarf. Das hat seinen Grund möglicherweise darin, daß es der Übernehmer ist, dessen Rechtsposition durch die Rechtsfolgen der §§ 831 Abs. 2, 832 Abs. 2 BGB eine Belastung erfährt und insofern nur seine Interessen durch eine sachgerechte Anwendung der Normen der allgemeinen Rechtsgeschäftslehre gegenüber den Schutzinteressen des Rechtsverkehrs zu schützen sind. Im einzelnen soll für die Wirksamkeit der Erklärung des Übernehmers auf den Schutzzweck der jeweili-

---

777 Vgl. dazu *Belling/Eberl-Borges* in Staudinger, BGB, § 831, Rn. 126; *Christensen*, Verkehrspflichten, S. 47 ff.

778 So *Larenz/Canaris*, SR BT II/2, S. 484; siehe ferner *Christensen*, Verkehrspflichten, S. 47 ff.; *Belling/Eberl-Borges* in Staudinger, BGB, § 831, Rn. 126, § 832, Rn. 40.

779 Staudinger, BGB, § 831, Rn. 126, § 832, Rn. 40.

gen Norm abgestellt werden.[780] So soll sich ein Übernehmer etwa bei einem Verstoß gegen das Gesetz zur Bekämpfung der Schwarzarbeit nur dann auf die Unwirksamkeit des Übernahmevertrages berufen können, wenn auch dem Primärverantwortlichen ein solcher Verstoß zur Last fällt.[781] Basiert die Übernahmeerklärung auf einer Täuschung, bindet sie danach ebenfalls nicht.[782]

4. Stellungnahme

Belling/Eberl-Borges weisen auf das grundlegende Problem der Abstimmung vertragsrechtlicher Regelungen mit dem Deliktsrecht hin. Rechtsbeziehungen, die auf vertraglicher Grundlage beruhen, werden wesentlich durch gegenseitiges Vertrauen geprägt. Ihre Wirkungen beschränken sich regelmäßig auf die am Vertrag Beteiligten. Im Spannungsfeld zwischen Willens- und Vertrauensschutz wirken sich Mängel, die dem anderen Vertragsteil erkennbar sind, vertrauensmindernd aus (§§ 133, 157 BGB). Das hat etwa in den §§ 116 S. 2, 117, 133, 142 Abs. 2 BGB Niederschlag gefunden.

Wenn in §§ 831 Abs. 2, 832 Abs. 2, 834 BGB vom Merkmal der Übernahme durch Vertrag die Rede ist, so legt dies im Ausgangspunkt zunächst die Anwendung und damit die grundsätzliche Anwendbarkeit der Vorschriften der Rechtsgeschäftslehre, insbesondere der Vorschriften über die Geschäftsfähigkeit (§§ 104-113 BGB), nahe. Nicht alle Vorschriften der allgemeinen Rechtsgeschäftslehre erscheinen jedoch ihrer Regelung und Funktion nach sinnvoll auf den Übernahmevertrag nach §§ 831 Abs. 2, 832 Abs. 2 und 834 BGB anwendbar.

Die Zweifel von *Belling/Eberl-Borges* daran, daß es zur Erreichung des mit den §§ 831 Abs. 2, 832 Abs. 2 und 834 BGB verfolgten Zwecks eines in jeder Hinsicht *wirksamen* Vertrages bedarf, erscheinen durchaus berechtigt. Der Übernehmer bedarf zweifellos des Schutzes vor einer Belastung mit der beweislastrechtlich verschärften Haftung durch die Regelungen der Rechtsgeschäftslehre. Warum jedoch in der Sphäre des Primärverantwortlichen wurzelnde Einwendungen eine verschärfte deliktische Verantwortung des Übernehmers nach §§ 831 Abs. 2, 832 Abs. 2 und 834 BGB verhindern sollen, ist auf den ersten Blick nicht recht erklärlich, sind doch dessen Interessen insofern nicht nachteilig berührt und bedarf dieser des Schutzes daher nicht.

Zuzustimmen ist *Belling/Eberl-Borges*, wenn sie für die Frage der *Wirksamkeit* des Übernahmevertrages für die §§ 831 Abs. 2, 832 Abs. 2 und 834 BGB auf den Schutzzweck der einzelnen Norm abstellen wollen. Gerade bei Verstößen gegen Verbotsgesetze oder die guten Sitten ist je nach Sinn und Zweck, der für

---

[780] *Belling/Eberl-Borges* in Staudinger, BGB, § 831, Rn. 126, § 832, Rn. 40.
[781] *Belling/Eberl-Borges* in Staudinger, BGB, § 831, Rn. 126, § 832, Rn. 40.
[782] *Belling/Eberl-Borges* in Staudinger, BGB, § 831, Rn. 126, § 832, Rn. 40.

die Nichtigkeit nach §§ 134, 138 BGB spricht, zu differenzieren. Beispielsweise ist nicht ersichtlich, warum ein Schwarzarbeiter nicht in die verschärfte deliktische Verantwortung nach den §§ 831 Abs. 2, 832 Abs. 2 und 834 BGB hineinwachsen soll, kann seine Beauftragung doch bei vorhandener Qualifikation nach hier vertretener Auffassung eine Entlastung des Primärverantwortlichen bewirken.[783]

Eine generelle Anwendung der Vorschriften des *Anfechtungsrechts* begegnet vor allem im Hinblick auf die Ausgestaltung dieses Instituts erheblichen Zweifeln. Denn die Zwecke, die bei der Einräumung eines Anfechtungsrechts verfolgt werden, und die hinter diesem Institut insgesamt stehenden Erwägungen passen im Deliktsrecht nur bedingt. Der Schutz der Willensfreiheit und der Privatautonomie, wie er im Anfechtungsrecht durch die Einräumung der Rechtsmacht verwirklicht ist, eine einmal abgegebene und zunächst bindende Willenserklärung mit *ex-tunc*-Wirkung nichtig werden zu lassen, läuft dem Zweck des deliktsrechtlichen Verkehrsschutzes zuwider. Der Zustand der „schwebenden Wirksamkeit", wie er bei der Anfechtbarkeit eines Rechtsgeschäfts aufgrund der gesetzlich angeordneten Rückwirkung der Anfechtung (§ 142 Abs. 1 BGB) besteht,[784] verträgt sich mit den Zwecken des Deliktsrechts und dem Interesse an aktueller Bestimmtheit der haftungsrechtlichen Verhältnisse nicht – auch wenn es bei den §§ 831 Abs. 2, 832 Abs. 2, 834 BGB letztlich nur um eine Modifikation der Beweislast geht.

Hier stehen sich das Interesse des Rechtsverkehrs an Klarheit über das Bestehen verschärfter Haftung und der Schutz der Willensfreiheit des Anfechtungsberechtigten gegenüber. Bei Anfechtungsgründen, die aus der Sphäre des Übernehmers resultieren, wie etwa bei Irrtümern seinerseits, empfiehlt sich eine Anlehnung an das Vorgehen bei der Anfechtung von in Vollzug gesetzten Dauerschuldverhältnissen.[785] Das heißt, daß zwar mit Abgabe der anfechtbaren Erklärung durch den Übernehmer zunächst eine Verantwortung nach §§ 831 Abs. 2, 832 Abs. 2, 834 BGB entsteht, daß diese aber durch Erklärung der Anfechtung mit *ex-nunc*–Wirkung (!) wieder beseitigt werden kann. Anders sollte es bei arglistiger Täuschung oder Drohung durch den Primärverantwortlichen gehandhabt werden. Da in diesem Falle kein Vertrauen auf der Seite des Primärverantwortlichen entsteht, kommt es dort schon anfänglich *nicht* zu einer Bindung (Verantwortung) des Übernehmers – weder nach § 823 Abs. 1 BGB noch nach §§ 831 Abs. 2, 832 Abs. 2 und 834 BGB. Eine täuschungs- oder drohungsbe-

---

[783] Siehe dazu oben Kap. 6 B. II. 1. b).

[784] Zum Institut der schwebenden Wirksamkeit *Chr. Schäfer*, Jura 2004, S. 793 ff., auch zur schwebenden Wirksamkeit anfechtbarer Rechtsgeschäfte (S. 794 f.).

[785] Vgl. dazu *Mayer-Maly/Busche* in MüKo, BGB, § 142, Rn. 15 ff.; *Roth* in Staudinger, BGB, § 142, Rn. 32 ff.

dingte Willenserklärung ist zwar im allgemeinen nicht aus sich heraus unwirksam (arg. e. § 123 BGB), sondern nur anfechtbar. Insofern kann der Getäuschte oder Bedrohte entscheiden, ob er die Folgen der Willenserklärung gelten lassen will.[786] Für ein solches Wahlrecht besteht im Rahmen der deliktischen Übernahmevorschriften jedoch kein Bedürfnis. Die Übernahme deliktischer Verantwortung ist als solche rein nachteilig, so daß es dem Interesse des Übernehmers allein entspricht, daß eine entsprechende Haftung nicht entsteht, wenn er seitens des Übernehmers nach § 123 BGB zu seiner Erklärung *bestimmt* worden ist. Der Rechtsverkehr erleidet dadurch keinen Nachteil, da der Primärverantwortliche mit Erhalt der haftungsrechtlichen Ausgangslage weiterhin unverändert haftet. Anders wäre es jedoch wieder bei dem Primärverantwortlichen nicht bekannten arglistigen Täuschungen oder widerrechtlichen Drohungen durch Dritte. In diesem Fall kann nämlich hinreichendes Vertrauen bei dem Primärverantwortlichen entstehen, welches gegebenenfalls durch eine Anfechtung zu beseitigen ist. Auch diese Anfechtung kann jedoch wegen der Verkehrsinteressen wieder nur *ex nunc* wirken.

5. Zur Anwendung des § 831 Abs. 2 BGB auf Organe juristischer Personen

a) Meinungsstand

Die Anwendbarkeit des § 831 Abs. 2 BGB auf Organe juristischer Personen ist hoch umstritten und letztlich wohl noch ungeklärt.[787] Nach einer in der Literatur teilweise vertretenen Auffassung erfaßt die Beweislastumkehr aus § 831 Abs. 2 BGB prinzipiell auch die Organe einer Gesellschaft mit der Folge, daß diese sich bei widerrechtlichen Schädigungen durch der Gesellschaft untergeordnete Hilfspersonen nach § 831 Abs. 1 S. 2 BGB hinsichtlich Kausalität oder Pflichtverletzung zu entlasten hätten.[788] Der Tatbestand der Vorschrift sei erfüllt, da eine vertragliche Übernahme der Pflichten nach § 831 Abs. 1 S. 2 BGB vorläge.[789] Auch dürfe keine haftungsrechtliche Besserstellung der Organe juristischer Personen bestehen.[790]

Der BGH[791] hingegen will § 831 Abs. 2 BGB mit einer ebenfalls in der Literatur vertretenen Auffassung[792] nicht auf Gesellschaftsorgane anwenden. Als Argu-

---

[786] Siehe dazu *Kramer* in MüKo, BGB, § 123, Rn. 1.

[787] Siehe *Martinek*, Repräsentantenhaftung, S. 44 ff.; *Belling/Eberl-Borges* in Staudinger, BGB, § 831, Rn. 127 ff., 129; *Christensen*, Verkehrspflichten, S. 53 f. 181 ff. 191 ff.

[788] Vgl. *Frank*, BB 1975, S. 588 (zu BGH NJW 1974, S. 1371). Früher auch noch der BGH VersR 1960, S. 371, 372; *Christensen*, Verkehrspflichten, S. 191 ff.; siehe auch *Haas*, Geschäftsführerhaftung, S. 223 ff., 226 ff.

[789] So etwa *Frank*, BB 1975, S. 588 f.

[790] Vgl. *Zeuner* in Soergel, BGB, § 831, Rn. 55; *Christensen*, Verkehrspflichten, S. 191 ff.

[791] So etwa BGHZ 109, S. 297, 304; 125, S. 366, 375; NJW 1974, S. 1371, 1372.

ment wird dafür zum einen die Vorschrift des § 43 GmbHG (§ 93 AktG, § 34 GenG) angeführt,[793] die eine reine Innenhaftung des GmbH-Geschäftsführers vorsieht. Das soll die Konsequenz aus der Organtheorie sein, nach der das Organ der Gesellschaft ihre deliktsrechtliche Verantwortung nicht teilweise abnimmt, sondern aufgrund des Geschäftsführungsvertrages unmittelbar für die Gesellschaft handelt. Diese habe für sein Fehlverhalten nach § 31 BGB einzustehen.[794] Folglich könne von einer Übernahme *fremder* deliktsrechtlicher Pflichten durch die Organe nicht die Rede sein.[795] Zum anderen lehnt der BGH aber auch das Merkmal des Übernahmevertrages in § 831 Abs. 2 BGB ab, da die Rechtsstellung des Organs auch in haftpflichtrechtlicher Sicht durch seine Organstellung geprägt werde und nicht durch den Anstellungsvertrag.[796] Im übrigen enthalte der Anstellungsvertrag auch keine entsprechende Aufgabenübernahme, weder vertraglich noch tatsächlich.[797] Außerdem entfalle bei der Organbestellung das gefahrträchtige Moment der Vertrauensschaffung beim Primärverpflichteten.[798] Die juristische Person ist ohnehin auf das Handeln von Organpersonen notwendig angewiesen.[799] Im übrigen würde es die haftungsrechtliche Systematik sprengen, § 831 Abs. 2 BGB auf Organe anzuwenden:[800] Wenn nämlich die Organe juristischer Personen nach § 831 Abs. 2 BGB haften, so träfe diese Haftung vermittelt über § 31 BGB auch die juristische Person. Dies aber würde eine Aushebelung des § 831 Abs. 1 BGB bedeuten. Daher, so die Folgerung, könnten einer Haftung nach § 831 Abs. 2 BGB keine Personen unterliegen, für deren rechtswidrige und schuld-

---

792 *Belling/Eberl-Borges* in Staudinger, BGB, § 831, Rn. 129; *Spindler*, Unternehmensorganisationspflichten, S. 852 ff.; *Larenz/Canaris*, SR BT II/2, S. 484; *Kleindiek*, Deliktshaftung, S. 438; *Wagner* in MüKo, BGB⁴, § 831, Rn. 44; *Haas*, Geschäftsführerhaftung, S. 218 f.; *Fuchs*, Deliktsrecht, S. 139; kritisch *Zeuner* in Soergel, BGB, § 831, Rn. 55; *Groß*, ZGR 1998, S. 551, 563.

793 BGH NJW 1974, S. 1371, 1372; BGHZ 109, S. 297, 303; *Steffen* in RGRK, BGB, § 831, Rn. 63; *Belling/Eberl-Borges* in Staudinger, BGB, § 831, Rn. 129, alle m. w. Nachw.

794 Vgl. *Belling/Eberl-Borges* in Staudinger, BGB, § 831, Rn. 129; *Wagner* in MüKo, BGB⁴, § 831, Rn. 44.

795 *Wagner* in MüKo, BGB⁴, § 831, Rn. 44.

796 So BGH NJW 1974, S. 1371, 1372 m. w. Nachw.; BGHZ 109, S. 297, 303; *Groß*, ZGR 1998, S. 551, 563; *Fuchs*, Deliktsrecht, S. 139. *Haas*, Geschäftsführerhaftung, S. 229 ff., der hinsichtlich des ersten Argumentes noch zweifelt, überzeugt doch das zweite. Siehe auch *Belling/Eberl-Borges* in Staudinger, BGB, § 831, Rn. 129.

797 Vgl. *Heil/Russenschuck*, BB 1998, S. 1749, 1752.

798 So auch *Haas*, Geschäftsführerhaftung, S. 230 f.

799 Dazu etwa *Larenz/Canaris*, SR BT II/2, S. 484; *Medicus*, ZGR 1998, S. 570, 575 ff.; *Hommelhoff/Kleindiek* in Lutter/Hommelhoff, GmbHG, § 43, Rn. 62; *Heil/Russenschuck*, BB 1998, S. 1749, 1752.

800 *Haas*, Geschäftsführerhaftung, S. 231.

hafte Handlungen der Geschäftherr unbedingt, etwa nach § 31 BGB einzustehen hat.

b) Stellungnahme

Ob § 831 Abs. 2 BGB mit dem Merkmal der Übernahme durch Vertrag auch für den Fall der Organbestellung zu bejahen ist, ist eine Streitfrage, die hier nicht erschöpfend beantwortet werden kann. Der Zweck der Vorschrift liegt wohl auch darin, potentiellen Opfern die beweislastrechtliche Privilegierung des § 831 Abs. 1 BGB für den Fall zukommen zu lassen, daß ein Dritter durch vertragliche Übernahme einem Primärverantwortlichen zu einer deliktsrechtlichen Entlastung verhilft (Kompensationsgedanke).[801] Bei (möglicher) Entlastung des Primärverantwortlichen aufgrund einer Pflichterfüllung infolge der vertraglichen Einschaltung eines Dritten zur Gefahrbegegnung soll potentiellen Opfern nun der Dritte in gleicher Weise haften müssen, wie bisher der Erstverantwortliche.

Wendet man diese Überlegungen auf die Situation der juristischen Person und ihres Organs an, so zeigt sich, daß sie nicht recht passen. Denn für diese Situation ist von keinem Verfechter der Anwendung des § 831 Abs. 2 BGB an eine Haftungsentlastung der juristischen Person durch Bestellung eines Organs gedacht, sondern an eine Verantwortungsverdopplung.[802] Daß aber eine solche Verantwortungs- und Haftungsverdopplung nicht nur vereinzelt und unter bestimmten Voraussetzungen, etwa bei mißglückter Entlastung des Primärverantwortlichen im Falle vertraglicher Einschaltung eines ungeeigneten Übernehmers, auftreten *kann*, sondern stets auftreten *soll*, widerspricht den Prämissen des deliktischen Haftungsrechts. Organ und juristische Person sind gleichsam eins.[803] Die Organperson wird durch den Bestellungsakt nicht zu einem Übernahmegeschäftsherrn. Die juristische Person bedarf des Organs zur Pflichterfüllung ebenso wie zu jedem sonstigen Handeln. Es besteht mit Verweis auf § 31 BGB auch kein Bedürfnis, das Organ als Übernehmer nach § 831 Abs. 2 BGB anzusehen und zugleich die damit zumindest potentiell einhergehende Entlastungsmöglichkeit durch Pflichterfüllung zugunsten der juristische Person zu leugnen.[804] Die Beweislast hinsichtlich des Merkmals der Pflichtverletzung wird häufig ohnehin schon im Rahmen des § 823 Abs. 1 BGB insofern modifiziert, als sich die juristische Person entsprechend entlasten muß.

Ein harmonisches Gesamtbild ist hinsichtlich der einzelnen haftungsrechtlichen Vorschriften, vor allem der §§ 831 Abs. 1, Abs. 2 und 31 BGB gerade im Ge-

---

[801] Vgl. nochmals *Medicus*, ZGR 1998, S. 570, 575.

[802] So wohl auch *Frank*, BB 1975, S. 588, 589.

[803] Vgl. *Martinek*, Repräsentantenhaftung, S. 28 f.; *Medicus*, ZGR 1998, S. 570, 576, sowie oben Kapitel 4. D.

[804] So auch *Heil/Russenschuck*, BB 1998, S. 1749, 1752.

sellschaftsrecht nicht auszumachen. Unklar scheinen auch die Kriterien, mit denen eine Abgrenzung von Gefahrbereichen innerhalb einer juristischen Person vorzunehmen ist, um die bei Arbeitnehmern, leitenden Angestellten und Organmitgliedern bestehenden Verantwortungsbereiche bestimmen zu können.

VII. Zusammenfassung

Für die Übernehmerhaftung ist die Inanspruchnahme des Vertrauens des Primärverantwortlichen haftungskonstitutiv. Durch das Faktum seines Handelns im Gefahrenbereich des Erstgaranten veranlaßt der Übernehmer den Primärverantwortlichen dazu, von weiteren eigenen Maßnahmen der Gefahrensteuerung abzusehen. Der Abschluß eines (Übernahme-) Vertrages ist insofern nicht entscheidend. Eine Verantwortung aufgrund einer Aufgabenübernahme kommt grundsätzlich für jeden in Betracht, dem das geltende (Delikts-) Recht die Fähigkeit zu verantwortlichem Handeln zumißt. Sie hängt insbesondere nicht davon ab, daß der Übernehmer einen bestimmten Beruf ausübt oder selbständig ist.

Wird der Übernehmer aufgrund eines Vertrages im Verantwortungsbereich des Erstgaranten tätig, so kommt eine aufgrund der Beweislastmodifikation verschärfte Haftung des Übernehmers nach §§ 831 Abs. 2, 832 Abs. 2, 834 (und 838) BGB in Betracht. Am Erfordernis des Übernahmevertrages als Voraussetzung der Haftungsverschärfung für einen Übernehmer ist festzuhalten. Freilich muß sich ein solcher Vertrag nicht anhand des Maßstabes der Bestimmungen der allgemeinen Rechtsgeschäftslehre als wirksam erweisen. Vorschriften, die für die konkrete Situation den Schutz der Rechte und Interessen des Übernehmers bezwecken, hindern den Eintritt der Haftungsverschärfung, soweit dies gegenüber den Verkehrsinteressen erforderlich ist. Eine Irrtumsanfechtung beispielsweise kann eine Haftungsverschärfung in Abweichung von § 142 Abs. 1 BGB nur mit *ex-nunc*-Wirkung beseitigen.

D. Die sogenannte Übertragung von Verkehrs(sicherungs)pflichten und ihre Einordnung in die deliktsrechtliche Systematik

I. Die Rede von der Übertragung der Verkehrssicherungspflichten und ihr juristischer Kern

In Rechtsprechung wie Literatur wird nicht selten von einer „Übertragung“ oder „Delegation der Verkehrs(sicherungs)pflicht“[805] oder einer „Übernahme von

---

[805] BGHZ 136, S. 69, 76; 6, S. 315, BGH VersR 1954, S. 173, 1990, S. 1280; BGH NJW-RR 1993, S. 346, 347; OLG Celle, NVwZ-RR 1997, S. 81; *Kesselring*, Verkehrssicherungspflichten, S. 24; *Schiemann* in Erman, BGB, § 823, Rn. 85; *Blank* in Blank/Börstinghaus, Mietrecht, § 536, Rn. 52; *Christensen*, Verkehrspflichten, S. 127; *Spindler*, Unternehmensorganisationspflichten, S. 697 ff.; siehe aber auch schon *Vollmer*, JZ 1977, S. 371 (Titel), m. w. Nachw.; „Übertragung der Pflicht“: BGHZ 142, S. 227, 233; *Hager* in Staudinger, BGB, § 823, Rn. E 59; *Bergmann/Schumacher*, Kommunalhaftung, Rn. 52 ff.; „Delegation der Pflicht“: *Mertens* in MüKo,

Verkehrssicherungspflichten“[806] gesprochen. Es wird auch die Frage erörtert, ob und unter welchen Voraussetzungen deliktische Pflichten „befreiend“ übertragen werden können.[807] Das alles könnte suggerieren, daß verbreitet die Auffassung herrscht, deliktsrechtliche Pflichten seien durch zweiseitigen Akt zwischen dem Verpflichteten und dem Übernehmer übertragbar.[808]

Gegen die Übertragbarkeit deliktischer Pflichten durch zweiseitigen Akt zwischen Primärverpflichtetem und Übernehmer liefert jedoch *Ulmer*[809] ein schon auf den ersten Blick überzeugendes Argument: *„nemo plus iuris transferre potest quam ipse habet*“[810]. Während es für Forderungen im Grundsatz zutrifft (§ 398 BGB), daß sie durch zweiseitigen Akt, nämlich einen solchen zwischen dem Altgläubiger – Zedent – und dem Neugläubiger – Zessionar –, übertragen werden können, ist die Möglichkeit der Übertragung deliktischer Pflichten mit Verweis auf den Gedanken des § 398 BGB vor allem deshalb zu bestreiten, weil es an der Dispositionsmacht des Verpflichteten fehlt. Denn nicht der deliktisch Verpflichtete ist der Inhaber (Begünstigte) einer Rechtsposition, er ist vielmehr der Belastete („Schuldner“).[811]

Wenn man eine Parallele zur (privativen) Schuldübernahme ziehen möchte (§§ 414, 415 BGB),[812] so bedürfte es für eine Auswechslung der verpflichteten Person der Mitwirkung des Gläubigers. Anders als im zwei- oder mehrpoligen Schuldverhältnis begünstigen deliktische Pflichten jedoch nicht eine bestimmte Person oder Personenmehrheit. Deliktsrechtliche Pflichten binden zwar eine bestimmte Person. Sie sind aber prinzipiell darauf gerichtet, *jedermann* zu schützen. Werden durch eine deliktsrechtliche Sicherungspflicht die anderen Ver-

---

BGB3, § 823, Rn. 227; „Abwälzung der Verkehrssicherungspflicht“: *Schlund*, Verkehrssicherungspflicht, S. 26. Kritisch zum Sprachgebrauch etwa *Larenz/Canaris*, SR BT II/2, S. 420.

806 BGHZ 2, S. 1; BGH JZ 1989, S. 1130; *Mertens* in MüKo, BGB3, § 823, Rn. 221, 227. „Übernahme der Pflichten: BGH VersR 1954, S. 234; „Übernahme einer Pflicht“: BGHZ 136, S. 69, 76; *Vollmer*, JZ 1977, S. 371.

807 Siehe dazu nur den Titel des Aufsatzes von *Vollmer*, JZ 1977, S. 371, der jedoch bereits die Frage des „ob“ verneint.

808 Siehe auch die Nachweise bei *Christensen*, Verkehrspflichten, S. 81 f. (Anm. 340, 348).

809 JZ 1969, S. 163 ff. Ferner *Hager* in Staudinger, BGB, § 823, Rn. E 60 ff.; *Belling/Eberl-Borges* in Staudinger, BGB, § 832, Rn. 28; *Wagner* in MüKo, BGB4, § 823, Rn. 288 ff.

810 Siehe dazu die Nachweise von *Liebs*, Lateinische Rechtsregeln, N 40, N 63.

811 Bei Pflichten handelt es sich nicht um eine positive, aktive Rechtsposition, sondern um eine *Debet-*, eine Soll-Position. Anders wohl etwa *Bergmann/Schumacher*, Kommunalhaftung, Rn. 52, die „aus der privatrechtlichen Natur der Verkehrssicherungspflicht (...)“ folgern, „daß sie durch Vereinbarung auch auf einen Dritten (Mieter oder Pächter, Anlieger oder Unternehmer) übertragen werden kann.“

812 So auch *Ulmer*, JZ 1969, S. 163, 167.

kehrsteilnehmer begünstigt,[813] so wären unter Anwendung der allgemeinen Grundsätze diese an einer Übertragung zu beteiligen. Da die Gruppe der Begünstigten im deliktischen Bereich jedoch regelmäßig an etwaigen Übertragungsakten nicht mitwirkt, scheidet eine befreiende Übertragung von Verkehrs(sicherungs-)pflichten zumeist schon deshalb aus.

Im außervertraglichen Haftungsrecht hat es daher vor allem der Gesetzgeber in der Hand, die abstrakten Merkmale und Voraussetzungen des Bestandes, Inhalts und der Inhaberschaft von Rechten und Pflichten festzulegen. Wie der Gesetzgeber als „Repräsentant" der Allgemeinheit Pflichten schaffen, verändern und aufheben kann, kann er insbesondere auch über den Adressaten einer Pflicht disponieren.[814] Aus diesem Grunde scheint dieser besondere (gesetzgeberische) Weg (befreiender) Übertragung oder besser: der konstitutiven Zuordnung und Zuteilung von Pflichten geradezu selbstverständlich vorhanden zu sein.[815]

Bei dem mit der Rede von einer Übertragung von Verkehrssicherungspflichten beschriebenen Phänomen handelt es sich demnach also nicht um eine Übertragung oder Übernahme von Pflichten im technischen Sinne. Da der Übernehmer durch sein Tätigwerden eigene, neue Gefahren schafft, entsteht bei diesem (originäre) eigene deliktische Verantwortung als Grundlage für die Entstehung von Verkehrs(sicherungs)pflichten. Umgekehrt kann der Primärverantwortliche durch die Einschaltung eines Dritten im Rahmen angemessenen Gefahrmanagements grundsätzlich seine deliktsrechtlichen Pflichten erfüllen.[816] *Gegenstand* einer Übertragung kann freilich – untechnisch – die Verrichtung oder Ausführung bestimmter Tätigkeiten oder Aufgaben der Sicherung von Gefahren unter Aufrechterhaltung der grundsätzlichen Gefahrenzuständigkeit und -verantwortung sein.[817] Dieses Verständnis wird auch in der Rechtsprechung des BGH deutlich, der in diesem Zusammenhang von einer Übertragung der Verkehrs*sicherung*[818] spricht.

---

[813] Siehe nur *Ulmer*, JZ 1969, S. 163, 166 (Anm. 32), 167 f. m. w. Nachw.

[814] Vgl. BGHZ 61, S. 7, 12 f. zur Möglichkeit, die Haftung einer Gemeinde für Schäden, die bei der Benutzung eines kommunalen Schlachthofs entstehen, durch Satzung zu beschränken.

[815] Dazu sogleich. Siehe auch BGH NJW 1972, S. 1321; *Schlund*, Verkehrssicherungspflicht, S. 26; *Bergmann/Schumacher*, Kommunalhaftung, Rn. 54 ff. m. w. Nachw.

[816] Dazu bereits oben.

[817] *Medicus*, BR, Rn. 656; *Zeuner* in Soergel, BGB, § 823, Rn. 214, 221; *Mertens* in MüKo, BGB³, § 823, Rn. 224; ähnlich *Larenz/Canaris*, SR BT II/2, S. 420. Nach der Auffassung von *Steffen* in RGRK, § 823, Rn. 166, ist Gegenstand der Übertragung nicht die deliktische Pflicht, sondern die deliktsrechtliche Zuständigkeit (Bereichszuständigkeit). Damit entgeht *Steffen* dem Einwand, daß sich deliktsrechtliche Pflichten nicht durch zweiseitigen Akt zwischen Primärverpflichtetem und Übernehmer übertragen lassen. Auch gegen die Übertragbarkeit der Bereichszuständigkeit spricht aber das Fehlen der Dispositionsmacht.

[818] Siehe BGHZ 110, S. 114 (Leitsatz), 121.

II. Ein Ausnahmefall: Die Übertragung von Verkehrssicherungspflichten im technischen Sinn

Im Zusammenhang mit der Frage nach dem Kreis der durch deliktsrechtliche Pflichten Begünstigten klang bereits die Möglichkeit einer Übertragung von deliktischen Pflichten an: eine Übertragung, oder besser Neuzuweisung deliktischer Pflichten durch ein Gesetz oder aufgrund eines Gesetzes.[819]

Oben wurde ausgeführt, daß an einer Übertragung einer Verkehrssicherungspflicht der Begünstigte zu beteiligen wäre. Das ist bei den deliktsrechtlichen Pflichten, die auch als „Jedermann-Pflichten" bezeichnet werden, die Allgemeinheit, die Gesellschaft. Die Kompetenz, über Art, Inhalt und Trägerschaft von deliktsrechtlichen Pflichten zu disponieren, liegt bei dem demokratisch legitimierten Repräsentanten der Gesellschaft, dem Gesetzgeber. Wie der Gesetzgeber deliktische Pflichten nach Art, Inhalt und Trägerschaft bestimmen kann (beachte auch die Schutzgesetze des § 823 Abs. 2 BGB) kann er auch die abstrakte Gefahrverantwortung als Grundlage für die Entstehung von Sicherungspflichten in besonderer Weise regeln.[820]

III. Zusammenfassung

Daß häufig von einer „Übernahme/Übertragung von Verkehrs(sicherungs-)pflichten" gesprochen wird, darf nicht zu dem Schluß verleiten, daß es infolge eines zweiseitigen Aktes unter Beteiligung des deliktsrechtlich Primärverpflichteten und eines Übernehmers zu einer „Übertragung von Verkehrs(sicherungs-)pflichten" im technischen Sinne kommen könnte. Delikts-

---

[819] Ein solcher Fall dürfte etwa bei § 6 des PrWegRG vom 1.7.1912 vorliegen, der in der Entscheidung BGH NJW 1972, S. 1321 maßgeblich war. Absatz 2 der Vorschrift lautet: „Solange die Verpflichtung des anderen (scil. des Übernehmers) besteht, darf die Ortspolizeibehörde sich nur an ihn wegen der polizeilichen Reinigung halten." Auch nach § 2 der damals gültigen Berliner PVO über die Straßenreinigung vom 21.10.1936 bestimmte, daß der ursprünglich Verpflichtete mit der (wirksamen) Übertragung frei wird. Dazu BGH NJW 1972, S. 1321, 1322; siehe dazu auch RGZ 102, S. 269, 270 ff. sowie *Christensen*, Verkehrspflichten, S. 132 (Anm. 531); *Kesselring*, Verkehrssicherungspflichten, S. 27 f. mit einem weiteren Beispiel.

[820] In dem Fall BGH NJW 1972, S. 1321 ergibt sich die demokratische Legitimation nicht bereits aus dem Ortsstatut selbst, sondern erst aus dem PrWegRG, das in § 5 vorsah, daß durch Ortsstatut mit polizeilicher Zustimmung die Reinigungspflicht den Anliegern übertragen werden kann. In BGHZ 118, S. 368, 372 f. ging der BGH allerdings auch für einen Fall der Übertragung von Pflichten durch Ortssatzung von einer Kontroll- und Überwachungspflicht aus und eben gerade nicht von einer vollständigen Befreiung der Gemeinde von ihrer Verantwortung. Offenbar ging der BGH in dieser letzten Entscheidung von einer fortbestehenden Primärverantwortung der Gemeinde aus. Die Übertragung durch Satzung hatte damit dieselben Folgen wie die Einschaltung eines Dritten nach allgemeinen Grundsätzen. Vgl. dazu auch RGZ 102, S. 269, 270 ff., wo gerade das Bestehen einer wirksamen Grundlage zur Übertragbarkeit problematisch war.

rechtliche Pflichten können durch das Zusammenwirken eines deliktsrechtlich primär Verantwortlichen mit einem potentiellen Übernehmer *nicht* (derivativ) übergehen.

E. Zusammenfassung Kapitel 5 und 6

Die Suche nach den *in concreto* bestehenden deliktsrechtlichen Verhaltenspflichten erweist sich als eine schwierige Aufgabe. In der inhaltlichen Bestimmung der deliktsrechtlichen Pflichten liegt zugleich die Auflösung einer Konfliktlage mit grundrechtlichen Implikationen. Die kollidierenden Rechts- und Interessenssphären des deliktsrechtlich für eine Gefahr Verantwortlichen einerseits und der bedrohten Personen andererseits sind mithilfe des gebräuchlichen Konfliktsauflösungsinstrumentariums gegeneinander abzugrenzen. Das Deliktsrecht hat eine (Vor-) Entscheidung weder zugunsten eines strikten Rechtsgüterschutzes noch zugunsten der Förderung von Entfaltungsinteressen getroffen.

Eine gelegentlich in der Literatur und vereinzelt auch in der Rechtsprechung anzutreffende Tendenz will das Recht der außervertraglichen Haftung nach den Vorschriften des BGB, insbesondere des § 823 Abs. 1 BGB, ausdehnen: Auf der Grundlage des § 823 Abs. 1 BGB wird anstatt einer Haftung für widerrechtliches Verhalten eine Haftung *trotz* pflichtgemäßen Verhaltens propagiert.[821] Der rechte Platz für diese wohl mehr rechtspolitisch motivierte Auffassung befindet sich jedoch keinesfalls bei der Bestimmung des Pflichtengehalts im Rahmen des § 823 Abs. 1 BGB. Der (System-) Begriff der Pflicht sollte nicht zum Spielball rechtspolitischer Reformbestrebungen werden.

Eine Haftung, soll sie, wie bei § 823 Abs. 1 BGB vorgesehen, auf einem Verstoß gegen bestehende Pflichten basieren, ist nach allem immer dann ausgeschlossen, wenn solche Pflichten beachtet werden oder schon keine Pflichten bestehen, die verletzt werden könnten. Dann nämlich ist zumindest das Merkmal der Widerrechtlichkeit zu verneinen. Für eine Haftung kommen dann nur andere Grundlagen in Betracht, solche nämlich, die *nicht* an die Widerrechtlichkeit des Verhaltens bzw. an das Vorliegen von Pflichtverletzungen anknüpfen.

Einer Person, die deliktsrechtlich für eine Gefahr verantwortlich ist, obliegt es, *situationsangemessenes Gefahrmanagement* zu betreiben. Eine in diesem Sinne angemessene Gefahrbegegnung setzt sich regelmäßig aus einer Reihe von Einzelmaßnahmen, wie konkret gefahrbezogener Maßnahmen, Informations- und Kontrollmaßnahmen sowie einer übergeordneten Organisation zusammen. Im Zusammenspiel mit den sonstigen im Rahmen angemessenen Gefahrmanage-

---

[821] Ausdrückliche „Bekenntnisse" zu einem solchen Vorgehen finden sich vereinzelt in der Literatur; *von Bar*, Verkehrspflichten, S. 49, etwa spricht diese Tendenz offen an; siehe auch *Vollmer*, JZ 1977, S. 371, 374 ff. Vgl. auch *Will*, Quellen erhöhter Gefahr, S. 41 ff., 67 f., 69 ff., der insofern von „heimlichen Gefährdungshaftungstatbeständen" spricht.

ments erforderlichen Maßnahmen kann in der Beauftragung eines Dritten zur Gefahrbegegnung ebenso die Erfüllung der bestehenden deliktsrechtlichen Pflichten liegen, wie in vollständig eigenhändigem Vorgehen. Im Rahmen angemessenen Gefahrmanagements kann die Übertragung bestimmter Maßnahmen auf einen Dritten zulässig, aber auch geboten sein.

Soll die Einschaltung eines Dritten zu einer deliktsrechtlichen Entlastung führen, muß diese *ex ante* eine angemessene Gefahrbegegnung versprechen. Dazu muß zunächst ein hinreichend kompetenter und zuverlässiger Übernehmer ausgewählt, mit den zu einer ordnungsgemäßen Aufgabenerledigung erforderlichen Informationen ausgestattet und entsprechend angeleitet werden. Nach der Aufgabenübertragung muß schließlich das ordnungsgemäße Vorgehen des Übernehmers kontrolliert werden. Wie auch schon im allgemeinen die Effizienz der ergriffenen Gefahrbegegnungsmaßnahmen zu überprüfen und zur Erlangung der erforderlichen Informationen die weitere Gefahrentwicklung zu beobachten ist, bedarf im Falle der Einschaltung eines Dritten auch die Aufgabenübertragung der Effizienzkontrolle.

Wer situationsangemessenes Gefahrmanagement betreibt, erfüllt damit seine deliktsrechtlichen Pflichten und schließt materiellrechtlich schon dadurch die Entstehung von Schadensersatzansprüchen nach Verschuldenshaftungsnormen aus.

Zusammenfassung des ersten Abschnitts

Ansprüche auf Schadensersatz nach Verschuldenshaftungsrecht, z. B. auf der Grundlage des § 823 Abs. 1 BGB, setzen das Vorliegen widerrechtlichen Verhaltens voraus. Menschliches Verhalten ist widerrechtlich, wenn es im Hinblick auf die für die konkrete Situation geltende Pflichtenlage pflichtwidrig ist. Da § 823 Abs. 1 BGB für alle Fälle gleichermaßen das Vorliegen widerrechtlichen Verhaltens verlangt, spielt es insofern keine Rolle, ob Pflichten im allgemeinen oder Verkehrssicherungspflichten im besonderen thematisiert werden. Durch pflichtgemäßes Verhalten des deliktsrechtlich Verantwortlichen werden die jeweiligen deliktsrechtlichen Pflichten mit der Folge erfüllt, daß eine deliktsrechtliche Haftung materiellrechtlich ausscheidet. Folglich kann jede deliktsrechtlich verantwortliche Person eine Haftung nach Verschuldenshaftungsrecht durch eine Erfüllung ihrer Deliktspflichten ausschließen.

Eine deliktsrechtliche Haftung hängt jedoch zunächst schon davon ab, daß in der betreffenden Situation überhaupt deliktsrechtliche Pflichten bestanden haben. Die Entstehung solcher Pflichten, etwa nach § 823 Abs. 1 BGB, hängt von der dem Verpflichteten vor Augen stehenden Tatsachenbasis ab. Es kommt jedoch nicht nur auf die Gefahrenlage an, wie sie sich aus Sicht des Verantwortlichen darstellt, sondern – dem Verhaltenssteuerungsprinzip entsprechend – insbesondere auch auf dessen Fähigkeiten. Mit dieser haftungssystematischen Grundentscheidung des Gesetzgebers geht folgendes Problem einher: es gibt keinen allgemeinen objektiven Sicherheits*standard*, da das jeweilige Sicherheitsniveau von subjektiv-individuellen Merkmalen des jeweils Verantwortlichen anhängt.

Der Gehalt der jeweiligen deliktsrechtlichen Pflichten ergibt sich normativ aus einer Bewertung sämtlicher situativen Gegebenheiten und einer Abwägung der involvierten Rechte und Interessen. Dabei sind die Entfaltungsinteressen des deliktsrechtlich Verantwortlichen und die Schutz- und Sicherheitsinteressen der gefährdeten Personen angemessen zur Geltung zu bringen. Eine für eine Gefahr verantwortliche Person, die damit abstrakt in deliktsrechtlicher Verantwortung steht, hat zum Schutze der Rechtsgüter anderer daher *situationsangemessenes Gefahrmanagement* zu betreiben.

Situationsangemessenes Gefahrmanagement besteht in aller Regel aus einer Mehrheit von Einzelmaßnahmen, insbesondere aus Informations- und Beobachtungsmaßnahmen, aus konkreten Gefahrbekämpfungs- oder Gefahreindämmungsmaßnahmen, aus Kontrollmaßnahmen sowie aus einer übergeordneten Organisation der Gefahrbegegnung. Wer in der jeweiligen Situation angemessenes Gefahrmanagement betreibt, erfüllt damit seine deliktsrechtlichen Pflichten und schließt schon aus diesem Grunde eine Haftung nach Verschuldenshaftungsrecht aus.

Auch durch eine Übertragung von Aufgaben der Verkehrssicherung auf Dritte kommt es zur Erfüllung der bestehenden deliktsrechtlichen Pflichten, soweit diese Übertragung im Rahmen angemessenen Gefahrmanagements erfolgt.

Abschnitt 2 Probleme der kategorialen Begrenztheit des Verschuldenshaftungsrechts

Im ersten Abschnitt wurde der weite Bereich der Bestimmung der jeweils geltenden deliktsrechtlich sanktionierten Gebote und Verbote unter besonderer Berücksichtigung des Aspekts der Haftungsvermeidung erörtert. Einige im ersten Abschnitt angesprochene Argumente und Überlegungen sind von ihrer gedanklichen Verortung in der deliktsrechtlichen Systematik her kritisiert worden. Neben der Objektivierung und Typisierung bei der Bestimmung des Inhalts deliktsrechtlicher Pflichten galt die Kritik der Betonung des Verkehrsvertrauens und der gelegentlich geforderten Garantie von Sicherheitsstandards oder gar Schutzerfolgen. An manche der oben geführten Auseinandersetzungen wird im folgenden Abschnitt angeknüpft.

Kapitel 1 Ziele und Wege des außervertraglichen Schadensersatzrechts

A. Ziele und Methodik

Ein Hauptziel des deliktischen Haftungsrechts der §§ 823 ff. BGB ist darin zu sehen, durch eine Abgrenzung der jeweiligen Rechts- und Freiheitssphären ein geordnetes, friedliches und ebenso möglichst freies wie sicheres Zusammenleben aller zu gewährleisten und zu gestalten.[822] Letztlich sind hier die auch in den Grundrechtsartikeln vor allem der Art. 1 Abs. 1, 2 Abs. 1 und Abs. 2, 12, 14 GG anerkannten Individualinteressen untereinander zu einem gerechten Ausgleich zu bringen. Weder darf die auf Entfaltung gerichtete Handlungsfreiheit des Einzelnen in zu hohem Maße beschränkt werden, noch dürfen die Interessen am Integritäts- und Rechtsgüterschutz in zu hohem Maße beeinträchtigt werden. Keiner der beiden Freiheitsräume, weder der auf Entfaltung drängende des potentiellen Schädigers noch der auf Abwehr und Erhaltung drängende des potentiell Geschädigten, kann für sich ein Vorrecht in Anspruch nehmen. Im Ausgangspunkt sind beide gleichberechtigt und gleich schützenswert.

Die Zwecke des außervertraglichen Haftungsrechts, innerhalb dessen das Verschuldenshaftungsrecht nur ein Teil ist, sind vielfältig. Sie reichen von einer Untermauerung bzw. Flankierung der sozialen Verhaltens- und Freiheitsordnung mit ihren Steuerungsaspekten zur billigen und gerechten Zuordnung von Schäden und der entsprechenden Festlegung von Schadensausgleichspflichten.[823] Als

---

[822] So ist in den Protokollen etwa häufig die Rede von einer Abgrenzung der Rechtskreise der Einzelnen von einander, vgl. Mugdan II, S. 1073 f.; *Ulmer*, JZ 1969, S. 163, 167.

[823] *Kötz/Wagner*, Deliktsrecht, Rn. 119 ff, 137 ff.; *Esser/Weyers*, SR II BT, S. 519 ff.; *Larenz/Canaris*, SR BT II/2, S. 350 ff.; *Hager* in Staudinger, BGB, Vorbem. zu §§ 823 ff., Rn. 9 ff.

Hauptzweck des außervertraglichen Haftungsrechts wird es teilweise angesehen, einen gerechten Schadensausgleich herbeizuführen.[824]

Hinsichtlich der Ausgleichung von Schäden im außervertraglichen Bereich hat sich das BGB in den §§ 823 ff. BGB prinzipiell für das Verschuldensprinzip entschieden. Danach setzt eine deliktsrechtliche Schadensersatzhaftung das Vorliegen von widerrechtlichem und schuldhaftem Verhalten voraus.[825] Denn den Vätern des BGB ging es vor allem darum, mit dem Deliktsrecht „die Rechtskreise der Einzelnen, innerhalb derer sie ihre individuelle Freiheit entfalten und ihre Interessen verfolgen dürfen, von einander abzugrenzen.“[826] Nach § 823 Abs. 1 BGB etwa soll demzufolge bekanntlich ein Schaden nur dann von einer anderen Person erstattet (und damit getragen) werden, wenn diese vorsätzlich oder fahrlässig eine unerlaubte (rechtswidrige) Handlung begangen hat.[827] Damit knüpft die Rechtsordnung eine Schadensersatzpflicht im Rahmen des § 823 Abs. 1 BGB neben anderen Voraussetzungen an das Vorliegen eines Verstoßes gegen Verhaltensregeln, das heißt an das Vorliegen von Pflichtverletzungen. Das geltende Recht der außervertraglichen Haftung kennt daneben aber unter anderem auch die Gefährdungshaftung und die Aufopferungshaftung.[828] Eine Gefährdungshaftung ist nur relativ vereinzelt eingerichtet worden. Etwa im BGB in § 833 S. 1 BGB zulasten des Halters für Verletzungen durch seine Luxustiere oder in § 7 Abs. 1 StVG zulasten des Halters für Verletzungen bei dem Betrieb von Kraftfahrzeugen.[829]

Bei der Umsetzung des rechtspolitischen Ziels, eingetretene Schäden gerecht zu verteilen und angemessen auszugleichen, muß seitens des Gesetzgebers entschieden werden, von welchen Voraussetzungen die Entstehung eines Ersatzanspruches im außervertraglichen Haftungsrecht abhängen soll. Ausgehend von dem tradierten Grundsatz, daß jeder bei ihm eingetretene Schäden selbst zu tra-

---

[824] Siehe *Hager* in Staudinger, BGB, Vorbem. zu §§ 823 ff., Rn. 9; *Wagner* in MüKo, BGB^4, Vor § 823, Rn. 32; *Nölle*, Eigenhaftung, S. 55 ff. (Anm. 301, 302, 308); *Jansen*, AcP 202 (2002), S. 517, 535 jeweils m. w. Nachw.

[825] Vgl. BGHZ 92, S. 143, 151; ferner 54, S. 322, 336 f., wo sich der BGH explizit dagegen wendet, der Auffassung der Revision zu folgen und unter dem „Gesichtspunkt der Billigkeit“ eine Schadensersatzpflicht zu bejahen; *Zeuner* in Soergel, BGB, § 823, Rn. 1 ff.; 204 ff.

[826] Mugdan II, S. 1073 f.; zustimmend *Larenz/Canaris*, SR BT II/2, S. 350.

[827] Siehe dazu auch die Begründung des Entwurfs eines Gesetzes zur Änderung schadensersatzrechtlicher Vorschriften vom 19.12.1975, BR-Drs. 777/75, S. 7 sowie *Zeuner* in Soergel, BGB, § 823, Rn. 1.

[828] Vgl. *Canaris*, Grundrecht und Privatrecht, S. 77. Ferner BGHZ 54, S. 332, 336 f. Das Gesetz kennt bekanntlich auch eine Haftung für zufällig eingetretene Schäden: etwa §§ 287 S. 2, 848 BGB.

[829] Näher dazu unten. Siehe auch die Nachweise bei *Will*, Quellen erhöhter Gefahr, S. 2 ff. und *Kötz*, Gutachten Bd. 2, S. 1793 ff. Zum Regel-Ausnahmeverhältnis zwischen Verschuldens- und Gefährdungshaftung auch BGHZ 54, S. 332, 336 f.

gen hat („*casum sentit dominus*“[830]), der auch heute noch als gedanklicher Ausgangspunkt anerkannt ist,[831] ist zu klären, unter welchen Voraussetzungen dieser Satz nicht gelten, und eine andere Person einen Schaden tragen soll.[832]

B. Merkmale eines verhaltensorientierten Haftungssystems

I. Einführung

Das Deliktsrecht ist einer der bedeutendsten und alltäglichsten Brennpunkte, auf dem die Rechts-, Güter- und Freiheitssphären aller am Rechtsverkehr Beteiligten gegeneinander abzugrenzen und miteinander zu harmonisieren sind. Das Deliktshaftungssystem der §§ 823 ff. BGB begründet Ersatzpflichten (mit einer Ausnahme) nur für solche Schädigungen, die auf verschuldeten Verhaltenspflichtverletzungen beruhen. Die im Einzelfall verletzten Primärnormen intendieren aber gerade ihre Beachtung durch den jeweiligen Adressaten zum Zwecke der Vermeidung von Verletzung und Schädigung anderer (Integritätsschutz).[833] Sekundär kommt die Sanktionierung fehlgesteuerten Verhaltens zum Tragen.

Den Gesetzgeber mag bei der Schaffung des Verschuldenshaftungsrechts zwar durchaus der Gedanke bewogen haben, ein gerechtes Schadensersatzhaftungsrecht zu schaffen.[834] Jedoch hat er zur Erreichung dieses Ziels verschiedene Instrumente verwendet und gerade nicht eine allgemeine Generalklausel nach dem Muster: „Wenn einem anderen ein Schaden entsteht, so ist der Schaden gerecht zu ersetzen“ geschaffen. Neben dem Verschuldenshaftungssystem bestehen immerhin u.a. mit der Gefährdungshaftung und die Aufopferungshaftung weitere Instrumente zur Erreichung gerechten Schadensausgleichs.

Bei der Rechtsanwendung dürfen die Merkmale des einzelnen gesetzlichen Tatbestandes nicht durch andere Merkmale, etwa die Dienlichkeit hinsichtlich eines bestimmten neu gesetzten Zweckes, beispielsweise den Zweck der Erreichung einer „Haftung nach dem Gesichtspunkt der Billigkeit“, ersetzt werden. Denn der Rechtsanwender mißachtet sonst die Grenzen der gesetzlichen Bestimmung und die mit ihr verfolgten und damit verfolgbaren Zwecke.[835] Einzelne übergeordnete rechtspolitische Zwecke können dann, wenn der Gesetzgeber zu ihrer Erreichung Normen geschaffen hat, grundsätzlich nur noch hilfsweise bei

---

[830] Siehe nur *Hager* in Staudinger, BGB, Vorbem. Zu §§ 823 ff., Rn. 24 m. w. Nachw.; vgl. auch die Vermutungsregelung des § 1296 österr. ABGB, die denselben Gedanken normiert.
[831] Vgl. nur *Larenz/Canaris*, SR BT II/2, S. 351.
[832] *Kötz/Wagner*, Deliktsrecht, Rn. 36 ff.
[833] *Belling/Eberl-Borges* in Staudinger, BGB, § 831, Rn. 102.
[834] Mugdan II, S. 1073 f.
[835] Kritisch zu einer Auswechslung der positiv-rechtlichen Haftungsmerkmale auch BGHZ 54, S. 332, 337.

der Auslegung relevant werden oder aber zur Begründung der Zweckwidrigkeit der geschaffenen Normen insbesondere auf rechtspolitischer Ebene. Denn sonst erübrigte sich die Schaffung gesetzlicher Regelungen.[836]

Sieht man den Hauptzweck der in §§ 823 ff. BGB enthaltenen Verschuldenshaftungsnormen darin, umfänglich einen gerechten Schadensausgleich sicherzustellen oder zu ermöglichen,[837] so wird man zumindest auf der Ebene der Rechtsanwendung in Schwierigkeiten geraten. Im Rahmen der Anwendung der Normen des Verschuldenshaftungssystems sind die konkreten tatbestandlichen Voraussetzungen zu beachten. Dort geht es um die Sanktionierung von schuldhaftem Fehlverhalten.[838]. Die Regelungen gewähren Schadensersatz nicht, wenn es billig und gerecht erscheint, sondern nur, soweit es deren Regelungsgehalt entspricht.

Daß das Bedürfnis nach Schadensausgleich seinerseits wiederum *nicht* zwingend und auch *nicht* wesensmäßig davon abhängt, daß jemand eine Pflicht verletzt, liegt aber ebenfalls nahe; diese Überlegung muß jedoch an anderer Stelle weiterverfolgt werden.

II. Systemimmanente Probleme

Die prinzipielle Abhängigkeit außervertraglicher Haftung nach Verschuldenshaftungsnormen vom Vorliegen von Pflichtverletzungen weist, wie sich im ersten Abschnitt gezeigt hat, einige Probleme auf: Zum einen muß sich das Verhalten der Person, die ersatzpflichtig sein soll, als widerrechtlich, also als pflichtwidrig erweisen. Auch die Haftung nach § 823 Abs. 1 BGB für die Verletzung von Verkehrs(sicherungs)pflichten ist eine Haftung für individuelles Fehlverhalten.[839]

Verschuldenshaftung verlangt die Berücksichtigung sämtlicher Umstände des konkreten Einzelfalles, zu denen auch das individuelle Täterwissen um etwaige Gefahren und dessen individuelle Fähigkeiten gehören, sei es im Rahmen der Widerrechtlichkeit oder des Verschuldens. Das Hauptproblem des verhaltensorientierten Haftungsansatzes dürfte in diesem Bereich liegen. Denn anhand des Täterhorizontes und der Täterperson bemißt sich das konkrete Schutzniveau. Das wirkt sich vor allem auf den primären Güterschutz aus. Aber aufgrund der

---

836 Prinzipien- und die Tatbestandsebene sind zu trennen, *Larenz/Canaris*, SR BT II/2, S. 607.

837 Siehe nur etwa *Nölle*, Eigenhaftung, S. 55 f.; *Wieacker*, JZ 1957, S. 535, 536 f. Anders aber schon Mugdan II, S. 1073 f., wo bereits angedeutet wird, daß sich da und dort eine *Ausnahme* vom Verschuldensprinzip empfehlen wird. Primärzweck der Verschuldenshaftungsregelungen ist es nach ihrem Tatbestand nicht, einen gerechten Schadensausgleich herbeizuführen, *Ulmer*, JZ 1969, S. 163, 170; *Belling/Eberl-Borges* in Staudinger, BGB, § 831, Rn. 102.

838 *Brüggemeier*, Deliktsrecht, S. 50 ff.

839 So etwa BGHZ 80, S. 199, 204; siehe ferner oben.

Anknüpfung der außervertraglichen Haftung nach § 823 Abs. 1 BGB und nach den anderen Verschuldenshaftungsnormen an das Vorliegen individuellen Fehlverhaltens gilt dies *de lege lata* darüber hinaus auch für den nachgelagerten „Güterschutz", der als Vermögensbestandsschutz durch Schadenskompensation auf sekundärer Ebene wirkt.[840] Daß der präventive Rechtsgüterschutz immer nur so gut, so effizient sein kann, wie die einzelnen Gefahrverantwortlichen um die Gefährlichkeit der ihrer Sphäre zugehörigen Gegenstände und Aktivitäten wissen und in der Lage sind, entsprechend zu steuern, ist ohne weiteres einleuchtend. Dieser primäre Güterschutz kann etwa durch Forschung, Aufklärung und sinnvolle Informationspolitik optimiert werden, er wird jedoch immer begrenzt sein.

Daß auch der lediglich als Vermögensschutz wirkende sekundäre Bestandsschutz *de lege lata* von den Kompetenzen und sonstigen subjektiven Eigenschaften des Verantwortlichen abhängen soll, muß in der Tat irritieren. Insofern sind Bestrebungen in Literatur und Rechtsprechung, die deliktische Haftung im Bereich der Verschuldenshaftung auszudehnen, von der Intention her nachvollziehbar. Der methodische Weg zu dieser Ausdehnung durch freiere, funktional an billiger Schadensverteilung orientierte Formulierung von Verhaltenspflichten, wie er sich teilweise etabliert zu haben scheint, muß jedoch kritisiert werden. Denn so spielt das individuelle Verhalten des Gefahrverantwortlichen entgegen der gesetzgeberischen Grundentscheidung in den §§ 823 ff. BGB letztlich kaum noch eine Rolle.[841]

Um Haftungslücken, Inhomogenität der Haftung sowie Unsicherheiten des Rechtsverkehrs am jeweiligen Sicherheitsniveau zu verhindern, kann die Rechtsordnung einzelne Verhaltensweisen, die ein Gefahrkundiger aufgrund der hinter § 823 Abs. 1 BGB stehenden Primärnormen ohnehin für sich für verbindlich halten wird, ausdrücklich (gesetzlich) vorschreiben. Etwaige Pflichten ergeben sich dann nicht allein möglicherweise aus einer Ableitung aus § 823 Abs. 1 BGB und also nicht nur gefährdungsakzessorisch, sondern gegebenenfalls zusätzlich aus einer gesetzlichen Vorschrift, deren Mißachtung in Verbindung mit § 823 Abs. 2 BGB Schadensersatzansprüche zum Entstehen bringen kann.[842] Dies ist ein gängiges gesetzgeberisches Mittel. Zusätzlich kommt außer-

---

[840] *Brüggemeier*, Deliktsrecht, S. 51.

[841] Sieht man in einer verhaltensunabhängigen Haftung das bessere Grundprinzip, so sollte man sich vom Begriffssystem der Unrechts- und Schuldhaftung, insbesondere vom Begriff der Pflichtverletzung verabschieden und nicht – wie jüngst in § 280 Abs. 1 S. 1 BGB der Gesetzgeber – als Pflichtverletzung bezeichnen, was gerade nicht die Verletzung einer Pflicht ist oder sein soll. Zum Parallelproblem im allgemeinen Schuldrecht nochmals *Chr. Schäfer*, JA 2003, S. 600, 602, 604. Ferner *Deutsch*, Fahrlässigkeit, S. 395 ff.; *Esser*, Gefährdungshaftung, S. 30 ff.

[842] Zu diesem rechtspolitischen Vorgehen der Ergänzung des § 823 Abs. 1 BGB durch ausdrückliche (gesetzliche) Formulierung bestimmter Verhaltensregeln für bekannte gefahr-

vertragliche Haftung aber auch unter Verzicht auf eine gesetzliche Anknüpfung an rechtswidriges Verhalten in Betracht.[843] So hat der Gesetzgeber in einigen Gefahrbereichen etwa eine Gefährdungshaftung eingeführt.

Mit den Grenzen des Verschuldenshaftungssystems geht einher, daß eine in ihren Rechtsgütern verletzte Person in manchen Fällen keinen Anspruch auf Schadensersatz aus §§ 823 ff. BGB haben wird. In Fällen, in denen dies für unbillig gehalten wird und einschlägige Gefährdungshaftungsnormen fehlen, hat dies dazu geführt, die kategorialen Grenzen des Verschuldenshaftungssystems mehr und mehr aufzuweichen oder gar zu ignorieren.[844] Die gedanklichen Grenzen von Verschuldenshaftung und Gefährdungshaftung werden so verwischt, obwohl mit der Versagung von Ansprüchen aus §§ 823 ff. BGB nicht gesagt ist, daß nicht unter anderen Gesichtspunkten Ansprüche bestehen können.

Von Bar meint, daß einer Person, die aus einem unausweichlich schadensträchtigen, aber gleichwohl allgemein erwünschten und rechtmäßigen Verhalten Schaden erleidet, insbesondere aufgrund des Nutzen- und Interessenprinzips ein Schadensersatzanspruch nach § 823 Abs. 1 BGB zugestanden werden muß, auch wenn dem Gefahrverantwortlichen im konkreten Fall keine Pflichtverletzung unterlaufen ist.[845] Diese Auffassung sprengt die gedanklichen Grenzen des auf Verhaltenssteuerung basierenden Verschuldenshaftungsprinzips und widerspricht der Eingangs aufgestellten These, daß eine Haftung nach § 823 Abs. 1 BGB widerrechtliches und damit pflichtwidriges Verhalten voraussetzt.

C. Die Gefährdungshaftung im außervertraglichen Haftungsrecht

I. Einführung

Für sich allein reicht ein Haftungssystem, das sich an dem präventiv ausgerichteten Verhaltenssteuerungsprinzip orientiert, zur Verwirklichung angemessenen Vermögensschutzes und gerechten Schadensausgleichs offenbar nicht in jeder Hinsicht aus.[846] Das liegt auf der Hand, wenn es etwa um erwünschtes, aber bekanntermaßen schadensträchtiges Verhalten geht, das sinnvollerweise nicht als

---

trächtige Situationen siehe *Canaris*, Larenz-FS II, S. 27, 47 f. (Ergänzungsfunktion des § 823 Abs. 2 BGB), S. 51 (gesetzliche Typisierungen von Verkehrspflichten, Präzisierungsfunktion); ebenso für das Strafrechts etwa *Arzt*, ZStW 91 (1979), S. 857, 877 f.

843 Auch *Hager* in Staudinger, BGB, Vorbem. zu §§ 823 ff., Rn. 28, spricht von einer Ergänzung der verschuldensabhängigen Haftung durch Gefährdungshaftungstatbestände.

844 Siehe auch *Kötz*, Gutachten Bd. 2, S. 1789 f.

845 Verkehrspflichten, etwa S. 112 ff.; 125 ff.; 128 ff.

846 Dazu *Kötz*, Gutachten Bd. 2, S. 1785 ff., auch zur Historie, m. w. Nachw. Diese Auffassung dürfte schon vor ca. 50 Jahren absolut herrschend gewesen sein, vergegenwärtigt man sich die gängige Praxis der Ausdehnung der Verschuldens- in Richtung Gefährdungshaftung; dazu auch *Esser*, JZ 1953, S. 129 ff.; *ders.* Gefährdungshaftung, S. 7 ff.; *Wagner* in MüKo, BGB^4, Vor § 823, Rn. 16; *Börgers*, Wandlungen, S. 19.

widerrechtlich qualifiziert werden kann oder dies aus anderen Gründen nicht möglich ist, für das jedoch gleichwohl eine Schadensersatzpflicht geboten erscheint.[847] Daß ein rein verschuldensbasiertes Haftungsrecht nicht ausreicht, wird zwar weder durch die Existenz von Gefährdungshaftungsvorschriften noch durch Beobachtung der Wissenschaftspraxis bewiesen, aber immerhin prominent unterstützt. Denn in der Jurisprudenz wird seit langer Zeit durch kleinere oder größere Strömungen an einer Ausdehnung der Verschuldenshaftung in Richtung Garantiehaftung, Erfolgshaftung, Risikohaftung und Gefährdungshaftung gearbeitet.[848] Bekanntlich sieht angesichts der rasanten technischen Entwicklungen seit der Industrialisierung und den damit einhergehenden Risiken auch der Gesetzgeber ein Bedürfnis für die Gefährdungshaftung als ein die Verschuldenshaftung ergänzendes Haftungsregime.[849]

Gefährdungshaftung ist in einer Vielzahl von Gesetzen, beispielsweise im Haftpflichtgesetz[850], geregelt. Lebensbereiche, in denen eine Gefährdungshaftung besteht, sind ferner der Straßen-, Schienen- und Luftverkehr, die Luxustierhaltung, das Wasserrecht und das Atomrecht; auch die Wildschadenshaftung nach § 29 BJagdG kann hier genannt werden.[851] 1990 ist die Umwelthaftung nach dem Umwelthaftungsgesetz[852] hinzugetreten. In diesen Bereichen hat sich der Gesetzgeber dafür entschieden, etwaige Schadensersatzansprüche nicht an individuelle Verstöße gegen Verhaltensanforderungen zu knüpfen, sondern auf das Vorliegen von Verhaltenspflichtverletzungen materiellrechtlich ebenso zu verzichten wie auf das Verschulden.[853] Den Regelungen der Gefährdungshaftung liegt der Gedanke zugrunde, daß derjenige die eintretenden nachteiligen Folgen

---

[847] Vgl. etwa den Funkenflugfall, über den das OAG München, SeuffArch. 1861, Bd. 14, Nr. 208, S. 354 vor Inkrafttreten entsprechender Gefährdungshaftungstatbestände zu entscheiden hatte; zur Problematik siehe auch *Kötz*, Gutachten Bd. 2, S. 1785 ff.; *Brüggemeier*, Deliktsrecht, S. 51 ff.; *Hager* in Staudinger, BGB, Vorbem. zu §§ 823 ff., Rn. 30, 31; *Steffen*, NJW 1990, S. 1817, 1819 f.; *Stark*, Deutsch-FS, S. 349, 351; *Canaris*, Grundrechte und Privatrecht, S. 77, konstatiert, die Problematik gerechten Schadensausgleichs sei allein mit der Kategorie der Rechtswidrigkeit nicht zu bewältigen. Siehe auch die Beispiele *Essers*, JZ 1953, S. 129 ff.

[848] Vgl. dazu schon oben. Siehe auch *Westen* in Hippel-FS, S. 591 ff.; *Kötz*, Gutachten Bd. 2, S. 1789 f.; *von Bar*, Verkehrspflichten, etwa S. 128 ff.

[849] Siehe die Entwurfsbegründung BR-Drs. 777/75, S. 7. Ferner *Steffen*, NJW 1990, S. 1817, 1822; *Hager* in Staudinger, BGB, Vorbem. zu §§ 823 ff., Rn. 28; *Esser*, JZ 1953, S. 129 ff.

[850] Vom 4.1.1978 (BGBl. I, S. 145).

[851] Vgl. auch *Will*, Quellen erhöhter Gefahr, S. 2 ff.; *Kötz*, Gutachten Bd. 2, S. 1793 ff.; *Larenz/Canaris*, SR BT II/2, S. 600 f., 611 ff.; *Hager* in Staudinger, BGB, Vorbem. zu §§ 823 ff., Rn. 28; *Brüggemeier*, Deliktsrecht, S. 49 f.; *Fuchs*, Deliktsrecht, S. 198.

[852] Vom 10.12.1990, (BGBl. I 2634).

[853] *Lange/Schiemann*, Schadensersatz, § 3 VII 2, S. 94 ff.; *von Caemmerer*, DJT-FS, Bd. 2, S. 49, 62 f. m. Nachw.

für andere tragen soll, der die (teils unbeherrschbaren) Risiken schafft und den daraus resultierenden Nutzen ziehen kann.[854]

Bei der Gefährdungshaftung kommt es auf das Vorliegen widerrechtlichen (und auch schuldhaften) Verhaltens prinzipiell nicht an.[855] Dem Begriff der Pflichtverletzung kommt im System der Gefährdungshaftung bei der Haftungsbegründung daher keine Bedeutung zu.[856] Der Begründung der Haftung dienen statt dessen andere Merkmale, wie etwa der Betrieb eines Kraftfahrzeuges (§ 7 Abs. 1 StVG), das Halten eines „Luxustieres" (§ 833 S. 1 BGB), das Einleiten, Einbringen von Stoffen in oder das Einwirken auf Gewässer (§ 22 Abs. 1 WHG) bzw. das bloße Gelangen von Stoffen aus einer Anlage in ein Gewässer (§ 22 Abs. 2 WHG). Freilich kann jedoch das Fehlen jeden Verschuldens haftungsausschließende Wirkung haben (vgl. § 7 Abs. 2 StVG).

II. Merkmale der Gefährdungshaftung

1. Von der Bedeutung des Möglichen und Unmöglichen

Verschuldenshaftung kommt immer schon dann nicht in Betracht, wenn es dem potentiell Haftpflichtigen konkret-situationsbezogen an der Erkennbarkeit der Gefahr oder der Möglichkeit der Einflußnahme auf diese mangelt.[857] Hier liegt ein entscheidender Aspekt. Gefährdungshaftung verzichtet nämlich schon prinzipiell darauf zu erforschen, ob ein Schädiger zu einem bestimmten Zeitpunkt irgendeine konkrete Einflußmöglichkeit oder Steuerungsmöglichkeit auf eine ihm zugerechnete Gefahr hatte und durch die (Nicht-) Einflußnahme auf einen Geschehensverlauf eine Pflicht verletzt hat.[858] Die Gefährdungshaftung strebt so nach dem Gedanken des sozialen Ausgleichs gleichsam einen „gerechten Aus-

---

[854] Explizit in BR-Drs. 777/75, S. 7. Siehe auch *von Caemmerer*, Reform, S. 15 ff.; *Larenz/Canaris*, SR BT II/2, S. 604 ff.; *Wagner* in MüKo, BGB^4, Vor § 823, Rn. 17; *Stark*, Deutsch-FS, S. 349, 351 f.

[855] Gefährdungshaftung ist „rechtswidrigkeitslos", so *Petersen*, NJW 1998, S. 2099, 2100; siehe auch *Canaris*, Grundrechte und Privatrecht, S. 77; *Larenz/Canaris*, SR BT II/2, S. 610; *U. Huber*, Wahl-FS, S. 301; *Medicus*, BR, Rn. 631; *Vollmer*, JZ 1977, S. 371, 374; *Steffen*, NJW 1990, S. 1817, 1819 f.; BR-Drs. 777/75, S. 7.

[856] *Steffen*, NJW 1990, S. 1817, 1819 f.; zum damaligen Entwurf des UmwHG *Petersen*, NJW 1998, S. 2099, 2100; siehe ferner *Kötz*, Gutachten Bd. 2, S. 1783 ff..

[857] Siehe ausführlich oben. Ferner *Brüggemeier*, Deliktsrecht, S. 51 f.

[858] BGHZ 105, S. 65, 68; RGZ 141, S. 406, 407. Ferner *Lange/Schiemann*, Schadensersatz, § 3 VII 2, S. 94 ff.; *Petersen*, NJW 1998, S. 2099, 2100; *Steffen*, NJW 1990, S. 1817, 1819 f.; *Wagner* in MüKo, BGB^4, Vor § 823, Rn. 18 f. *Becker*, Unerlaubte Handlungen, S. 74; *Brüggemeier*, Deliktsrecht, S. 51 f. A. A. allerdings wohl etwa BGHZ 117, S. 110, 111 f. sowie *Fuchs*, Deliktsrecht, S. 197.

gleich für das Erlaubtsein eines Tuns an"[859]. Das Merkmal der Rechtswidrigkeit von Verhalten ist kein Element der Gefährdungshaftungstatbestände.[860] Für die Gefährdungshaftung ist allein ein bestimmtes Verhältnis einer Person zu einer Gefahrenquelle oder Gefahr im Schadenszeitpunkt entscheidend. Insofern genügt die normativ bestimmte Gefahr*verantwortung*.

2. Kein unmittelbar intendierter präventiver Rechtsschutz (Primärebene)

Die Gefährdungshaftung zielt nicht auf Verhinderung eines durch bestimmte Gefahrneigung charakterisierten Verhaltens, sondern sieht von diesem Mittel des Güterschutzes grundsätzlich ab.[861] Die Verhinderung von Rechtsgutsverletzungen ist hier nur von nachrangigem Interesse, so daß der primäre Rechtsgüterschutz durch die Gefährdungshaftung nicht direkt verbessert wird.[862] Im Bereich der Gefährdungshaftung steht der Gedanke nachgelagerten monetären Ausgleichs von im Fremdinteresse erlittenen Nachteilen im Vordergrund.[863] Solange die den zivilrechtlichen Gefährdungshaftungsnormen unterfallenden Gefahren ein Normalmaß nicht übersteigen, können gefährdete Rechtsgutsträger gegen das insoweit noch *erlaubte* Vorgehen des Verantwortlichen nicht mit Aussicht auf Erfolg vorgehen.[864] Erst ab Erreichen eines Gefahrenmaßes, das nach allgemeinen Grundsätzen nicht mehr hingenommen zu werden braucht, kann negatorischer oder quasinegatorischer Rechtsschutz aus §§ 823 Abs. 1, 1004 BGB direkt oder analog oder ein Notstandsrecht in Anspruch genommen werden. Im Bereich der Gefährdungshaftung gilt also zwischen den Beteiligten insoweit der Grundsatz „dulde und liquidiere!".

---

[859] So *Fikentscher*, Schuldrecht, Rn. 1319. Siehe auch *Becker*, Unerlaubte Handlungen, S. 73 f.; *Vollmer*, JZ 1977, S. 371, 374. Siehe ferner BGHZ 79, S. 259, 262. Siehe im übrigen auch BR-Drs. 777/75, S. 7.

[860] Siehe nochmals die Erwägungen in BR-Drs. 777/75, S. 7 sowie BGHZ 105, S. 65, 68 f.; RGZ 141, S. 406, 407; *Wagner* in MüKo, BGB^4, Vor § 823, Rn. 18 f.; *Stark*, Deutsch-FS, S. 349, 350. Anders sieht dies offenbar *von Bar*, Verkehrspflichten. Dessen Beispiel des Kraftfahrzeughalters, mit dessen PKW ein Angreifer in Notwehr angefahren und verletzt wird, das die Geltung des Rechtfertigungsgrundes der Notwehr auf Gefährdungshaftungstatbestände und damit die Existenz der Rechtswidrigkeitsebene in der Gefährdungshaftung belegen soll, überzeugt jedoch nicht. Denn zum einen fehlt dafür nach wie vor der gesetzlich-systematische Anknüpfungspunkt, zum anderen ergibt sich das Ergebnis des Ausschlusses der Halterhaftung schon durch die angesichts der Provokation naheliegende Verneinung des Merkmals der Verwirklichung der Betriebsgefahr.

[861] Siehe *Becker*, Unerlaubte Handlungen, S. 73 f.; *Larenz/Canaris*, SR BT II/2, S. 609, 610.

[862] Vgl. nur das nüchterne und etwas resigniert wirkende Resümee von *Steffen*, NJW 1990, S. 1817, 1822.

[863] Vgl. nochmals BR-Drs. 777/75, S. 7.

[864] So auch *Becker*, Unerlaubte Handlungen, S. 73 f. m. w. Nachw.

Freilich kann aber auch eine drohende Haftung aus Gefährdungshaftungsnormen eine Motivation begründen, Haftungsfälle zu vermeiden oder zu reduzieren.[865] Jeder Verkehrsteilnehmer wird bestrebt sein, eigene Ersatzpflichten überhaupt nicht erst entstehen zu lassen.[866] Gerade bei fehlender Gefahrerkenntnis ist eine Schadens*prävention* jedoch schlicht nicht möglich. So ist es mangels ausreichender wissenschaftlicher Erkenntnisse oder mangels einschlägiger Erfahrung etwa bei neuartigen Risiken.[867] Gefährdungshaftung läßt dem einzelnen dadurch insgesamt größere Handlungs- und Entscheidungsfreiheit, daß sie auf konkrete Verhaltenssteuerung durch die Formulierung von Geboten und Verboten völlig verzichtet.[868] Die Gefährdungshaftung sorgt aber dafür, daß die nachteiligen Folgen, die mit einzelnen Gefahren typischerweise einhergehen und sich bei anderen verwirklichen, von dem zu tragen sind, der sich seiner Freiheit erlaubtermaßen und seinen Nutzenerwägungen entsprechend bedient (Nutzen-Risiko-Prinzip).

Dem Rechtsgüterschutz kommt bei der Gefährdungshaftung nicht die Funktion zu, einen Abwehrstatus (§§ 1004, 823 BGB) zu gewähren (Primärschutz), sollte es zu einer individuellen Gefährdung kommen. Vielmehr kommt der Güterschutz (i.w.S.) vor allem nachgelagert auf der Ausgleichsebene zum Tragen, wobei diese Ausgleichsebene die Präventionsmotivation des Verantwortlichen regelmäßig zumindest mittelbar mitprägt.

D. Zusammenfassung

Bestandsschutz läßt sich auf verschiedene Weise erreichen. Zunächst durch die Aufstellung präventiver, verhaltenssteuernder Schutzgebote, deren Inhalt auf die Verhinderung von Rechtsgutsbeeinträchtigungen abzielt (Primärschutz). § 823 Abs. 1 BGB beispielsweise setzt das Bestehen solcher Pflichten voraus und erkennt damit deren Bestehen an. In dieser Vorschrift werden bei Beeinträchtigung der zu schützenden Güter darüber hinaus an die Verletzung dieser Gebote Schadensersatzpflichten zur Kompensation geknüpft.

Die Festlegung von Pflichten hat im Verschuldenshaftungsrecht daher unterschiedliche Bedeutung. Zum einen dient sie prospektivisch der Bestimmung der Freiheitsräume und zeigt dem Einzelnen die Grenzen seiner Handlungsfreiheit auf. Diese Dimension bestimmt den präventiven Rechtsgüterschutz auf der Pri-

---

[865] Dazu *Larenz/Canaris*, SR BT II/2, S. 609 m. w. N. (Anm. 35); *Stark*, Deutsch-FS, S. 349, 351 f.; *Wagner* in MüKo, BGB^4, Vor § 823, Rn. 21; *Kötz/Wagner*, Deliktsrecht, Rn. 343 ff.

[866] *Hager* in Staudinger, BGB, Vorbem. zu §§ 823 ff., Rn. 10; zur hier hereinspielenden ökonomischen Analyse siehe (mit Zweifeln an der dort zugrundegelegten Prämisse rationalen Handelns) *Hager* (a.a.O.), Rn. 14 ff. sowie *Nölle*, Eigenhaftung, S. 58 ff., jew. m. w. Nachw.

[867] *Stark*, Deutsch-FS, S. 349, 351 f. Siehe auch schon oben.

[868] So auch *von Caemmerer*, Reform, S. 10 f.

märebene (Güterbestandsschutz). An die Verletzung dieser Pflichten wird bei daraus resultierender Rechtsgutsverletzung etc. die Pflicht zum Schadensersatz geknüpft. Ohne Feststellung einer Pflichtverletzung läßt sich mangels Widerrechtlichkeit kein Schadensersatzanspruch nach § 823 Abs. 1 BGB bejahen. Damit ist der *zweite* Aspekt angesprochen: Verstöße gegen Pflichten sind Anknüpfungspunkt und notwendige Voraussetzung für Ansprüche aus § 823 Abs. 1 BGB (Sekundärebene). Da das zu schützende Rechtsgut hier bereits beeinträchtigt wurde, kommt auf dieser Ebene nur noch ein Vermögensbestandsschutz in Betracht (vgl. §§ 249 ff. BGB).

Auch der Umstand, daß eine Pflichtverletzung Schadensersatzansprüche auslösen kann, wirkt mittelbar präventiv rechtsgüterschützend. Denn jeder Verkehrsteilnehmer ist regelmäßig bestrebt, eigene Ersatzpflichten überhaupt nicht erst entstehen zu lassen. Die Motivation zur Vermeidung von Rechtsgutsverletzungen als reines Mittel zur Vermeidung von Schadensersatzansprüchen ist keine sozial- bzw. rechtsethisch begründete, da sie nicht vom Respekt vor der Gütersphäre des anderen ausgeht. Sie ist mehr eine ökonomische Motivation.

Rechtsgüterschutz läßt sich aber auch ohne die Aufstellung von präskriptiven Verhaltensgeboten, das heißt unter Verzicht auf Verhaltenssteuerung, allein durch die Installation adäquater Ausgleichs- und Kompensationsmechanismen auf der Sekundärebene verfolgen. So etwa, wenn man es unter Verzicht auf schutzbezogene (primäre) Verhaltenssteuerung allein der jeweils gefahrverantwortlichen Person überläßt, ob und inwieweit sie für Schutz sorgen will, diese aber prinzipiell für alle oder für bestimmte aus ihrer Gefahrensphäre hervorgehenden Schädigungen haften läßt. Hier verzichtet die Rechtsordnung darauf, das sozial- und rechtsethische Bewußtsein anzusprechen, und beschränkt sich auf die mittelbare Wirkweise ökonomischer Motivationsmechanismen. Die in solchem Haftungssystem verantwortliche Person wird möglicherweise aus wohlverstandenem Eigeninteresse ebenfalls bemüht sein, dafür zu sorgen, daß es aus ihrer Sphäre heraus nicht zu Schädigungen Dritter kommt. Auch hier hängt der primäre Integritätsschutz elementar davon ab, ob die gefahrverantwortliche Person die eingetretenen Verletzungen verhindern konnte. Jedoch kommt die Möglichkeit von Rechtsgutsverletzungen allein als Abwägungsmaterial bei den vom Gefahrverantwortlichen zu treffenden Entscheidungen zum Tragen.

Der primäre Güterschutz ist hier nur ein (nachrangiger) Nebenzweck, der Hauptzweck liegt auf der Sekundärebene; er besteht darin, für einen angemessenen (Vermögens-)Ausgleich im Falle von Verletzungen zu sorgen. Hier geht es also mehr um Vermögensbestandsschutz. Dieses Modell entspricht dem Grundgedanken der Gefährdungshaftung. Hier bei dem Eintritt von Schäden nach dem Vorliegen von Pflichtverletzungen zu fragen, wäre sinnlos, da es darauf prinzipiell nicht ankommt. Umgekehrt kann Gefährdungshaftung damit allerdings auch den primären Rechtsgüterschutz nicht direkt verbessern.

In Regelungstechnik und Wirkmechanismus unterscheiden sich die beiden skizzierten Haftungssysteme nach dem Gesagten doch erheblich, mag beiden auch der Zweck eines Bestandsschutzes, obzwar in unterschiedlicher Ausprägung und Intensität, durchaus noch gemeinsam sein. Kommt beiden Systemen noch die grundsätzliche Eignung zu, zur Vermeidung von Schädigungen Dritter zu motivieren, so tritt doch der Unterschied, den etwa *von Bar*[869] mit seinem Bild von den kommunizierenden Röhren einzuebnen versucht hat, deutlich hervor.

Der Gefährdungshaftung und der Verschuldenshaftung mag das „Prinzip personaler Verantwortung“[870] in einem weiteren Sinne gemeinsam sein, sieht man diese Verantwortung (i.w.S.) einmal in der Fehlsteuerung des eigenen Verhaltens und einmal in der Schaffung einer der Gefährdungshaftung unterliegenden abstrakten Gefahrenquelle. Gefährdungshaftung hat jedoch eine normativ gefährdungsakzessorische Schadenszuordnungs- und, anders als die Verschuldenshaftung, keine Verhaltenssteuerungs- oder -verhinderungstendenz. Führt erlaubtes Verhalten in einem von Gefährdungshaftung erfaßten Geschehen zu einer Rechtsgutsgefährdung, wird von einem dadurch Bedrohten erwartet, die Gefährdung zu erdulden und sich im Schadensfalle mit monetärem Ausgleich zu begnügen (dulde und liquidiere).

Aufgrund der fehlenden Anknüpfung an Fehlverhalten vermag die Gefährdungshaftung Nutzen und Risiko der Ausübung von Freiheit prinzipiell eher in dem Sinne der verbreiteten Formulierung auszugleichen: „wer eine Gefahr für andere schafft, hat die daraus resultierenden Schäden zu ersetzen“. Einer solchen Anforderung kann die Verschuldenshaftung nicht gerecht werden.

---

[869] Verkehrspflichten, S. 128 ff.

[870] Siehe *Larenz/Canaris*, SR BT II/2, S. 608.

Kapitel 2 Mögliche Auswege

A. Vorbemerkung

Bei der Anwendung des bestehenden Haftungsrechts stellt sich zunächst nicht die Frage nach der Angemessenheit der Haftung. Es ist jedoch nicht unüblich, die §§ 823 ff. BGB vor allem im Hinblick auf diese rechtspolitische Frage zu handhaben[871] und, wie oben festgestellt wurde, die Haftung nach den genannten Verschuldenshaftungsnormen auszudehnen. Das Erfordernis einer Verbreiterung der außervertraglichen Schadensersatzhaftungsgrundlagen wird freilich kaum weiter problematisiert.

Sollte man ein Erfordernis für eine Ausdehnung der deliktsrechtlichen Haftung (i.w.S.) sehen, dürfte man auf das folgende strukturelle Problem stoßen: Im Bereich der gegenständlich breit angelegten Verschuldenshaftung bestehen kategoriale Grenzen insbesondere aufgrund des Verhaltensbezuges, vor allem aufgrund der Abhängigkeit der Schadensersatzansprüche von pflichtwidrigem Verhalten, während die Gefährdungshaftung aufgrund der enumerativen Einzelregelung nur singuläre Bedeutung hat. Auf dieser Basis kommen als Lösungswege prinzipiell in Betracht die „Ausweitung“ der Verschuldenshaftung und die Ausweitung der Gefährdungshaftung.

B. Rechtspolitisch motivierte Überdehnung der Verschuldenshaftungsnormen

Eine Auffassung geht im wesentlichen den Weg, § 823 Abs. 1 BGB über seine kategorialen Grenzen hinaus extensiv „auszulegen“, indem sie die eigentlich haftungskonstitutive Bedeutung des Täterverhaltens in den Hintergrund treten läßt.[872] Die systembedingten Grenzen des Verschuldenshaftungsrechts werden aber auch auf andere Weise überschritten.

Häufig ist die erwähnte Tendenz, die letztlich auf eine Verschmelzung der Verschuldens- mit der Gefährdungshaftung hinausläuft, nicht als solche erkennbar, da zumeist nach wie vor die gebräuchlichen Begriffe des Verschuldenshaftungsrechts verwendet werden. Erfolgt die Bestimmung des „Pflichtenprogramms“ beispielsweise unabhängig von der jeweiligen Situation und den individuellen Fähigkeiten des Betroffenen oder gar rein vom Eintritt eines uner-

---

[871] Siehe die kritische Abhandlung von *Jansen*, AcP 202 (2002), S. 517 ff., 533 ff. m. w. Nachw., der die hier thematisierte Diskrepanz von Rede und Inhalt herausstellt: Die auf der Basis der Verkehrssicherungspflicht-Terminologie angestrebten Ergebnisse sind nicht in der Pflichtverletzungssystematik zu begründen, wohl aber in der Gefährdungshaftungssystematik, vgl. etwa S. 518 f., 520 f., 525 ff. (Anm. 55).

[872] Insofern kann auf die zahlreichen Nachweise vor allem des ersten Abschnittes verwiesen werden. Siehe aber beispielsweise auch *von Bar*, Verkehrspflichten, S. 131 ff.; *Vollmer*, JZ 1977, S. 371, 374. Kritisch zu diesem Vorgehen *Wagner* in MüKo, BGB^4, Vor § 823, Rn. 21.

wünschten Erfolges her, so nähert sich das System einer *Erfolgshaftung* an, spielt *individuelle* Verhaltenssteuerung dann doch keine Rolle mehr. Es entscheidet dann das objektive Verhältnis des Einzelnen zu einer verwirklichten Gefahr über dessen Haftung. Der Einzelne trägt dann in der Sache nur mehr eine *Garantie* dafür, daß aus ihm zugerechneten Gefahrenquellen keine Schädigungen hervorgehen.[873] Das ist in der Sache nichts anderes als Gefährdungshaftung – nur vorgeblich auf der Grundlage von Verschuldenshaftungsnormen und unter Verwendung deren Begriffssystems.[874]

C. Stellungnahme

Eine Veränderung der haftungsrechtlichen Grundlagen liegt zunächst vor allem in der Hand des Gesetzgebers. Sollte das derzeitige Haftungsrecht derart lückenhaft sein, daß ohne ein Eingreifen des Gesetzgebers eine Korrektur der Rechtsanwendung geboten ist, sollte in dieser Auseinandersetzung folgendes berücksichtigt werden:

Die meisten auf eine Ausdehnung der Verschuldenshaftung nach § 823 Abs. 1 BGB ausgerichteten Ansätze lassen die Bedeutung konkret-individuellen Fehlverhaltens für die Entstehung eines Schadensersatzanspruchs in den Hintergrund treten oder negieren diese sogar. Die Ausdehnung des § 823 Abs. 1 BGB vollzieht sich dabei aber eher stillschweigend. Die genauen Kriterien für eine solche Ausdehnung wie auch deren Grenzen werden wissenschaftlich kaum thematisiert und sind weitgehend unklar.

Einer Analogie zu bestehenden Gefährdungshaftungsnormen steht nach verbreiteter Auffassung ein aus der Singularität dieser Regelungen abgeleitetes Analogieverbot entgegen.[875] Wenn einer – zumindest theoretisch ebenfalls denkbaren – Analogie zu bestehenden Regelungen der Gefährdungshaftung zur Schließung etwaiger Haftungslücken jedoch das Analogieverbot entgegengehalten wird, so darf doch eines nicht übersehen werden. Mit einer Ausdehnung der Verschuldenshaftung in Richtung auf die Gefährdungshaftung wird letztlich häufig genau dasselbe Ergebnis erreicht, wie mit einer vermeintlich

---

[873] Siehe auch *Kötz/Wagner*, Deliktsrecht, Rn. 260 ff. m. w. Nachw.

[874] Zur Gefahr der Entstehung einer insofern „verkappten Gefährdungshaftung“ siehe nur etwa die Nachweise bei *Becker*, Unerlaubte Handlungen, S. 339 f. (Anm. 6). Siehe auch *Wagner* in MüKo, BGB^{4}, Vor § 823, Rn. 24.

[875] *Von Caemmerer*, DJT-FS, Bd. 2, S. 49, 63, etwa meint, Gefährdungshaftung könne „im deutschen Recht nur durch Gesetz statuiert werden.“ Vgl. auch *Larenz/Canaris*, SR BT II/2, S. 601 ff. sowie die Nachweise bei *Hager* in Staudinger, BGB, Vorbem. zu §§ 823 ff., Rn. 29; *Wagner* in MüKo, BGB^{4}, Vor § 823, Rn. 22; *Kötz/Wagner*, Deliktsrecht, Rn. 333 ff.; *Fuchs*, Deliktsrecht, S. 199; siehe auch die Nachweise bei *Will*, Quellen erhöhter Gefahr, S. 70 ff. und als Kontrast die Beschreibung der Situation in Österreich (S. 77 ff.). Dem Analogieverbotseinwand will wohl auch *Vollmer*, JZ 1977, S. 371, 374, entgehen.

verbotenen Analogie zu den Regelungen der Gefährdungshaftung. Sollte ein solches Analogieverbot tatsächlich bestehen, was nicht zuletzt angesichts der grundrechtlichen Implikationen, etwa hinsichtlich des garantierten Vermögensbestandsschutzes (Art. 14 GG), bezweifelt werden kann,[876] stünde dies umgekehrt in bestimmtem Maße auch einer Ausdehnung des § 823 Abs. 1 BGB in Richtung Gefährdungshaftung im Wege. Denn es ist widersprüchlich, unter Verweis auf ein Analogieverbot im Bereich der Gefährdungshaftung mit demselben rechtspolitischen Ziel und demselben haftungsrechtlichen Endergebnis die Verschuldenshaftung auszuweiten. Das Argument des Analogieverbots wirkt in diesem Lichte vorgeschoben.[877]

Da es gerade das Gedankengut der Gefährdungshaftung ist, das bei der hier als systemwidrig monierten expandierenden Auslegung des § 823 Abs. 1 BGB immer wieder bemüht wird, sollte überlegt werden, ob eine an den Haftungskriterien der Gefährdungshaftung orientierte behutsame *teleologische Expansion* von Gefährdungshaftungstatbeständen, wie sie etwa in Österreich gängige Praxis in der Rechtsprechung ist,[878] nicht die bessere Alternative ist. Unumgänglich ist freilich die Erarbeitung von präzisen Voraussetzungen und vor allem Grenzen einer Analogie zu bestehenden Gefährdungshaftungsvorschriften. Denn auch außervertragliche Haftung muß kalkulierbar sein und bleiben.

Der mögliche Anwendungsbereich der Gefährdungshaftung beschränkt sich im übrigen nicht – sachbezogen – auf Gefahren, die aus Unternehmen, Korporationen, Personenmehrheiten, aus dem Betrieb von Anlagen und dergleichen oder im Zusammenhang mit bestimmten Gegenständen entstehen.[879] Gefährdungshaftung kann – verhaltensbezogen – auch an bestimmten Tätigkeiten oder Aktivitäten anknüpfen.[880]

---

876 Siehe im übrigen auch *Kötz/Wagner*, Deliktsrecht, Rn. 371 ff. m. w. Nachw.

877 Insofern sah es etwa *Will*, Quellen erhöhter Gefahr, S. 327, als wichtige Aufgabe an, das „seit langem unhaltbare Analogieverbot“ zu stürzen.

878 Siehe etwa die Entscheidungen des österr. OGH vom 28.3.1973, Gz.: 5 Ob 50/73; vom 24.10.1985, Gz.: 8 Ob 22/85; vom 15.3.1988, Gz.: 8 Ob 39/87; vom 13.7.1988, Gz.: 3 Ob 516/88; vom 30.10.1991, Gz.: 10 Ob 31/91. Dazu auch *Will*, Quellen erhöhter Gefahr, S. 77 ff.; *Kötz*, Gutachten Bd. 2, S. 1789, 1790 f. m. w. Nachw.

879 Siehe dazu nur die Nachweise bei *Brüggemeier*, Deliktsrecht, S. 52 f.

880 So auch *Kötz*, Gutachten Bd. 2, S. 1796 ff.; *Fuchs*, Deliktsrecht, S. 197.

Zusammenfassung des zweiten Abschnitts

Das Verschuldenshaftungsrecht ist prospektivisch auf Güterbestandsschutz und retrospektivisch auf Vermögensschutz angelegt. Dem Vermögensschutz dient es aber nur, soweit es individuelles Fehlverhalten sanktioniert. Die Gefährdungshaftung hingegen kommt ohne ein primär verhaltenssteuerndes Element aus und kann daher auch dann für Vermögensschutz sorgen, wenn kein Verstoß gegen Verhaltensvorschriften vorliegt.

Gefährdungshaftung hat der Gesetzgeber nur vereinzelt normiert, während mit § 823 Abs. 1 BGB, der wichtigsten Regelung des Deliktsrechts (i.e.S.), eine gegenständlich weit gefaßte Anspruchsgrundlage besteht. Diesen weiten Schutzbereich wollen nun manche entgegen der gesetzlichen Formulierung auch für solche Schädigungen erschließen, die streng genommen nicht auf widerrechtliches (schuldhaftes) Verhalten zurückzuführen sind, sondern in der Sache letztlich allein auf der gedanklichen Grundlage der Gefährdungshaftung stehen. Einzelne Merkmale des § 823 Abs. 1 BGB werden zu diesem Zweck derart variabel gehandhabt, daß die daraus gewonnenen Resultate mit den Prinzipien der Verschuldenshaftung nicht mehr vereinbar sind. Bei der Auslegung der Tatbestandsmerkmale der Anspruchsgrundlagen des Verschuldenshaftungsrechts geht es dann wohl in erster Linie darum, wer etwaige Schadenslasten „billigerweise" tragen soll. Nur vor diesem Hintergrund läßt sich manche Auseinandersetzung über deliktsrechtliche Einzelprobleme verstehen. Kritikwürdig ist hier vor allem die nicht seltene Vermengung der Rechtsanwendungsebene und der rechtspolitischen Ebene.

Auch heute noch steht die Rechtswissenschaft im außervertraglichen Haftungsrecht vor offenen Fragen. So bedarf wohl auch die Frage einer eingehenderen Diskussion, inwieweit das nach herrschender Meinung hinsichtlich der Gefährdungshaftungsvorschriften bestehende Analogieverbot auch einer Ausdehnung der Verschuldenshaftungsregelungen in Richtung der Gefährdungshaftung entgegensteht. Auch die Beantwortung dieser Frage könnte die Suche nach den kategorialen Grenzen im System der außervertraglichen Haftung und die Erforschung des Verhältnisses der Verschuldenshaftung zur Gefährdungshaftung einen Schritt weiterbringen.

Gesamtzusammenfassung

Schadensersatzhaftung auf der Grundlage der Regelungen des Deliktsrechts (i.e.S.), insbesondere des § 823 Abs. 1 BGB, hängt von den darin normierten tatbestandlichen Voraussetzungen ab. Das Vorliegen der Verletzung einer deliktsrechtlichen Pflicht ist eine dieser Voraussetzungen. Die Inanspruchnahme auf Schadensersatz nach den genannten Regelungen kann durch Erfüllung der bestehenden deliktsrechtlichen Pflichten präventiv ausgeschlossen werden. Das gilt sowohl im allgemeinen, wie auch im Bereich der sog. Haftung für die Verletzung von Verkehrssicherungspflichten.

Wie sich gezeigt hat, ist die Diskussion über die Voraussetzungen des § 823 Abs. 1 BGB stark geprägt von rechtpolitischen Überlegungen zu Fragen gerechten Schadensausgleichs. Wie viele im Rahmen dieser Arbeit angesprochene Diskussionen zeigen, sollen nach bestimmten Tendenzen auf der Grundlage des geltenden Verschuldenshaftungsrechts Schadensersatzansprüche bestehen, die in das Verschuldenshaftungssystem nicht passen. Beispielsweise sei das im geltenden System des § 823 Abs. 1 BGB utopische Konstrukt der „Erfolgsvermeidungspflicht" genannt. Hier wird von Pflichtverletzung gesprochen, obwohl – ganz ohne jeden Verhaltensbezug – der Eintritt unerwünschter Schadensereignisse gemeint ist.

Bestand beispielsweise eine deliktsrechtlich relevante Gefahrenlage und kam es zur Entstehung von Pflichten zur Sicherung der Rechtsgüter Dritter, kann der Primärverantwortliche der Gefahr grundsätzlich durch Übertragung von Aufgaben der Verkehrssicherung auf einen *ex ante* geeigneten Dritten begegnen. Mag der Übernehmer auch unerkannt zu eigenverantwortlichem Handeln nicht in der Lage sein und daher eine zuverlässige Aufgabenerfüllung nicht sicherstellen können, so hat der Primärverantwortliche doch in einem solchen Fall – wie auch sonst durch die Ergreifung *ex ante* ausreichender Gefahrbegegnungsmaßnahmen im Rahmen angemessenen Gefahrmanagements – das seinerseits Erforderliche getan und seine Pflichten erfüllt. Denn wie sich *ex ante* probate Maßnahmen nachträglich als unzureichend erweisen können, kann auch ein unerkannt und nicht erkennbar Deliktsunfähiger Vertrauen in eine ordnungsgemäße Aufgabenerfüllung hervorrufen. Selbst mit Informations- und Aufklärungspflichten kommt man nicht zu einem anderen Ergebnis, wenn aus Sicht des Primärverantwortlichen kein Anhaltspunkt für eine entsprechende Gefahr vorlag. Erlegte man dem Primärverantwortlichen etwa das Risiko der (nicht erkennbaren) Deliktsunfähigkeit des Übernehmers auf, indem man ihn in einem solchen Falle zur Verantwortung zieht, so trüge er systemwidrig das Erfolgsrisiko seiner Sicherungstätigkeit. Das aber steht in Widerspruch zu der Prämisse, daß eine deliktische Haftung nach Verschuldenshaftungsnormen ausgeschlossen ist, wenn der Verpflichtete in der jeweiligen Handlungssituation seine deliktsrechtlichen Pflichten erfüllt. Das ist im Beispielsfall geschehen.

Neben diesem Beispielsfall sei auch auf die Grenzen des bestehenden Verschuldenshaftungssystems hingewiesen, die aus der Abhängigkeit des Rechtsgüterschutzes von subjektiven Merkmalen des jeweils Verantwortlichen resultieren. Grenzen ergeben sich darüber hinaus aus dem Erfordernis, daß der Pflichtengehalt neben dem Schutz- und Erhaltungsinteresse der anderen Verkehrsteilnehmer auch die Entfaltungsinteressen des Gefahrverantwortlichen zu wahren hat. Demzufolge ist nicht jede Gefährdung der Rechtsgüter anderer verboten. Bei aus erlaubter Gefährdung resultierenden Verletzungen kommen Schadensersatzansprüche nach Verschuldenshaftungsnormen nicht zur Entstehung.

Rechtsgüter- und Vermögensschutz läßt sich durch ein an Verstöße gegen Verhaltenspflichten anknüpfendes Haftungsrecht, wie das geltende Verschuldenshaftungsrecht, systembedingt nur eingeschränkt erreichen. Vor allem aber ein in jeder Hinsicht gerechter Schadensausgleich kann allein auf dieser Grundlage nicht erreicht werden. Entsprechendes Streben wäre hoffnungslos, zeigt doch schon die geltende Rechtslage, daß das Verschuldenshaftungsrecht nur *eine* Säule außervertraglichen Haftungsrechts bildet.

Wie Schadenslasten, die auf gefährliches menschliches Handeln, auf den Gebrauch gefährlicher Gerätschaften, die Existenz menschlicher Einrichtungen i.w.S. oder allgemein auf von Menschen initiierte gefährliche Vorgänge zurückzuführen sind, in einer Gesellschaft gerecht verteilt werden können, verdient besondere wissenschaftliche, insbesondere rechtsphilosophische und rechtspolitische Aufmerksamkeit. In einem solchen Rahmen und losgelöst von Anwendungsfragen zu § 823 Abs. 1 BGB sollten diejenigen Kriterien zusammengetragen werden, die für eine Schadensersatzhaftung außerhalb von Sonderbeziehungen maßgeblich sein sollen.

Thesen

1. Schadensersatzhaftung nach § 823 Abs. 1 BGB und den anderen Verschuldenshaftungsregelungen knüpft materiellrechtlich an das Vorliegen widerrechtlichen Verhaltens an. Widerrechtlich ist Verhalten dann, wenn es im Hinblick auf die in der konkreten Situation bestehenden deliktsrechtlichen Pflichten (Gebote und Verbote) pflichtwidrig ist.

2. Erfüllt eine Person die bestehenden deliktsrechtlichen Pflichten oder bestanden in einer Situation keine solchen Pflichten, so scheidet damit die Entstehung deliktsrechtlicher Schadensersatzansprüche nach § 823 Abs. 1 BGB und nach den anderen Regelungen des Verschuldenshaftungsrechts ausgeschlossen.

3. Für die Bewertung eines Verhaltens als widerrechtlich ist es nach § 823 Abs. 1 BGB ohne Bedeutung, ob damit gegen eine sogenannte Verkehrs(sicherungs)pflicht oder gegen eine sonstige deliktsrechtliche Pflicht verstoßen wurde.

4. Pflichten sind auf Verhaltenssteuerung gerichtet, nicht auf die Verteilung von Haftungsrisiken oder die Zuordnung von Schadenslasten.

5. Für die Bestimmung der in einer Situation bestehenden deliktsrechtlichen Pflichten ist es unerheblich, ob infolge des bestreffenden Verhaltens ein Rechtsgut eines anderen verletzt wurde. Zwar wird die Be- oder Mißachtung deliktsrechtlicher Pflichten im Rahmen des § 823 Abs. 1 BGB regelmäßig nach Eintritt einer Verletzung und eines Schadens *(ex post)* untersucht, die für die maßgebliche Situation geltende Pflichtenlage hat aber bereits im Zeitpunkt des Handelns und damit vor Eintritt der Beeinträchtigung bestanden.

6. Die Bestimmung des Pflichtengehalts erfolgt durch ein wertendes Prozedere, in welchem sämtliche Umstände des konkreten Einzelfalles zu berücksichtigen und mit- und gegeneinander abzuwägen sind. Hierbei ist eine Grenze zu ziehen zwischen den im einzelnen involvierten Rechten und Interessen, welche seitens des Gefahrverantwortlichen vor allem auf Entfaltung, seitens einer gefährdeten Person im wesentlichen auf Schutz und Sicherheit gerichtet sind.

7. Der haftungssystematischen Grundentscheidung des Gesetzgebers entsprechend sind bei der Bestimmung der Pflichtenlage sowohl hinsichtlich der dazu heranzuziehenden Tatsachengrundlage als auch hinsichtlich des Inhalts bestimmte Prinzipien zu beachten.

8. Der Grundsatz „*impossibilium nulla est obligatio*" markiert eine äußere (logische) Grenze des möglichen Pflichtengehalts. Die (sinnvolle) Formulierung einer Pflicht beachtet das Erfordernis der Erfüllbarkeit.

9. Die Entstehung deliktsrechtlicher Pflichten steht in Abhängigkeit von individuellen Merkmalen des Verantwortlichen, insbesondere von dessen Wissens- und Erfahrungshorizont und dessen Fähigkeiten. Die Abhängigkeit des primären

wie des sekundären Güterschutzes von Umständen aus der Sphäre des Gefahrverantwortlichen ist ein Wesensmerkmal des § 823 Abs. 1 BGB.

10. Ein Gefahrverantwortlicher ist regelmäßig zu einer Mehrheit von Einzelmaßnahmen (z.B. Information, Hinweis, Instruktion, Auswahl, Kontrolle, Aufsicht) verpflichtet sowie zur Organisation der Gefahrbegegnung.

11. Regelmäßig wird der Inhalt einer deliktischen Sicherungspflicht abstrakt gesprochen darauf lauten, daß der Gefahrverantwortliche in erforderlichem Maße Maßnahmen der Gefahrbekämpfung oder -reduzierung durchführt. Dazu gehört auch die regelmäßige Kontrolle der Gefahrsituation und auch die Überprüfung der Wirksamkeit der ausgewählten Maßnahmen.

12. Insoweit kann davon gesprochen werden, daß eine gefahrverantwortliche Person nach den von § 823 Abs. 1 BGB vorausgesetzten Primärnormen zu einem situationsangemessenen *Gefahrmanagement* verpflichtet ist.

13. Situationsangemessenes Gefahrmanagement bezeichnet dabei den Inbegriff der dem einzelnen in der konkreten Situation obliegenden Gefahrbegegnungsmaßnahmen. Wer situationsangemessen Gefahrmanagement betreibt, erfüllt seine deliktsrechtlichen Pflichten.

14. Unter mehreren geeigneten und eine hinreichende Gefahreindämmung versprechenden Maßnahmen oder Maßnahmenpaketen ist im Rahmen dieses Gefahrmanagements eine Variante auszuwählen und konsequent umzusetzen.

15. Als grundsätzlich geeignete Maßnahme kommt vollständiges eigenhändiges Vorgehen ebenso in Betracht wie die partielle Einschaltung eines kompetenten Dritten. In bestimmten Tätigkeitsfeldern kann eigenhändiges Vorgehen ebenso die *einzige* probate Maßnahme sein wie die Einschaltung eines qualifizierten Dritten. In solchem Falle ist diese einzig probate Maßnahme zu ergreifen.

16. Entschließt sich ein Gefahrverantwortlicher zur Variante der Selbstverrichtung mit Fremdverrichtungselementen, so hat er eine zur Gefahrbegegnung konkret geeignete und hinreichend qualifizierte Person auszuwählen, den Erfordernissen des Einzelfalls entsprechend einzuweisen und zu instruieren sowie in angemessener Weise zu kontrollieren und zu überwachen. Daneben bleibt es bei der abstrakten Gefahrzuständigkeit des Primärverantwortlichen, so daß dieser zur allgemeinen Gefahrbeobachtung und zur Kontrolle der Wirksamkeit seiner Maßnahmen verpflichtet bleibt.

17. Deliktsrechtliche Pflichten, insbesondere Verkehrssicherungspflichten, können entgegen verbreitetem Sprachgebrauch nicht durch zweiseitiges Rechtsgeschäft zwischen einem Primärverantwortlichen und einem Übernehmer übertragen werden.

18. Seitens des Übernehmers wird abstrakte deliktische Verantwortung im wesentlichen durch die Schaffung von Vertrauen begründet. Diese Verantwortung

resultiert zum einen daraus, daß der Übernehmer den Primärverantwortlichen durch sein Tätigwerden von der Ergreifung weiterer oder anderer Maßnahmen zur Sicherung der Rechtsgüter anderer abhält. Sie kann aber auch in der Hervorrufung einer bestimmten Verkehrserwartung wurzeln.

19. Zur Begründung deliktischer Übernehmerverantwortung bedarf es prinzipiell keines Vertrages. Schon rein tatsächliches Tätigwerden genügt dazu.

20. Die Besonderheit der Regelungen der §§ 831, 832, 833 f. und 836-838 BGB gegenüber der allgemeinen Bestimmung des § 823 Abs. 1 BGB besteht darin, daß dort die Beweislast zulasten der abstrakt deliktsrechtlich verantwortlichen Person modifiziert wird. Voraussetzung dieser Modifikation zulasten eines Übernehmers ist nach §§ 831 Abs. 2, 832 Abs. 2, 834 (und 838) BGB, daß die entsprechenden Pflichten *durch Vertrag* übernommen wurden.

21. Verbreitet werden zwei unterschiedliche Themen miteinander vermengt erörtert: die Suche nach rechtspolitisch wünschenswerten Grundlagen außervertraglicher Haftung auf der einen Seite und das Thema der Auslegung und Anwendung der tatbestandlichen Voraussetzungen des § 823 Abs. 1 BGB *de lege lata* auf der anderen Seite. Diese Vermengung ist kritikwürdig.

22. Wenn es, wie die Haltung mancher Autoren nahelegt, für das Deliktsrecht in der Sache grundsätzlich nicht (mehr) auf das Merkmal der Verletzung einer deliktsrechtlichen Pflicht ankommen, sondern die Verwirklichung einer nach bestimmten Kriterien zuzurechnenden Gefahr für eine Deliktshaftung ausreichen soll, sollte dies klarer zum Ausdruck gebracht werden. § 823 Abs. 1 BGB kann insoweit als Anspruchsgrundlage jedoch nicht herangezogen werden.

23. Außerhalb der bereits geregelten Bereiche der Gefährdungshaftung ist als Grundlage für eine Haftung ohne das Erfordernis rechtswidrigen, schuldhaften Verhaltens (abgesehen von neuen gesetzlichen Regelungen) eine Analogie zu bestehenden Gefährdungshaftungsnormen denkbar.

24. Ein Verbot einer analogen Anwendung der Regelungen der Gefährdungshaftung, wie es nach der wohl herrschenden Meinung besteht, muß konsequenterweise auch einer extensiven Anwendung des § 823 Abs. 1 BGB entgegenstehen, wenn auf diese Weise dieselben Ergebnisse erzielt werden, wie auf der Grundlage einer solchen Analogie.

Literaturverzeichnis

Alexy, Robert	Theorie der Grundrechte, 3. Auflage, Frankfurt, 1996
Altmeppen, Holger	Haftung der Geschäftsleiter einer Kapitalgesellschaft für Verletzung von Verkehrssicherungspflichten, in: ZIP 1995, S. 881 ff.
Aristoteles	Die Nikomachische Ethik, übersetzt von Olof Gigon, 5. Auflage, München, 1991
Arndt, Herbert	Die Straßenverkehrssicherungspflicht (Straßenverkehrssicherungspflicht), 2. Auflage, Köln, 1973
Arzt, Gunther	Zum Verbotsirrtum beim Fahrlässigkeitsdelikt, in: ZStW 91 (1979), S. 857 ff.
Bamberger, Heinz Georg / Roth, Herbert	Kommentar zum BGB (Bearbeiter in Bamberger/Roth), 1. Auflage, München, 2003
Bar, Christian von	Verkehrspflichten, 1. Auflage, Köln, 1980
Bar, Christian von	Entwicklungen und Entwicklungstendenzen im Recht der Verkehrs(sicherungs)pflichten, in: JuS 1988, S. 169 ff.
Bar, Christian von	Entwicklung und rechtsstaatliche Bedeutung der Verkehrs(sicherungs)pflichten, in: JZ 1979, S. 332 ff.
Baumgärtel, Gottfried	Handbuch der Beweislast im Privatrecht (Bearbeiter in Baumgärtel, Handbuch der Beweislast), 2. Auflage, Köln, 1991
Becker, Walter G.	Das Recht der unerlaubten Handlungen (Unerlaubte Handlungen), 1. Auflage, Berlin, 1976
Belling, Detlev W.	Die Verantwortung des Staats für die Normsetzung durch die Tarifpartner, in: ZfA 1999, S. 547 ff.
Berner, Georg / Köhler, Gerd Michael	Polizeiaufgabengesetz (PAG), 15. Auflage, München, 1998
Bierling, Ernst Rudolf	Juristische Prinzipienlehre (Prinzipienlehre), 1. Auflage, Freiburg i.B., 1894-1917

Bindokat, Heinz — Mehrerlei Unrecht, in: JZ 1958, S. 553 ff.

Blank, Hubert
Börstinghaus, Ulf P. — /Mietrecht, 1. Auflage, München, 2000

Bleckmann, Albert — Staatsrecht II – Die Grundrechte, 4. Auflage, Köln, 1997

Bodenhausen, Eckard Freiherr von — Haftung des Geschäftsherrn für Verrichtungsgehilfen im Straßen- und Schienenverkehr (Haftung), 1. Auflage, Frankfurt, 2000

Bohnert, Joachim — Fahrlässigkeitsvorwurf und Sondernorm, in: JR 1982, S. 6 ff.

Böhmer, Emil — Zum Begriff der "Verbindlichkeit" i. S. des § 278 BGB, in: JZ 1961, S. 566 f.

Börgers, Michael — Von den "Wandlungen" zur "Restrukturierung" des Deliktsrechts? (Wandlungen), 1. Auflage, Berlin, 1993

Brüggemeier, Gert — Judizielle Schutzpflichten de lege lata - Zur Restrukturierung des BGB-Deliktsrechts, in: JZ 1986, S. 969 ff.

Brüggemeier, Gert — Vertrag - Quasi-Vertrag - Sonder-Delikt - Delikt, in: AG 1982, S. 268 ff.

Brüggemeier, Gert — Organisationshaftung, in: AcP 191 (1991), S. 33 ff.

Brüggemeier, Gert — Deliktsrecht, 1. Auflage, Baden-Baden, 1986

Caemmerer, Ernst von — Reform der Gefährdungshaftung (Reform), 1. Auflage, Berlin, 1971

Caemmerer, Ernst von — Wandlungen des Deliktsrechts, in: Festschrift zum hundertjährigen Bestehen des Deutschen Juristentages 1860-1960, 1. Auflage, Karlsruhe, 1960, Bd. 2, S. 49 ff.

Canaris, Claus-Wilhelm — Grundrechte und Privatrecht, 1. Auflage, Berlin, 1999

Canaris, Claus-Wilhelm	Schutzgesetze - Verkehrspflichten - Schutzpflichten, in: Festschrift für Larenz II (Larenz-FS II) 1986, S. 27 ff.
Christensen, Guido	Verkehrspflichten in arbeitsteiligen Prozessen (Verkehrspflichten), 1. Auflage, Frankfurt (Main), 1995
Deckert, Martina	Die Verkehrspflichten, in: Jura 1996, S. 348 ff.
Deutsch, Erwin	Haftungsrecht und Strafrecht, in: Festschrift für Eduard Wahl, 1. Auflage, Heidelberg, 1973, S. 341 ff.
Deutsch, Erwin	Gefahr, Gefährdung, Gefahrerhöhung, in Festschrift für Karl Larenz I, (Larenz-FS I), 1. Auflage, München, 1973, S. 885 ff.
Deutsch, Erwin	Fahrlässigkeit und erforderliche Sorgfalt (Fahrlässigkeit), 2. Auflage, Köln, 1995
Deutsch, Erwin	Unerlaubte Handlungen, Schadensersatz und Schmerzensgeld (Unerlaubte Handlungen), 3. Auflage, Köln, 1995
Deutsch, Erwin / Ahrens, Hans-Jürgen	Deliktsrecht, 4. Auflage, Köln, 2002
Diederichsen, Uwe	Das Bundesverfassungsgericht als oberstes Zivilgericht - ein Lehrstück juristischer Methodenlehre, in AcP 198 (1998), S. 171 ff.
Dreier, Horst	Grundgesetz (Bearbeiter in Dreier), 1. Auflage, Tübingen, 1996
Dunz, Walter / Kraus, Irene	Haftung für schädliche Ware (Haftung), 1. Auflage, Bad Homburg, 1969
Edenfeld, Stefan	Grenzen der Verkehrssicherungspflicht, in: VersR 2002, S. 272 ff.
Ehmann, Horst / Kley, Britta	Unmöglichkeitslehre, in: JuS 1998, S. 481 ff.
Engisch, Karl	Einführung in das juristische Denken (Einführung), 9. Auflage, Stuttgart, 1997

Engisch, Karl | Auf der Suche nach Gerechtigkeit (Gerechtigkeit), 1. Auflage, München, 1971

Enneccerus, Ludwig / Lehmann, Heinrich | Recht der Schuldverhältnisse (Schuldverhältnisse), 14. Auflage, Tübingen, 1954

Erman | Bürgerliches Gesetzbuch (*Bearbeiter* in Erman), 11. Auflage, 2004

Esser, Josef | Grundlagen und Entwicklung der Gefährdungshaftung (Gefährdungshaftung), 2. Auflage, München, 1969

Esser, Josef | Die Zweispurigkeit unseres Haftpflichtrechts, in: JZ 1953, S. 129 ff.

Esser, Josef | Schuldrecht Band I Allgemeiner Teil (SR I AT), 4. Auflage, Karlsruhe, 1970

Esser, Josef / Weyers, Hans-Leo | Schuldrecht Band II Besonderer Teil (SR II BT), 7. Auflage, Heidelberg, 1990

Fikentscher, Wolfgang | Schuldrecht, 9. Auflage, Berlin, 1997

Filthaut, Werner | Die neuerer Rechtsprechung zur Bahnhaftung, in: NZV 1996, S. 181 ff.

Flachsmann, Stefan | Fahrlässigkeit und Unterlassung (Unterlassung), 1. Auflage, Zürich, 1992

Fraenkel, Michael | Tatbestand und Zurechnung bei § 823 Abs. 1 BGB (Tatbestand und Zurechnung), 1. Auflage, Berlin, 1979

Frank, Will | Die Haftung des Geschäftsführers einer GmbH und der Geschäftsführungsorgane sonstiger juristischer Personen für Aufsichtsverschulden nach § 831 Abs. 2 BGB, in: BB 1975, S. 588 f.

Frisch, Wolfgang | Tatbestandsmäßiges Verhalten und Zurechnung des Erfolgs (Tatbestand und Erfolg), 1. Auflage, Heidelberg, 1988

Fuchs, Maximilian | Deliktsrecht, 3. Auflage, Berlin, 2001

Fuchs, Maximilian — Arbeitsteilung und Haftung, in: JZ 1994, S. 533 ff.

Gierke, Otto von — Die Genossenschaftstheorie und die deutsche Rechtsprechung (Genossenschaftstheorie), 1. Auflage, Berlin, 1887 (Nachdruck 1963)

Gottschalg, Wolfgang — Verkehrssicherungspflichten des Wohnungseigentumsverwalters, in: NZM 2002, S. 590 ff.

Haas, Volker — Kausalität und Rechtsverletzung (Kausalität), 1. Auflage, Berlin, 2002

Haas, Ulrich — Geschäftsführerhaftung und Gläubigerschutz (Geschäftsführerhaftung), 1. Auflage, München, 1997

Habermas, Jürgen — Erläuterungen zur Diskursethik (Diskursethik), 1. Auflage, Frankfurt (Main), 1991

Habermas, Jürgen — Faktizität und Geltung, 4. Auflage, Frankfurt (Main), 1994

Hager, Johannes — Grundrechte im Privatrecht, in: JZ 1994, S. 373 ff.

Hager, Günter — Zum Begriff der Rechtswidrigkeit im Zivilrecht, in: Festschrift für Ernst Wolf, 1. Auflage, Köln, 1985, S. 133 ff.

Hainmüller, Dietmar — Der Anscheinsbeweis und die Fahrlässigkeitstat im heutigen deutschen Schadensersatzprozeß (Der Anscheinsbeweis), 1. Auflage, Tübingen, 1966

Hanau, Peter — Die Kausalität der Pflichtwidrigkeit, 1. Auflage, Göttingen, 1971

Hentschel, Peter — Straßenverkehrsrecht, 38. Auflage, München, 2005

Hehl, Susanne — Das Verhältnis von Verschuldens- und Gefährdungshaftung (Verhältnis), 1. Auflage, Regensburg, 1999

Herzberg, Rolf Dietrich — Die Sorgfaltswidrigkeit im Aufbau der fahrlässigen und der vorsätzlichen Straftat, in: JZ 1987, S. 536 ff.

Hirsch, Hans Joachim — Der Streit um Handlungs- und Unrechtslehre, insbesondere im Spiegel der Zeitschrift für die gesamte Strafrechtswissenschaft (Teil II), in: ZStW 94 (1982), S. 239 ff.

Hörl, Stephanie — Die unvertretbare Gefahr im deutschen Produkthaftungsrecht (Die unvertretbare Gefahr), 1. Auflage, Berlin, 1999

Hruschka, Joachim — Die Konkurrenz von Goldener Regel und Prinzip der Verallgemeinerung in der juristischen Diskussion des 17./18. Jahrhunderts als geschichtliche Wurzel von Kants kategorischem Imperativ, in: JZ 1987, S. 941 ff.

Hruschka, Joachim — Verhaltensregeln und Zurechnungsregeln, in: Rechtstheorie 22 (1991), S. 449 ff.

Hruschka, Joachim — Strafrecht nach logisch-analytischer Methode (Strafrecht), 2. Auflage, Berlin, 1988

Huber, Konrad — Verkehrspflichten zum Schutz fremden Vermögens, in: Festschrift für Ernst von Caemmerer, 1. Auflage, Tübingen, 1978, S. 359 ff.

Huber, Ulrich — Verschulden, Gefährdung, Adäquanz, in: Festschrift für Eduard Wahl, 1. Auflage, Heidelberg, 1973, S. 301 ff.

Huber, Ulrich — Zivilrechtliche Fahrlässigkeit, in: Festschrift für Ernst Rudolf Huber, 1. Auflage, Göttingen, 1973, S. 253 ff.

Hübner, Christoph — Die Entwicklung der objektiven Zurechnung, 1. Auflage, Berlin, 2004

Hübner, Ulrich — Zur Reform von Deliktsrecht und Gefährdungshaftung, in: NJW 1982, S. 2041 ff.

Ihlas, Horst — Organhaftung und Haftpflichtversicherung, 1. Auflage, Berlin, 1997

Jakobs, Günther — Strafrecht Allgemeiner Teil (Strafrecht AT), 2. Auflage, Berlin, 1991

Jakobs, Günther	Studien zum fahrlässigen Erfolgsdelikt (Erfolgsdelikt), 1. Auflage, Berlin, 1971
Jansen, Nils	Das Problem der Rechtswidrigkeit bei § 823 Abs. 1 BGB, in: AcP 202 (2002), S. 517 ff.
Jarass, Hans D. / Pieroth, Bodo	Grundgesetz für die Bundesrepublik Deutschland (*Bearbeiter* in Jarass/Pieroth, GG), 5. Auflage, München, 2000
Jauernig, Othmar u. a.	Bürgerliches Gesetzbuch (*Bearbeiter* in Jauernig), 11. Auflage, München, 2004
Jescheck, Hans-Heinrich / Weigend, Thomas	Lehrbuch des Strafrechts - Allgemeiner Teil (Strafrecht AT), 5. Auflage, Berlin, 1996
Joerden, Jan C.	§ 34 S. 2 StGB und das Prinzip der Verallgemeinerung, in: GA 1991, S. 411 ff.
Joerden, Jan C.	Interessenabwägung im rechtfertigenden Notstand bei mehr als einem Eingriffsopfer, in: GA 1993, S. 245 ff.
Joerden, Jan C.	Wesentliche und unwesentliche Abweichungen zurechnungsrelevanter Urteile des Täters von denen des Richters, in: Jahrbuch für Recht und Ethik, Bd. 2 (1994), S. 307 ff.
Joshi Jubert, Ujala	Actio libera in causa: Ordentliche oder außerordentliche Zurechnung?, in: Jahrbuch für Recht und Ethik, Bd. 2 (1994), S. 327 ff.
Kahlo, Michael	Das Problem des Pflichtwidrigkeitszusammenhanges bei den unechten Unterlassungsdelikten (Pflichtwidrigkeitszusammenhang), 1. Auflage, Berlin, 1988
Kant, Immanuel	Grundlegung zur Metaphysik der Sitten (Grundlegung, zitiert nach Akademieausgabe), Riga, 1786
Kant, Immanuel	Die Metaphysik der Sitten (zitiert nach Akademieausgabe), Königsberg, 1797
Kesselring, Roland	Verkehrssicherungspflichten am Bau (Verkehrssicherungspflichten), 1. Auflage, Düsseldorf, 2002

Keßler, Jürgen	Die deliktische Eigenhaftung des GmbH-Geschäftsführers, in: GmbHR 1994, S. 429 ff.
Kindhäuser, Urs	Erlaubtes Risiko und Sorgfaltswidrigkeit Zur Struktur strafrechtlicher Fahrlässigkeitshaftung, in: GA 1994, S. 197 ff.
Kindhäuser, Urs	Zur Rechtfertigung von Pflicht- und Obliegenheitsverletzungen im Strafrecht, in: Jahrbuch für Recht und Ethik, Bd. 2 (1994), S. 339 ff.
Kleindiek, Detlef	Deliktshaftung und juristische Person (Deliktshaftung), 1. Auflage, Tübingen, 1997
König, Volker	Die grobe Fahrlässigkeit (Fahrlässigkeit), 1. Auflage, Berlin, 1998
Koriath, Heinz	Grundlagen strafrechtlicher Zurechnung (Zurechnung), 1. Auflage, Berlin, 1994
Kötz, Hein / Wagner, Gerhard	Deliktsrecht, 9. Auflage, Neuwied, 2001
Koziol, Helmut	Objektivierung des Fahrlässigkeitsmaßstabes im Schadensersatzrecht, in: AcP 196 (1996), S. 593 ff.
Krümpelmann, Justus	Die normative Korrespondenz zwischen Verhalten und Erfolg bei den fahrlässigen Verletzungsdelikten, in: Festschrift für Hans-Heinrich Jescheck, Band 1, 1. Auflage, Berlin, 1985, S. 313 ff.
Kühl, Kristian	Strafrecht Allgemeiner Teil (Strafrecht AT), 4. Auflage, Berlin, 2002
Landwehr, Götz	Die Haftung der juristischen Person für körperschaftliche Organisationsmängel, in: AcP 164 (1964), S. 482 ff.
Lange, Hermann / Schiemann, Gottfried	Schadensersatz, in: Handbuch des Schuldrechts Bd. 1 Joachim Gernhuber (Hrsg.), 3. Auflage, Tübingen, 2003

Larenz, Karl — Hegels Zurechnungslehre und der Begriff der objektiven Zurechnung (Hegels Zurechnungslehre), 1. Auflage. Leipzig, 1927

Larenz, Karl — Rechtswidrigkeit und Handlungsbegriff im Zivilrecht, in: Festschrift für Dölle, Band 1, 1. Auflage, Tübingen, 1963, S. 169 ff.

Larenz, Karl — Die Prinzipien der Schadenszurechnung, in: JuS 1965, S. 373 ff.

Larenz, Karl / Canaris, Claus-Wilhelm — Lehrbuch des Schuldrechts Zweiter Band Besonderer Teil 2. Halbband (SR BT II/2), 13. Auflage, München, 1994

Laufs, Adolf / Uhlenbruck, Wilhelm — Handbuch des Arztrechts (*Bearbeiter* in Laufs/Uhlenbruck, Handbuch des Arztrechts), 2. Auflage, München, 1999

Liebs, Detlef — Lateinische Rechtsregeln und Rechtssprichwörter, 6. Auflage, München, 1998

Lübbe, Weyma — Neminem laedere? Zur Zukunft der Handlungsfolgenverantwortung, in: ARSP Beiheft Nr. 14, Verantwortung in Recht und Moral, 2000, S. 73 ff.

Lübbe-Wolff, Gertrude — Die Grundrechte als Eingriffsabwehrrechte (Eingriffsabwehrrechte), 1. Auflage, Baden-Baden, 1988

Martinek, Michael — Repräsentantenhaftung, 1. Auflage, Berlin, 1979

Medicus, Dieter — Bürgerliches Recht (BR), 19. Auflage, Köln, 2002

Medicus, Dieter — Deliktische Außenhaftung der Vorstandsmitglieder und Geschäftsführer, in: ZGR 1998, S. 570 ff.

Meixner, Uwe — Eine Explikation des Begriffs der Zurechnung, in: Jahrbuch für Recht und Ethik Bd. 2 (1994), S. 479 ff.

Mertens, Hans-Joachim — Deliktsrecht und Sonderprivatrecht – Zur Rechtsfortbildung des deliktischen Schutzes von Vermögensinteressen, AcP 178 (1978), S. 227 ff.

Mikus, Rudolf Alexander — Die Verhaltensnorm des fahrlässigen Erfolgsdelikts (Verhaltensnorm), 1. Auflage, Berlin, 2002

Mittelstraß, Jürgen (Hrsg.) — Enzyklopädie Philosophie und Wissenschaftstheorie (Enzyklopädie Philosophie), 1. Auflage, Stuttgart, 1996

Mugdan — Die gesamten Materialien zum BGB für das Deutsche Reich in fünf Bänden, 1. Auflage, Aalen, 1899

Mull, Wencke — Die Haftung für Einsturzschäden nach den §§ 836-838 BGB in der Rechtsprechung des Reichsgerichts (Haftung), 1. Auflage, Frankfurt (Main), 1996

Müller, Stefan — Verkehrssicherungspflichten des Bauherrn und Haftung für Drittschäden aus § 823 Abs. 1 BGB, in: BauR 2002, S. 1789 ff.

Richardi, Reinhard / Wlotzke, Otfried (Hrsg.) — Münchener Handbuch für Arbeitsrecht (*Bearbeiter* in MüHdbArbR), 2. Auflage, München, 2000

Münchner Kommentar — BGB (*Bearbeiter*in MüKo), 4. Auflage, bei § 823 auch 3. Auflage), München, 2004

Münzberg, Wolfgang — Verhalten und Erfolg als Grundlagen der Rechtswidrigkeit und Haftung (Verhalten und Erfolg), 1. Auflage, Frankfurt (Main), 1966

Neumann, Franz L. / Nipperdey, Hans Carl / Scheuner, Ulrich — Die Grundrechte, 1. Auflage, Berlin, 1954

Neumann, Ulfrid — Die Moral des Rechts, in: Jahrbuch für Recht und Ethik Bd. 2 (1994), 81 ff.

Niese, Werner — Die moderne Strafrechtsdogmatik und das Zivilrecht, in: JZ 1956, S. 457 ff.

Nipperdey, Hans Carl — Rechtswidrigkeit, Sozialadäquanz, Fahrlässigkeit, Schuld im Zivilrecht, in: NJW 1957, S. 1777 ff.

Nölle, Jens-Uwe — Die Eigenhaftung des GmbH-Geschäftsführers (Eigenhaftung), 1. Auflage, Regensburg, 1995

Otto, Harro	Einwilligung, mutmaßliche, gemutmaßte und hypothetische Einwilligung, in: Jura 2004, S. 679 ff.
Otto, Harro	Das Problem der Abgrenzung von Tun und Unterlassen, in: Jura 2000, S. 549 f.
Petersen, Jens	Beweislast bei Gesundheitsbeeinträchtigungen durch Emissionen und nachbarliche Duldungspflicht, in: NJW 1998, S. 2099 f.
Petershagen, Jörg	Die Gebäudehaftung (Gebäudehaftung), 1. Auflage, Berlin, 2000
Picker, Eduard	Vertragliche und deliktische Schadenshaftung, in: JZ 1987, S. 1041 ff.
Raab, Thomas	Die Bedeutung der Verkehrspflichten und ihre systematische Stellung im Deliktsrecht, in: JuS 2002, S. 1041 ff.
Rawls, John	Eine Theorie der Gerechtigkeit, dt. Übersetzung von Hermann Vetter (Theorie), 9. Auflage, Frankfurt (Main), 1996
Reitenspiess, Joachim	Verkehrssicherungspflicht bei Straßenbaustellen – Inhalt, Umfang und rechtliche Konsequenzen ihrer Verletzung, in: NZV 2003, S. 504 ff.
RGRK	Kommentar der Reichsgerichtsräte (*Bearbeiter* in RGRK), 12. Auflage, Berlin, 1974-2000
Ross, David	The right and the good, 1. Auflage, Oxford, 1930
Sachs, Michael	Grundgesetz (*Bearbeiter* in Sachs), 2. Auflage, München, 1999
Schäfer, Christoph	Zum Begriff der Pflichtverletzung in § 280 I 1 BGB, in: JA 2003, S. 600 ff.
Schäfer, Christoph	Zum Rechtsinstitut der schwebenden Wirksamkeit, in: Jura 2004, S. 793 ff.
Schäfer, Christoph / Teusch, Jan	Love Parade und BGB, in: JA 2003, S. 768 ff.

Schäfer, Hans-Jürgen	Unfallrisiko Kleintransporter, in: NZV 2004, S. 236 ff.
Schaub, Günter	Arbeitsrechtshandbuch (*Bearbeiter* in Schaub, Arbeitsrechtshandbuch), 10. Auflage, München, 2002
Schiemann, Gottfried	Das allgemeine Schädigungsverbot: "alterum non laedere", in: JuS 1989, S. 345 ff.
Schlechtriem, Peter	Schuldrecht, Besonderer Teil (SR BT), 3. Auflage, Tübingen, 1993
Schmidt, Eike	Zur Dogmatik des § 278 BGB, in AcP 170 (1970), S. 502 ff.
Schönke, Adolf / Schröder, Horst	Strafgesetzbuch (*Bearbeiter* in Schönke/Schröder), 26. Auflage, München, 2001
Schroeder, Friedrich-Christian	Die Fahrlässigkeit als Erkennbarkeit der Tatbestandsverwirklichung, in: JZ 1980, S. 776 ff.
Schroeder, Friedrich-Christian	Die Fahrlässigkeitsdelikte, in: ZStW 91 (1979), S. 257 ff.
Seebaß, Gottfried	Handlungstheoretische Aspekte der Fahrlässigkeit, in: Jahrbuch für Recht und Ethik, Bd. 2 (1994), S. 375 ff.
Soergel	Bürgerliches Gesetzbuch (*Bearbeiter* in Soergel), 12. Auflage, Stuttgart, 1990
Sowada, Christoph	Die Garantenstellung aus vorangegangenem Tun, in: Jura 2003, S. 236 ff.
Spindler, Gerald	Unternehmensorganisationspflichten, 1. Auflage, Köln, 2001
Stark, Emil W.	Gedanken zur Widerrechtlichkeit als Haftungsvoraussetzung bei den Gefährdungshaftungen, in: Festschrift für Deutsch, 1. Auflage, Köln, 1999, S. 349 ff.
Staudinger	Bürgerliches Gesetzbuch (*Bearbeiter* in Staudinger), 13. Auflage (§§ 134-163: Neubearbeitung 2003, §§ 823-825: 1999; §§ 831-838: 2002), Berlin

Steffen, Erich	Verschuldenshaftung und Gefährdungshaftung für Umweltschäden, in NJW 1990, S. 1817 ff.
Steffen, Erich	Verkehrspflichten im Spannungsfeld von Bestandsschutz und Handlungsfreiheit, in: VersR 1980, S. 409 ff.
Stöber, Kurt	Handbuch zum Vereinsrecht (Vereinsrecht), 9. Auflage, Köln, 2004
Stoffers, Kristian F	Die vorrechtlich-ontologische Unterscheidung der Verhaltensformen positives Tun und Unterlassen, in: GA 1993, S. 262 ff.
Stoll, Hans	Unrechtstypen bei Verletzung absoluter Rechte, in: AcP 162, 1963, S. 203 ff.
Stoll, Hans	Haftungsverlagerung durch beweisrechtliche Mittel, in: AcP 176, 1976, S. 145 ff.
Stoll, Hans	Zum Rechtsfertigungsgrund des verkehrsrichtigen Verhaltens, in: JZ 1958, S. 137 ff.
Stratenwerth, Günter	Zur Individualisierung des Sorgfaltsmaßstabes beim Fahrlässigkeitsdelikt, in: Festschrift für Jescheck, 1. Auflage, Berlin, 1996, S. 287 ff.
Stratenwerth, Günter	Prinzipien der Rechtfertigung, in: ZStW 68, S. 41 ff.
Struensee, Eberhard	Der subjektive Tatbestand des fahrlässigen Delikts, in: JZ 1987, S. 53 ff.
Struensee, Eberhard	"Objektives" Risiko und subjektiver Tatbestand, in: JZ 1987, S. 541 ff.
Tröndle, Herbert / Fischer, Thomas	Strafgesetzbuch (*Bearbeiter* in Tröndle/Fischer), 52. Auflage, München, 2004
Tuhr, Andreas von	Der Allgemeine Teil des Deutschen Bürgerlichen Rechts, Band 1 (Allgemeiner Teil I), 1. Auflage, Leipzig, 1910
Ulmer, Peter	Die deliktsrechtliche Haftung aus der Übernahme von Handlungspflichten, in: JZ 1969, 163 ff.

Ulsenheimer, Klaus	Erfolgsrelevante und erfolgsneutrale Pflichtverletzungen im Rahmen der Fahrlässigkeitsdelikte, in: JZ 1969, S. 364 ff.
Umbach, Dieter / Clemens, Thomas	Grundgesetz (*Bearbeiter* in Umbach/Clemens), 1. Auflage, Heidelberg, 2002
Vogel, Joachim	Norm und Pflicht, 1. Auflage, Berlin, 1992
Vollmer, Lothar	Haftungsbefreiende Übertragung von Verkehrssicherungspflichten, in: JZ 1977, S. 371 ff.
Welzel, Hans	Fahrlässigkeit und Verkehrsdelikte, in: Abhandlungen zum Strafrecht und zur Rechtsphilosophie (Fahrlässigkeit und Verkehrsdelikte, in Abhandlungen), 1. Auflage, Berlin, 1975, S. 315 ff.
Westen, Klaus	Zur Frage einer Garantie- und Risikohaftung für sogenannte "Verkehrspflichtverletzungen", in: Festschrift für Fritz von Hippel, 1. Auflage, Tübingen, 1967, S. 591 ff.
Wieacker, Franz	Rechtswidrigkeit und Fahrlässigkeit im Bürgerlichen Recht, in: JZ 1957, S. 535 ff.
Wilburg, Walter	Die Elemente des Schadensrechts, 1. Auflage, Marburg, 1941
Will, Michael R.	Quellen erhöhter Gefahr, 1. Auflage, München, 1980
Wolf, Karl	Verbotenes Verhalten, 1. Auflage, Wien, 1923
Wolter, Jürgen	Tatbestandsmäßiges Verhalten und Zurechnung des Erfolgs, in: GA 1991, S. 531 ff.
Wolter, Jürgen	Adäquanz- und Relevanztheorie. Zugleich ein Beitrag zur objektiven Erkennbarkeit beim Fahrlässigkeitsdelikt, in: GA 1977, S. 257 ff.
Wussow, Werner	Unfallhaftpflichtrecht, 15. Auflage, Köln, 2002
Zeuner, Albrecht	Bemerkungen zum Problem der Rechtswidrigkeit aus zivilrechtlicher Sicht, in: JZ 1961, S. 41 ff.

Zipf, Heinz — Rechtskonformes und sozialadäquates Verhalten im Strafrecht, in: ZStW 82 (1970), S. 633 ff.

Zippelius, Reinhold — Die Rechtswidrigkeit von Handlung und Erfolg, in: AcP 157 (1958/1959), S. 390 ff.

Zippelius, Reinhold — Einführung in das Recht (Einführung), 4. Auflage, München, 2003

FSC
www.fsc.org
MIX
Papier | Fördert
gute Waldnutzung
FSC® C083411

Kolibri 360 GmbH
Ferdinand-Jühlke-Straße 7
99095 Erfurt, Deutschland
produktsicherheit@kolibri360.de

Druck:
CPI Druckdienstleistungen GmbH
im Auftrag der
Kolibri 360 GmbH
Ferdinand-Jühlke-Str. 7
99095 Erfurt